2024 신판

일반·교원·공무원노조법
비교실무해설

최학종·김양주·전종근 共著

위드출판사

머리말

1953년 3월 제정된 노동조합법과 노동쟁의조정법이 1997년 3월 일반노조법으로 통합되어 시행되었고, 1999년 7월 교원노조법이 공무원노조로서는 최초로 합법화되어 시행되었다. 이어 2006년 1월 교원 이외의 공무원에게 적용되는 공무원노조법이 합법화 되었고, 2021년 7월 교수도 교수노동조합 설립이 허용되어 교수들도 교원노조 활동이 가능하게 되었다. 이처럼 개별적으로 각각 제정·시행된 노조법들이 각각 특색이 있어 일반노조법의 특별법으로 제정된 교원노조법과 공무원노조법을 정확하게 이해하려면 일반노조법에 대한 이해가 필수적이다.

특히, 노조 운영비 원조와 관련 2018년 헌법재판소 결정 취지를 반영하여 2020년 노조법이 개정되었고, ILO 핵심협약 비준을 위해 추진된 조합원 및 임원 자격 정비, 노조전임자 급여 지급 및 근로시간면제제도 개정, 단체협약 유효기간 상한 연장, 점거형태의 쟁의행위 제한 원칙 규정 등 2021년도에도 노조법이 대폭 개정되었다.

이에 노동법과 노사관계를 처음 접하는 분들이 이해하기 쉽도록 일반노조법, 교원노조법, 공무노조법을 기초로 하여 이론과 실무적인 부분을 정리하였고 견해가 나뉘거나 보완할 필요가 있는 부분에 대해서는 필자들의 실무적인 경험을 바탕으로 의견을 첨가하는 등 이론과 실무적인 면을 고루 이해할 수 있도록 구성하였다.

일반근로자는 헌법 제33조제1항이 적용되는 반면에 교원[1]과 공무원은 헌법 제33조제2항이 적용되어 헌법상 노동권의 근거가 다르고 또한 직무상은 물론 신분상으로도 특수한 성격이 있으므로 특별법의 형태로 법이 제정

---

[1] 사립학교 교원은 공무원이 아니므로 헌법 제33조제1항이 적용되는 것이 원칙이지만, 헌법 제31조제6항에 의하여 교육법이 우선 적용되고(대법원 2006.5.26. 선고 2004다62597 판결, 교원의 지위에 관련된 사항에 관한 한 헌법 제33조제1항이 우선하여 적용), 교원의 노동조합은 공·사립 구분없이 특별법인 교원노조법에 의해 규율된다.

된 만큼 일반노조법과는 달리 해석하고 적용되어야 할 부분이 적지 않다.

　공무원노조법과 교원노조법은 일반노조법과는 달리 쟁의행위가 금지되어 있고, 일반노조법은 복수노조 설립이 2010년 7월부터, 기존에 노조가 있는 곳은 2011년 7월 허용되었으나, 유·초·중등 교원은 1999년 7월, 공무원노조는 2006년 1월, 교수노조는 2020년 6월 기존의 교원노조법 개정과 동시에 허용되고 있다. 또한 공무원노조법은 부당노동행위와 관련하여 벌칙의 적용이 배제되는 반면에 교원노조법은 벌칙이 적용되는 점, 그리고 공무원노조법은 단체교섭의 대상 및 비교섭사항에 대하여 명문의 규정이 있지만 교원노조법에서는 비교섭사항에 대한 명문의 규정이 없는 점 등에서 각각 차이가 있다.

　교육청을 포함한 행정기관에는 교원·공무원만이 아니라 일반근로자들도 함께 근무하고 있다. 이 일반근로자들은 일반노조법이 적용되기 때문에 일반노조법에 대한 이해도 소홀히 할 수 없는 것이 현실이다. 본서는 이런 점을 감안하여 일반 노조법은 물론 공무원노조법과 교원노조법도 함께 이해 할 수 있도록 하였다.

　본서는 법을 단순하게 조문별로 해석하는 수준을 벗어나 실무자들이 관련부분을 쉽게 참조하고 업무에 적용할 수 있도록 노사관계와 노동법, 노동조합의 설립과 운영, 노동조합의 활동, 단체교섭과 단체협약, 부당노동행위 구제제도, 노동쟁의와 쟁의행위, 조정과 중재 등의 순서로 꾸몄다. 또한 각 장마다 기초적으로 알아야 할 내용을 point로 정리하였다. 마지막에는 부록으로 일반노조법(노동조합 및 노동관계조정법)과 교원노조법, 공무원노조법을 수록하였는데 특히, 교원노조법과 공무원노조법에서 일반노조법 적용이 배제되는 규정에 대해서는 일반노조법 해당 조항을 알기 쉽게 별도로 표시하였다.

본서는 기존의 노동법 서적을 비롯하여 고용노동부에서 발간한 '노동조합 업무매뉴얼', 교육부와 각 시도 교육청에서 발간한 자료들을 참고하였고, 2010년에 발간한 「공무원·교원·일반노조법 point 실무해설」 책자를 기본 틀로하여 2021년이후 개정된 노조법을 반영하여 전반적으로 많은 부분 수정 및 보완하여 새롭게 출간하였다.

본서가 일반기업체 노동조합과 교원과 공무원 그리고 관공서에서 근무하고 있는 일반근로자의 노사관계가 합리적인 노사관계로 정착되는데 일조가 되었으면 한다.

아울러 일반노조와 교원, 공무원노조법 등 집단노동관계법을 일목요연하게 이해하는데 도움이 될 수 있도록 요약이 필요한 부분은 각 장의 끝에 내용을 비교표로 정리를 하였다. 각종 국가고시에서 소기의 목적을 달성하는 데에도 기여할 수 있기를 기대한다.

2024. 5   저자 일동

차 례

제1장 노사관계와 노동법

I. 노사관계의 이해 ······ 16
1. 노사관계의 개념 ······ 16
2. 노사관계의 흐름 ······ 16

II. 노동관계법의 성립과 체계 ······ 18
1. 노동관계법의 성립 ······ 18
2. 우리나라 노동관계법의 체계 ······ 18
   1) 헌법과 노동권 ······ 18
   2) 개별노동관계법과 집단노동관계법 ······ 20
   3) 교원 및 공무원관계법과 노동관계법의 관계 ······ 20

III. 교원과 공무원의 노동권 보장의 범위 ······ 24
1. 근로자 개념 ······ 24
2. 교원과 공무원의 근로자 여부 ······ 27
3. 교원과 공무원의 노동기본권 보장의 범위 ······ 29

IV. 교원과 공무원 노동조합의 합법화 과정 ······ 32
1. 교원 노동조합 ······ 32
2. 공무원 노동조합 ······ 34

V. 교원 및 공무원노조법의 특징 ······ 37
1. 조직형태와 단결권 ······ 38
2. 가입범위 ······ 39

3. 노동조합 전임자와 근로시간면제자 ·· 39
　　1) 노동조합 전임자 ·· 39
　　2) 근로시간면제자 등 ·· 40
4. 복수노조의 인정과 단체교섭 창구의 단일화 ······································ 42
5. 쟁의행위 금지 ·· 42
6. 교육의 특수성과 국민여론 및 학부모 의견 수렴 ······························ 43

제2장 노동조합의 설립과 운영

Ⅰ. 일반 노동조합의 설립과 운영 ·· 46
1. 노동조합의 의의 ·· 46
2. 일반 노동조합의 설립 요건 ·· 46
　　1) 실질적 요건 ·· 46
　　2) 형식적 요건 ·· 51
3. 노동조합 설립과 관련된 사항 ·· 53
　　1) 지부·분회 등의 설립신고 ·· 53
　　2) 노동조합의 설립시기 ·· 54
　　3) 적법하게 설립된 노동조합의 법적 효력 ···························· 54
4. 우리나라 노동조합의 조직형태 ·· 54
　　1) 단위노동조합 ·· 54
　　2) 산업별 연합단체 ·· 55
　　3) 총연합단체 ·· 55
5. 일반 노동조합의 운영 ·· 56
　　1) 운영상황의 공개 ·· 56
　　2) 총회 및 대의원회 ·· 58
　　3) 노동조합 임원의 선출·해임 ·· 61
　　4) 근로시간 면제자와 근로시간면제심의위원회 ···················· 62
　　5) 노동조합 운영비용(재정) ·· 63
　　6) 조합원의 권리·의무 ·· 65
　　7) 노동조합의 내부(자율)통제 ·· 66

Ⅱ. 교원 노동조합의 설립과 운영 ·· 67
1. 교원 노동조합의 의의 ·· 67
2. 교원 노동조합의 목적 ·· 67

3. 교원 노동조합의 설립 요건 ··· 68
　　1) 실질적 요건 ··· 68
　　2) 형식적 요건 ··· 72
4. 교원 노동조합의 설립 ··· 73
　　1) 교원의 단결권 보장 법적 근거 ································· 73
　　2) 유니온숍(union shop) 제도의 적용 배제 ······················· 76
5. 교원 노동조합의 운영 ··· 77
　　1) 운영의 일반적 원칙 ··· 77
　　2) 교원 노동조합의 전임자 ······································· 77

Ⅲ. 공무원 노동조합의 설립과 운영 ································· 80
1. 공무원 노동조합의 의의 ··· 80
2. 공무원 노동조합의 목적 ··· 81
3. 공무원 노동조합의 설립 요건 ····································· 81
　　1) 실질적 요건 ··· 81
　　2) 형식적 요건 ··· 89
4. 공무원 노동조합의 설립 ··· 90
　　1) 공무원 노동조합의 설립단위 ··································· 90
　　2) 지부·분회의 설립과 설치 사실의 통보 ························· 92
　　3) 유니온숍(union shop) 제도의 적용 배제 ······················· 92
　　4) 사실상 노무에 종사하는 공무원의 범위와 노동3권 ············· 94
5. 공무원 노동조합의 운영 ··· 96
　　1) 총회 및 대의원회 ··· 96
　　2) 임원의 선출 해임 ··· 97
　　3) 노동조합의 운영상황 공개, 결산결과와 보고 ··················· 98
　　4) 공무원 노동조합의 전임자 ····································· 99
　　5) 근무시간면제제도와 한도 ······································ 101

제3장 노동조합의 활동

Ⅰ. 노동조합 활동의 의의·범위·정당성 ·························· 104
1. 노동조합 활동의 의의 ·· 104
2. 노동조합 활동의 범위 ·· 105
3. 노동조합 활동의 정당성 ·· 106

1) 정당한 노동조합활동의 판단기준 ························· 107
　　　2) 근로시간면제제도와 노동조합 전임자 ······················ 108
　　　3) 교원과 공무원의 신분상, 직무상의 특수성 ·················· 112

　Ⅱ. 교원과 공무원의 노동조합 활동 ································ 115
　　1. 근무시간 중 노동조합 활동 ··································· 115
　　　1) 기본원칙 ··· 115
　　　2) 법령 또는 조례 등 규정에 의해 사용자가 허가한 경우 ········· 115
　　　3) 사용자와의 협의 또는 교섭 ······························· 116
　　　4) 노동조합 업무를 위한 정당한 행위 ······················· 119
　　2. 청사(시설)관리권과 노동조합활동 ····························· 121
　　　1) 청사 내 노동조합 사무실의 설치 ·························· 122
　　　2) 노동조합 게시판의 설치 ································· 123
　　　3) 청사의 일시적 사용 ···································· 124
　　　4) 청사 내 노동조합 유인물 부착 ··························· 125
　　3. 근무시간 이외의 노조활동 ··································· 126

　Ⅲ. 조합비 일괄공제(check off system) ···························· 127

　Ⅳ. 교원과 공무원의 정치활동·쟁의행위 금지 ······················· 130

제4장 단체교섭

　Ⅰ. 단체교섭의 의의 ··· 134

　Ⅱ. 단체교섭의 주체 ··· 135
　　1. 단체교섭의 당사자 ··· 135
　　　1) 노동조합과 당사자 ····································· 136
　　　2) 사용자 측의 당사자 (단체교섭의 상대방) ···················· 138
　　2. 단체교섭의 담당자 ··· 142
　　　1) 노동조합의 담당자 ····································· 142
　　　2) 사용자 측의 담당자 ··································· 142
　　3. 노동조합 대표자의 대표권 ··································· 143
　　4. 노동조합지회와 조직형태 변경 사례 ·························· 145

Ⅲ. 단체교섭의 구조와 절차 ·· **149**
1. 단체교섭구조의 일반적 유형 ·· 149
2. 교원 및 공무원 노동조합의 교섭구조 ······································ 150
1) 교섭구조 ·· 150
2) 교원 노동조합과 사립학교의 교섭구조 ································· 152
3) 지부 또는 분회의 단체교섭권 ·· 154
3. 단체교섭의 절차 ·· 155
1) 일반노조의 복수노조와 창구단일화 ······································ 156
2) 교원노조법의 단체교섭 절차 ··· 159
3) 공무원노조법의 단체교섭 절차 ··· 161
4) 공무원과 교원노조법상 교섭절차의 차이점 ···························· 165

Ⅳ. 단체교섭의 대상 ··· **166**
1. 일반노조법과 단체교섭 대상 ··· 166
2. 교원노조법과 단체교섭 대상 ··· 169
1) 단체교섭 대상의 일반적 범위 ·· 169
2) 교육정책 교육과정 기관운영에 관한 사항 ····························· 172
3) 시·도 단위의 단체교섭 대상 ··· 173
4) 학교장 권한사항에 대한 단체교섭 대상 여부 ·························· 175
3. 공무원노조법과 단체교섭 대상 ·· 177
1) 교섭대상 ··· 177
2) 비교섭사항 ·· 179

제5장 단체협약

Ⅰ. 단체협약의 의의와 법적성질 ·· **188**
1. 단체협약의 의의 ··· 188
1) 일반노사관계에 있어서 단체협약의 의의 ······························· 188
2) 교원 및 공무원노사관계와 단체협약의 의의 ··························· 189
2. 단체협약의 법적 성질 ··· 190

Ⅱ. 단체협약의 체결방법 ··· **192**

Ⅲ. 단체협약의 내용과 효력 ··· **194**

        1. 일반노조법과 단체협약의 내용·효력 ································· 194
            1) 규범적 부분과 효력 ··· 195
            2) 채무적 부분과 효력 ··· 195
            3) 조직적 부분(제도적 부분)과 효력 ······································ 196
        2. 교원노조법과 단체협약의 내용 효력 ······························· 197
            1) 일반노조법 제33조(기준의 효력)와 교원노조법 제7조(단체협약의 효력)와의 비교 ·· 198
            2) '법령·조례·예산 등'에 의해 규정되는 내용의 구체적 의미와 효력 ······· 199
            3) '법령·조례·예산 등' 사항이 아닌 경우 단체협약의 효력 ············ 202
            4) 교원 단체협약의 기능과 효력 ·· 208
        3. 공무원노조법과 단체협약의 내용 효력 ···························· 209
            1) 규범적 부분과 효력 ··· 209
            2) 채무적 부분과 효력 ··· 210
            3) 법령 예산 등에 의해 규정되는 내용의 효력 ······················ 210
            4) 헌법재판소 결정 ··· 211

    Ⅳ. 단체협약의 효력 확장 ··· 213
        1. 일반노조법과 단체협약의 효력 확장 ································ 213
        2. 교원노조법과 일반적 구속력 ·· 214
        3. 공무원노조법과 일반적 구속력 ··· 218

    Ⅴ. 단체협약의 종료 ··· 219
        1. 단체협약의 실효 사유 ·· 219
        2. 자동연장협정과 자동갱신협정 ··· 221
        3. 단체협약 유효기간 종료 후의 효력 ································· 221

    Ⅵ. 단체협약의 해석과 불이행 ·· 226
        1. 단체협약의 해석 ··· 226
        2. 단체협약의 불이행 ··· 226
        3. 단체협약 위반 또는 불이행시의 효력 ······························ 227

제6장 부당노동행위 구제제도

    Ⅰ. 제도의 의의 ··· 230
        1. 부당노동행위 제도의 의의 ··· 230

  2. 제도의 변천 ·· 230
  3. 특징 ··· 232
   1) 공무원노조법과 원상회복주의 ·· 232
   2) 행정구제와 사법적 구제의 이원적 구제제도 ······················· 232
   3) 긴급이행명령제도 ·· 234

Ⅱ. 성립요건 ··· 235
  1. 부당노동행위의 주체 ·· 235
  2. 부당노동행위 의사 ··· 236

Ⅲ. 부당노동행위의 유형 ··· 237
  1. 불이익 취급 및 보복적 불이익 대우 ································ 237
   1) 의의 ·· 237
   2) 성립요건과 사례 ··· 238
  2. 불공정 고용계약 ·· 242
   1) 의의 ·· 242
   2) 유니온숍(union shop)과 공무원·교원노조법의 적용 배제 ······ 243
  3. 단체교섭 거부·해태 ··· 245
   1) 의의 ·· 245
   2) 부당노동행위에 해당하는 경우 ····································· 246
   3) 단체교섭 거부의 정당한 사유가 인정되는 경우 ··············· 247
  4. 지배 개입 ·· 250
   1) 의의 ·· 250
   2) 교원노조 및 공무원노조의 근로시간 면제제도 적용 ········· 252
   3) 지배·개입 사례 ·· 254

Ⅳ. 부당노동행위의 구제 절차 ··· 257

제7장 노동쟁의와 쟁의행위

Ⅰ. 개념의 구분 ··· 260
  1. 개념정립의 필요성 ·· 260
  2. 노동쟁의·쟁의행위·단체행동의 구별 ································ 261
   1) 개념 정의 ·· 261

2) 노동쟁의와 쟁의행위의 구별 실익 ·· 261
　　　3) 쟁의행위와 단체행동의 구별 실익 ·· 262
　　　4) 공무원법상 집단행동의 금지 ·· 262
　3. 노동쟁의 ··· 265
　4. 쟁의행위 ··· 266
　　　1) 일반노조법상 쟁의행위 ·· 267
　　　2) 교원노조법과 공무원노조법상 쟁의행위 ·································· 269

Ⅱ. 쟁의행위의 정당성과 제한 금지 ·· 271
　1. 일반노조법과 쟁의행위의 정당성 ·· 271
　　　1) 쟁의행위의 정당성과 의의 ·· 271
　　　2) 쟁의행위의 기본원칙 ·· 271
　　　3) 쟁의행위 정당성의 일반적 기준 ·· 272
　2. 쟁의행위의 수단 방법과 정당성 ·· 273
　　　1) 폭력 파괴행위 등의 금지 ·· 273
　　　2) 안전보호시설의 정지 또는 폐지 금지 ······································ 275
　　　3) 보안작업(긴급작업)의 유지의무 ·· 276
　　　4) 노동조합의 지도와 책임 ·· 278
　3. 정당한 쟁의행위의 법적 보호장치 ·· 278
　4. 기타 쟁의행위의 제한과 금지 ·· 279
　　　1) 일반노조법의 제한과 금지 ·· 279
　　　2) 교원과 공무원의 쟁위행위 금지 ·· 283

Ⅲ. 노조활동과 쟁의행위의 유형별 구분 ·· 285
　1. 근무시간 중 노조활동과 쟁의행위 ·· 286
　2. 준법투쟁 ··· 288
　3. 직장점거 ··· 294
　4. 지부나 분회가 행하는 위법한 쟁의행위 ······································ 295

Ⅳ. 쟁의행위의 일반적 유형과 사례 ·· 296
　1. 파업 ··· 296
　2. 태업(soldiering) ··· 297
　3. 사보타아지(sabotage) ··· 297
　4. 생산관리 ··· 298

       5. 보이콧(boycott) ··· 298
       6. 피켓팅(picketing) ··· 299
       7. 집단사표제출에 의한 업무 정지 ··· 300

  Ⅴ. 쟁의행위와 책임 ··· 301
       1. 교원노조법과 공무원노조법상 쟁의행위와 책임 ······················· 301
          1) 민사책임 ··· 301
          2) 형사책임 ··· 302
          3) 징계책임 ··· 302
          4) 제3자에 대한 책임 ··· 303
       2. 일반노조법상 정당하지 아니한 쟁의행위에 따르는 책임 ··········· 305
          1) 민사책임 ··· 305
          2) 손해배상·가압류 ··· 307
          3) 형사책임 ··· 308
          4) 징계책임 ··· 308
          5) 민·형사 면책합의의 효력 ··· 310
          6) 불법 쟁의행위와 제3자에 대한 책임 ······························ 311
       3. 일반노조법상 정당한 쟁의행위에 대한 보호 ····························· 311
          1) 민사상 면책 ·· 312
          2) 형사상 면책 ·· 312
          3) 노동관계법상 보호 ··· 313

제8장 조정과 중재

  Ⅰ. 조정·중재제도의 의의와 종류 ··· 316
       1. 공적조정 ··· 317
       2. 사적조정 ··· 317
       3. 공적조정과 사적조정과의 관계 ··· 317
       4. 교원과 공무원의 사적조정 중재제도 적용배제 ······················· 318

  Ⅱ. 일반노조법과 조정·중재제도 ·· 319
       1. 조정(調整) ··· 319
       2. 공익사업의 특별조정 ·· 322
       3. 긴급조정 ··· 325

Ⅲ 교원노조법과 조정·중재제도 ·· 327
    1. 조정 ··· 327
    2. 중재 ··· 327
    3. 교원노동관계 조정위원회 ·· 328

Ⅳ. 공무원노조법과 조정·중재제도 ·· 329
    1. 조정 ··· 329
    2. 중재 ··· 330
    3. 공무원노동관계조정위원회 ·· 331

부 록
    ■ 노동조합 및 노동관계조정법 ·· 334
    ■ 교원의 노동조합 설립 및 운영 등에 관한 법률 ················· 368
    ■ 공무원의 노동조합 설립 및 운영 등에 관한 법률 ·············· 375

▣ 약어표
- 노동조합 및 노동관계조정법 → 노동조합법 또는 일반노조법
- 교원의 노동조합 설립 및 운영 등에 관한 법률 → 교원노조법
- 공무원의 노동조합 설립 및 운영 등에 관한 법률 → 공무원노조법

※ 「노동법」이란?

근로자들의 근로관계를 규정하고 근로자들의 생활을 향상하려고 만든 법규를 통틀어 이르는 말(예 : 노동조합법, 교원노조법, 공무원노조법, 근로기준법 등)

통상 노동법을 개별법과 집단법으로 구분하는데, 개별법은 근로기준법과 같이 근로자 개개인에 대한 근로조건의 기준을 강제하는 법인데 반하여 노동조합법은 근로자들이 집단적으로 노동조합을 결성하여 교섭력을 바탕으로 사용자와 근로조건에 대해 집단적으로 교섭하고 단체행동을 하는 규칙(Rull)을 정한 법

제1장 노사관계와 노동법

★ 본장의 Point

1. 노사관계는 시대에 따라 정의가 다양하며 노동법은 근대 시민법의 원리가 수정되면서 노동3권이 확대되어 왔다.

2. 노동법은 근로기준법 등 개별 근로조건을 규율하는 개별적노동 관계법과 일반노조법 등 노사관계를 규율하는 집단적노동관계법으로 구분할 수 있다.

3. 교원과 공무원은 노동관계법상 근로자로서 신분을 가지고 있으나 업무의 특성을 고려하여 우리나라 헌법에서 일반근로자의 노동3권 보장과는 달리 법률에서 구체화 하도록 규정하고 있다.

4. 교원노조법과 공무원노조법은 각각 일반노조법의 특별법 지위에 있다.

5. 교원노조법과 공무원노조법은 노조설립단위, 근로시간면제자, 교섭창구 단일화, 쟁의행위 금지 등에서 일반노조법과 다른 특징을 지니고 있다.

Ⅰ. 노사관계의 이해

1. 노사관계의 개념

노사관계는 노동자와 사용자 또는 피고용자와 고용자와의 관계를 의미 하며, 사용자와 노동자 개개인과의 개별적 고용계약에 바탕을 둔 개별적 고용관계와 노동조합과 사용자 사이의 관계를 설명하는 집단적 노사관계로 크게 나누어 볼 수 있다.

우리나라에서 노사관계에 대한 용어는 시대에 따라 변화되어 왔다. 일제 강점기에는 자본가와 노동자 간의 관계라는 의미로 '노자관계'로 쓰였는데, 당시 마르크스주의자들은 노동조합을 자본주의 경제체제에 대한 대항기구로 보았기 때문에 자본주의하에서 노자관계를 자본가와 노동자간의 적대관계로 파악하였다.

1950년대 이후부터 '노사관계'라는 용어가 본격적으로 사용되었는데, 현대의 기업은 자본과 경영이 분리되고 규모가 거대화되고 복잡성을 갖게 되는 한편, 급변하는 경영환경에 전문경영자의 역할이 날로 증대된다는 점을 반영한 것이었다.

일부 기업에서는 노사관계라는 용어는 적절하지 않고 근로자와 경영자의 관계가 더욱 적절하다는 의미에서 '노경관계'라는 용어를 사용하기도 한다. 최근에는 사무직, 공공부문, 비노조부문을 모두 포괄하는 의미를 지닌 '고용관계'라는 용어를 사용하기도 한다.

2. 노사관계의 흐름

우리나라의 노사관계의 흐름은 가부장적 노사관계, 이데올로기적 노사 관계 그리고 노사 대등의 노사관계로 크게 나누어 볼 수 있다.

1987.6.29 이전의 노사관계를 가부장적 노사관계 시대로, 1987.6.29 이후 2000년까지의 노사관계를 이데올로기적 노사관계의 혼돈시대로, 2000년 이후 노사관계를 노사대등의 노사관계로 참여와 협력 또는 상생의 노사 관계 시대로 구분할 수 있다.

Ⅱ. 노동관계법의 성립과 체계

1. 노동관계법의 성립

산업혁명으로 인하여 자본주의적 생산방식이 형성되고 이에 따라 임금에 의하여 생활하는 노동자 계층이 대두하게 되었다.

노동력의 특수성과 노사간의 사회적·경제적 힘의 불균형으로 말미암아 자본가와 임금노동자 사이에 사용·종속관계가 형성되어 자유와 평등에 입각한 근대 시민법 원리가 한계에 봉착하게 되었다. 즉, 근대 시민법의 3대 원리인 소유권 절대의 원칙, 계약자유의 원칙, 과실 책임의 원칙이 수정되기에 이른다.

이에 근로조건 보장에서 시작하여 노동조합운동의 허용에 이르기까지 노동법 체계가 점진적으로 확립되고, 국제적 노동운동으로 까지 발전하여 1919년 국제노동기구(ILO)가 설립되기에 이르렀고 국제적인 노동기준이 확립되게 되었다.

2. 우리나라 노동관계법의 체계

1) 헌법과 노동권

대한민국 헌법 제33조는 제1항에서 근로자는 근로조건의 향상을 위하여 자주적인 단결권·단체교섭권 및 단체행동권을 가진다고 규정하고 있고, 제2항은 공무원인 근로자는 법률이 정하는 자에 한하여 단결권·단체교섭권 및 단체행동권을 가진다고 규정하고 있다. 나아가 제3항은 법률이 정하는 주요방위산업체에 종사하는 근로자의 단체행동권은 법률이 정하는 바에 의하여 이를 제한하거나 인정하지 아니할 수 있다고 규정하고 있다. 이처럼 헌법 제33조는 노동3권의 행사 주체와 범위를 일률적으로 규정하지 않고 근로자, 공무원 그리고 방위산업체 종사자로 각각 구분하여 규정하고 있다.

이는 분단국가의 현실을 감안하여 노동3권의 허용 범위를 공무원과 방위산업체근무자에게는 제한할 수 있다는 것을 의미 한다.

헌법재판소는 공무원노조법 제10조(단체협약의 효력)에 대한 위헌심판 사건에서 "공무원의 경우 민간부문과 달리 근무조건의 대부분은 헌법상 국민전체의 의사를 대표하는 국회에서 법률, 예산의 형태로 결정되는 것으로서, 그 범위 내에 속하는 한 정부와 공무원노동단체간의 자유로운 단체교섭에 의하여 결정될 사항이라 할 수 없다. 따라서 노사간 합의로 체결한 단체협약이라 하더라도 법률·예산 및 그의 위임에 따르거나 그 집행을 위한 명령·규칙에 규정되는 내용보다 우선하는 효력을 인정할 수는 없다. 그리고 조례는 지방의회가 제정하는 것으로 해당 지방자치단체와 그 공무원을 기속하므로, 단체협약에 대하여 조례에 우선하는 효력을 부여할 수도 없다.[1]"고 하였다.

대법원도 "교원의 지위에 관련된 사항에 관한 한 헌법 제31조제6항이 근로기본권에 관한 헌법 제33조제1항에 우선하여 적용되기 때문에, 입법자가 교원에 대하여 일반노동조합과 유사한 형태의 조합을 결성할 수 있음을 규정하되 그 규율방식을 달리하여 근로조건의 향상 등을 목적으로 하는 단결권 및 단체교섭권은 허용하면서도 단체행동권의 행사는 전면적으로 금지하거나, 혹은 개별 직장이 아닌 광역단위에 한하여 노동조합을 설립할 수 있도록 하는 등 이에 대하여 특별한 규율을 하는 것도 허용된다.[2]"고 하였다.

생각건대 입법권은 국회에 있으며(헌법 제40조) 대통령은 법률에서 구체적으로 범위를 정하여 위임받은 사항과 법률을 집행하기 위하여 필요한 사항에 관하여 대통령령을 발할 수 있는(헌법 제75조) 헌법상 권한을 부여받고 있다. 따라서 국회에서 제정한 법률과 그 법률에 근거하여 대통령이 발하는 명령·규칙은 정부와 공무원노동단체간의 체결된 단체협약에 언제나 우선하여 적용되는 것으로 해석하여야 한다. 따라서 공무원과 교원은 노동권의 내용과 행사에 있어 일반기업의 노동조합과는 달리 적용되고 해석되어야 한다.

---

[1] 2008.12.26. 헌재결정사건 2005헌마971, 2005헌마1193 2006헌마198(병합)
[2] 대법원 2006.5.26 선고 2004다62597 판결

2) 개별노동관계법과 집단노동관계법

현행 노동법은 근로자의 근로조건의 향상을 위한 헌법 제33조의 취지에 따라, 일반적으로 개별근로자와 사용자의 관계를 규율하는 개별적노동 관계법과 근로자단체와 사용자의 관계를 규율하는 집단적노동관계법으로 구분할 수 있다.

개별적노동관계법은 헌법 제32조제3항 '근로조건의 기준은 인간의 존엄성을 보장하도록 법률로 정한다.'는 규정에 따라, 기본법으로 근로기준법, 부속법으로 최저임금법, 산업안전보건법, 남녀고용평등과 일·가정 양립 지원에 관한법률(2008.6.22.시행), 임금채권보장법, 파견근로자보호 등에 관한 법률, 기간제 및 단시간근로자 보호 등에 관한 법률(2007.7.1.시행)등이 있으며, 그 실효성 확보를 위하여 행정감독(근로감독관제도)과 벌칙규정을 두고 있다.

집단적노동관계법은 헌법 제33조제1항(근로3권 규정)의 규정에 따라 근로조건의 유지·개선과 근로자의 경제적·사회적 지위의 향상 도모 및 노동관계 조정을 위한 일반노조법이있고, 협력적 노사관계법으로 노사협의회 등을 규정하고 있는 근로자참여 및 협력증진에 관한 법률 등이 있다.

한편, 공무원의 경우에는 일반 근로자의 근로기준법에 대응하여 국가(지방)공무원법이 적용되고, 일반노조법에 대응하여 헌법 제33조제2항에 '공무원인 근로자는 법률이 정하는 자에 한하여 단결권·단체교섭권 및 단체행동권을 가진다.'라는 규정에 따라 공무원노조법과 교원노조법이 일반노조법의 특별법으로 우선 적용된다. 즉 공무원노조법과 교원노조법에서 그 적용을 배제하지 않는 한 일반노조법이 적용되지만 공무원노조법과 교원노조법에서 일반노조법의 적용을 배제한다는 부분과 성질상 적용이 될 수 없는 사항은 적용되지 않는다.

3) 교원 및 공무원관계법과 노동관계법의 관계

(1) 교원관계법과 노동관계법과의 관계

국·공립 교원의 경우에는 국가공무원법, 교육공무원법, 교원지위향상을 위한특별법, 초·중등교육법, 국가공무원복무규정, 공무원보수규정 등의 법령은 근로기준법 등 개별적 노사관계법령과의 관계에 있어 특별법의 지위에 있다. 따라서 교원의 신분, 복무, 휴가, 보수 등에 관하여는 우선적으로 교육 관계법령이 적용된다. 사립 교원의 경우에도 사립학교법과 동법에 의해 준용되는 국가공무원법, 교육공무원법, 교원지위향상을 위한 특별법, 초·중등교육법 등이 개별적 노사관계법령에 대해 우선 적용된다.

1999년 7월부터 시행된 교원노조법은 일반노조법에 대해 특별법의 지위에 있다. 따라서 교원의 노조 설립과 그 활동에 관하여는 교원노조법이 우선 적용되고 교원노조법에 규정이 없는 사항에 대해서는 특별한 규정이 없는 한 일반노조법이 적용된다.

(2) 공무원법과 노동관계법과의 관계

헌법 제33조 제2항은 '공무원인 근로자는 법률이 정하는 자에 한하여 단결권·단체교섭권 및 단체행동권을 가진다'고 규정하여 공무원이 근로자에 해당한다는 점을 명확히 하고 있고, 이를 근거로 일반노조법 제5조에서는 '근로자는 자유로이 노동조합을 조직하거나 이에 가입할 수 있다. 다만, 공무원과 교원에 대하여는 따로 법률로 정한다'고 규정하고 있다.

국가공무원법 제66조(지방공무원법 제58조)는 제1항에서 '공무원은 노동운동이나 그 밖에 공무 외의 일을 위한 집단 행위를 하여서는 아니 된다. 다만, 사실상 노무에 종사하는 공무원은 예외로 한다.'고 규정하여 사실상 노무에 종사하는 공무원 이외의 모든 공무원에 대해서 노동운동을 금지하고 있다. 이와 같은 노동운동의 금지규정의 합헌성은 헌법재판소와 대법원에 의해 인정되고 있었기 때문에 사실상 노무에 종사하는 공무원을 제외한 모든 공무원에 대해서는 노동조합의 설립이나 가입, 활동이 일체 금지되는 것이 공무원노조법이 제정·시행되기 전까지의 법률 체제였다.

국가공무원법상의 "노동운동"의 개념

헌법재판소

【근로자의 근로조건의 향상을 위한 단결권·단체교섭권 및 단체행동권 등 이른바 근로3권을 기초로 하여 이에 직접 관련된 행위를 의미하는 것으로 좁게 해석하여야 한다.】
(1992.4.28,90헌바27내지34·36내지42·44내지46·92헌바15)

대법원

【헌법과 국가공무원법과의 관계 및 우리 헌법이 근로3권을 집회, 결사의 자유와 구분하여 보장하면서도 근로3권에 한하여 공무원에 대한 헌법적 제한규정을 두고 있는 점에 비추어 국가 공무원법 상의 "노동운동"은 헌법 및 노동법적 개념으로서의 근로3권 즉 단결권, 단체교섭권, 단체행동권을 의미한다고 해석하여야 할 것이고, 제한되는 단결권은 종속근로자들이 사용자에 대하여 근로조건의 유지, 개선 등을 목적으로 조직한 경제적 결사인 노동조합을 결성하고 그에 가입, 활동하는 권리를 말한다고 할 것이다. 국가공무원법상의 "공무이외의 일을 위한 집단적 행위"가 공무가 아닌 어떤 일을 위하여 공무원들이 하는 모든 집단적 행위를 의미하는 것은 아니므로 위 법규를 헌법 합치적으로 제한해석하기 위하여는 위와 같은 헌법규정, 헌법상의 원리, 국가공무원법의 취지, 국가공무원법상의 성실의무 및 직무전념 의무 등을 종합적으로 고려하여 '공익에 반하는 목적을 위하여 직무전념 의무를 해태하는 등의 영향을 가져오는 집단적 행위'라고 축소해석 하여야 할 것이다.】
(1992.2.14, 선고 90도2310 판결)

그러나 공무원노조법이 시행되는 2006년부터는 정당한 노조활동에 대해서는 국가공무원법 제66조(지방공무원법 제58조)의 집단행위의 금지는 적용이 배제되게 되고, 공무원노조의 정당한 활동과 관련한 사항은 공무원노조법의 적용대상이 된다.

공무원노조법 제1조는 목적을 규정한 것이지만, 동시에 공무원의 노동조합에 관한 법적 규율체제를 규정하고 있다. 특히 공무원노조법 제3조 제2항은 "공무원은 노동조합 활동을 할 때 다른 법령에서 규정하는 공무원의 의무에 반하는 행위를 하여서는 아니 된다."고 하여 공무원 신분으로서 노조활동과 아울러 국가공무원법 및 지방공무원법의 적용이 배제되지 않음을 명시하고 있다.

즉, 국가공무원법 및 지방공무원법의 적용이 배제되는 것은 공무원의 정당한 노조활동에 대한 국가공무원법 제66조 및 지방공무원법 제58조에 한정되고(공무원노조법 제3조제1항), 그 이외의 국가공무원법 및 지방공무원법의 규정은 공무원 신분을 유지하는 한 공무원노조를 구성하는 조합원인 공무원에게 계속 적용된다.

따라서 공무원노조의 가입, 설립, 운영, 활동 등 공무원노조와 관련한 정당한 노조활동에 대해서는 공무원노조 및 그 조합원은 공무원노조법의 적용을 받지만, 공무원노조의 조합원은 공무원으로서의 신분과 지위를 그대로 유지하고 있기 때문에 공무원노조법에서 특별하게 규정하고 있는 경우를 제외하고는 공무원의 권리와 의무는 국가공무원법 및 지방공무원법에 의하여 규율된다.

Ⅲ. 교원과 공무원의 노동권 보장의 범위

1. 근로자 개념

1) 근로기준법상 근로자 개념[3]

근로기준법 제2조(정의)제1호에서 근로기준법의 적용대상으로서의 근로자의 개념을 '직업의 종류와 관계없이 임금을 목적으로 사업이나 사업장에 근로를 제공하는 자'라고 규정하고 있다.

'직업의 종류와 관계없이'란 정신노동, 육체노동, 사무노동의 구별도 문제가 되지 않으며 상용, 일용, 임시직, 촉탁직 등 근무형태나 직종, 직급 등이 근로자 여부를 판단하는 기준이 되지 않는다는 것을 의미한다. 또한 '근로를 제공하는 자'라 함은 사용종속관계를 전제로 하며 근로자가 사용자에게 고용되어 근로를 제공한다는 것은 사용자의 지휘 · 명령을 받아 사용자가 원하는 내용의 일을 하는 것을 말하며 이를 사용종속관계라 한다.

대법원

【종속적인 관계에 있는지 여부를 판단함에 있어서는 업무의 내용이 사용자에 의하여 정하여지고 취업규칙 · 복무규정 · 인사규정 등의 적용을 받으며 업무수행 과정에 있어서도 사용자로부터 구체적이고 직접적인 지휘 · 감독을 받는지 여부, 사용자에 의하여 근무시간과 근무 장소가 지정되고 이에 구속을 받는지 여부, 근로자 스스로가 제3자를 고용하여 업무를 대행케 하는 등 업무의 대체성 유무, 비품 · 원자재 · 작업도구 등의 소유관계, 보수가 근로 자체의 대상적 성격을 갖고 있는지 여부와 기본급이나 고정급이 정하여져 있는지 여부 및 근로소득세의 원천징수 여부 등 보수에 관한 사항, 근로제공관계의 계속성과 사용자에의 전속성의 유무와 정도, 사회보장제도에 관한 법령 등 다른 법령에 의하여 근로자로서의 지위를 인정받는지 여부, 양 당사자의 경제 · 사회적 조건 등을 종합적으로 고려하여 판단하여야 한다.】 (1996.4.26, 95다20348 판결)

---

[3] 근로기준법상 사용자란 '사업주 또는 사업경영담당자, 그 밖에 근로자에 관한 사항에 대하여 사업주를 위하여 행위하는 자'를 말한다(근로기준법 제2조1항제2호).

2) 일반노조법상 근로자 개념[4]

　일반노조법 제2조(정의)제1호는 "근로자라 함은 직업의 종류를 불문하고 임금·급료 기타 이에 준하는 수입에 의하여 생활하는 자를 말한다."라고 규정하고 있다.
　노조법은 근로자가 노동조합을 결성하여 실질적으로 사용자와 대등한 위치에서 단체교섭을 통해 근로조건 등에 대해 교섭하는 것을 그 목적으로 하고 있다. 따라서 근로기준법과는 달리 노조법에서는 노동조합에 가입할 필요가 있는 사람들 모두가 근로자에 해당되므로 실업자와 해고의 효력을 다투고 있는 사람도 근로자로 보고 있다(일반노조법 제2조제4호라목).
　공무원 또는 교원이었던 자도 공무원노조와 교원노조에 가입하여 활동할 수 있다.

〈2022 고용노동부 집단적노사관계 업무메뉴얼〉: 근로자의 범위(39-40쪽)

　일반노조법상 근로자는 근로기준법상 근로자에 한정되지 않고, 다음 요소들을 종합적으로 고려하여 노조법상 근로자 여부를 판단하여야 함(대법원 2018.6.15. 선고 2014두12598 판결) ①노무제공자의 소득이 특정 사업자에게 주로 의존 ②노무를 제공받는 특정 사업자가 보수를 비롯하여 노무제공자와 체결하는 계약 내용을 일방적으로 결정 ③노무제공자가 특정 사업자의 사업 수행에 필수적인 노무를 제공함으로써 특정 사업자의 사업을 통해서 시장에 접근 ④노무제공자와 특정 사업자의 법률 관계가 상당한 정도로 지속적·전속적 ⑤사용자와 노무제공자 사이에 어느 정도 지휘·감독관계가 존재 ⑥노무제공자가 특정 사업자로부터 받는 임금·급료 등 수입이 노무 제공의 대가인지 여부 ⑦노무제공관계의 실질에 비추어 노동3권을 보장할 필요성이 있는지 여부→ 따라서 노조법상 근로자성 여부는 노무제공 실질에 따라 개별·구체적으로 판단할 필요

　◆ 비록 근로기준법이 정하는 근로자로 인정되지 않는다 하더라도, 특정 사업자에 대한 소속을 전제로 하지 아니할 뿐만 아니라 '고용 이외의 계약 유형'에 의한 노무제공자까지도

---
[4] 일반노조법상 사용자란 '사업주, 사업의 경영담당자 또는 그 사업의 근로자에 관한 사항에 대하여 사업주를 위하여 행동하는 자'를 말한다(일반노조법 제2조제2호).

포함할 수 있도록 규정한 노동조합법의 근로자 정의 규정과 대등한 교섭력의 확보를 통해 근로자를 보호하고자 하는 노동조합법의 입법 취지를 고려할 때, 학습지 회사의 사업에 필수적인 노무를 제공함으로써 경제적·조직적 종속관계를 이루고 있는 학습지 교사들을 노동조합법상 근로자로 인정할 필요성이 있다. 또한 경제적 약자의 지위에서 학습지 회사에게 노무를 제공하는 학습지 교사들에게 일정한 경우 집단적으로 단결함으로써 노무를 제공받는 특정 사업자와 대등한 위치에서 노무제공조건 등을 교섭할 수 있는 권리 등 노동3권을 보장하는 것이 헌법 제33조의 취지에도 부합한다(대법원 2018.6.15. 선고 2014두12598 판결).

◆ 방송연기자 중에는 방송사업자에게 전속된 것으로 보기 어렵거나 그 소득이 방송사업자로부터 받는 출연료에 주로 의존하고 있다고 단정하기 어려운 경우도 있을 수 있다. 그러나 방송연기자와 방송사업자 사이의 노무제공관계의 실질에 비추어 보면, 방송연기자로 하여금 노동조합을 통해 방송사업자와 대등한 위치에서 노무제공조건 등을 교섭할 수 있도록 할 필요성이 크므로, 전속성과 소득 의존성이 강하지 아니한 측면이 있다 하더라도 이를 들어 방송연기자가 노동조합법상 근로자임을 부정할 것은 아니다(대법원 2018.10.2. 선고 2015두38092 판결). 2022 집단적 노사관계 업무매뉴얼40 공무원은 헌법 제33조제2항, 노조법 제5조제1항단서에 따라 공무원노조법, 교원노조법, 국가공무원법 제66조제1항, 지방공무원법 제58조제1항에 의거 노동3권이 제한될 수 있으나,- 국가공무원법 제66조제1항단서 및 지방공무원법 제58조제1항단서에 따라 사실상 노무에 종사하는 공무원은 공무원노조법이 아닌 일반 노조법이 적용되어 노동3권이 보장됨.

- '사실상 노무에 종사하는 공무원'의 범위는 국가공무원의 경우 국가공무원복무규정 제28조, 지방공무원인 경우 해당 지방자치단체의 조례에 규정한편, 「교원의 노동조합 설립 및 운영 등에 관한 법률」('99.1.29 제정)과 「공무원의 노동조합 설립 및 운영 등에 관한 법률」('05.1.27 제정)에 따라 교원(유치원, 초·중등교원, 대학교원)과 공무원의 단결권 및 단체교섭권은 보장되나 단체행동권은 허용되지 아니함. 근로기준법상 근로자라 할지라도 사용자에 해당하는 「근로자에 관한 사항에 대하여 사업주를 위하여 행동하는 자」(노조법 제2조제2호) 및 「항상 사용자의 이익을 대표하여 행동하는 자」(노조법 제4조제4호 가목)는 노동조합을 조직하거나 이에 가입할 수 없음.

- 노조법에서 사용자 등이 노조에 가입하는 것을 제한한 것은 노조의 자주성을 보장하는 한편 사용자의 비밀사항 등이 지켜질 수 있도록 하여 노사의 대등성을 보장하기 위한 것임 따라서 노조법상 노조가입이 제한되는 자는 비록 규약상 조합원 가입범위에 포함되어 노조

에 가입하였다 하더라도 조합원 자격이 없음.

2. 교원과 공무원의 근로자 여부

교원과 공무원이 근로자로 인정될 경우 헌법에서 보장하고 있는 노동3권을 향유할 수 있는 권리를 가진다는 의미 때문에 그동안 근로자 여부에 대하여 논란이 많이 있었다. 즉, 교원과 공무원이 근로자로 인정될 경우 노동조합을 결성하여 사용자와 단체교섭을 하고, 이를 통하여 그들의 근로조건을 유지 향상시킬 수 있기 때문이다.

우리나라의 경우 근로자의 개념에 대해, 일반노조법 제2조에서 "근로자라 함은 직업의 종류를 불문하고 임금·급료 기타 이에 준하는 수입에 의하여 생활하는 자를 말한다고 규정하고 있고, 근로기준법 제2조에서 "근로자"라 함은 직업의 종류와 관계없이 임금을 목적으로 사업이나 사업장에 근로를 제공하는 자를 말한다"고 정의하고 있다. 이처럼 임금을 목적으로 근무를 제공한다는 의미에서 교원과 공무원 또한 근로자임을 부정 할 수는 없다. 그러나 업무의 특성과 신분의 특수성으로 인하여 근로자 여부에 대해 논란이 있어 왔다. 특히 근로자로 인정되더라도 노동3권의 보장 범위 특히, 단체행동권의 인정 여부를 둘러싸고 논란이 계속되고 있다.

공무원은 국민전체에 대한 봉사자인 지위, '직무의 공정성', '근무조건 법정주의', '재정 민주주의' 등을 고려하여 근로자성을 제한하였으나 2006.1.27 공무원노조법이 제정·시행되어 공무원의 근로자성이 법적으로 확인되었다 할 수 있다. 그러나 헌법재판소는 공무원도 근로자라는 점을 인정하고는 있으나, 일반 근로자와는 달리 특별한 근무관계가 있다는 점에서 공무원 지위의 특수성과 직무의 공공성을 강조하고 있다.

헌법재판소

【일반적으로 말하여 공무원이란 직접 또는 간접적으로 국민에 의하여 선출 또는 임용되어 국가나 공공단체와 공법상의 근무관계를 맺고 공공적 업무를 담당하고 있는 사람들을 가리킨다고 할 수 있고, 공무원도 각종 노무의 대가로 얻는 수입에 의존하여 생활하는

사람이라는 점에서 통상적인 의미의 근로자적인 성격을 지니고 있으므로 헌법 제33조 제2항 역시 공무원의 근로자적 성격을 인정하는 것을 전제로 규정하고 있다.】
(1992. 4. 28. 90헌바 27내지 34, 36내지42, 44내지46, 92헌바15)

헌법재판소

　【공무원은 그 임용주체가 궁극에는 주권자인 국민 또는 주민이기 때문에 국민전체에 대하여 봉사하고 책임을 져야 하는 특별한 지위에 있고, 그가 담당한 업무가 국가 또는 공공단체의 공공적인 일이어서 특히 그 직무를 수행함에 있어서 공공성·공정성·성실성 및 중립성 등이 요구되기 때문에 일반근로자와는 달리 특별한 근무관계에 있는 사람이다.

　그리하여 우리 헌법도 제7조제1항·제2항에서 "공무원은 국민전체에 대한 봉사자이며 국민에 대하여 책임을 진다. 공무원의 신분과 정치적 중립성은 법률이 정하는 바에 의하여 보장된다."고 규정하고 있고, 그 밖에 제29조제1항·제2항에서 공무원의 불법행위 책임과 그에 대한 국가의 배상의무 및 일정한 공무원에 대한 배상제한 규정을 두고 있으며, 제33조제2항에서 근로기본권에 관하여 공무원에 대한 특별규정을 두고 있다. 우리 헌법이 위와 같은 규정을 두게 된 뜻은 바로 위에서 본 바와 같이 같은 공무원의 지위의 특수성과 직무의 공공성에서 비롯되는 것이다.】
(1992.4.28. 90헌바 27내지34, 36내지42, 44내지46, 92헌바15)

　교원은 교직에 대한 관점에서 '성직자와 같이 인간의 인격형성을 돕는 일로써 교사의 높은 윤리성과 인격성을 강조'하는 성직관과 1966년 10월 5일 파리에서 UNESCO/ILO의 합동회의에서 채택한 "교원지위에 대한 권고"와 같이 '교직은 엄격하고 끊임없는 연구에 의해 획득되고 유지되는 전문적인 지식 및 기능을 교사에게 요구하는 공공적 직무이며 또 교사가 담당하는 학생의 교육과 복지에 대해서 개인 및 공동의 책임감을 요구하는 업무'라는 전문직관, '교직을 인간으로서의 존엄이라는 사회적 공동선을 실현시키는데 필수 불가결한 활동으로 보고 이를 공적으로 시행하여야 한다고 보는 관점'에서 공직관 등 다양한 주장이 제기되어 왔고, 이러한 특수성에 입각하여 교원이 노동자인지 여부를 두고 이에 찬성하는 의견과 반대하는 의견이 첨예하게 대립되어 왔으나 1999.1.29 교원노조법이 제정 공포됨에 따라 교원의 근로자성이 인정되는 계기가 되었다.

교원노조법과 공무원노조법에서는 각 각 제1조의 목적에서 교원과 공무원의 노동기본권을 보장하기 위한 것임을 명시하고 있다. 이는 교원과 공무원도 노동기본권의 향유주체가 된다는 점을 분명하게 함으로써 근로자에 해당하는지 여부, 민간부문의 노동조합과 본질적으로 차이가 있는지 여부 등에 대하여 발생 할 수 있는 논란을 해소한 것으로 평가할 수 있다.

그러나 쟁의행위의 허용 여부에 대해서는 노동계의 계속되는 이의제기가 이어질 것으로 예상된다.

3. 교원과 공무원의 노동기본권 보장의 범위

교원노조법이나 공무원노조법의 경우 노동3권 중 단결권과 단체교섭권은 인정하고 있으나, 쟁의행위는 법으로 금지하고 있다. 또한, 단결권도 교원노조는 시·도 단위 또는 전국단위에 한하여 설립할 수 있도록 규정하고 있고, 공무원노조의 경우에는 전국단위, 시·도 단위 및 시·군·구 단위에 한하여 노조를 설립할 수 있도록 규정하고 있어 단결권에 대해서도 사실상 일정 부분은 제한하고 있다.

이와 같이 교원과 공무원의 경우에 노동3권에 대하여 제한이 가능한지에 대하여 노동3권의 유기적 관련성을 인정하는 학설에 의하면 단결권·단체교섭권 및 단체행동권은 밀접한 상호관련을 가지면서 근로조건의 향상을 위한 수단으로 보장되어 있다는 견해로 단결이 근로자집단의 근로조건의 향상을 추구하는 주체라고 한다면 단체교섭은 그 주체의 구체적인 목적활동이며 그 목적활동은 단체협약의 체결이라는 것으로 결실을 보게 되고, 단결체가 단체 교섭에 의하여 소기의 목적을 달성할 수 없을 때에는 단체행동을 통하여 그의 주장을 관철하게 되므로 노동3권은 서로 유기적인 밀접한 관련성을 가지고 있으므로 원칙적으로 일체적 권리로서 보장되어 있다는 견해[5]가 있고 반면 부정하는 입장에 의하면, 우리 헌법이 단결권·단체교섭권·단체행동권을 병렬적으로 규정하여 노동3권 각각의 독자성을 강화하고 있는 점, 노동3권 상호관련성을 어떤 수준

---
5) 김형배,『노동법』, (서울:박영사 2008), p.135 이하

으로 부여할 것인가는 입법정책 내지는 입법재량에 속하는 문제라는 점, 그리고 시대상황에 따라 노동3권의 중심이 되는 권리도 변화되어 온 점 등을 근거로 노동3권의 상호관련성이란 노동3권 중의 어느 하나의 권리가 다른 권리에 의하여 정당성이 규정된다는 그러한 적극적 의미의 일체성이 아니라, 생존권 이념을 실현하려면 3권 중의 어느 하나도 결여되어서는 안 된다는 소극적 의미에서의 상호관련성 정도로 파악하여야 한다는 견해[6]가 있다.

이에 대해, 판례는 사용자에 비하여 열세일 수밖에 없는 근로자에게 열세성을 배제하고 사용자와의 대등성 확보를 위한 법적 수단으로 단체교섭권을 인정하는 것이야말로 근로조건의 향상을 위한 본질적 방편이라고 아니 할 수 없으며 따라서 그것을 위하여 단체형성의 수단인 단결권이 있고 또한 교섭이 난항에 빠졌을 때 그것을 타결하기 위한 권리로서의 단체행동권이 있는 것으로 보아야 하기 때문에 단결권과 관련하여 인정된 지위는 단체행동권과 관련해서도 같은 정도로 인정될 수 있다[7]고 하여 노동3권의 유기적 관련성에 있어 긍정설 입장을 취하고 있음을 알 수 있다.

교원의 경우 교원노조법 제8조에서, 공무원의 경우 공무원노조법은 제11조에서 '파업, 태업 또는 그 밖에 업무의 정상적인 운영을 방해하는 일체의 행위(쟁의행위)를 하여서는 아니된다.'고 규정하여 단체행동권을 제한하고 있다. 이와 같이 노동3권을 제한할 경우 위헌의 소지가 있다고 주장하는 견해가 있으나 교원이나 공무원의 노동기본권 제한에 대한 헌법재판소의 견해는 위헌이라고 보지 않고 있다.

헌법재판소

【우리 헌법은 제33조제2항에서 "공무원인 근로자는 법률이 정하는 자에 한하여 단결권·단체교섭권 및 단체행동권을 가진다."고 규정하여 공무원인 근로자에 대하여는 일정한 범위의 공무원에 한하여서만 근로3권을 향유할 수 있도록 함으로써 기본권의 주체에 관한 제한 두고 있다고 전제한 뒤, '국민전체에 대한 봉사자의 지위', '직무의 공공성', '재정 민주주의', '주권자인 전체국민의 복리'를 고려하여 공무원제도를 보장하고 보호하

---

6) 이철수, 단체교섭의 근로자측 주체에 관한 비교법적 연구, 서울대학교박사학위논문, 1992, p.206-209
7) 대법원, 1990.5.15, 90도357 판결.

는 점'등을 감안할 때 사실상 노무에 종사하는 공무원을 제외한 공무원들에 대하여 근로3권의 행사를 제한하는 것은 헌법 제33조제2항에 근거, 합리적인 이유 및 헌법 제11조 제1항에 정한 평등의 원칙에 위반되는 것이 아니므로 국가공무원법 제66조제1항은 헌법에 위반되지 않는다.】
(1992.4.28. 90헌바27·34·36·42·44·46)

또한, 사립학교 교원에 대한 단결권 제한에 대한 헌법재판소의 다수의견 또한 이를 긍정하고 있다.

헌법재판소

【교원 직무의 특수성에 대하여 첫째, 교원의 수업활동과 학생지도에 필요한 기술과 능력은 해당분야에 대한 최신의 연구결과에 대한 식견과 정보뿐 아니라 인간의 성장과 발달, 행동심리, 정신건강과 위생, 학생의 욕구에 관한 고도의 지식을 필요로 하는 정신적 활동이므로 교원 자신이 장기간에 걸친 교육과 훈련을 받지 않고서는 그 직업이 요구하는 소양과 지식을 갖출 수 없는 점, 둘째, 교원은 다른 전문직인 의사·변호사 또는 성직자와 같이 고도의 자율성과 사회적 책임성을 아울러 가져야 한다는 사회적·윤리적 특성이 있다는 점과 '공·사립학교 교원의 동질성', '근로관계의 특수성', '교원지위의 법정주의'를 들어 사립학교법 제58조 1항 제4호는 위에서 판단한 범위 안에서 근로자의 근로기본권을 규정한 헌법 제33조 제1항, 법률유보에 관한 일반규정인 헌법 제37조제2항, 평등에 관한 규정인 헌법 제11조 제1항 및 국제법 존중의 원칙을 규정한 헌법 제6조제1항에 위반되지 않는다.】
(1991.7.22. 89헌가106 다수의견)

노동3권의 유기적 관련성 문제는 주로 쟁의행위의 정당성과 관련하여 논의되고 있는 사항으로서, 쟁의행위의 주체는 협약체결 능력이 있는 노동조합이 주도하여야 한다는 점, 쟁의행위는 단체협약상의 목적을 관철하기 위한 수단으로 수행되어야 한다는 점을 감안할 때, 근로조건이 법률에 의하여 정해지고 단체교섭의 상대방이 법률의 개정에 대하여 권한을 가지고 있지 않다는 점에서 교원노조법과 공무원노조법의 쟁의행위제한 규정과 무관하게 공무원과 교원의 쟁의행위가 정당성을 인정받을 수 있는 가능성은 매우 희박하다[8]고 하겠다.

---
8) 유성재, "근로3권의 유기적 관련성"교직단체전담반협의회 회의자료(서울특별시교육청), 2004, p.12

Ⅳ. 교원과 공무원 노동조합의 합법화 과정

1. 교원 노동조합

1999년 1월 7일 교원노조법이 제정되고, 1999년 7월 1일자로 시행에 들어감에 따라 동 법에 근거하여 전국교직원노동조합(이하 '전교조'라 함)과 한국교원노동조합(이하 '한교조'라함)이 설립신고를 하였고, 2006년 3월 31일자로 서울자유교원조합이 2008년 12월 5일에는 대한교원조합이 설립신고 함으로써, 우리나라의 교직단체는 교육기본법에 의거 1991년도에 기설립된 전문직 교원단체의 한국교총과 교원노조인 전교조, 한교조, 자교조 및 대한교조가 활동하고 있었다.[9]

교원노조의 입법화 과정을 살펴보면, 4.19 혁명 직후 1960년 5월 22일 결성된 한국교원노조연합회는 전국적으로 20여개의 교원노조가 결성되어 활동하였으나 5.16으로 좌절되었고, 1985년 민중교육지사건[10] 관련자들이 민주교육실천협의회(민교협)를 결성하여 활동한 바 있으며, 1987년 6.29선언이후 교원노조 운동이 보다 본격화되면서 민주교육추진전국교사협의회(전교협)[11]를 창립하여 1988년 정기국회에서 교육법 개정 목표로 활발한 활동을 벌였으나 별 거론 없이 회기를 마치자 1989년 2월 19일 전국대의원대회에서 '교직원 노조'를 결성하기로 한 결의를 계기로 1989년 5월 28일 정부의 불허와 반대여론에도 불구하고 전국교직원노동조합(전교조)을 결성하여 1,511명이 파면, 해임, 면직 등 해직되는 일이

---

9) 서울특별시교육청, 『교직단체업무편람』, (서울 : 경인정보문화사, 2008) p.3~4.
10) 1985.5월 현장교사들의 학교교육에 대한 비판, 교육실천경험 등을 담은 교육무크지『교육현장』(사계절)과『민중교육』(실천문학사) 출판으로 교사 20여명 해직됨. 전국교직원 노동조합 외, 『민주화를 위한 백서』(서울: 풀빛), 1989.p.464~465.
11) YMCA 교육자협의회를 통해 전국적인 연락망을 가지고있던 공개적 모임은 방학중 수차례의 협의를 거쳐 전국적인 교사협의회의 결성을 추진하여 1987.8.13에 '민주교육추진전국교사협의회' 발기인 대회를 갖기로 결정하고 1987.9.27일 한국신학대학 강당에서 교사와 대학원생 70여명이 모여 전교협을 창립하고, 교련탈퇴운동의 전개와 교육혁신 사업의 전개(국정교과서 제도의 폐지, 비민주적·반교육적 교육법규의 개폐, 근무평정제도의 폐지, 학교예산의 집행내용 공개, 입시위주 교육의 전면개편 등을 주장), 교육부, '전교조 결성과정과 주요활동', 1997.11, p.3 이하 참조

발생하였으나, 전국교사추진위원회(전교추) 활동 등을 통해 해직교사 원상복직운동을 전개하였고, 1993년 문민정부 출범이후 정부는 해직교사의 개별심사를 통한 신규임용의 특별채용 방식으로 복귀조치 방침을 정함에 따라 대부분의 교사가 교단으로 복귀하게 되었다.

1993년 1월 국제자유교원노조연맹(IFFTU) 제16차 총회에서 한국정부에 전교조의 인정을 촉구하는 긴급결의안이 채택되고, 3월에는 ILO 255차 집행이사회 및 11월의 256차 집행이사회에서 전교조 인정과 해직교사 복직을 요구하는 권고 결의안이 채택되었으며, 1996년 OECD에 29번째로 가입하면서 "한국 노사관계 기준을 국제 기준에 맞게 개선"하겠다고 한 약속[12]에 따라 노사관계개혁추진위원회(노개위)를 설치하여 공무원과 교원의 단결권 문제를 포함한 노동법 전반에 관한 폭넓은 활동을 펼쳤다.

이 때는 노동조합이 아닌 교원단체의 복수화를 허용하고 교섭권을 갖는 교원단체 제한 등을 주요골자로 하는 「교육법중개정법률안」과 「교원지위 향상을위한특별법개정법률안」을 마련하였으나 이해관계 집단간의 심각한 의견대립으로 폐기되었다. 국민의 정부 출범과 더불어 1998년 2월 6일 노사정위원회에서 교원의 노동조합 결성권을 보장하기로 합의하였고, 1998년 8월 14일 노사정위원회 노사관계소위에서 『교원노동기본권보장』을 최우선 과제로 추진하기로 하고, 1998년 9월 23일 토론회를 거쳐 1998년 10월 31일 노사정위원회 본회의에서 구체적 보장방안에 대하여 합의를 도출하여 1998년 11월 23일 국무회의의결과 1999년 1월 6일 국회 본회의에서 의결됨에 따라, 교원노조법이 1999년 1월 29일자로 공포되었다.[13]

이후 실질적인 법 개정이 없었으나. 헌법재판소가 유·초·중등교원에 대해서만 노조 설립 및 가입을 허용하는 교원노조법 제2조에 대해 헌법불합

---

[12] 공노명 외무장관은 '한국은 OECD가 표방하고있는 다원적 민주주의, 시장경제, 인권존중이라는 3대 기본정신과 국제적 기준에 맞춰 앞으로 노사관계를 풀어갈 것이다. 가급적 올해 정기국회 회기내에 노동법 개정안을 국회에 제출할 수 있도록 노력하겠다'문화일보, 1996.11.9
[13] 교육인적자원부, 단체교섭·협의 자료집, (서울: 선명인쇄, 2002) p.1이하

치 결정('18.8.30, 2015헌가38)을 하였고, 헌법재판소 결정 취지를 반영하여 2020년 관련 규정을 정비하게 되었다.

2021년에는 ILO 핵심협약의 비준을 추진하면서 해당 협약에 부합하는 내용으로 법률을 개정하여, 2020.6.9. 유아교육법상 교원은 유아교육법 부칙 제9조에 따라 교원노조법 적용대상이었으나, 조문 정비를 통해 적용 대상임을 명확화(제2조)하였고, 대학교원의 노동조합 설립·가입을 허용(제4조제2항 신설)하였다. ·「유아교육법」에 따른 교원의 노동조합 대표자는 교육부장관, 시·도 교육감또는 사립학교 설립·경영자와 교섭할 수 있고, 이 경우 사립학교 설립·경영자는 전국 또는 시·도 단위로 연합하여 교섭에 응하여야 하고(제6조제1항제1호 신설), 「고등교육법」에 따른 교원의 노동조합 대표자는 교육부장관, 시·도지사, 국·공립학교의 장 또는 사립학교 설립·경영자와 교섭할 수 있(제6조제1항제2호 신설)게 되었다. 또한 교원노조의 교섭창구 단일화 절차 규정 마련(제6조제6항 신설)하였다

2021.1.5. 해고된 교원 중 중노위 재심판정때까지만 교원으로 보던 제2조 각호 외의 부분 단서를 삭제하여, 노동조합에 가입할 수 있는 사람의 범위를 교원 및 교원으로 임용되어 근무하였던 사람으로서 노동조합 규약으로 정하는 사람으로 개정(제4조의2 신설)하였다.[13)-1]

2. 공무원 노동조합

공무원은 국민전체에 대한 봉사자로서 직무 수행에 있어 공공성. 중립성이 요구되는 점을 감안, 일반근로자와 같은 노동기본권을 부여하지 않았다.

1948년 제헌헌법은 공무원에 대한 특례규정 없이 단지 근로자의 노동3권을 보장하고 있었지만, 그 당시 노동조합법 제6조 및 노동쟁의조정법 제5조는 현역군인, 군속, 경찰관리, 형무관리 및 소방관리를 제외한 모든 공무원에게 일반 근로자와 달리 단결권과 단체교섭권만을 인정하고 있었다.

---

13)-1 고용노동부 '2021 교원노사관계업무메뉴얼 4-5쪽'

1961년 5.16 이후 헌법 제29조제2항, 국가공무원법 제37조 및 노동조합법 제8조를 개정하여 노무에 종사하는 공무원을 제외한 모든 공무원의 노동기본권을 제한하였다.

그 후 공무원의 노동기본권이 부인되어 오다가 1987년 헌법에서 "공무원인 근로자는 법률이 정하는 자에 한하여 단결권·단체교섭권·단체행동권을 가진다."고 규정하게 되었고 공무원의 노동기본권을 보장하는 입법형식을 취하게 된다. 그러나 국가공무원법과 노동조합법의 개정이 이루어지지 않아 실질적인 면에서 공무원의 노동기본권은 보장되지 않았다.

1989년에는 여소야대의 임시국회에서 여야 만장일치로 현역군인, 경찰공무원, 교정공무원, 소방공무원을 제외한 6급 이하의 모든 공무원에게 단결권과 단체교섭권을 부여하는 노동법 개정안이 통과되었지만 대통령의 거부권 행사로 폐기되었다.

1990년대 들어와 UN, 국제노동기구(ILO) 및 경제협력개발기구(OECD)에 가입하는 등 국제화의 변화 속에서 공무원과 교원의 노동기본권과 관련하여 UN의 경제적·사회적·문화적 권리위원회, ILO의 결사의 자유위원회 및 이 사회 그리고 OECD의 노조자문위원회로부터 수차례 법 개정에 대한 권고를 받았고, 감시대상국으로 지정되기까지 하였다.

1997년 12월 노사관계개혁위원회 전체회의에서 공무원의 단결권과 단체교섭권(단체협약 체결권 제외)을 인정하는 "공무원 단결권 보장방안"에 대하여 의결하게 되었다. 1998년 2월에는 노사정위원회의 합의를 통해 제1단계로 "공무원직장협의회의 설립·운영 등에 관한 법률"이 제정되어 1999년부터 공무원직장협의회가 설립·운영되고 있다.

2002년 10월 18일 행정자치부(현재 행정안전부) 주관으로 "공무원조합의 설립 및 운영등에관한법률(안)"을 마련하여 국회에 제출하였으나 입법화에 이르지 못하였고, 참여정부 이후 노동부 주관으로 2004년 8월 "공무원의노동조합설립 및 운영등에관한법률(안)"을 입법예고 하고, 동 법안은 동년 10

월 국회에 제출되었다.

　동법률안에 대해 단체행동권의 행사가 금지되는 것 등을 이유로 "전국공무원노동조합"에서 2004년 11월 15일부터 17일까지 집단행동에 돌입하는 등 반발하였으나, 국회 논의과정에는 공무원의 정치적 중립성을 보다 명확히 하는 한편 노동조합에 가입할 수 없는 공무원의 범위를 특정하는 등 일부 조문만이 수정될 뿐 대부분 정부 원안대로 2004년 12월 31일 국회를 통과하였다. 이 법은 1년간의 유예기간을 가진 후 2006년 1월 28일부터 시행되었다.

Ⅴ. 교원 및 공무원노조법의 특징

교원이나 공무원노조법은 일반노조법의 특별법으로 제정되어 있어 동 법에서 정하지 않은 사항은 일반노조법이 적용된다. 이를 간단히 표로 정리하면 다음과 같다.

구 분	교원, 공무원노조법	일반노조법
보장범위	○ 단결권, 단체교섭권(협약체결권 포함) - 쟁의행위 금지	○ 노동3권 보장 ○ 복수노조 인정
설립단위	○ 교원 : 유·초·중등교원은 시·도 단위 또는 전국단위, 고등교육법 교원은 학교 단위부터 가능 ○ 공무원 : 각 헌법기관, 시·도, 시·군·구 단위로 제한 (교육청은 시·도 단위 최소)	○ 제한없음

교섭창구 단일화	○ 복수노조 인정
	  - 교섭창구 단일화
	    노조허용법 제정시부터 복수노조인정
		○ 복수노조 (2011.7.1 허용)
		  - 교섭창구 단일화

교섭권 위임	○ 교섭권 제3자 위임 금지	○ 교섭권 제3자 위임 가능
단체협약 효력	○ 법령·예산·조례 등과 관련한 사항은 단체협약의 효력을 부인하고 성실 이행노력 의무 부여	○ 제한 없음
정치활동	○ 정치활동 금지	○ 정치활동 허용
의견수렴	○ 교원 : 단체교섭 과정에 국민여론 및 학부모 의견수렴 ○ 공무원 : 규정 없음	○ 규정 없음

1. 조직형태와 단결권

교원이나 공무원의 경우 일반노조와는 달리 노조 설립 단위를 법에서 제한하고 있다.

공무원의 경우에는 공무원노조법 제5조에서 국회·법원·헌법재판소·선거관리위원회·행정부·특별시·광역시·특별자치시·도·특별자치도·시·군·구(자치구를 말한다) 및 특별시·광역시·특별자치시·도·특별자치도의 교육청을 최소 단위로 한다고 규정하고 있다. 이와 같이 노동조합의 조직형태를 제한하는 배경을 보면 공무원의 경우 대부분 법령(국가공무원법 및 지방공무원법) 및 예산등에 의해 정해지므로 단체교섭체계의 효율화를 위하여 근무조건의 결정권을 갖는 기관단위인 헌법기관과 자치단체를 최소설립단위로 제한하였다.

교원의 경우에는 교원노조법 제4조제1항에서 유·초·중등 교원은 시·도 단위 또는 전국단위에 한하여 노조를 설립할 수 있도록 규정하고 있고, 같은 법 제4조제2항에서 고등교육법에 의한 교원은 개별학교, 시도, 전국단위로 노조를 설립할 수 있다. 이처럼 유·초·중등 교원노조설립 단위를 제한하고 있는 입법취지를 보면, 교원의 임금·근무조건 등이 법령·예산 등으로 법정화 되어 있어 전국적으로 통일적인 기준이 적용되고, 유·초·중등 교원의 임용권은 시·도교육감이 갖고 있는 등 일반 근로자와 다른 특수성을 갖고 있고, 학교단위에서 교원노조를 허용하게 되면 노조활동으로 학생들에게 비교육적인 영향이나 학습권 훼손이 직접적으로 파급될 수 있고 초·중등교육법에 의하여 설치된 학교운영위원회 기능과의 갈등관계를 형성할 소지가 있다는 점 등을 감안하고 있다.

이에 대하여 노조의 조직유형을 어떠한 것으로 할 것인가는 단결권의 향유주체인 교원(공무원)인 근로자들이 스스로 선택하여 결정할 문제로서 광역시·도(시·군·구) 단위 이상의 조직유형을 강제하는 것은 헌법상의 단결권을 침해한다는 견해[14]와 설립단위에 학교단위를 배제하여 교섭단위와 일치

---

14) 김형배, 앞의책, p.188

시키고 있는데 임용권의 소재가 시·도교육감에게 있는 국·공립학교의 경우에는 그 타당성이 인정되나 사립학교의 경우에는 재단연합체와 교섭하게 되어 있어 논리의 일관성을 찾기 어렵다고 전제하고 학교에서의 교섭권은 제한할지라도 설립의 자유를 인정하지 않을 특별한 이유는 없다는[15] 견해가 있으며, 이러한 견해에 따르면 단결선택의 자유를 본질적으로 침해하는 것이라 보고 있다.

2. 가입범위

공무원은 공무원노조법 제6조에서 노동조합에 가입할 수 있는 공무원의 범위를 일반직공무원, 특정직공무원 중 외무영사직렬·외교정보기술직렬 외무공무원, 소방공무원 및 교육공무원(단, 교원은 제외), 별정직 공무원, 그리고 이러한 공무원이었던 사람으로서 노동조합 규약으로 정하는 사람으로 정하고, 이에 해당하더라도 업무의 주된 내용이 다른 공무원에 대하여 지휘·감독권을 행사하거나 업무의 주된 내용이 인사·보수 또는 노동관계의 조정·감독 등 노동조합의 조합원 지위를 가지고 수행하기에 적절하지 아니한 업무에 종사하는 공무원, 교정·수사 등 공공의 안녕과 국가안전보장에 관한 업무에 종사하는 공무원에 대하여 노동조합 가입을 금지하고 있다.

교원노조 가입자격은 교원과 교원으로 임용되어 근무하였던 사람으로서 노동조합 규약으로 정하는 사람을 대상으로 한다[16](교원노조법 제4조의2).

3. 노동조합 전임자와 근로시간면제자

1) 노동조합 전임자

---

15) 고전, '교원노조법제화의 의의와 쟁점'교육행정학 연구 1999 p.205 이하 참조.
16) 1999년 교원노조법 제정 당시 초·중등교육법 제19조1항에는 유치원이 포함되었으나, 유아 교육법 제정으로 유치원은 삭제 되었으나 2020.6 교원노조법 개정으로 다시 포함 됨

공무원노조법 제7조에 의하여 공무원은 임용권자의 동의를 받아 노동조합의 업무에만 종사할 수 있고, 그 기간 중 국가공무원법 제71조 또는 지방공무원법 제63조의 규정에 따라 휴직명령을 하여야 한다. 또한 국가 및 지방자치단체는 전임자에 대하여 그 전임기간 중 보수를 지급하여서는 아니 되며, 국가 및 지방자치단체는 공무원이 전임자임을 이유로 승급 그 밖의 신분에 관한 불이익한 처우를 하여서는 아니된다.

교원노조법 제5조에 임용권자의 허가가 있는 경우에는 노동조합으로부터 급여를 지급받으면서 노동조합의 업무에만 종사하는 전임자를 둘 수 있고, 전임자로 허가받은 경우 교육공무원법 제44조 및 사립학교법 제59조의 규정에 의거 그 신분은 휴직으로 처리된다.

2) 근로시간면제자 등

공무원은 단체협약으로 정하거나 정부교섭대표가 동의하는 경우 근무시간 면제 한도를 초과하지 아니하는 범위에서 보수의 손실 없이 정부교섭대표와의 협의·교섭, 고충처리, 안전·보건활동 등 이 법 또는 다른 법률에서 정하는 업무와 건전한 노사관계 발전을 위한 노동조합의 유지·관리업무를 할 수 있다.

근무시간 면제 시간 및 사용인원의 한도(이하 "근무시간 면제 한도"라 한다)를 정하기 위하여 공무원근무시간면제심의위원회(이하 "심의위원회"라 한다)를 「경제사회노동위원회법」에 따른 경제사회노동위원회에 둔다.

심의위원회는 공무원노조법에 따른 노동조합 설립 최소 단위를 기준으로 조합원의 수를 고려하되 노동조합의 조직형태, 교섭구조·범위 등 공무원 노사관계의 특성을 반영하여 근무시간 면제 한도를 심의·의결하고, 3년마다 그 적정성 여부를 재심의하여 의결할 수 있다.

공무원노조법을 위반하여 근무시간 면제 한도를 초과하는 내용을 정한 단체협약 또는 정부교섭대표의 동의는 그 부분에 한정하여 무효로 한다(공무원노조법 7조의2, 근무시간 면제자 등). 정부교섭대표는 국민이 알 수 있도록 전년도에 노동조합별로 근무시간을 면제받은 시간 및 사용인원, 지급된 보수 등에 관한 정보를 대통령령으로 정하는 바에 따라 공개하여야 한다. 이 경우 정부교섭대표가 아닌 임용권자는 정부교섭대표에게 해당 기관의 근무시간 면제 관련 자료를 제출하여야 한다(공무원노조법 제7조의3, 근무시간 면제 사용의 정보 공개).

   교원은 단체협약으로 정하거나 임용권자가 동의하는 경우 교원근무시간면제심의위원회에서 결정된 근무시간 면제 한도를 초과하지 아니하는 범위에서 보수의 손실없이 사용자와의 협의·교섭, 고충처리, 안전·보건활동 등 이 법 또는 다른 법률에서 정하는 업무와 건전한 노사관계 발전을 위한 노동조합의 유지·관리업무를 할 수 있다.
   근무시간 면제 시간 및 사용인원의 한도(이하 "근무시간 면제 한도"라 한다)를 정하기 위하여 교원근무시간면제심의위원회(이하 "심의위원회"라 한다)를 「경제사회노동위원회법」에 따른 경제사회노동위원회에 둔다.
   심의위원회는 유·초·중등 교원은 시·도 단위, 고등교육법 교원은 개별 학교 단위를 기준으로 조합원(교원으로 임용되어 근무하였던 사람으로서 노동조합 규약으로 정하는 사람은 제외) 수를 고려하되 노동조합의 조직형태, 교섭구조·범위 등 교원 노사관계의 특성을 반영하여 근무시간 면제 한도를 심의·의결하고, 3년마다 그 적정성 여부를 재심의하여 의결할 수 있다.
   근무시간 면제 한도를 초과하는 내용을 정한 단체협약 또는 임용권자의 동의는 그 부분에 한정하여 무효로 한다(교원노조법 제5조의2, 근무시간 면제자 등).

   임용권자는 국민이 알 수 있도록 전년도에 노동조합별로 근무시간을 면제받은 시간 및 사용인원, 지급된 보수 등에 관한 정보를 대통령령으로 정하는 바에 따라 공개하여야 한다(교원노조법 제5조의3, 근무시간 면제 사용의 정보 공개).

4. 복수노조의 인정과 단체교섭 창구의 단일화

공무원노조법 제9조 및 교원노조법 제6조에서는 교섭창구를 단일화 하도록 규정하고 있고, 교섭노동조합간의 합의에 따라 교섭위원을 선임하되 합의하지 못한 때에는 교섭노동조합의 조합원 수에 비례하여 교섭위원을 선임하도록 하고 있다.

일반적으로 단체교섭 창구단일화 방안으로는 첫째, 노조별로 별도의 단체교섭을 추진하는 방안, 둘째, 배타적 교섭방안(과반대표제 등), 셋째, 조합원수에 비례하는 공동교섭단에 의한 방안 등이 있다. 이 중 첫 번째 방안은 노조가 지향하는 바에 따라 의견이 다를 수 있으므로 교섭과정에서 많은 혼란이 우려되고, 단체협약 적용상의 혼란은 물론 많은 행정력의 소모가 불가피하므로 노조의 단체교섭권을 인정하는 취지에서는 바람직할지 모르나, 불필요한 행정력의 소모는 단체교섭 이외의 관련 업무에 그 만큼의 행정력을 투입하지 못하고, 단체간의 이해관계의 대립으로 더욱 갈등이 조장될 수 있다. 반면, 두 번째의 경우에는 교섭권을 획득한 노조의 경우에는 좋을 수 있으나 교섭권을 획득하지 못한 노조의 경우에는 소수라는 이유만으로 노조의 권리를 행사하지 못하는 결과가 초래되고 이런 경우에는 위헌의 소지도 있다 할 것이다. 세 번째의 경우에는 교섭창구 단일화 과정에서 노노간의 갈등의 여지는 있으나 자율적으로 결정하도록 하는 것이 바람직하다고 보며, 노노간의 갈등의 여지는 단체교섭의 관행이 정착되면 해소될 수 있다고 본다.

위와 같은 장점과 단점을 모두 고려하여 복수노조의 교섭창구 단일화 절차가 법령으로 구체적으로 정리되었다.

5. 쟁의행위 금지

교원이나 공무원의 경우 파업, 태업 또는 그 밖에 업무의 정상적인 운영을 방해하는 일체의 행위를 하여서는 아니 된다고 규정하여 노동기본권 중 단체 행동권(쟁의행위 금지)을 제한하고 있다. 앞에서 언급한 바와 같이, 헌법 제33조제2항은 '공무원인 근로자는 법률로 정하여진 자에 한하여 단결권·단체교섭권 및 단체행동권을 가진다'고 규정하고 있고, 동 조항은 노동3권을 향유할 수 있는 공무원의 범위를 법률로 정하려는 것이므로 노동3권 중에서 단체행동권을 제외하고 단결권 및 단체교섭권만을 부여하는 것은 위헌의 소지가 있으므로 단체행동권을 제한해서는 안 된다는 견해[17]와 제한적인 −즉, 헌법상 국민의 학습권을 침해하지 않는− 범위 내에서 단체행동권은 보장되어야 한다는 견해[18], 교원들이 임금을 받고 교육을 제공한다는 「근로자」로서의 측면을 부정하여서는 안 되지만 교원이 근로자라고 하여 우리나라의 고유의 전통적 교육관 및 스승관을 부정하여서도 안 되므로 교원의 근로자로서 측면과 교육의 담당자라는 측면은 조화·균형되어야 하며 단체행동권 인정 여부는 점차 사회적·문화적 변화의 추이를 지켜보면서 추후에 검토되어야 한다는 견해[19] 등이 있다.

교원이나 공무원의 경우 쟁의행위를 금지하는 배경은 교원들이 집단적으로 수업을 거부하거나, 파업을 하는 경우에는 학생들이 수업을 받을 수 없게 되고, 면학분위기에 나쁜 영향을 미칠 우려가 있다는 점과 공무원의 경우 쟁의행위를 허용할 경우 행정서비스 중단 및 국가기능 마비로 국민생활에 큰 불편을 초래할 수 있고 또한 공공부문의 특성상 민간부문과 달리 쟁의행위에 대항하는 수단으로서의 직장폐쇄를 단행하기가 현실적으로 불가능하다는 점, 그리고 궁극적인 사용자인 국민의 정서를 반영한 것이라고 한다.

6. 교육의 특수성과 국민여론 및 학부모 의견 수렴

교원노조법 제6조제4항은 '제1항에 따른 단체교섭을 하거나 단체협약을 체결하는 경우에 관계 당사자는 국민여론과 학부모의 의견을 수렴하여 성

---

17) 김형배, 앞의책, p.190.
18) 한경식, "현행 교원노조법의 문제점과 개선방향", p.25
19) 이상윤, "교원노조의 근로삼권 인정": p.118.

실 하게 교섭하고 단체협약을 체결하여야 하며, 그 권한을 남용하여서는 아니 된다.'고 규정하고 있고, 같은 법 시행령 제4조제1항에는 '국민여론 및 학부모 의견을 수렴할 때에는 여론조사를 하거나 공청회 등을 개최할 수 있다.'고 하여 여론수렴 방법을 예시하고 있다. 동 규정의 입법취지는 단체교섭이나 단체협약 체결 과정에서 국민의 학습권이 침해되는 것을 방지하기 위한 취지라고 한다.

그러나, 동 규정은 시행 상 여러 가지 문제점을 안고 있다. 먼저 시행령에서는 여론조사나 공청회를 예시하고 있고, 여론조사의 경우 교원노조 단체교섭 요구안이 방대[20] 하여 모든 항목에 대하여 여론조사를 한다는 것은 예산 및 행정처리 상 매우 어려운 일이다. 또한, 여론조사를 실시한다 하더라도 여론조사의 신뢰성 여부를 두고 노사간에 의견대립이 있을 수 있고, 여론 조사 결과를 신뢰한다 하더라도 그 결과를 단체협약으로 바로 체결할 수 있는 여지가 없다는 것이다. 즉, 양 당사자 중 어느 일방이 여론조사 결과를 수용하지 않을 경우 달리 강제할 방법이 없다는 것이다. 또한, 공청회를 개최한다 하더라도 공청회 참석자의 배분 문제는 물론 공청회를 통하여 개별 안건에 대한 결론 도출이 어렵다는 것이다.

---

20) 서울특별시교육청의 경우 2005년도에 단체교섭을 요구한 안건이 432개 항목

제2장 노동조합의 설립과 운영

★ 본장의 Point

1. 일반노조, 교원노조, 공무원노조의 의의와 설립요건에 대해 정리한다.

2. 교원노조와 공무원노조의 특수성을 이해한다.

3. 노동조합의 조직을 이해한다.

4. 노동조합의 운영은 규약에 의해 민주적으로 운영되어야 한다는 점을 이해한다.

5. 일반노조, 교원노조, 공무원노조의 조직과 운영에 있어 차이점이 무엇인지 알아본다.

Ⅰ. 일반 노동조합의 설립과 운영

1. 노동조합의 의의

노동조합이란 근로자가 주체가 되어 자주적으로 단결하여 근로조건의 유지·개선 기타 근로자의 경제적·사회적 지위의 향상을 도모함을 목적으로 조직하는 단체 또는 그 연합단체를 말한다(일반노조법 제2조4호). 다만, 사용자 또는 항상 그의 이익을 대표하여 행동하는 자의 참가를 허용하는 경우, 경비의 주된 부분을 사용자로부터 원조받는 경우, 공제·수양 기타 복리사업만을 목적으로 하는 경우, 근로자가 아닌 자의 가입을 허용하는 경우, 주로 정치운동을 목적으로 하는 경우에는 노동조합으로 보지 아니한다.

2. 일반 노동조합의 설립 요건

1) 실질적 요건

(1) 적극적 요건

가. 근로자가 주체가 되어 자주적으로 설립되어야 한다.

노동조합을 조직하거나 이에 가입할 수 있는 근로자는 직업의 종류를 불문하고 임금, 급료 기타 이에 준하는 수입에 의하여 생활하는 자이다(일반노조법 제2조제1호). 근로기준법상 근로자라 할지라도 일반노조법 제2조에 규정한 사용자의 개념에 해당되지 않아야 하고, 항상 사용자의 이익을 대표하여 행동하는 자는 노동조합 조직대상에서 제외된다(일반노조법 제2조제4호가목).

자유직업인은 법상 근로자로 볼 수 없으므로 노조 조직대상이 아니다. 예컨대, 보험모집인은 법률상 보험중개인으로 자유직업인에 해당되어 노동조합을 조직할 수 있는 근로자가 아니다. 다만, 계약형태를 달리하여 고용종속관계가 인정되는 경우에는 근로자에 해당된다.

행정해석

【보험모집인은 ①출퇴근 및 활동구역에 있어서 특별한 제한을 받지 않고(조회불참시수당에 영향을 미치지만 다른 제재조치가 없어 출퇴근이 엄격히 통제된다고 해석하기 어려움), 보험모집·수금업무 등에 있어서도 각자의 재량과 능력에 따라 업무를 수행하고 있어 회사로부터 직접적이고 구체적인 지휘·감독을 받는다고 보기 어렵고, ②보험모집 실적에 따라 수당을 지급받고 있으며, ③실적미달시 수당감소·당사자간 약정에 의한 해촉 이외에 별도의 징계 등 제재조치가 없을 뿐만 아니라, ④보험모집 활동 이외에 겸업이 가능하여 회사에 전속되어 있다고 보기도 어려우므로 보험모집인은 회사에 대하여 종속적 노동관계에 있다고 볼 수 없고, 따라서 노동조합및노동관계조정법상 근로자에 해당되지 않는다고 할 것임.〈서울고판 '91.5.16, 89구13327 참조〉】(노조 68107-997, 2000.10.30)

대법원

【한국전력주식회사와 수금원과의 관계는 수금원이 회사의 수금업무에 종사하는 자체에 중점이 있다기보다는 수금의 실적 곧 일의 완성된 결과 자체에 오히려 중점이 있다 하겠고 또한 그 일의 방법이나 과정에 있어서 수금원의 재량이나 독립성이 저해될 만한 위 회사의 어떠한 지휘감독도 게재된 바 없으니 수금원의 근로의 제공이 사용자에 대하여 종속적인 관계에 있다고 할 수 없으므로 수금원은 노동조합법상 이른바 노동조합을 조직할 수 있는 근로자가 될 수 없음.】('70.7.21, 69누152)

근로기준법상 근로자라 할지라도 사용자의 개념에 해당하는 「사업주, 사업의 경영담당자, 그 사업의 근로자에 관한 사항에 대하여 사업주를 위하여 행동하는 자」(일반노조법 제2조제2호) 및 항상 사용자의 이익을 대표하여 행동하는 자(일반노조법 제4조제4호가목)는 노동조합을 조직하거나 가입할 수 없다.

나. 근로조건의 유지·개선 기타 근로자의 경제적·사회적 지위의 향상을 도모함을 목적으로 조직되어야 한다.

다. 근로자의 단체이어야 한다.

노동조합은 근로자 2명 이상이면 자유롭게 설립이 가능하지만, 현실적으로 노동조합이 근로자 대표기관으로서의 기능을 다하기 위해서는 법절차에 따라 설립총회에서의 규약제정, 규약에 정한 임원 등 집행기관의 구성이 있어야 하므로 실질적으로는 2인 이상이 필요하다.

(2) 소극적 요건

노동조합이 다음 사항에 해당하는 경우 노동조합을 설립할 수 없으며, 보완요구 기간 내에 보완하지 아니하는 경우에는 설립신고서를 반려하게 된다(일반노조법 제12조제3항).

가. 사용자 또는 항상 그의 이익을 대표하여 행동하는 자의 참가를 허용하는 경우

사용자란 사업주, 사업의 경영담당자 또는 그 사업의 근로자에 관한 사항에 대하여 사업주를 위하여 행위 하는 자를 말한다(일반노조법 제2조제2호).

구체적으로 사업주라 함은 법인인 경우에는 법인 그 자체이고, 개인기업인 경우에는 그 사업에 있어서 자본이나 시설의 투자를 하여 기업을 경영하는 자연인을 말한다. 사업의 경영담당자라 함은 그 사업의 경영관리에 대한 책임을 맡고 있거나 이에 직접 관여하고 있는 자를 말하는데 일반적으로는 법인의 대표이사, 이사회 또는 이와 유사한 기구의 구성원, 사업부서(본부)의 장, 공장·지점·지사 등의 장을 의미한다. 그 사업의 근로자에 관한 사항에 대하여 사업주를 위하여 행동하는 자라 함은 고용·해고·승진·전보 등 인사관리를 담당하거나, 임금·근로시간·휴게 시간 기타 근로

조건의 결정과 노무관리의 기획 또는 집행에 관여하는 자, 노동관계에 관한 기밀사무를 담당하는 자를 의미하는데 일반적으로 인사·노무·급여 등 담당부서의 근무자와 사업주로부터 소속직원에 대한 지휘명령, 근무명령, 인사관리에 관한 권한과 책임을 부여받은 관리·감독자가 이에 해당한다.

다만, 사용자 개념에 근무성격을 판단함에 있어 각 사업체마다 조직·편제, 분장업무가 상이하므로 부장·차장 등 외형적인 직급 명칭보다는 실제 담당업무의 내용(예:위임전결사항의 범위, 근무평정 권한 여부, 소속근로자의 지휘명령권한 등)에 따라 구체적으로 판단되어야 한다.

대 법 원

【노동조합법 제5조(현행 일반노조법 제2조제2호)에 규정된 근로자에 관한 사항에 대하여 사업주를 위하여 행동하는 자라 함은 근로자의 인사, 급여, 후생, 노무관리 등 근로조건의 결정 또는 업무상의 명령이나 지휘감독을 하는 등의 사항에 대하여 사업부로부터 일정한 권한과 책임을 부여받는 자를 말하므로 과장대리가 근로에 관한 사항을 감독할 수 있다는 이유만으로 사용자라고 단정할 수 없음.】(대법원'89.11.14, 88누6924)

항상 사용자의 이익을 대표하여 행동하는 자의 범위(일반노조법 제2조제4호가목)는 통상 사용자에 전속되어 사용자의 업무를 보조하는 비서·전용운전수, 사용자의 지시를 받아 근로자에 관한 감시·감독적 지위에 있는 감사 담당 부서의 직원, 회사의 재산 보호·출입자 감시·순찰과 같은 경찰적 업무를 담당하는 자 등이 이에 해당한다. 다만 경비원, 수위는 사업주의 명을 받아 사업주의 물적·인적 재산관리와 보안책임을 맡고 있어 "이익 대표자"에 해당되며, 아파트 경비원은 단순한 재산관리 업무를 담당하므로 사용자의 이익대표자가 아니다.

나. 경비의 주된 부분을 사용자로부터 원조받는 경우

노동조합은 사용자로부터 지배·개입되는 것을 방지하기 위해 경비의 주된 부분을 사용자로부터 원조 받을 수 없다.

다. 공제·수양 기타 복리사업 또는 주로 정치운동을 목적으로 하는 경우

노동조합은 소속 근로자의 근로조건의 유지·개선 기타 경제적 사회적 지위의 향상을 목적으로 하는 단체이므로 노동조합이 공제·수양 기타 복리사업만을 목적으로 하거나 주로 정치운동을 목적으로 하는 경우에는 노동조합의 결격사유에 해당한다.

라. 근로자가 아닌 자의 가입을 허용하는 경우(교원·공무원노조는 퇴직자 등도 가입 가능)

노동조합의 기본을 구성하고 있는 기업단위 노동조합에 있어 해당기업의 근로자만이 노동조합에 가입할 수 있는 것이므로 해당기업 근로자 이외의 자는 조합원 자격이 없는 것이 원칙이다.

그러나 일반노조법 개정[1] ('21.7.6) 이후에는 기업단위 노조에서도 규약에서 정하는 바에 따라 사업(장)에 종사하지 않는 근로자의 노조 가입이 가능해졌고(개정전 제2조제4호라목 단서 삭제), 사업 또는 사업장에 종사하지 아니하는 근로자의 기업별 노동조합 가입도 가능하고, 사업 또는 사업장에 종사하지 아니하는 조합원은 사용자의 효율적인 사업 운영에 지장을 주지 아니하는 범위에서 사업 또는 사업장에서 노동조합 활동을 할 수 있으며, 사업 또는 사업장에 종사하는 근로자인 조합원이 해고되어 노동위원회에 부당노동행위의 구제신청을 한 경우에는 중앙노동위원회의 재심판정이 있을 때까지는 사업 또는 사업장에 종사하는 근로자로 본다(일반노조법 제5조).

---

[1]. 일반노조법 개정전 단서는 "다만, 해고된 자가 노동위원회에 부당노동행위 구제신청을 한 경우에는 중앙노동위원회의 재심판정이 있을 때까지는 근로자로 간주한다(일반노조법 제2조제4호 라목 단서)라는 조항이 2021.7.6.삭제되었다. 따라서 일반노조법 개정('21.7.6) 이후에는 기업단위 노조에서도 규약에서 정하는 바에 따라 사업장에 종사하지 않는 근로자의 노조 가입이 가능해짐. 현재는 초기업·기업단위 노조를 불문하고 노조의 규약에서 정하는 바에 따라 사업(장)에 종사하지 않는 근로자도 노조 가입이 가능함. 다만, 기업별 노조의 임원은 사업(장)에 종사하는 조합원 중에서 선출되어야 하므로, 사업(장)에 종사하지 않는 조합원들만으로 구성된 기업별 노조를 설립할 수 없음. 다만, 프랜차이즈 점주 등 순수 자영업자는 근로자가 주체가 되어 근로조건의 개선을 목적으로 하는 노조법상 노동조합에 가입할 수 없음. 해고된 조합원의 권리 유지기간(일반노조법 제5조제3항 신설). 종사근로자인 조합원이 해고되어 부당노동행위 구제신청을 한 경우에는 중앙노동위원회 재심판정 전까지는 종사근로자로 간주(일반노조법 제5조제3항). 이 경우 해당 조합원에 대해 사업장 내 노조활동, 노조 임원선거 출마, 각종 의사결정(근로시간면제한도 결정, 교섭대표노조 결정, 쟁의행위 찬반투표) 등에서 불이익이 없도록 함. 이 규정은 과거 일반노조법 제2조제4호라목 단서 규정(현재 삭제)과 유사하나, 해고자 등 비종사 근로자의 노동조합 가입 제한과는 전혀 무관함에 유의. (고용노동부 집단적노사관계업무매뉴얼 32-33쪽 참조)

마. 주로 정치운동을 목적으로 하는 경우.

노동조합의 주 목적이 근로자의 근로조건 개선 등이 아니라 정치활동에 있다면, 노조 결격사유에 해당한다. 그러나 '정치적 지위향상' 등 규약 문구만을 두고 노조결격사유인 '주로 정치운동을 목적으로 하는 경우'로 단정할 수는 없다(고용노동부 집단적노사관계업무메뉴얼 33쪽 참조).

2) 형식적 요건

가. 노동조합 설립신고와 규약

노동조합을 설립하고자 하는 자는 명칭, 주된 사무소의 소재지, 조합원수, 임원의 성명과 주소, 소속된 연합단체가 있는 경우에는 그 명칭, 연합단체인노동조합에 있어서는 그 구성노동단체의 명칭, 조합원수, 주된 사무소의 소재지 및 임원의 성명·주소 등을 기재한 신고서에 설립하고자 하는 노동조합의 규약을 첨부하여 연합단체인 노동조합과 2 이상의 특별시·광역시·특별자치시·도·특별자치도에 걸치는 단위노동조합은 고용노동부장관에게, 2 이상의 시·군·구(자치구를 말한다)에 걸치는 단위노동조합은 특별시장·광역시장·도지사에게, 그 외의 노동조합은 특별자치시장·특별자치도지사·시장·군수·구청장(자치구의 구청장을 말한다)에게 제출하여야 한다(일반노조법 제10조제1항).

노동조합은 그 조직의 자주적·민주적 운영을 보장하기 위하여 당해 노동조합의 규약에 명칭, 목적과 사업, 주된 사무소의 소재지, 조합원에 관한 사항(聯合團體인 勞動組合에 있어서는 그 構成團體에 관한 사항), 소속된 연합단체가 있는 경우에는 그 명칭, 대의원회를 두는 경우에는 대의원회에 관한 사항, 회의에 관한 사항, 대표자와 임원에 관한 사항, 조합비 기타 회계에 관한 사항, 규약변경에 관한 사항, 해산에 관한 사항, 쟁의행위와 관련된 찬반투표 결과의 공개, 투표자 명부 및 투표용지 등의 보존·열람에 관한 사항, 대표자와 임원의 규약위반에 대한 탄핵에 관한 사항, 임원 및 대의원의 선거절차에 관한 사항, 규율과 통제에 관한 사항 등을 기재하여야 한다(일반노조법 제11조).

나. 설립신고증 교부

설립신고서에 보완 및 반려사유가 없는 경우에는 설립신고서를 접수한 때부터 3일 이내에 시행규칙 별지 제12호 서식에 의해 노동조합 설립신고증을 작성하여 교부한다(일반노조법 제12조제1항).
일반노조법 제12조제2항의 보완요구 기간 내에 보완된 서류를 접수한 때에는 제3항의 반려사유가 없으면 3일 이내에 설립신고증을 교부한다(일반노조법 제12조제1항).
행정관청은 노동조합에 설립신고증을 교부한 때에는 지체없이 그 사실을 관할 노동위원회와 해당 사업 또는 사업장의 사용자나 사용자 단체에 통보해야 한다(일반노조법 시행령 제9조제3항).

다. 보완요구

설립신고증 교부전에 설립신고서에 규약이 첨부되어 있지 아니하거나 설립신고서 또는 규약의 기재사항 중 누락 또는 허위사실이 있는 경우, 임원의 선거 또는 규약의 제정절차가 일반노조법 제16조제2항 내지 제4항 또는 일반노조법 제23조제1항의 규정에 위반되는 경우에는 20일 이내의 기간을 정하여 보완을 요구한다(일반노조법 제12조제2항).
노동조합이 설립신고증을 교부받은 후 일반노조법 제12조제3항제1호 (일반노조법 제2조제4호 각목의 노동조합의 결격사유)에 해당하는 설립신고서의 반려사유가 발생한 경우(일반노조법 시행령 제9조제2항)에는 행정관청은 30일의 기간을 정하여 시정을 요구한다.

라. 설립신고서 반려

일반노조법 제2조제4호에 의한 "노동조합"의 정의에 해당하지 않는 경우와 일반노조법 제12조제2항의 규정에 의하여 보완을 요구하였음에도 불구하고 그 기간내에 보완을 하지 않은 경우 행정관청은 설립신고서를 반려하여야 한다(일반노조법 제12조제3항).

3. 노동조합 설립과 관련된 사항

1) 지부·분회 등의 설립신고

일반노조법 시행령 제7조에 의하여 산하조직으로서 노조설립 신고를 할 수 있는 지부·분회라 함은 근로조건의 결정권이 있는 사업 또는 사업장에 조직된 기업단위의 지부·분회를 의미하며, 지부·분회의 운영규정에는 일반노조법 제11조(규약)의 규정에 의한 의무적 기재사항이 기재되어야 한다.

산하조직 중 근로조건의 결정권이 있는 독립된 사업 또는 사업장에 조직된 노동단체는 지부·분회 등 명칭이 무엇이든 상관없이 법에 따른 노동조합의 설립신고를 할 수 있다(일반노조법 시행령 제7조 산하조직의 신고, 개정 2021.6.29., 2023.9.26.).

【일반노조법 시행령 제7조의 규정에 의거 근로조건의 결정권이 있는 독립된 사업 또는 사업장에 조직된 노동단체는 지부 분회 등 명칭여하에 불구하고 법 소정의 노동조합 설립신고를 할 수 있음. 이 경우 「근로조건의 결정권이 있는 사업 또는 사업장」인지 여부는 근로자의 채용·전보·승진·교육·해고 등의 인사노무관리와 임금·근로시간·휴가·복리후생 등 일체의 근로조건에 대한 결정권을 독립적으로 행사하는 사업 또는 사업장인지 여부 등 구체적인 사실관계에 따라 판단하여야 할 것임.】(노조 01254-815, '97.10.7)

노동조합의 지부·분회라 하여도 설립신고증이 교부되면 단체교섭 및 부당노동행위 구제신청 등이 가능하고, 단체교섭이 결렬된 때에는 노동쟁의 조정신청을 할 수 있다.

2) 노동조합의 설립시기

노동조합설립신고증을 교부받은 경우에는 설립신고서가 행정관청에 접수된 때에 설립된 것으로 간주한다(일반노조법 제12조제4항). 설립신고서가 반려되는 경우에는 법상 노동조합이 설립되지 아니한 것이므로 적법하게 재접수되어 설립 신고증이 교부된 경우에는 다시 접수된 때에 설립된 것으로 본다.

3) 적법하게 설립된 노동조합의 법적 효력

적법하게 설립된 노동조합에 대하여는 노동조합 명칭을 사용할 수 있으며(일반노조법 제7조제3항), 노동쟁의의 조정 및 부당노동행위의 구제를 신청할 수 있고(일반노조법 제7조제1항), 법인격을 취득할 수 있으며(일반노조법 제6조), 노동위원회 근로자위원을 추천하는 등 노동행정에 참여 할 수 있고(노동위원회법 제6조제3항), 민·형사상 면책이 인정되며(일반노조법 제3조, 제4조), 세법이 정하는 바에 따라 면세(일반노조법 제8조) 등의 법적 효력을 인정받게 된다.

법상 노동조합이 아니면서 노동조합 명칭을 사용할 경우 500만원 이하의 벌금에 처한다(일반노조법 제93조).

4. 우리나라 노동조합의 조직형태

우리나라의 노동조합은 총연합단체를 정점으로 동종 산업의 단위노동조합을 구성원으로 하는 산업별연합단체 및 전국규모의 산업별 단위노동조합과 노동조합의 기본이 되고 있는 단위노동조합으로 구성되어 있다(일반노조법 제10조제2항).

1) 단위노동조합

〈기업단위 노동조합〉

기업단위노동조합은 우리나라 노동조합의 기초를 이루고 있는 일반적인 단위노동조합 형태로 일정기업에 소속된 근로자가 직업(종)의 구별없이 개별기업 단위로 조직하는 노동조합을 말한다. 1997년 일반노조법이 제정되기 이전의 노동조합법(이하 '구법'이라 함)에서는 기존 노동조합과 조직대상을 같이하는 경우 새로운 노동조합의 설립이 부인 되었으나(구법 제3조 제5호) 새 법에서는 동 규정이 삭제됨으로써 원칙적으로 노조형태에 관계없이 복수노조 설립을 전면 허용하고 있다(일반노조법 제5조).

다만, 사업 또는 사업장에 종사하는 근로자(이하 "종사근로자"라 한다)가 아닌 노동조합의 조합원은 사용자의 효율적인 사업 운영에 지장을 주지 아니하는 범위에서 사업 또는 사업장 내에서 노동조합 활동을 할 수 있다. 종사근로자인 조합원이 해고되어 노동위원회에 부당노동행위의 구제신청을 한 경우에는 중앙노동위원회의 재심판정이 있을 때까지는 종사근로자로 본다.〈신설 2021. 1. 5.〉

〈지역단위 노동조합〉

일정지역 내의 동일 산업 또는 직종 단위로 노동조합을 조직하는 것을 말한다. (예, ○○지역 금속노조, ○○지역 제화공노조)

2) 산업별 연합단체

산업별 연합단체인 노동조합은 여러 개의 단위노동조합이 독립된 노동조합의 자격을 가지면서 동종 산업별로 조직한 노동조합의 연합조직을 말한다.

3) 총연합단체

총연합단체인 노동조합은 동종산업의 단위노동조합을 구성원으로하는 산업별 연합단체 또는 전국규모의 산업별 노동조합을 구성원으로 하여 조직된다.

　단위노동조합이 산업별 연합단체인 노동조합에 가입하거나, 산업별 연합단체 또는 전국규모의 산업별 단위노동조합이 총연합단체인 노동조합에 가입한 경우에는 당해 노동조합은 소속 산업별 연합단체인 노동조합 또는 총연합단체인 노동조합의 규약이 정하는 의무를 성실히 이행하여야 한다(일반노조법 시행령 제8조제1항).

　총연합단체인 노동조합 또는 산업별 연합단체인 노동조합은 해당노동조합에 가입한 노동조합의 활동에 대하여 협조·지원 또는 지도할 수 있다(일반노조법 시행령 제8조제2항).

5. 일반 노동조합의 운영

1) 운영상황의 공개

　노동조합은 조합설립일부터 30일이내에 조합원 명단(연합단체인 노동조합에 있어서는 그 구성단체의 명칭), 규약, 임원의 성명·주소록, 회의록, 재정에 관한 장부와 서류(예산서, 결산서, 총수입원장 및 총지출원장, 수입 또는 지출결의서, 수입관계장부 및 증빙서, 지출관계장부 및 증빙서, 자체 회계감사 관계서류) 등을 작성하여 그 주된 사무소에 비치하여야 한다(일반노조법 제14조제1항, 동법 시행규칙 제8조). 노동조합은 위 서류 이외에도 노동조합 운영에 관련되는 규정이나 서류를 비치하여 조합원이 열람할 수 있도록 하여야 한다. 위 서류 중 회의록과 재정에 관한 장부와 서류는 3년간 보존하여야 한다(일반노조법 제14조제2항).

　노동조합의 대표자는 회계감사원으로 하여금 노동조합의 모든 재원 및 용도, 주요한 기부자의 성명, 현재의 경리상황 등에 대해 6월에 1회이상 회계감사를 실시하게 하고 그 감사결과를 전체 조합원에게 공개하여야 한다(일반노조법 제25조제1항). 노동조합의 회계감사원은 필요하다고 인정할 경우에는 당해 노동조합의 회계감사를 실시하고 그 결과를 공개할 수 있다

(일반노조법 제25조제2항).

회계감사원은 재무·회계 관련 업무에 종사한 경력이 있거나 전문지식 또는 경험이 풍부한 사람 등으로 한다. 노동조합의 대표자는 노동조합의 대표자가 노동조합 회계의 투명성 제고를 위하여 필요하다고 인정하는 경우, 조합원 3분의 1 이상의 요구가 있는 경우, 연합단체인 노동조합의 경우에는 그 구성 노동단체의 3분의 1 이상의 요구가 있는 경우, 대의원 3분의 1 이상의 요구가 있는 경우 조합원이 아닌 공인회계사나 「공인회계사법」 제23조에 따른 회계법인(이하 "회계법인"이라 한다)으로 하여금 일반노조법 제25조에 따른 회계감사를 실시하게 할 수 있다. 이 경우 회계감사원이 회계감사를 한 것으로 본다[본조신설 2023.9.26.](일반노조법 시행령 제11조의7).

노조대표자는 회계연도 마다 결산결과와 운영상황을 공표하여야 하고 조합원의 요구가 있을 때에는 이를 열람하게 하여야 하며(일반노조법 제26조) 노동조합의 운영 및 회계감사 결과에 대한 공개는 개괄적 공개를 의미하는 것으로 개별사안까지를 포함하는 것은 아니다. 노동조합의 대표자는 특별한 사정이 없으면 일반노조법 제26조에 따른 결산결과와 운영상황을 매 회계연도 종료 후 2개월(제11조의7제2항에 따라 공인회계사나 회계법인이 회계감사를 실시한 경우에는 3개월로 한다) 이내에 조합원이 그 내용을 쉽게 확인할 수 있도록 해당 노동조합의 게시판에 공고하거나 인터넷 홈페이지에 게시하는 등의 방법으로 공표해야 한다[본조신설 2023.9.26.](일반노조법 시행령 제11조의8, 결산결과 및 운영상황의 공표 시기 등).

노동조합은 행정관청이 요구하는 경우에는 결산결과와 운영상황을 보고하여야 한다(일반노조법 제27조). 행정관청은 노동조합으로부터 결산결과 또는 운영상황의 보고를 받고자 하는 경우에는 그 사유와 그 밖에 필요한 사항을 적은 서면으로 10일 이전에 요구해야 한다(일반노조법 시행령 제12조).

고용노동부장관은 노동조합의 대표자가 그 결산결과를 공표할 수 있도록 노동조합 회계 공시시스템(이하 "공시시스템"이라 한다)을 구축·운영할 수 있다. 노동조합의 대표자는 일반노조법 시행령 제11조의8에도 불구하고 고용노동부령으로 정하는 서식에 따라 매년 4월 30일까지 공시시스템에 직전 연도의 결산결과를 공표할 수 있다. 이 경우 제11조의8에 따라 결산결과를 공표한 것으로 본다. 노동조합의 산하조직(노동조합인 경우는 제외한다)의 대표자는 필요한 경우에는 고용노동부령으로 정하는 서식에 따라 매년 4월 30일까지 공시시스템에 직전 연도의 결산결과를 공표할 수 있다. 노동조합 등의 합병·분할 또는 해산 등 부득이한 사유가 있는 경우에는 9월 30일까지 직전 연도의 결산결과를 공표할 수 있다.

회계연도 종료일이 12월 31일이 아닌 경우에는 9월 30일까지 직전 연도에 종료한 회계연도의 결산결과를 공표할 수 있다(제11조의9, 공시시스템을 통한 결산결과의 공표).
[본조신설 2023.9.26.]

이와 더불어 조합원의 조합비 세액공제시 회계공시 요건을 부과하였다. 즉, 조합원이 소속된 노동조합(산하조직)과 그 상급단체가 모두 결산정보를 공시하면, 조합원이 노동조합(산하조직)에 2023년 10월~12월에 납부한 조합비의 15%에 해당하는 세액공제 혜택을 부여하도록 소득세법 시행령을 개정하였다.

2) 총회 및 대의원회

(1) 총회

노동조합의 총회는 조합원 전원으로 구성되는 최고 의사 결정 기관으로 규약으로 총회에 갈음할 대의원회를 둘 수 있다(일반노조법 제17조제1항).
총회는 정기총회와 임시총회로 구분되며, 총회는 단위노조나 연합단체에 관계없이 매년 1회 이상 규약이 정한 바에 따라 개최하여야 한다(일반노조법 제15조). 노조대표자가 필요하다고 인정할 때, 조합원(또는 대의원)의 3분의 1이상(연합단체인 경우 구성단체의 3분의 1이상)이 회의에 부의할 사항을 제시하고 회의의 소집을 요구하는 경우, 기타 규약에 정한 일정한 요건에 해당하는 경우에는 임시총회(또는 임시대의원회)를 소집할 수 있다(일반노조법 제18조).

총회(또는 대의원회의) 소집권자는 노동조합의 대표자이지만 노동조합 대표자의 유고(궐위 또는 직무를 수행할 수 없는 객관적인 사정이 있는 경우)시에는 규약에 정한 순서에 따른 직무대행자가 소집할 수 있다. 소집권자가 총회 소집을 고의로 기피하거나 해태한 경우이거나 규약에 정한 소집권자가 없게 된 경우에는 행정관청으로부터 소집권자로 지명을 받은 자(일반노조법 제18조제3항 및 제4항)가 회의 소집권자가 된다.

총회 또는 대의원회는 적어도 회의개최일 7일전까지 그 회의에 부의할 사항을 공고하고 규약에 정한 방법에 의하여 소집하여야 한다(일반노조법 제19조). 「회의개최일 7일전」이라 함은 회의개최일을 제외한 공고일수가 최소한 7일이상이 되어야 한다는 뜻이며, 공고기간의 계산에 있어 공고당일은 산입하지 아니하며 공고후의 휴일은 공고기간에 산입된다. 노동조합이 동일한 사업장내의 근로자로 구성된 경우에는 그 규약으로 공고기간을 단축할 수 있으며, 같은 지역이라도 사업장이 서로 분리되어 있는 때에는 7일이상 공고하여야 한다.

「동일한 사업장내」라 함은 장소적으로 하나의 울타리 내를 의미한다. 회의일자, 시간, 장소, 안건 등 이미 공고된 사항을 변경하는 경우에도 규약에 특별한 정함이 없는 한 공고기간을 준수하여야 한다. 공고의 취지가 조합원 또는 대의원에게 회의개최 사실을 알려 회의에 참석·토론할 수 있는 준비의 기회를 균등하게 보장하려는 것이므로 공고기간을 위반한 회의는 적법하게 성립된 회의라 할 수 없으며, 동 회의에서 의결된 사항은 원칙적으로 그 효력이 인정되지 않는다.

소집절차는 공고문을 개별적으로 조합원에게 발송하거나 신문광고 또는 게시판 공고 등 규약에 정한 방법에 따라야 한다.

일반노조법 제16조제1항에 규정된 규약의 제정과 변경에 관한 사항, 임원의 선거와 해임에 관한 사항, 단체협약에 관한 사항, 예산·결산에 관한 사항, 기금의 설치·관리 또는 처분에 관한 사항, 연합단체의 설립·가입 또는 탈퇴에 관한 사항, 합병·분할 또는 해산에 관한 사항, 조직형태의 변경에 관한 사항, 기타 중요한 사항 등 총회의 의결사항은 노동조합의 의사가 민주적으로 결정되어야 할 중요한 안건이라는 취지에서 규정된 만큼 반드시 총회(또는 대의원회)에서 처리되어야 하며, 운영위원회, 중앙집행위원회, 상무집행위원회 등에서 의결할 수 없다.

총회(또는 대의원회)는 재적조합원(또는 대의원) 과반수의 출석과 출석조합원(또는 대의원) 과반수의 찬성으로 의결되지만, 규약의 제정·변경, 임원의 해임, 합병·분할·해산 및 조직형태의 변경에 관한 사항은 재적조합원(또는 대의원) 과반수의 출석과 출석조합원(또는 대의원) 3분의 2이상의 찬성이 있어야 한다(일반노조법 제16조제1항, 제2항). 노조 대표자는 대의원회의 소집·진행권자이기는 하지만 대의원이 아닌 경우에는 대의원회에서 의결권을 행사할 수 없다.

총회에서는 원칙적으로 소집 시 공고된 부의사항에 대해서만 심의·의결할 수 있다(일반노조법 제19조). 다만, 규약에 특별결의사항으로 긴급동의의 규정을 둔 경우에는 긴급동의의 발의를 통해 새로운 안건을 채택하여 심의·의결할 수 있다. 표결방법은 거수·기립 및 무기명 투표 등 아무런 제한이 없으나 규약의 제정·변경과 임원의 선거·해임에 관한 사항은 조합원의 직접·비밀·무기명 투표에 의하여야 한다(일반노조법 제16조제4항). 규약을 변경하면서 거수로 의결하는 경우에는 그 효력이 인정되지 않는다.

노동조합은 행정관청이 요구하는 경우에는 결산결과와 운영상황을 보고하여야 한다(일반노조법 제27조). 행정관청은 노동조합으로부터 결산결과 또는 운영상황의 보고를 받고자 하는 경우에는 그 사유와 기타 필요한 사항을 기재한 서면으로 10일 이전에 요구하여야 한다(일반노조법 시행령 제12조).

(2) 대의원회

노동조합은 규약으로 총회에 갈음할 대의원회를 둘 수 있으며 대의원은 조합원의 직접·비밀·무기명투표에 의하여 선출되어야 한다(일반노조법 제

17조제1항, 제2항). 대의원회는 총회에 관한 규정을 준용하고 있으므로(일반노조법 제17조제5항) 대의원회 개최, 의결정족수 등 제반사항은 총회의 규정을 적용해야 한다. 대의원회는 규약에 의하여 조합원 총회의 전권사항으로 정해진 사항을 제외하고는 무엇이든지 심의·의결할 수 있다.

대의원은 조합원의 직접·비밀·무기명투표에 의하여 선출하되(일반노조법 제17조제2항) 의결정족수는 규약이 정하는 바에 따르고 규약에 별도로 정한 바가 없는 경우에는 출석조합원의 다수 득표자를 당선자로 선출하더라도 무방하다. 선거관리규정은 총회 또는 대의원회에서 제정·변경하여야 한다.

대의원은 노동조합 업무 집행권을 갖고 있지 아니하므로 임원과 달리 불신임대상으로 할 수는 없으며 다만, 대의원이더라도 노동조합 규약 위반 등에 대하여 일반 조합원 징계규정에 따라 징계할 수 있다. 하나의 사업 또는 사업장을 대상으로 조직된 노동조합의 대의원은 그 사업 또는 사업장에 종사하는 조합원 중에서 선출하여야 한다(일반노조법 제17조제3항, 신설 2021.1.5.). 대의원의 임기는 규약으로 정하되 3년을 초과할 수 없다(일반노조법 제17조제4항).

3) 노동조합 임원의 선출·해임

노동조합의 임원은 규약과 총회의 결의 등에 따라 대내적으로 노동조합의 일상업무를 집행하고 대외적으로 단체교섭을 비롯한 대외활동에서 노동조합을 대표하는 집행기관이다. 일반적으로 임원은 노조위원장, 부위원장, 회계감사 등을 의미하며 그 범위는 자체규약으로 정하여야 한다. 임원(노조위원장)이 유고시에는 규약에서 정한 대행자가 그 직무를 대행할 수 있다.

임원의 선출은 조합민주주의 원칙에 의거 모든 조합원이 평등한 자격으로 참여할 수 있는 절차가 보장되어야 한다. 하나의 사업 또는 사업장을 대상으로 조직된 노동조합의 임원은 그 조합원 중에서 선출되어야 하며(일반노조법 제23조제1항) 임원의 선출은 조합원의 자유의사에 따라 총회(또는 대의원회)에서 직접·비밀·무기명투표에 의하고 출석조합원(또는 대의원) 과반수의 찬성이 있어야 한다(일반노조법 제16조제2항). 다만, 출석조합원 과반수의 찬성을 얻은 자가 없는 경우에는 규약이 정하는 바에 따라 결선투표를 실시하여 다수의 찬성을 얻은 자를 임원으로 선출할 수 있다(일반노조법 제16조제3항).

노동조합 임원의 자격은 규약으로 정하며, 하나의 사업 또는 사업장을 대상으로 조직된 노동조합의 임원은 그 사업 또는 사업장에 종사하는 조합원 중에서 선출하도록 정한다(일반노조법 제23조, 임원의 자격, 개정 2021. 1. 5.). 임원의 임기는 3년의 범위 내에서 노조규약으로 정하여야 하며(일반노조법 제23조제2항) 규약 등에서 임기 개시일에 관한 별도의 정함이 없는 경우에는 전임 임원의 임기만료일 다음날부터 임기가 개시된다.

노동조합 임원의 탄핵에 관하여는 반드시 규약에 그 사유와 절차를 명시하여야 한다(일반노조법 제11조제13호). 임원의 해임은 일반노조법 제16조제2항의 규정에 의거 재적조합원 과반수의 출석과 출석조합원 3분의 2이상의 찬성이 있어야 하며, 동조 제4항에 의거 직접·비밀·무기명투표에 의하여야 한다.

4) 근로시간 면제자와 근로시간면제심의위원회

근로자는 단체협약으로 정하거나 사용자의 동의가 있는 경우에는 사용자 또는 노동조합으로부터 급여를 지급받으면서 근로계약 소정의 근로를 제공하지 아니하고 노동조합의 업무에 종사할 수 있다. 사용자로부터 급여를 지급받는 근로자(이하 "근로시간면제자"라 한다)는 사업 또는 사업장별로 종사근로자인 조합원 수 등을 고려하여 근로시간면제심의위원회에서 결정된 근로시간 면제 한도(이하 "근로시간 면제 한도"라 한다)를 초과하지 아니하는 범위에서 임금의 손실 없이 사용자와의 협의·교섭, 고충처리, 산업안전 활동 등 이 법 또는 다른 법률에서 정하는 업무와 건전한 노사관계 발전을 위한 노동조합의 유지·관리업무를 할 수 있다.

사용자는 제1항에 따라 노동조합의 업무에 종사하는 근로자의 정당한 노동조합 활동을 제한해서는 아니된다.

근로시간 면제 한도를 초과하는 내용을 정한 단체협약 또는 사용자의 동의는 그 부분에 한정하여 무효로 한다(일반노조법 제24조, 개정 2021. 1. 5.).

근로시간면제자에 대한 근로시간 면제 한도를 정하기 위하여 근로시간면제심의위원회(이하 "위원회"라 한다)를 「경제사회노동위원회법」에 따른 경제사회노동위원회(이하 "경제사회노동위원회"라 한다)에 둔다.

위원회는 근로시간 면제 한도를 심의·의결하고, 3년마다 그 적정성 여부를 재심의하여 의결할 수 있다. 경제사회노동위원회 위원장은 위원회가 의결한 사항을 고용노동부장관에게 즉시 통보하여야 한다.

고용노동부장관은 경제사회노동위원회 위원장이 통보한 근로시간 면제 한도를 고시하여야 한다.

위원회는 근로자를 대표하는 위원은 전국적 규모의 노동단체가 추천하는 사람, 사용자를 대표하는 위원은 전국적 규모의 경영자단체가 추천하는 사람, 공익을 대표하는 위원은 경제사회노동위원회 위원장이 추천한 15명 중에서 노동단체와 경영자단체가 순차적으로 배제하고 남은 사람으로, 근로자를 대표하는 위원과 사용자를 대표하는 위원 및 공익을 대표하는 위원 각 5명씩 성별을 고려하여 구성한다. 〈신설 2021.1.5.〉

위원회의 위원장은 위원 중에서 위원회가 선출한다. 위원회는 재적위원 과반수의 출석과 출석위원 과반수의 찬성으로 의결한다. 위원의 자격, 위촉과 위원회의 운영 등에 필요한 사항은 대통령령으로 정한다. 〈개정 2021.1.5.〉 (일반노조법 제24조의2)

5) 노동조합 운영비용(재정)

노동조합의 재정에 대하여는 노조규약에 조합비 기타 회계에 관한 사항의 기재[2](일반노조법 제11조제9호), 재정에 관한 장부와 서류의 작성비치(일반노조법 제14조제1항, 동법 시행규칙 제8조) : 예산서, 결산서, 총수입원장 및 총지출원장, 수입 또는 지출결의서, 수입관계장부 및 증빙서, 지출관계장부 및 증빙서, 자체회계감사 관계서류, 예산결산에 관한 사항과 기금의 설치·관리 또는 처분에 관한 사항의 총회 의결(일반노조법 제16조제1항제4호 및 제5호), 회계감사원의 회계감사(일반노조법 제25조제1항), 결산

---

[2] 노동부 공공노사관계팀 -877(2006. 5. 2) 참조

결과와 운영상황의 공개(일반노조법 제26조), 행정관청의 결산결과와 운영상황의 보고 요구(일반노조법 제27조) 등이 규정되어 있다.

노동조합이 사용자로부터 경비의 주된 부분을 원조받는 경우(일반노조법 제2조제4호나목)에는 노동조합의 결격사유에 해당되며 나아가 사용자가 노동조합의 운영비를 원조하는 행위는 부당노동행위에 해당된다(일반노조법 제81조).

다만, 근로자가 근로시간 중에 사용자와 협의 또는 교섭하는 것을 사용자가 허용하는 것은 부당노동행위가 아니라고 규정하였으나, 개정법에서는 근로자가 근로시간 중에 일반노조법 제24조제2항에 따른 활동 즉, 단체협약으로 정하거나 사용자가 동의하는 경우에는 근로시간면제심의위원회에서 정한 근로시간 면제한도를 초과하지 아니하는 범위에서 근로자는 임금의 손실 없이 사용자와의 협의·교섭, 고충처리, 산업안전 활동 등 이 법 또는 다른 법률에서 정하는 업무와 건전한 노사관계 발전을 위한 노동조합의 유지·관리 업무를 하도록 사용자가 허용하는 것은 부당노동행위에 해당하지 않는다.[3]로 개정하였다,

따라서 근로시간 면제 한도를 초과하지 아니하는 범위에서 임금의 손실 없이 사용자와의 협의·교섭, 고충처리, 산업안전 활동 등 이 법 또는 다른 법률에서 정하는 업무와 건전한 노사관계 발전을 위한 노동조합의 유지·관리업무를 할 수 있다.

또한 근로자의 후생자금, 경제상의 불행 기타 재액의 방지와 구제 등을 위한 기금의 기부와 최소한 규모의 노동조합 사무소의 제공은[4] 가능하다(일반노조법 제81조제1항제4호 단서).

노동조합은 재정자립을 기할 수 있도록 운영경비는 노조 자체적으로 충당

---

[3] 공무원노조법 제17조제3항, 교원노조법 제14조제2항에 의하여 일반노조법 제24조는 적용되지 않으므로 공무원과 교원노조는 근무시간 중에 본 조항에 따른 활동을 할 수 없었으나, 공무원노조법 제7조, 제7조의2, 제7조의3 및 교원노조법 제5조, 제5조의2, 제5조의3 개정으로 2023.12.11.부터 노조전임자와 근로시간면제한도제도내에서 활동이 가능하게 되었다
[4] 국유재산법에는 행정재산의 사용·수익을 허가하는 경우에는 사용료를 징수하도록 되어 있어 노조 사무실 설치 허가를 할 수 있다고 하여도 무상허가는 불가능하고 사용료를 징수 하여야 한다. (자세한 것은 제3장 Ⅱ. 1. 참조)

하여야 하며 사용자에 대한 경비보조 요구는 노조 자주성이 침해될 가능성이 있으므로 지양하여야 한다. 조합비 상한규정(구법 제24조)은 새법에서 삭제되어 조합비는 노조규약이 정하는 바에 따라 자체적으로 결정할 수 있다.

6) 조합원의 권리·의무

조합원의 자격과 가입절차 등에 대하여는 법령의 범위 내에서 당해 규약으로 정한 바에 따른다. 다만,「사용자 또는 항상 사용자의 이익을 대표하는 자」가 노조에 가입하는 경우에는 설립신고서를 반려할 수 있으며 설립신고가 된 경우에는 30일의 기간을 정하여 시정을 요구하고 그 기간 내에 이를 이행하지 아니하는 경우에는 당해 노조에 대하여 법상의 노동 조합으로 보지 아니한다(일반노조법 시행령 제9조제2항).

노동조합이 정당한 이유 없이 근로자의 가입을 제한하는 경우에는 규약이 정하는 절차에 따라 가입원서를 노동조합에 제출한 때(우편발송인 경우에는 노조에 도달한 때)에 가입한 것으로 보아야 할 것이다.

조합원이 노조를 탈퇴하고자 하는 경우에는 탈퇴의 의사표시가 당해 노조에 도달하였을 때 탈퇴의 효력이 발생하고 따라서, 규약에서 탈퇴는 노조의 승인이 있어야 한다고 규정하고 있더라도 승인을 받지 않은 탈퇴도 유효하다. 다만, 규약으로 탈퇴에 관하여 일정한 절차를 정한 경우에는 불합리하지 않는 한 그 절차를 이행한 때 탈퇴의 효력이 발생한다.

조합원은 균등하게 그 노동조합의 모든 문제에 참여할 권리가 있으므로, 조합원은 총회 또는 각종 행사에 참여하는 것은 물론 조합임원의 선거·피선거권을 가진다. 다만, 규약으로 조합비를 납부하지 아니하는 조합원의 권리를 제한할 수 있으며(일반노조법 제22조) 조합임원을 선거함에 있어서 합리적인 요건으로 그 입후보 자격을 제한하는 것은 무방하다.

조합원은 조합비 납부의무는 물론 조합의 단결력 확보를 위하여 규약준수 의무, 조합지시에 복종할 의무, 조합활동에 참가할 의무 등이 있다.

7) 노동조합의 내부(자율)통제

노동조합은 그 조직력을 강화하고 본래의 목적달성을 위하여 그 조합원에게 일정한 규제와 강제를 할 수 있는 통제권을 행사할 수 있으나 통제권을 남용하는 경우에는 조합원의 권리가 침해될 우려가 있으므로 그 목적달성을 위한 최소한에 그쳐야 한다. 규율과 통제에 관한 사항은 규약에 명시하여야 한다(일반노조법 제11조제15호).

규약에서 조합비 체납 또는 조합의 정상적 업무방해 등을 조합원 제명 사유로 정하는 것은 타당할 것이나 단순히 조합 집행부 비판 등을 이유로 하는 감정적 제명을 하여서는 아니 된다. 조합원의 제명은 반드시 규약이 정한 의결기관에서 처리하여야 하고 조합원 제명 시에는 사전에 본인에게 그 뜻을 통지하고 의결전에 충분히 소명할 수 있는 기회를 주어야 한다.

Ⅱ. 교원 노동조합의 설립과 운영

1. 교원 노동조합의 의의

교원노조법 제14조제2항에서 정하는 경우를 제외하고는 동조 제1항에 따라 일반노조법이 적용됨에 따라 교원 노동조합이란 교원이 주체가 되어 자주적으로 단결하여 근로조건의 유지·개선 기타 교원의 경제적·사회적 지위의 향상을 도모함을 목적으로 하는 단결체를 의미한다(일반노조법 제2조제4호 참조)고 정의할 수 있다.

교원노조법 제14조제1항에 의하여 이 법에서 정하지 않은 사항에 대해서는 일반노조법이 적용되도록 하고 있다. 따라서 교원노조법은 일반노조법에 대한 특별법적인 지위를 가지고 있으므로 교원노조에 대해서는 교원노조법이 우선 적용되지만, 교원노조법에 명문의 규정이 없거나 해석상 보충이 필요한 부분에 대해서는 일반노조법상의 규정이 준용된다.

2. 교원 노동조합의 목적

헌법 제33조제2항에서는 "공무원인 근로자는 법률이 정하는 자에 한하여 단결권·단체교섭권 및 단체행동권을 가진다."라고 규정하고 있고, 일반노조법 제5조(노동조합의 조직·가입·활동) 단서에서는 공무원과 교원에 대해서는 따로 법률로 정한다고 되어 있다.

이에 따라 교원노조법 제1조에서는 "이 법은 「국가공무원법」 제66조제1항 및 「사립학교법」 제55조에도 불구하고 일반노조법 제5조 단서에 따라 교원의 노동조합 설립에 관한 사항을 정하고 교원에 적용할 일반노조법에 대한 특례를 규정함을 목적으로 한다."라고 하여 이 법의 목적을 규정하고 있다.

3. 교원 노동조합의 설립 요건

교원노조법 제14조제1항에 의해 일반노조법 제2조제4호가 적용되기 때문에 교원노조도 원칙적으로 민간부문 노조와 같은 요건 하에서 설립되어야 하며 실질적 요건과 형식적 요건을 갖추어야 한다.

실질적 요건은 일반노조법 제2조제4호에서 규정하고 있는 노동조합의 정의 규정에 합치하여야 하며, 형식적 요건은 노동조합의 규약 등을 첨부하여 설립신고를 마쳐야 함을 말한다.

1) 실질적 요건

(1) 적극적 요건

가. 교원이 주체가 되어 설립되어야 한다.

초·중등교육법 제19조제1항에서 규정하고 있는 초·중등교원과 고등교육법 제14조제2항 및 4항에 따른 교원[5]은 교원노조 설립 및 가입이 가능하다(교원노조법 제2조).

---

5) 2004년 1월 유아교육법이 새롭게 제정되면서 초·중등교육법 제19조 제1항(교직원의구분)에서 유치원에서 근무하는 교사에 대해 규정하고 있던 제1호를 삭제하였다. 그러나 유아교육법 부칙 제9조에 의하여 유치원 교사도 교원노조 가입 대상 교원으로 해석하고 있었다. 2020년 교원노조법 개정으로 유치원교사는 물론 대학교원도 교원노조 가입대상에 포함되게 되었다[시행 2020. 6. 9.].[법률 제17430호, 2020. 6. 9., 일부개정]

【제정·개정이유】교원노조법의 적용대상을 「초·중등교육법」에 따른 교원으로 규정함으로써 「고등교육법」에서 규율하는 대학 교원들의 단결권을 인정하지 않은 것에 대하여 헌법재판소가 헌법불합치 결정(2018. 8. 30. 선고 2015헌가38 결정)을 함에 따라 그 취지를 반영하여 관련 규정을 정비◇ 주요내용(교원노조법 제정·개정) 가. 교원의 범위에 「유아교육법」에 따른 교원, 「고등교육법」에 따른 교원(강사는 제외)을 포함시킴(제2조). 나. 「유아교육법」에 따른 교원은 시·도 단위 또는 전국 단위로만 노동조합을 설립할 수 있도록 함(제4조제1항). 다. 「고등교육법」에 따른 교원은 개별학교 단위, 시·도 단위 또는 전국 단위로 노동조합을 설립할 수 있도록 함(제4조제2항 신설). 라. 「유아교육법」에 따른 교원의 노동조합 대표자는 교육부장관, 시·도 교육감 또는 사립학교 설립·경영자와 교섭할 수 있고, 이 경우 사립학교 설립·경영자는 전국 또는 시·도 단위로 연합하여 교섭에 응하여야 함(제6조제1항제1호 신설). 마. 「고등교육법」에 따른 교원의 노동조합 대표자는 교육부장관, 시·도지사, 국·공립학교의 장 또는 사립학교 설립·경영자와 교섭할 수 있음(제6조제1항제2호 신설). 바. 교육부장관 등은 교섭을 요구하는 노동조합이 둘 이상인 경우 해당 노동조합에 교섭창구를 단일화하도록 요청할 수 있음(제6조제6항 신설).〈법제처 제공〉

강사는 교원노조가 아닌 일반노조 설립과 가입이 가능하며, 사실상 노무에 종사하는 공무원과 공무원노조법의 적용을 받는 공무원 또한 교원노조법 소정의 교원에 해당하지 않기 때문에 교원노조를 설립하거나 가입할 수 없다. 사실상 노무에 종사하는 공무원은 노조법상의 일반적인 노동조합을 설립할 수 있고, 공무원노조법의 적용을 받는 공무원은 공무원노조법에 의한 노동조합을 설립할 수 있다.

나. 교원이 자주적으로 조직하여야 한다.

교원노조는 외부의 지배나 개입 없이 교원의 자주적인 의사결정에 의하여 독립적으로 조직·운영되어야 한다. 사용자의 지위에 있는 국가나 교육부 및 교육청만이 아니라 정당, 종교단체, 시민단체 등 외부세력의 간섭이나 개입으로부터 독립하여 조직·운영되어야 한다.

다. 근로조건의 유지·개선 기타 교원의 경제적·사회적 지위의 향상을 도모 할 것을 목적으로 하여야 한다.

교원노조는 근로조건, 엄격하게 말하면 근무조건의 유지·개선을 기본적인 목적으로 하면서 그밖에 근무조건과 간접적으로 관련되는 교원의 경제적·사회적 지위 향상을 목적으로 하여야 하지만, 부수적으로 복리후생 활동을 할 수도 있다. 여기에서 근무조건이라 함은 일반노조법상의 근로조건과 원칙적으로 동일한 의미를 가지고 있기 때문에 보수, 근무시간, 휴식, 안전보건, 복무환경 등 교원이 근무를 제공함에 있어서 존재하는 제반 조건을 말한다.

라. 교원 노동조합은 단체성을 가지고 있어야 한다.

개별 교원이 주체가 되어 조직한 교원단체 또는 그러한 교원단체가 주체가 되어 조직한 연합단체 등 단체로서의 조직적 실체를 갖추어야 한다. 교원노조는 복수의 교원들에 의한 인적 결합체이기 때문에 교원 1인으로 조직된 노동조합은 있을 수 없다.

(1) 소극적 요건

교원노조법 제14조제1항에 의해 적용되는 일반노조법 제2조제4호 단서 각목은 같은 호 본문의 주체성·자주성·목적성·단체성 등 적극적 요건과 함께 소극적 요건으로서 일정한 사항을 규정하고 있다. 즉, 교육부장관, 시·도지사, 시·도 교육감, 사립학교의 설립·경영자 또는 교원에 관한 사항에 대하여 교육부장관, 시·도지사, 시·도 교육감, 사립학교의 설립·경영자를 위하여 행동하는 사람(이하 "사용자 등"이라 함)의 참가를 허용하는 경우, 경비의 주된 부분을 사용자로부터 원조 받는 경우, 공제·수양 기타 복지사업만을 목적으로 하는 경우, 주로 정치활동을 목적으로 하는 경우에는 교원 노조로 보지 않는다.[6]

가. 사용자 등의 참가를 허용하는 경우

일반노조법 제2조제2호의 규정에 의한 사용자 또는 항상 사용자의 이익을 대표하여 행동하는 교원의 경우 노조설립 및 가입이 제한(일반노조법 제2조제4호가목)된다. 이에 해당하는 자로는 교원의 인사관리를 담당하거나, 교원의 근로조건의 결정·학교 운영 및 학사관리의 기획 또는 집행에 관여하는 교장, 교감 등이 포함될 수 있다.

일반노조법의 적용을 받는 노동조합의[7] 경우 사용자의 이익대표자라 함은 경영권, 근로자에 대한 인사·급여·후생·노무관리 등 업무집행권, 기밀업

---

[6]. 교원노조법 제14조(다른법률과의 관계)
　② 일반노조법 제2조제4호라목은 교원노조에는 적용하지 않는다(2021.1.개정, 7월시행).

[7]. "노동조합"이라 함은 근로자가 주체가 되어 자주적으로 단결하여 근로조건의 유지·개선 기타 근로자의 경제적·사회적 지위의 향상을 도모함을 목적으로 조직하는 단체 또는 그 연합단체를 말한다. 다만, 다음 각목의 1에 해당하는 경우에는 노동조합으로 보지 아니한다.
　가. 사용자 또는 항상 그의 이익을 대표하여 행동하는 자의 참가를 허용하는 경우
　나. 경비의 주된 부분을 사용자로부터 원조받는 경우
　다. 공제·수양 기타 복리사업만을 목적으로 하는 경우
　라. 근로자가 아닌 자의 가입을 허용하는 경우(저자주: 교원·공무원노조는 퇴직자 등도 가입 가능)
　마. 주로 정치운동을 목적으로 하는 경우

무를 취급하는 권한 등 사업주의 권능의 일부를 담당하는 감독직 관리적 지위에 있어 그 직무상의 의무와 책임이 노동조합으로서의 의무와 책임에 저촉되는 위치에 있는 자를 의미한다.

나. 경비의 주된 부분을 사용자로부터 원조 받는 경우

교원노조가 "경비의 주된 부분을 사용자로부터 원조 받는 경우"에는 이에 의해 교원노조의 조직 또는 운영에 대한 기관의 지배·개입이 이루어짐으로써 교원노조의 자주성을 해칠 우려가 있으므로 이를 교원노조의 결격사유로 규정하고 있는 것이다. 사용자의 경비원조행위는 부당노동행위로서도 금지되고 있으나(일반노조법 제81조제4호 본문 참조) 단, 이 경우 노조의 자율성을 침해하지 않는 경우에는 부당노동행위가 아니라는 견해가 있다.

그러나 교원이 근무시간 중에 사용자와 협의 또는 교섭하는 활동 등을 사용자가 허용하거나, 또한 근로자의 후생자금 또는 경제상의 불행 그 밖에 재해의 방지와 구제 등을 위한 기금의 기부와 최소한의 규모의 노동조합 사무소의 제공 및 그 밖에 이에 준하여 노동조합의 자주적인 운영 또는 활동을 침해할 위험이 없는 범위에서의 운영비 원조행위 등은 교원노조의 자주성을 훼손시키는 주된 경비원조에 해당하지 않는다(일반노조법 제81조제4호 단서 참조).

다. 공제·수양 기타 복지사업만을 목적으로 하는 경우

교원노조는 근무조건의 유지·개선을 목적으로 한 단체이기 때문에 복리사업만을 목적으로 하는 단체는 교원으로 조직되어 있더라도 교원노조법에서 규율 대상으로 하는 교원노조는 될 수 없다.

다만 교원노조가 근무조건의 유지·개선을 주된 목적으로 하면서 부수적으로 공제·수양 기타 복리사업을 목적으로 하거나 문화적·후생적 활동을 행하는 것은 무방하다. 예컨대 교원노조가 주체가 되어 행하는 교원의 친목행사, 상호부조활동 등에 대해 행정기관의 협력이나 원조를 요청하고 행정기관이 이에 대해 경비를 일부 지원하는 것은 가능하다. 다만 이 경우에는 경비원조금지와 관련하여 적정한 수준을 유지할 필요가 있다.

라. 주로 정치활동을 목적으로 하는 경우

일반노조법의 적용을 받는 노조는 주로 정치활동을 목적으로 하지 않고 부수적으로 정치활동을 하는 것은 허용될 뿐만 아니라 선거운동도 자유로이 할 수 있는 반면, 교원노조는 교원노조법 제3조에 기하여 부수적인 목적으로도 정치활동을 하는 것이 금지되어 있고, 조합원인 교원도 정치활동이 금지되고 있다.

따라서 교원노조는 공직선거법 제87조제1항제5호 소정의 "법령에 의하여 정치활동이나 공직선거에의 관여가 금지된 단체"에도 해당하게 되어 민간부문의 노동조합과 달리 그 명의 또는 그 대표의 명으로 선거운동을 할 수 없고 정치자금의 기부도 금지되고 있다(정치자금법 제31조).

2) 형식적 요건

교원노동조합도 일반노동조합과 마찬가지로 설립신고서를 소관 행정관청에 제출하고 그 행정관청으로부터 신고증을 교부받은 경우에만 노동조합으로 성립할 수 있다. 교원노조 대표자는 일반노조법 시행규칙 별지 제1호 서식에 의한 노동조합 설립신고서를 작성하여, 노동부장관에게 설립 신고서를 제출하여야 한다(일반노조법 제10조제1항 및 교원노조법 제4조제2항). 설립신고서 제출 시 규약 1부, 임원의 성명 및 주소록 1부, 학교별 명칭, 조합원수, 대표자의 성명 등의 서류를 첨부하여야 한다(일반노조법 시행규칙 제2조). (기타 교원 노동조합의 설립과 관련한 세부내용은 4. 교원 노동조합의 설립과 일반노조의 설립절차 참조)

4. 교원 노동조합의 설립

1) 교원의 단결권 보장 법적 근거 (2021.9. 고용노동부 교원노사관계업무메뉴얼 32쪽 참조)

(1) 헌법 제33조제1항은 "근로자는 근로조건의 향상을 위하여 자주적인 단결권·단체교섭권 및 단체행동권을 가진다"라고 규정하고 있고, 제2항에서 "공무원인 근로자는 법률이 정하는 자에 한하여 단결권·단체교섭권및 단체행동권을 가진다"라고 하여 공무원의 노동3권의 보장과 관련하여 입법자에게 광범위한 입법형성의 자유를 부여하고 있다.

또한 헌법 제31조제6항은 교원의 지위에 관한 기본적인 사항은 법률로 정하도록 하고, 사립학교법 제55조는 "사립학교의 교원의 복무에 관하여는 국·공립학교의교원에 관한 규정을 준용한다"라고 하여 사립학교 교원도 국·공립학교 교원의복무 관련 사항을 동일하게 적용한다.

이러한 헌법규정에 따라 일반노조법 제5조제1항은 노동조합의 조직 및 가입과 관련하여 공무원과 교원에 대하여는 따로 정한다고 규정하고 있다.

이에 따라 교원노조법이 제정되었고, 교원노조에 가입이 가능한 교원 및 노조의 설립 단위, 활동 등에 대해 규정하고 있다.

> **행정해석**
>
> *국회는 헌법 제33조제2항에 따라 공무원인 근로자에게 단결권·단체교섭권·단체행동권을 인정할 것인가의 여부, 어떤 형태의 행위를 어느 범위에서 인정할 것인가 등에 대하여 광범위한 입법 형성의 자유를 가진다 할 것임(헌법재판소 2008.12.26 2005헌마971, 2006헌마198 병합)
>
> *사립학교법 제55조 및 제58조제1항제4호는 헌법이 교원들의 지위에 관한 사항을 국민적 합의를 배경으로 한 입법기관의 권한에 위임하고 있는 헌법조항에 따라 규정한 것으로서 사립학교 교원을 근로3권의 행사에 있어서 일반 근로자의 경우와 달리 취급하여야 할 합리적인 이유가 있다 할 것임(헌재 1991.7.22 89헌가106 결정)

(2) 노조 가입이 가능한 교원의 범위(교원노사관계업무메뉴얼 33쪽 참조)

교원노조법상 노조가입대상은 유아교육법 제20조제1항, 초·중등교육법 제19조제1항, 고등교육법 제14조제2항 및 제4항에서 규정하고 있는 교원 및 교원이었던 자를 말한다(법 제2조 및 법 제4조의2).

구체적으로는 유치원·초등학교·중학교·고등학교·대학 등에 근무하거나 근무하였던 교원이며, 초·중등교육법 제19조는 교원의 범위를 정규직 교원으로 제한하고 있지 않고, 기간제교원은 법령이 정하는 바에 따라 학생을 교육하므로 교육공무원법 제32조 및 사립학교법 제54조의4에 따른 기간제교원은 교원노조법상 교원에 해당한다.

> **행정해석**
>
> *유치원 방과후 과정 시간제근무 기간제교사가 교육공무원법 제32조제1항 또는 사립학교법 제54조의2제1항에 따라 임용계약을 체결하였다면, 교육공무원법 또는 사립학교법에 따른 기간제 교원에 해당되므로 교원노조법상 교원노동조합 가입대상으로 볼 수 있음(공무원노사관계과-3340, 2020.1.30.).

(3) 노조 가입이 제한되는 교원의 범위(교원노사관계업무메뉴얼 33-34쪽 참조)

가. 사용자

사용자로부터 학교운영 및 학사관리의 기획 또는 집행관련 권한을 부여받아 교원에 관한 사항에 대하여 지휘·감독자로서 학교운영 전반에 대하여 일정한 권한을 행사하는 자를 사용자의 지위로 보아 노조가입이 제한되는데, 교장, 교감 등 교원의 인사·급여·후생·노무관리 등 근로조건 결정 담당자가 이에 해당한다.

나. 전문상담교사 및 산학겸임교사

교사 중 특정 분야의 교육을 담당하는 교사로서 초·중등교육법 제19조2

와 제22조에서 별도로 규정된 전문상담교사 및 산학겸임교사가 초·중등교육법 제19조에 따라 정규직 교원으로 임용될 경우 교원노조법의 적용 범위에 해당 된다

〈초·중등교육법〉
*제19조의2(전문상담교사의 배치 등) ①학교에 전문상담교사를 두거나 시·도 교육행정기관에 「교육공무원법」 제22조의2에 따라 전문상담순회교사를 둔다. ②제1항의 전문상담순회교사의 정원·배치 기준 등에 필요한 사항은 대통령령으로 정한다.
*제22조(산학겸임교사 등) ①교육과정을 운영하기 위하여 필요하면 학교에 제19조제1항에 따른 교원외에 산학겸임교사·명예교사 또는 강사 등을 두어 학생의 교육을 담당하게 할 수 있다. 이 경우 국립·공립 학교는 「교육공무원법」 제10조의3제1항 및 제10조의4를, 사립학교는 「사립학교법」 제54조의3제4항 및 제5항을 각각 준용한다. ②제1항에 따라 학교에 두는 산학겸임교사 등의 종류·자격기준 및 임용 등에 필요한 사항은 대통령령으로 정한다.

다. 평생교육사

평생교육시설에서 교육의 기획·진행·분석·평가 및 교수업무를 담당하는 자로서 평생교육법 제22조에서 규정하고 있는 평생교육사는 교원으로 교원노조 가입이 가능하다. 다만, 평생교육법 제31조제2항에서 규정하고 있는 학력 인정 평생교육시설에서 근무하는 교원은 "학교"가 아닌 "시설"에 근무하고 있고, 사적인 근로계약을 체결하고 있는 근로자이므로 교원노조법의 적용대상인 초·중등교육법 제19조제1항에 따른 교원이라고 보기 어렵다.

〈평생교육법〉
제24조(평생교육사) ①교육부장관은 평생교육 전문인력을 양성하기 위하여 다음 각 호의 어느 하나에 해당하는 자에게 평생교육사의 자격을 부여한다. ②평생교육사는 평생교육의 기획·진행·분석·평가 및 교수업무를 수행한다.

제31조(학교형태의 평생교육시설) ①학교형태의 평생교육시설을 설치·운영하고자 하는 자는 대통령령으로 정하는 시설·설비를 갖추어 교육감에게 등록하여야 한다. ②교육감은 제1항에 따른 학교형태의 평생교육시설 중 일정 기준 이상의 요건을 갖춘 평생교육시설에 대하여는 이를 고등학교 졸업 이하의 학력이 인정되는 시설로 지정할 수 있다. 다만, 제6항에 따라 지방자치단체로부터 지원받은 보조금을 목적 외 사용, 부당 집행하였을 경우에는 그 지정을 취소할 수 있다. ③지방자치단체는 해당 지방자치단체의 조례로 정하는 바에 따라 예산의 범위 내에서 「초·중등교육법」 제2조의 학교에 준하여 제2항에 따른 학력인정 평생교육시설에 필요한 보조금을 교부하거나 그 밖의 지원을 할 수 있다.

행정해석

*학평시설 교원은 초·중등교육법에 따른 교원과는 달리 사적 근로계약에 따라 채용된 근로자로서 근로기준법의 적용을 받고 있음. 평생교육법 제31조에 따르면, 학평시설 교원의 복무·국내연수와 재교육에 관하여는 국·공립학교의 교원에 관한 규정을 준용한다고 규정하고 있음.

- 다만, 앞서 말씀드린 바와 같이, 학평시설 교원은 근로자이므로 각 시설에서는 고용주-근로자 간의 근로계약, 시설 내 취업규칙 및 복무규정 등을 복합적으로 고려하여 적용하고 있음(교육부 평생학습정책과-519, 2021.1.19).

2) 유니온숍(union shop) 제도의 적용 배제

교원노조와 공무원노조는 교원노조법 제14조제2항과 공무원노조법 제17조제3항에 의해 일반노조법 제81조제1항제2호 단서(유니온숍제도)의 적용이 제외되어 있기 때문에 유니온숍 협정을 체결할 수 없다. 따라서 공무원노조와 교원노조는 가입과 탈퇴가 완전히 개인의 자유의사에 맡겨져 있는 오픈숍제도이다(숍제도의 상세한 내용은 92쪽 이하 참조).

5. 교원 노동조합의 운영

교원노동조합의 운영과 관련하여서는 공무원노동조합과 동일하게 교원노조법에서 특별히 정하고 있는 바가 없으므로 일반노조법을 준용하여 운영하여야 한다(일반노조법 제14조 내지 제27조). 그러나, 일반노조법 제24조(근로시간 면제 등)과 제24조의2(근로시간면제심의위원회)는 공무원과 교원노조에는 적용되지 않는다.

1) 운영의 일반적 원칙

교원노동조합의 운영은 공무원노조의 운영에서 설명한 부분이 그대로 적용된다. 따라서 비치서류(일반노조법 제14조제1항·시행규칙 제8조), 회계감사 및 운영상황 공개(일반노조법 제25조제1항), 결산결과와 운영상황 보고(일반노조법 제27조) 등의 규정들이 일반노조, 공무원노조, 교원노조 구분없이 동일하게 적용된다.

2) 교원 노동조합의 전임자

전임자란 임용권자의 동의를 받아 노동조합으로부터 급여를 지급받으면서 노동조합의 업무에만 종사하는 자를 말한다. 노동조합의 업무에만 종사하는 노조전임자는 그 기간 중 「교육공무원법」 제44조 및 「사립학교법」 제59조에 따른 휴직명령을 받은 것으로 보며, 그 전임기간 중 전임자임을 이유로 승급 또는 그 밖의 신분상의 불이익을 받지 아니한다(교원노조법 제5조). 〈개정 2022.6.10.〉

연가일수 산정에 있어서 재직기간에는 전임기간은 포함되지 않지만(공무원복무규정 제15조제2항 참조), 퇴직금산정을 위한 재직기간의 산정(공무원연금법 제25조)에 있어서는 "교육공무원법 제44조제1항제11호의 규정에 의한 휴직기간"을 재직기간에 포함시키고 있으며, 교원노조법 제5조[8] 규정에

---

8). 「교원노조법」 제5조에 따라 노동조합 전임자로 종사하게 된 경우

의하여 노동조합 전임자로 종사하게 된 때에는 본인의 의사에도 불구하고 휴직을 명하도록 규정하여 교원노조의 전임자에 대한 특별규정을 두고 있다.

전임자는 휴직으로 처리되기 때문에 공무원연금법의 적용에 있어서도 휴직 중인 자와 동일하게 적용된다. 따라서 전임자가 전임기간 동안 보수를 지급받지 못하는 기간에는 기여금을 납부하지 않으며, 기여금징수의무자는 전임기간(휴직사유)이 소멸되어 보수가 지급되는 달부터 당해 월분의 기여금과 같은 금액의 기여금을 따로 징수하여야 한다. 다만, 전임기간은 교육경력에는 포함되지 않는 것으로 대법원은 판단하고 있다.

대법원

【교원의 노동조합 전임자로서의 전임기간은 구 법(지방교육 자치에 관한 법률) 제60조 제2항 및 제3항의 '교육경력'에 포함되지 아니하는 것으로 봄이 상당하고, 이러한 해석이 "교원노조법 제5조제4항의 전임자는 그 전임기간 중전임자임을 이유로 승급 기타 신분상의 불이익을 받지 아니한다."는 규정 또는 근무성적 평정을 함에 있어 위와 같은 휴직기간을 재직기간에 포함시켜 평정하고 있는 '교육공무원 승진규정'과 모순·저촉되는 것이라고는 할 수 없다.】(2009.2.26. 2008우26)

3) 근로시간면제제도와 소청심사청구

교원과 공무원의 근로시간 면제제도의 상세 내용은 252~254쪽 참조([일부개정][시행 2023.12.11.] [법률 제18924호, 2022.6.10., 일부개정])

◇ 개정이유(교원노조법)
현행은 교원노조 업무 전임자에 대해서 전임기간 중 휴직명령을 하도록 하고 그 기간 중 봉급지급을 금지하는 등 민간부문과 달리 노동조합 업무에 대한 근무시간 면제 제도를 적용하고 있지 않았다. 이로 인하여 교원의 노동권이 민간부문과 비교하여 형평성 측면에서 문제가 있다는 지적이 있어 교원의 정당한 노조활동을 보장하기 위하여 교원에 대해서도 단체협약으로 정하거나 임용권자가 동의하는 경우 근무시간 면제 시간 및 사용인원의 한도를 초과하지 아니하는 범위에서 보수의 손실 없이 교육부장관 등 교섭상대방과의 협의·교섭, 고충처리, 안전·보건활동 및 노조의 유지·관리업무 등을 할 수 있도록 근무시간 면제 제도를 도입하였다. 한편, 교원이 노동위원회에 부당노동행위 구제신청을 한 경우 교원소청심사위원회에 소청심사를 청구할 수 없도록 한 규정을 삭제함으로써, 교원의 정당한 권리구제를 강화하는 등 현행 제도의 운영상 나타난 일부 미비점을 개선·보완하였다.

◇ 주요내용

가. 임용권자의 동의를 받아 노동조합으로부터 급여를 지급받으면서 노동조합의 업무에만 종사하는 무급전임자에 대한 규정을 명확히 함(교원노조법 제5조제1항).

나. 교원은 단체협약으로 정하거나 임용권자가 동의하는 경우 근무시간 면제 시간 및 사용인원의 한도를 초과하지 아니하는 범위에서 보수의 손실 없이 교육부장관 등 교섭상대방과의 협의·교섭, 고충처리, 안전·보건활동 및 노조의 유지·관리업무 등을 할 수 있도록 함(교원노조법 제5조의2제1항 신설).

다. 근무시간 면제 시간 및 사용인원의 한도를 정하기 위하여 교원근무시간면제심의위원회를 경제사회노동위원회에 두고, 교원근무시간면제심의위원회는 시·도 단위 또는 개별학교 단위를 기준으로 조합원의 수를 고려하되 교원 노사관계의 특성을 반영하여 근무시간 등의 면제 한도를 심의·의결하도록 함(교원노조법 제5조의2제2항 및 제3항 신설).

라. 임용권자는 전년도에 노동조합별로 근무시간을 면제받은 시간 및 사용인원, 지급된 보수 등에 관한 정보를 공개하여야 함(교원노조법 제5조의3 신설).

마. 교원이 노동위원회에 부당노동행위 구제신청을 한 경우 교원소청심사위원회에 소청심사를 청구할 수 없도록 한 규정을 삭제함(교원노조법 제13조 삭제).

Ⅲ. 공무원 노동조합의 설립과 운영

1. 공무원 노동조합의 의의

일반노조법 제2조제4호에 "노동조합"이라 함은 근로자가 주체가 되어 자주적으로 단결하여 근로조건의 유지·개선 기타 근로자의 경제적·사회적 지위의 향상을 도모함을 목적으로 조직하는 단체 또는 그 연합단체를 말한다고 규정하고 있다.

공무원노조법 제17조제2항의 규정을 보면 공무원에 적용할 노동조합 및 노동관계조정에 관하여 이 법에서 정하지 아니한 사항에 대하여는 제3항에서 정하는 경우를 제외하고는 일반노조법에서 정하는 바에 따른다고 규정하고 있으므로 '공무원 노동조합'이란 공무원이 주체가 되어 자주적으로 단결하여 근로조건의 유지·개선 기타 공무원의 경제적·사회적 지위의 향상을 도모함을 목적으로 조직하는 단체 또는 그 연합단체를 말한다고 정의할 수 있다. 이 정의 규정에 따라 노동조합의 설립 요건과 관련하여 노동조합의 실질적 요건 중 적극적 요건이라고 한다.

그러나 사용자 또는 항상 그의 이익을 대표하여 행동하는 자의 참가를 허용하는 경우, 경비의 주된 부분을 사용자로부터 원조 받는 경우, 공제·수양 기타 복리사업만을 목적으로 하는 경우, 주로 정치운동을 목적으로 하는 경우에는 노동조합으로 보지 아니한다(일반노조법 제2조제4호 단서, 단 라목의 근로자가 아닌 자의 가입을 허용하는 경우에도 교원노조법과 공무원노조법에서는 노동조합으로 인정함). 이에 해당하는 노동조합은 노동조합의 설립 요건을 충족하지 못하게 되므로 이를 노동조합의 실질적 요건 중 소극적 요건이라고 한다.

공무원노조법은 일반노조법에 대한 특별법적인 지위를 가지고 있으므로 공무원노조에 대해서는 공무원노조법이 우선 적용되지만, 공무원노조법에서 명문의 규정이 없거나 해석상 보충이 필요한 부분에 대해서는 일반노조법상의 규정이 준용된다(공무원노조법 제17조제2항).

2. 공무원 노동조합의 목적

헌법 제33조제2항에서는 "공무원인 근로자는 법률이 정하는 자에 한하여 단결권·단체교섭권 및 단체행동권을 가진다."라고 규정하고 있고, 일반노조법 제5조(노동조합의 조직·가입·활동) 단서에서는 공무원과 교원에 대해서는 따로 법률로 정한다고 되어 있다.

이에 따라 공무원노조법 제1조에서는 "이 법은 대한민국 헌법 제33조제2항에 따른 공무원의 노동기본권을 보장하기 위하여 일반노조법 제5조제1항 단서에 따라 공무원의 노동조합 설립 및 운영 등에 관한 사항을 정함을 목적으로 한다."라고 하여 공무원노조법의 목적을 규정하고 있다.

3. 공무원 노동조합의 설립 요건

공무원노조법 제17조제2항에 의해 일반노조법 제2조제4호가 준용(단, 제2조제4호라목 제외)되기 때문에 공무원노조도 원칙적으로 민간부문 노조와 같은 요건 하에서 설립되어야 하며 실질적 요건과 형식적 요건을 갖추어야 한다.

실질적 요건은 일반노조법 제2조제4호에서 규정하고 있는 노동조합의 정의 규정에 합치하여야 하며, 형식적 요건은 노동조합의 규약 등을 첨부하여 설립신고를 마쳐야 함을 말한다.

1) 실질적 요건

(1) 적극적 요건

가. 공무원이 주체가 되어 조직되어야 한다.

"공무원"이라 함은 국가공무원법 제2조 및 지방공무원법 제2조에서 규정하고 있는 공무원을 말한다. 다만, 사실상 노무에 종사하는 공무원과 교원노조법의 적용을 받는 교원인 공무원을 제외한다(공무원노조법 제2조).
국가공무원법 제2조(지방공무원법 제2조)에 따르면 공무원은 경력직 공무원과 특수경력직 공무원으로 구분되고 있으나, 공무원노조법은 양자를 모두 공무원노조를 설립할 수 있는 공무원으로 취급하고 있다. 다만, 공무원 노조법 제6조에서는 구체적인 가입범위를 정하고 있기 때문에 공무원노조법 제6조제2항에서 가입이 금지되는 공무원은 공무원노조에 가입할 수 없다.

나. 공무원이 자주적으로 조직하여야 한다.

공무원노조는 외부의 지배나 개입 없이 공무원의 자주적인 의사결정에 의하여 독립적으로 조직·운영되어야 한다. 사용자의 지위에 있는 국가나 지방자치단체만이 아니라 정당, 종교단체, 시민단체 등 외부세력의 간섭이나 개입으로부터 독립하여 조직·운영되어야 한다.

다. 근로조건의 유지·개선 기타 공무원의 경제적·사회적 지위의 향상을 도모 할 것을 목적으로 하여야 한다.

공무원노조는 근로조건, 엄격하게 말하면 근무조건의 유지·개선을 기본적인 목적으로 하면서 그밖에 근무조건과 간접적으로 관련되는 공무원의 경제적·사회적 지위 향상을 목적으로 하여야 하지만, 부수적으로 복리후생활동을 할 수도 있다. 여기에서 근무조건이라 함은 일반노조법상의 근로조건과 원칙적으로 동일한 의미를 가지고 있기 때문에 보수, 근무시간, 휴식, 안전보건, 복무환경 등 공무원이 국가나 지방자치단체에 대하여 근무를 제공함에 있어서 존재하는 제반 조건을 말한다.[9]

---

9) 대법원 1992. 6. 13 선고91다19210 판결

라. 공무원 노동조합은 단체성을 가지고 있어야 한다.

공무원노조는 복수의 공무원들에 의한 인적 결합체이기 때문에 공무원 1인으로 조직된 노동조합은 있을 수 없다. 개별 공무원이 주체가 되어 조직한 공무원단체 또는 그러한 공무원단체가 주체가 되어 조직한 연합단체 등 단체로서의 조직적 실체를 갖추어야 하며, 공무원노조의 설립 당시에는 이러한 단체성을 갖추었다고 하더라도 이후 그 조합원이 1인밖에 남지 않게 된 경우에는 그 조합원이 증가될 일반적인 가능성이 없는 한 노동조합으로서의 단체성을 상실하므로 "이 법에 의한 공무원의 노동조합"(공무원노조법 제3조1항)이 될 수 없다.

(2) 소극적 요건

공무원노조법 제17조제2항에 의해 준용되는 일반노조법 제2조제4호 단서 각목(라목은 제외)은 같은 호 본문의 주체성·자주성·목적성·단체성 등 적극적 요건과 함께 소극적 요건으로서 일정한 사항을 규정하고 있다. 즉, 행정기관의 장 또는 공무원에 관한 사항에 대하여 행정기관의 장을 위하여 행동하는 사람(이하 "사용자 등"이라 함)의 참가를 허용하는 경우, 경비의 주된 부분을 행정기관으로부터 원조받는 경우, 공제·수양 기타 복지사업만을 목적으로 하는 경우, 주로 정치활동을 목적으로 하는 경우에는 공무원 노조로 보지 않는다.

가. 사용자 등 참가를 허용하는 경우

여기에서 말하는 "행정기관"이라 함은 단순히 행정주체의 행정사무를 담당하는 지위에 있는 기관만이 아니라 입법사무를 담당하는 입법기관 및 사법사무를 담당하는 사법기관, 지방자치단체를 포괄하는 광의의 개념으로 해석된다. 이에 따라서 행정기관에 포함될 수 있는 기관의 범위는 정부조직법상의 행정기관인 부·처 및 청(정부조직법 제2조제2항), 법원조직법상의 사법행정사무를 담당하는 기관(법원조직법 제9조), 의장의 지휘·감독을 받아 국회 및 국회의원이 입법 활동과 국회의 행정업무에 관련된 사무를 처리하는 국회사무처(국회사무처법 제2조), 지방자치법 제2조 소정의 지방자치단체, 그밖에 업무관할권의 범위가 전국에 미치는 광의의 행정기관인 국가정보원, 공정거래위원회, 감사원, 대통령비서실도 포함되는 것으로 해석된다.

"행정기관의 장"은 국가공무원의 경우 부·처 및 청의 장(정부조직법 제7조 참조), 지방공무원의 경우 지방자치단체의 장을 말하고, 대법원장, 국회사무총장, 교육감 등을 의미한다.

"공무원에 관한 사항에 대하여 행정기관의 장을 위하여 행동하는 사람"의 일반적인 기준은 "공무원의 인사, 급여, 후생, 노무관리 등 근무조건의 결정 또는 업무상의 명령이나 지휘감독을 하는 등의 사항에 대하여 사용자인 행정기관의 장으로부터 일정한 권한과 책임을 부여받은 자"로 정의할 수 있다.
구체적인 범위는 개별적으로 판단하여야 하지만 공무원노조법 시행령 제3조(노동조합 가입이 금지되는 공무원의 범위) 1호 및 2호에 해당하는 경우가 이에 해당한다고 할 수 있다.

따라서 시행령 제3조제1호에서 규정하고 있는 것처럼 다른 공무원에 대하여 지휘·감독권을 행사하거나 다른 공무원의 업무를 총괄하는 업무에 종사하는 공무원으로서 법령·조례 또는 규칙에 따라 다른 공무원을 지휘·감독하며 그 복무를 관리할 권한과 책임을 부여받은 공무원(직무 대리자를 포함한다.)과 훈령 또는 사무분장 등에 따라 부서장을 보조하여 부서 내 다른 공무원의 업무수행을 지휘·감독하거나 총괄하는 업무에 주로 종사하는 공무원이 이에 해당한다(공무원법시행령 제3조제1호가목, 나목).

또한 시행령 제3조제2호의 인사·보수에 관한 업무를 수행하는 공무원 등 노동조합과의 관계에서 행정기관의 입장에 서서 업무를 수행하는 공무원(자료정리 등 단순히 업무를 보조하는 자를 제외한다)으로서 공무원의 임용·복무·징계·소청심사·보수·연금 그 밖에 후생복지에 관한 업무를 담당하는 공무원, 노동조합 및 '공무원 직장협의회의 설립·운영에 관한 법률'에 따른 직장협의회에 관한 업무를 담당하는 공무원, 예산·기금의 편성 및 집행(단순집행을 제외한다.)에 관한 업무를 담당하는 공무원, 행정기관의 조직과 정원의 관리에 관한 업무를 담당하는 공무원, 감사에 관한 업무를 담당하는 공무원, 보안업무·질서유지업무·청사시설의 관리 및 방호에 관한 업무·비서·운전업무를 담당하는 공무원은(공무원법시행령 제3조제2호) "공무원에 관한 사항에 대하여 행정기관의 장을 위하여 행동하는 자"에 해당한다.

이러한 자의 가입을 금지하는 것은 일반 노동조합법의 적용을 받는 노동조합과 마찬가지로 공무원노조의 어용조합화를 피하고 노사 상호 불개입의 원칙 하에서 공무원노조의 자주성을 확보하고자 하는 취지를 가지고 있다. 이러한 범위에 해당하면 형식상 행정기관 등의 내부에서 가지는 직위의 고하에 관계없이 그 독자적인 책임 하에서 공무원의 근무조건의 전부 또는 일부에 관한 사항을 결정할 수 있는 권한을 부여받은 자이면 그 권한과 책임의 한도 내에서 공무원노조와의 관계에서 사용자로 간주된다.

나. 경비의 주된 부분을 행정기관으로부터 원조 받는 경우

공무원노조가 경비의 주된 부분을 행정기관으로부터 원조 받는 경우에는 공무원노조의 조직 또는 운영에 대한 행정기관의 지배·개입이 이루어짐으로써 공무원노조로서의 자주성이 없다고 볼 수 있기 때문에 이를 공무원노조의 결격사유로 규정하고 있는 것이다.

행정기관의 이러한 경비원조행위는 부당노동행위로서도 금지되고 있다(일반노조법 제81조제1항제4호 본문 참조).[10]

여기에서 말하는 경비원조라 함은 공무원노조의 운영 및 활동에 필요한

---

10) 근로자가 노동조합을 조직 또는 운영하는 것을 지배하거나 이에 개입하는 행위와 근로시간 면제한도를 초과하여 급여를 지급하거나 노동조합의 운영비를 원조하는 행위. 다만, 근로자가 근로시간 중에 제24조제2항에 따른 활동을 하는 것을 사용자가 허용함은 무방하며, 또한 근로자의 후생자금 또는 경제상의 불행 그 밖에 재해의 방지와 구제 등을 위한 기금의 기부와 최소한의 규모의 노동조합사무소의 제공

비용을 제공받는 것으로서 금품의 제공만이 아니라 경제적 이익 등의 적극적지원 또는 채무의 소극적 면제 등 일체의 편의제공을 포함하며, 경비의 "주된 부분"이라 함은 공무원노조의 경비 중 대부분을 원조 받는 경우를 의미한다. 그러나 공무원이 근무시간 중에 사용자와 협의 또는 교섭하는 것을 사용자가 허용하거나 공무원의 후생자금 또는 경제상의 불행 기타 재해의 방지와 구제 등을 위한 기금을 기부하거나, 최소한의 규모의 노동조합사무소를 제공하는 것과 그 밖에 이에 준하여 노동조합의 자주적인 운영 또는 활동을 침해할 위험이 없는 범위에서의 운영비 원조행위 등은 공무원노조의 자주성을 훼손시키는 주된 경비원조에 해당하지 않는다(일반노조법 제81조제1항제4항 단서 참조).

다. 공제·수양 기타 복지사업만을 목적으로 하는 경우

공무원노조는 근무조건의 유지·개선을 목적으로 한 단체이기 때문에 복리사업만을 목적으로 하는 단체는 공무원으로 조직되어 있더라도 공무원노조법에서 규율 대상으로 하는 공무원노조는 될 수가 없다. 다만, 공무원노조가 근무조건의 유지·개선을 주된 목적으로 하면서 부수적으로 공제·수양 기타 복리사업을 하거나 문화적·후생적 활동을 행하는 것은 가능하다.
예컨대 공무원노조가 주체가 되어 행하는 공무원의 친목행사, 상호부조활동 등에 대해 행정기관의 협력이나 원조를 요청하고 행정기관이 이에 대해 경비를 일부 부담하는 것도 가능하다.

라. 주로 정치활동을 목적으로 하는 경우

공무원노조는 공무원의 근무조건의 유지·개선 등 경제적·사회적 지위향상을 목적으로 하는 단체이기 때문에 주로 정치활동을 목적으로 하는 공무원단체는 공무원노조가 될 수 없다. 문제는 공무원노조가 정치활동을 부수 목적으로 하는 것이 허용되는지 여부인데, 민간부문 노조는 주로 정치 활동을 목적으로 하지 않고 부수적으로 정치활동을 하는 것은 허용될 뿐만 아니라 선거운동도 자유로이 할 수 있는 반면, 공무원노조는 공무원노조법 제4

조 규정에 의하여 부수적인 목적으로도 정치활동을 하는 것이 금지되어 있고, 조합원인 공무원도 정치활동이 금지되고 있다.

따라서 공무원노조는 공직선거법 제87조제1항제5호에 따라 "법령에 의하여 정치활동이나 공직선거에의 관여가 금지된 단체"에도 해당하게 되어 민간부문의 노동조합과 달리 그 명의 또는 그 대표의 명으로 선거운동을 할 수 없고 정치자금의 기부도 금지되고 있다(정치자금법 제32조).

공무원인 조합원은 공무원노조법 제4조와 함께 국가공무원법 제65조 및 지방공무원법 제57조에서 정치운동이 금지되어 있다.

마. 공무원노동조합 가입범위

공무원노조법 제6조(가입범위)는 노동조합에 가입할 수 있는 공무원(제1항)과 노동조합에 가입할 수 없는 공무원(제2항)을 구체적으로 명시하고 있다.

노동조합에 가입할 수 있는 공무원의 범위는 일반직공무원 및 특정직공무원 중 외무영사직렬·외교정보기술직렬 외무공무원, 소방공무원 및 교육공무원(다만, 교원은 제외한다), 별정직공무원, 위에 해당하는 공무원이었던 사람으로서 노동조합 규약으로 정하는 사람으로 규정하고 있다.

그러나 업무의 주된 내용이 다른 공무원에 대하여 지휘·감독권을 행사하거나 다른 공무원의 업무를 총괄하는 업무에 종사하는 공무원, 업무의 주된 내용이 인사·보수 또는 노동관계의 조정·감독 등 노동조합의 조합원 지위를 가지고 수행하기에 적절하지 아니한 업무에 종사하는 공무원, 교정·수사 등 공공의 안녕과 국가안전보장에 관한 업무에 종사하는 공무원 등은 노동조합에 가입할 수 없다고 규정하고 있다.

공무원노조법 시행령 제3조는 노동조합 가입이 금지되는 공무원의 범위를 세부적으로 규정하고 있는데, 업무의 주된 내용이 다른 공무원에 대하여 지휘·감독권을 행사하거나 다른 공무원의 업무를 총괄하는 업무에 종사하는 공무원으로서 법령·조례 또는 규칙에 따라 다른 공무원을 지휘·감독하며 그 복무를 관리할 권한과 책임을 부여받은 공무원(직무 대리자를 포함한다), 훈령 또는 사무 분장 등에 따라 부서장을 보조하여 부서 내 다른 공무원의 업무 수행을 지휘·감독하거나 총괄하는 업무에 주로 종사하는 공무원은 노조가입이 금지된다.

인사·보수에 관한 업무를 수행하는 공무원 등 노동조합과의 관계에서 행정기관의 입장에서 업무를 수행하는 공무원으로서 공무원의 임용·복무·징계·소청심사·보수·연금 또는 그 밖에 후생복지에 관한 업무, 공무원의 임용·복무·징계·소청심사·보수·연금 또는 그 밖에 후생복지에 관한 업무, 노동조합 및 「공무원직장협의회의 설립·운영에 관한 법률」에 따른 직장협의회에 관한 업무, 예산·기금의 편성 및 집행(단순 집행은 제외한다)에 관한 업무, 행정기관의 조직과 정원의 관리에 관한 업무, 감사에 관한 업무, 보안업무, 질서유지업무, 청사시설의 관리 및 방호(防護)에 관한 업무, 비서·운전 업무에 주로 종사하는 업무의 주된 내용이 노동관계의 조정·감독 등 노동조합의 조합원 지위를 가지고 수행하기에 적절하지 아니하다고 인정되는 업무에 종사하는 공무원으로서 「노동위원회법」에 따른 노동위원회의 사무국에서 조정사건이나 심판사건의 업무를 담당하는 공무원, 「근로기준법」에 따라 고용노동부 및 그 소속 기관에서 「근로기준법」, 「산업안전보건법」, 그 밖의 노동관계 법령 위반의 죄에 관하여 사법경찰관의 직무를 수행하는 근로감독관, 「선원법」에 따라 「선원법」, 「근로기준법」, 그 밖의 선원근로관계 법령 위반의 죄에 관하여 사법경찰관의 직무를 수행하는 선원근로감독관, 지방자치단체에서 「노동조합 및 노동관계조정법」에 따른 노동조합 설립신고, 단체협약 및 쟁의행위 등에 관한 업무에 주로 종사하는 공무원은 노조가입을 할 수 없다.

교정·수사 등 공공의 안녕과 국가안전보장에 관한 업무에 종사하는 공무원으로서 「공무원임용령」 별표 1의 공무원 중 교정·보호·검찰사무·마약수사·출입국관리 및 철도경찰 직렬의 공무원, 조세범 처벌절차 법령에 따라 검찰총장 또는 검사장의 지명을 받아 조세에 관한 범칙사건(犯則事件)의

조사를 전담하는 공무원, 수사업무에 주로 종사하는 공무원, 국가정보원에 근무하는 공무원 등은 가입이 제한된다.

2) 형식적 요건

공무원 노동조합도 일반 노동조합과 마찬가지로 설립신고서를 소관 행정관청에 제출하고 그 행정관청으로부터 신고증을 교부받은 경우에만 노동조합으로 성립할 수 있다. 설립신고를 하여 신고증을 교부받는 등 형식적 요건을 갖추고 있더라도 실질적 요건을 결한 공무원노조는 "이 법에 의한 공무원의 노동조합"으로 인정되지 않는다.

또한 설립신고가 이루어진 노동조합만이 "이 법에 의한 공무원의 노동조합"이 될 수 있기 때문에 노동위원회에 조정신청은 물론 사용자의 부당 노동행위가 있는 경우에는 노동위원회에 그 구제신청을 할 수 있고(일반노조법 제7조제1항), 노동조합이라는 명칭을 사용할 수 있으며(일반노조법 제7조제3항), 등기를 하여 법인으로 될 수 있다(일반노조법 제6조). 나아가 단체협약의 효력, 일반적 구속력제도 등 노조법상의 각종 제도를 완전하게 이용할 수 있게 된다.

공무원노조의 설립신고 절차는 공무원노조법 제17조제2항에 의하여 일반노조법상 설립신고 제도가 원칙적으로 그대로 적용된다. 다만, 일반노조의 경우 노동조합의 조직범위에 따라 관할 행정관청이 고용노동부장관 또는 특별시장·광역시장·도지사 등이 되지만, 공무원노조는 그 규모에 관계없이 고용노동부장관이 처리하게 된다는 점에서 차이가 있을 뿐이다.

공무원노조의 구체적 설립절차는 일반노조의 설립절차를 참조하면 되므로 본 장에서는 일반노조와 차이가 있는 부분에 대하여만 설명하기로 한다.
노동조합을 설립하고자 하는 자는 시행규칙 별지 제5호 서식에 의한 노동조합설립신고서를 설립단위를 불문하고 행정관청(고용노동부장관)에 제출(공무원노조법 제5조제2항)해야 한다. 설립신고서 내용에 대한 검토는 고용노동부에 제출된 설립신고서와 규약을 기초로 심사하는 것을 원칙으로 하는데(일반노조법 제12조제2항) 다만, 노동조합 설립신고와 관련하여 이해관계인의 진정, 이의신청 등이 있는 경우에는 사실조사를 병행하게 된다.

행정해석

【행정관청에 설립신고가 되어 있는 노동조합이 회사에서 유일하게 형식적 요건을 갖추기는 하였지만, 이는 법외노조가 행정관청에 설립신고를 하려고 하자 그 전에 급히 노동조합 설립신고를 하고 신고증을 교부받아 형식적 요건을 갖춘 것으로서 그 조합원의 숫자조차 불분명하여 실체가 확실하지 아니하고, 그 설립 이래 조합비의 징수, 총회의 개최, 단체교섭 등의 노조활동을 한 실적이 없는 반면, 실제로는 그 회사의 노동자협의회가 사용자를 상대로 단체교섭, 쟁의행위를 하여 왔으며, 가입 대상 근로자들이 우편으로 노조가입신청을 하면 이를 수취하지 아니하고, 근로자들이 사무실로 직접 방문하여 위 노조에 가입하려고 하는 것까지 사실상 막는 등 근로자들의 자유로운 가입 시도까지 방해하고 있는 사정이 있다면 위 노동조합은 단순히 노동조합 설립 후 노동조합으로서의 활동을 하지 않고 있는 경우라고 보기보다는 노동조합으로서의 실질을 갖추지 못하여 적법한 노동조합이 아니다.】(1996.6.28 선고 93도855판결)

4. 공무원 노동조합의 설립

1) 공무원 노동조합의 설립단위

공무원이 노동조합을 설립하고자 하는 경우에는 국회·법원·헌법재판소·선거관리위원회·행정부·특별시·광역시·특별자치시·도·특별자치도·시·군·구(자치구를 말한다) 및 특별시·광역시·특별자치시·도·특별자치도의 교육청을 최소단위로 한다(공무원노조법 제5조제1항).

공무원노조는 공무원의 근무조건 결정 단위에 따라 최소설립단위를 규율하여 조직형태를 제한하고 있는데 이러한 노동조합의 조직형태 제한 규정은 노조법상 민간부문의 노조에 대해서는 존재하지 않는다. 이처럼 최소 설립단위를 법정한 취지는 공무원노조가 근무조건을 중심으로 한 공무원의 사회·경제적 지위향상을 그 목적으로 하고 있다는 점을 고려하여, 근무조건을 결정할 수 있는 법적인 권한을 가진 자를 노동관계의 상대방으로 함으로써 불필요하고 무용한 교섭을 방지하여 국민, 주민에게 미치는 불편을 최소화하고 공무의 안정적 운영을 확보하며 공무원노사관계의 안정을 도모하고자 하는 것이라고 할 수 있다.

이에 따라 국가공무원은 행정부 전체를 조직대상으로 하여 노동조합을 설립하여야 하며 행정부서, 산하기관을 조직대상으로 하는 공무원 노조는 설립할 수 없다. 지방공무원의 노동조합은 특별시·광역시·도·시·군·자치구를 최소조직단위로 하여야 하기 때문에, 읍·면·동을 조직대상으로 하는 공무원노조도 설립할 수 없다.

행정부의 국가공무원을 조직대상으로 하는 국가공무원 노동조합에는 지방공무원이나 법원공무원이 가입할 수는 없다. 마찬가지로 예컨대 서울특별시 공무원을 조직대상으로 하는 노동조합에 종로구 지방공무원이 가입할 수 없다. 지방자치단체에 근무하는 국가공무원이라고 하여도 국가공무원인 이상 행정부를 조직대상으로 하는 노동조합에 가입하여야 하고, 당해 지방자치단체의 공무원을 조직대상으로 하는 노동조합에는 가입할 수 없다. 이는 당해 공무원에 대한 근무조건결정권한은 국가에 있고 임명권자는 각 부 장관이기 때문이다.

공무원노조법 제5조는 조직의 최소단위에 대한 규제만이 존재하고 최대단위에 대한 규제는 없기 때문에 행정부의 공무원과 법원의 공무원을 모두 조직대상으로 하는 공무원단위노동조합이나 모두 국가공무원을 조직대상으로 하는 국가공무원단위노동조합을 설립할 수 있다. 또한 조직대상을 광역적으로 설정하고 있는 경우에는 소속을 달리 하는 공무원도 합법적으로 가입할 수 있고, 그 노동조합은 "이 법에 의한 공무원의 노동조합"이 된다.

전체 지방자치단체의 모든 지방공무원을 조직대상으로 하는 지방공무원단위노동조합도 설립할 수 있으며, 국가공무원과 지방공무원 전체를 조직대상으로 하는 공무원단위노동조합도 설립 할 수 있다. 나아가 복수의 공무원노조가 연합하여 연합단체를 조직하는 것도 가능하다.

2) 지부·분회의 설립과 설치 사실의 통보

지부·분회의 설립은 노동조합의 자유에 맡겨져 있기 때문에 조직 그 자체가 금지되는 것은 아니다. 예컨대 전국단위의 공무원노동조합이 결성된 경우 국회·법원·헌법재판소·선거관리위원회·행정부·특별시·광역시·특별자치시·도·특별자치도·시·군·구 및 특별시·광역시·특별자치시·도·특별자치도의 교육청의 지부 또는 분회(예를 들어, 전국공무원노동조합 국회지부)를 결성할 수 있다.

다만, 공무원의 노동조합이 지부·분회 등 산하조직을 설치한 경우 노동조합의 대표자는 그 사실을 공무원노조법 시행령 제2조에 따라 노동부 장관 또는 지방노동관서의 장에게 통보하여야 한다. 연합단체인 노동조합, 국회·법원·헌법재판소·선거관리위원회 및 행정부의 노동조합 그 밖의 전국규모의 단위노동조합의 경우에는 노동부장관에게 통보하여야 하며, 그 외의 노동조합의 경우에는 지방노동관서의 장에게 통보하여야 한다.

공무원노조법에서 설립최소단위를 규정하고 있기 때문에 설립최소단위 이하에서 지부, 분회를 설립할 수 있는지가 논란될 수 있으나, 공무원노조의 집단적 단결권의 한 내용으로서 허용된다고 보아야 할 것이다. 다만 설립최소단위를 규정한 취지에 비추어 설립최소단위 이하에서 설립된 지부 또는 분회는 독자적인 교섭능력을 가진다고 보기는 어렵다.

3) 유니온숍(union shop) 제도의 적용 배제

(1) 숍제도의 의의

근로자는 자유로이 노동조합을 조직하거나 이에 가입할 수 있고(일반노조법 제5조) 근로자가 어느 노동조합에 가입하지 아니할 것 또는 탈퇴할 것을 고용조건으로 하거나 특정한 노동조합의 조합원이 될 것을 고용조건으로 하는 행위는 부당노동행위가 된다(일반노조법 제81조제1항제2호).

그러나 노동조합은 단결체이므로 노동조합의 조직률 확보는 노동조합을 강화시키는 주요한 수단이 된다. 노동조합의 조직 강화 수단을 조직강제라고 하며 노동조합의 조직강제를 허용할 경우 근로자의 단결하지 않을 권리와 단결선택의 자유의 제한이 불가피하기 때문에 일반적인 조직강제는 허용되지 않는다. 다만, 노동조합의 조직강제는 생존권에 해당하는 만큼 제한적 범위 내에서 조직강제를 인정하게 되는데 이를 숍제도라고 한다.

숍제도에는 노동조합의 가입과 탈퇴가 근로자의 자유의사에 맡겨지는 오픈숍(open shop), 조합원이 아니면 채용과 고용을 할 수 없도록 요구하는 크로즈드숍(closed shop), 채용 시에는 조합원일 필요는 없지만 일단 입사를 하고 나면 의무적으로 노동조합에 가입하여야 하는 유니온숍(union shop)이 있다.

유니온숍의 본래 모습은 노동조합에서 탈퇴 또는 제명 등 여하한 이유로 노동조합의 조합원 자격을 상실하면 퇴직하여야 하는 제도를 의미하지만 일반노조법에서 인정하고 있는 유니온숍은 노동조합이 당해 사업장에 종사하는 근로자의 3분의 2 이상을 대표하고 있을 때 근로자가 그 노동 조합의 조합원이 될 것을 고용조건으로 하는 단체협약 체결로 유니온숍 제도를 도입할 수 있고 이 경우에도 근로자가 당해 노동조합에서 제명된 것을 이유로 신분상 불이익한 행위를 할 수 없도록(일반노조법 제81조제1항제2호 단서) 제한적으로 유니온숍을 인정하고 있다.

이 이외에도 외국에서 보이는 조직강제의 형태로는 노조가입 여부는 근로자의 자유의사에 따르면 되지만 일단 가입하고 나면 임의로 노동조합을 탈퇴할 수 없고 탈퇴하면 당연히 퇴직해야하는 maintenance of membership, 조합원이 아니어도 조합비를 납부하여야 고용이 유지되도록 요구하는

agency shop, 임금 등 근로조건이나 복지후생에서 조합원을 우대할 것을 요구하는 preferential shop 등이 있다.

(2) 교원 및 공무원 노동조합과 유니온숍제도의 적용 배제

교원노조와 공무원노조는 공무원노조법 제17조제3항과 교원노조법 제14조제2항에 의해 일반노조법 제81조제1항제2호 단서의 적용이 제외되어 있기 때문에 유니온숍 협정을 체결할 수 없다.

이는 공무원의 의사에 반하는 퇴직은 공무원법에서 정하는 사유에 배치된다는 점(국가공무원법 제68조, 제78조 이하)에서 공무원 노조로부터 탈퇴한 경우 해고된다는 의미의 유니온숍제도를 인정할 여지가 없기 때문이다. 따라서 교원노조와 공무원노조는 가입과 탈퇴가 완전히 개인의 자유의사에 맡겨져 있는 오픈숍제도이다.

4) 사실상 노무에 종사하는 공무원의 범위와 노동3권

서울특별시·인천광역시·경기도·전라북도의 각급 학교에서 지방방호원·지방난방원·지방조무원·지방운전원·지방전기원 등으로 근무하고 있는 기능직 공무원들이 지방공무원법 제58조제2항이 노동운동을 할 수 있는 '사실상 노무에 종사하는 공무원의 범위'를 조례에서 정하도록 위임하였음에도 불구하고 그러한 내용의 조례를 제정하지 아니함으로써 헌법 제33조제2항에 위반하여 근로3권을 침해한다고 주장하면서 헌법소원심판을 청구하였는데 헌법재판소는 사실상 노무에 종사하는 공무원의 범위를 정하는 조례를 제정하지 아니한 것은 위헌이라고 하였다.[11]

'사실상 노무에 종사하는 공무원'은 단결권·단체교섭권은 물론 단체행동권까지 가지고 일반기업의 노동조합과 같이 '일반노조법'의 적용을 받게 되므로, 공무원노조법에 따라 공무원노동조합에 가입하여 단체행동권을 제한

---

11) 2009.7.30. 2006헌마358 입법부작위 위헌확인

받게 되는 공무원보다 완전하게 근로3권을 보장받게 된다. 그런데 지방공무원법 제58조제2항이 '사실상 노무에 종사하는 공무원'의 구체적인 범위를 조례로 정하도록 하였기 때문에, 그 범위를 정하는 조례가 정해져야 비로소 지방공무원 중에서 단결권·단체교섭권 및 단체행동권을 보장받게 되는 공무원이 구체적으로 확정되고 근로3권을 현실적으로 행사할 수 있게 된다.

그러므로 지방자치단체는 소속 공무원 중에서 지방공무원법 제58조제1항의 '사실상 노무에 종사하는 공무원'에 해당되는 지방 공무원이 단결권·단체교섭권 및 단체행동권을 원만하게 행사할 수 있도록 보장하기 위하여 그러한 공무원의 구체적인 범위를 조례로 제정할 헌법상 의무를 진다.

단결권·단체교섭권 및 단체행동권이 인정되는 '사실상의 노무에 종사하는 공무원'의 범위는 1973.3.12. 지방공무원법이 전부개정되면서 조례에 위임한 이래, 아무런 조례에도 규정되지 않은 채 현재에 이르고 있다. 반면 지방공무원법 제58조제2항과 유사한 규정인 국가공무원법 제66조제2항에 따라 국가공무원복무규정 제28조는 '사실상 노무에 종사하는 국가공무원의 범위'를 정하고 있다. 또한 지방공무원법 제58조가 '사실상 노무에 종사하는 공무원'에 대하여 단체행동권을 포함한 근로3권을 인정한 것은, 그 직무의 내용에 비추어 노동3권을 보장하더라도 공무 수행에 큰 지장이 없고 국민에 대한 영향이 크지 않다고 입법자가 판단한 것이므로, 지방공무원법이 위 범위를 조례로 정하도록 위임한 지 50년이 지나도록 해당 조례의 제정을 그토록 미루어야 할 정당한 사유를 찾아볼 수 없다.

조례에서 '사실상 노무에 종사하는 공무원'으로 규정되지 아니한 지방공무원은 단체행동권을 보장받지 못하고, 공무원노조법에 의하여 단결권과 단체교섭권만 가지게 된다. 그러나 그러한 조례가 아예 제정되지 아니하면 지방공무원 중 누구도 단체행동권을 보장받을 수 없게 된다.

따라서 지방자치 단체가 지방공무원법 제58조제2항에 따라 '사실상 노무에 종사하는 공무원의 범위'를 조례로 정하지 아니하는 것은 '사실상 노무에 종사하는 공무원의 범위'에 포함될 가능성이 있는 공무원이 단체행동권을 보장받지 못하게 하는 결과로 된다.

그렇다면 피청구인들이 지방공무원법 제58조제2항에 따라 '사실상 노무에 종사하는 공무원의 범위'를 정하는 조례를 제정하도록 위임 받았음에도 불구하고, 이를 정당한 사유 없이 제정하지 아니한 이 사건 부작위는 헌법상 의무를 위반하여 청구인들이 노동3권을 부여받을 기회 자체를 사전에 차단하거나 박탈하였다고 할 것이므로, 청구인들의 이 사건 심판청구를 받아들여 위와 같은 조례입법부작위가 위헌임을 확인하여야 한다.」라고 헌법재판소는 판단하였다.

5. 공무원 노동조합의 운영

공무원 노동조합의 운영과 관련하여서는 공무원노조법에서 특별히 정하고 있는 바가 없으므로 일반노조법을 준용하여 운영하여야 한다(일반노조법 제14조 내지 제27조).

1) 총회 및 대의원회

총회는 조합원 전원으로 구성되는 최고 의결기관이며, 규약으로 총회에 갈음할 대의원회를 둘 수 있다(일반노조법 제17조제1항). 총회(대의원회)는 정기총회와 임시총회로 구분되며 정기총회는 매년 1회 이상 규약이 정한 바에 따라 개최하여야 하며(일반노조법 제15조) 노조대표자가 필요하다고 인정한 때, 조합원(대의원)의 3분의 1 이상이 회의에 부의할 사항을 제시하고 회의의 소집을 요구한 때, 기타 규약에 정한 요건에 해당한 때 등의 경우에는 임시총회(대의원회)를 소집할 수 있다(일반노조법 제18조).

총회(대의원회)는 회의개최일 7일전까지 그 회의에 부의할 사항을 공고하고, 규약에 정한 방법에 의하여 대표자가 소집하여야 한다(일반노조법 제19조). 공고기간을 위반한 회의는 적법하게 소집된 회의라 할 수 없으며, 동 회의에서 의결된 사항은 원칙적으로 그 효력이 인정되지 않는다.

회의는 재적조합원(대의원)의 과반수의 출석과 출석조합원(대의원) 과반수의 찬성으로 의결하지만, 규약의 제정·변경, 임원의 해임, 합병·분할·해산 및 조직형태의 변경에 관한 사항은 재적 조합원 과반수의 출석과 출석조합원 3분의 2 이상의 찬성이 있어야 한다(일반노조법 제16조제1항·제2항). 표결방법은 거수·기립 및 무기명투표 등 제한이 없으나, 규약의 제정·변경과 임원의 선거·해임에 관한 사항은 조합원의 직접·비밀·무기명 투표에 의하여야 한다(일반노조법 제16조제4항).

규약의 제정과 변경에 관한 사항, 임원의 선거와 해임에 관한 사항, 단체협약에 관한 사항, 예산·결산에 관한 사항, 기금의 설치·관리 또는 처분에 관한 사항, 연합단체의 설립·가입 또는 탈퇴에 관한 사항, 합병·분할 또는 해산에 관한 사항, 조직형태의 변경에 관한 사항, 기타 중요한 사항 등은 노동조합의 의사가 민주적으로 결정되어야 할 중요한 안건이므로 반드시 총회(대의원회)에서 의결되어야 한다(일반노조법 제16조제1항).

대의원은 조합원의 직접·비밀·무기명투표에 의하여 선출되어야 하며(일반노조법 제17조제2항), 그 의결정족수는 규약이 정한 바에 따르되, 규약에 별도로 정한 바가 없는 경우에는 다수 득표자를 당선자로 선출하더라도 무방하다. 또한 하나의 사업 또는 사업장을 대상으로 조직된 노동조합의 대의원은 그 사업 또는 사업장에 종사하는 조합원 중에서 선출하여야 한다(일반노조법 제17조제3항). 대의원 선출을 위한 선거구 확정, 입후보 등록, 선거 등은 규약 또는 선거관리규정에서 정한 바에 따라야 하며 임기는 규약으로 정하되, 3년을 초과할 수 없다(일반노조법 제17조제4항).

2) 임원의 선출 해임

임원은 규약과 총회의 결의 등에 따라 대내적으로 노동조합의 일상업무를 집행하고 대외적으로 단체교섭을 비롯한 대외활동에서 노동조합을 대표하는 집행기관으로서, 일반적으로 임원은 노조위원장, 부위원장, 회계감사 등을 의미하며 그 범위는 자체규약으로 정하여야 한다. 임원은 그 조합원 중에서 선출되어야 하며(일반노조법 제23조제1항) 임원의 선출은 조합원의 자유의사에 따라 총회(대의원회)에서 직접·비밀·무기명투표에 의하여 재적조합원(대의원) 과반수의 출석과 출석조합원(대의원) 과반수의 찬성이 있어야 한다(일반노조법 제16조제2항). 다만, 출석조합원 과반수의 찬성을 얻은 자가 없는 경우에는 규약이 정하는 바에 따라 결선투표를 실시하여 다수의 찬성을 얻은 자를 임원으로 선출할 수 있다(일반노조법 제16조제3항). 임원의 임기는 3년의 범위 내에서 규약으로 정하여야 한다(일반노조법 제23조제2항).

임원의 해임에 관하여는 반드시 규약에 그 사유와 절차를 명시하여야 한다(일반노조법 제11조제13호). 임원의 해임은 재적조합원 과반수의 출석과 출석조합원 3분의 2 이상의 찬성이 있어야 하며 직접·비밀·무기명투표에 의하여야 한다(일반노조법 제16조 제2항·제4항).

3) 노동조합의 운영상황 공개, 결산결과와 보고

노동조합은 노조 설립일로부터 30일 이내에 ①조합원 명단(연합단체인 노동조합에 있어서는 그 구성단체의 명칭) ②규약 ③임원의 성명·주소록 ④회의록 ⑤재정에 관한 장부와 서류(예산서, 결산서, 총수입원장 및 총지출원장, 수입 또는 지출결의서, 수입관계장부 및 증빙서, 지출관계장부 및 증빙서, 자체회계 감사 관계서류)등을 작성하여 그 주된 사무소에 비치하여야 한다(일반노조법 제14조제1항, 동법 시행규칙 제8조).

노동조합의 대표자는 회계감사원으로 하여금 노동조합의 모든 재원 및 용도, 주요한 기부자의 성명, 현재의 경리 상황 등에 대해 6월에 1회 이상 회계감사를 실시하게 하고, 그 감사결과를 전체 조합원에게 공개하여야 한다(일반노조법 제25조제1항). 노동조합의 회계감사원은 필요하다고 인정할 경우에는 당해 노동조합의 회계감사를 실시하고 그 결과를 공개할 수 있다(일반노조법 제25조제2항). 노조대표자는 회계 연도마다 결산결과와 운영상황을 공표하여야 하며 조합원의 요구가 있을 때에는 이를 열람하게 하여야 한다(일반노조법 제26조).

노동조합은 노동부장관이 요구하는 경우에는 결산결과와 운영상황을 보고하여야 한다(일반노조법 제27조). 고용노동부장관은 노동조합으로부터 결산결과 또는 운영상황의 보고를 받고자 하는 경우에는 그 사유와 기타 필요한 사항을 기재한 서면으로 10일 이전에 요구하여야 한다(일반노조법 제12조).

4) 공무원 노동조합의 전임자

"노조전임자"라 함은 사용자와의 고용관계에 의한 종업원으로서의 지위를 유지하면서 일정 기간 노무제공의무를 면제받고 노조업무에 종사하는 자를 말하며 공무원노조의 전임자는 임용권자의 동의를 받아 노동조합의 업무에만 종사할 수 있다(공무원노조법 제7조제1항). 일반노조법의 적용을 받는 노동조합의 경우, 단체협약으로 정하거나 사용자의 동의가 있는 경우에는 사용자 또는 노동조합으로부터 급여를 지급받으면서 근로계약 소정의 근로를 제공하지 아니하고 노동조합의 업무에 종사할 수 있고, 사용자로부터 급여를 지급받는 근로자를 "근로시간면제자"라고 하여 노동조합의 전임자와 구별하고 있다.

근로시간면제자는 사업 또는 사업장별로 종사근로자인 조합원 수 등을 고려하여 "근로시간 면제 한도"를 초과하지 아니하는 범위에서 임금의 손실 없이 사용자와의 협의·교섭, 고충처리, 산업안전 활동 등이 법 또는 다른 법률에서 정하는 업무와 건전한 노사관계 발전을 위한 노동조합의 유지·관리업무를 할 수 있다(일반노조법 제24조제1항, 제2항).

그러나 공무원노조법은 일반노조법 제24조를 적용제외하고 있기 때문에(법 제17조제3항) 단체협약에 의해 전임자를 특정할 수는 없고, 반드시 임용권자의 동의를 받아야 한다. 공무원노조의 경우에는 단체협약의 체결권자와 임용권자가 다를 수 있기 때문에 단체협약에 의하여 전임자에 관한 규정을 둔다고 하더라도 별도로 임용권자의 동의를 받지 못하면 전임자로 인정될 수 없다.

임용권자의 동의를 받아 노동조합의 업무에만 종사하는 전임자는 그 기간 중 국가공무원법 제71조 또는 지방공무원법 제63조의 규정에 따라 휴직명령을 하여야 한다(공무원노조법 제7조제2항). 국가공무원법 제71조 및 지방공무원법 제63조 소정의 휴직과 동일하게 취급되기 때문에 직무에는 종사하지 않으나 공무원으로서의 지위는 그대로 유지된다.

따라서 임용권자로부터 노조 전임의 동의를 받아 휴직자로 되어 있는 공무원은 근무의무에서는 해방되지만 공무원으로서의 신분은 유지하기 때문에 국가공무원법 및 지방공무원법상의 신분상 의무인 선서의무(국가공무원법 제55조, 지방공무원법 제47조), 외국정부의 영예수허의무(국가공무원법 제62조, 지방공무원법 제54조), 품위유지의무(국가공무원법 제63조, 지방공무원법 제55조), 영리업무 및 겸직금지(국가공무원법 제64조, 지방공무원법 제56조), 정치운동의 금지(국가공무원법 제65조, 지방공무원법 제57조), 집단행위의 금지(국가공무원법 제66조, 지방공무원법 제58조) 등은 준수하여야 한다.

국가 및 지방자치단체는 공무원이 전임자임을 이유로 승급 그 밖의 신분에 관한 불이익한 처우를 하여서는 아니 된다(공무원노조법 제7조제4항). 일반노조법의 적용을 받는 노동조합의 경우에는 대법원(1995.4.11. 선고 94다58087) 판결 등에서 출퇴근에 대한 사규의 적용을 전제로 하고있다.

대 법 원

【노조전임자라 할지라도 사용자와의 사이에 기본적 근로관계는 유지되는 것으로서 취업규칙이나 사규의 적용이 전면적으로 배제되는 것이 아니므로 단체협약에 조합전임자에 관하여 특별한 규정을 두거나 특별한 관행이 존재하지 아니 하는 한 출·퇴근에 대한 사규의 적용을 받음.

- 다만, 일반적으로 근로자의 출근이 사용자가 지정한 근로장소에서 근로계약 소정의 근로를 제공하는 것을 전제하지만, 노동조합의 업무가 사용자의 노무관리 업무와 전혀 무관한 것이 아니고 안정된 노사관계의 형성이라는 면에서 볼 때는 오히려 밀접하게 관련되어 있기 때문에 근로계약 소정의 본래 업무를 면하고 노동조합의 업무를 전임하는

노조전임자의 경우에 있어서 출근은 통상적인 조합업무가 수행되는 노조사무실에서 조합업무에 착수할 수 있는 상태에 임하는 것이라 할 것임.】
(1995.4.11. 선고 94다58087 판결)

그러나 공무원노조의 전임자의 경우는 공무원노조법 제7조제2항에서 국가공무원법 및 지방공무원법의 규정에 기한 휴직명령을 받은 것으로 간주하고 있기 때문에 복무와 관련한 출근의무는 적용되지 않는 것으로 해석된다.

5) 근무시간면제제도와 한도

공무원은 단체협약으로 정하거나 정부교섭대표가 동의하는 경우 근무시간 면제 한도를 초과하지 아니하는 범위에서 보수의 손실 없이 정부교섭대표와의 협의·교섭, 고충처리, 안전·보건활동 등 이 법 또는 다른 법률에서 정하는 업무와 건전한 노사관계 발전을 위한 노동조합의 유지·관리업무를 할 수 있다.

근무시간 면제 시간 및 사용인원의 한도(이하 "근무시간 면제 한도"라 한다)를 정하기 위하여 공무원근무시간면제심의위원회(이하 "심의위원회"라 한다)를 「경제사회노동위원회법」에 따른 경제사회노동 위원회에 둔다. 심의위원회는 노동조합 설립 최소 단위를 기준으로 조합원의 수를 고려하되 노동조합의 조직형태, 교섭구조·범위 등 공무원 노사관계의 특성을 반영하여 근무시간 면제 한도를 심의·의결하고, 3년마다 그 적정성 여부를 재심의하여 의결할 수 있다.

근무시간 면제 한도를 초과하는 내용을 정한 단체협약 또는 정부교섭대표의 동의는 그 부분에 한정하여 무효로 한다(공무원노조법 제7조의 2, 근무시간 면제자 등, 본조신설 2022.6.10. 시행일: 2023.12.11.).
정부교섭대표는 국민이 알 수 있도록 전년도에 노동조합별로 근무시간을 면제받은 시간 및 사용인원, 지급된 보수 등에 관한 정보를 대통령령으로 정하는 바에 따라 공개하여야 한다.

이 경우 정부교섭대표가 아닌 임용권자는 정부교섭대표에게 해당 기관의 근무시간 면제 관련 자료를 제출하여야 한다(공무원노조법 제7조의3, 근무시간 면제 사용의 정보 공개, 본조신설 2022.6.10.).

제3장 노동조합의 활동

★ 본장의 Point

1. 일반적인 노조활동의 의의와 범위에 대해 이해하고, 교원과 공무원의 경우 신분 및 직무상의 특수성으로 인해 노조활동이 일반노조와는 다르다는 점을 이해한다.

2. 법상 보호 받을 수 있는 노조활동의 범위, 즉 노조활동의 정당성 범위에 대해 알아본다.

3. 노조활동은 원칙적으로 근무시간 이외에 하여야 하며 교원과 공무원노조의 근무시간 중 노조활동이 허용되는 범위는 법령 또는 조례에 의해 사용자가 허가한 경우, 근로시간 중에 사용자와 협의 또는 교섭하는 행위, 노동조합의 업무를 위한 정당한 행위, 임용권자로부터 허가 또는 동의를 얻은 노조 전임자 및 근무시간 면제자의 경우 등이다.

4. 노조활동과 행정관청의 청사관리권과의 관계에 대해 이해한다.

5. 일반노조와 달리 교원과 공무원노조는 정치활동과 쟁의행위가 금지된다.

Ⅰ. 노동조합 활동의 의의·범위·정당성

1. 노동조합 활동의 의의

노동조합은 근로조건의 유지·개선 기타 근로자의 경제적·사회적 지위향상을 도모함을 목적으로(일반노조법 제2조제4호) 하는 조직이다. 이러한 노동조합의 목적을 달성하기 위하여 근로조건의 유지·개선 및 경제적·사회적 지위향상을 위한 활동뿐만 아니라 노동조합 내부의 조직력을 유지하고 조직을 강화하기 위한 다양한 활동을 전개하게 된다.

근로조건의 유지·개선을 위한 활동의 일례를 들면 사용자와 단체교섭을 준비하는 과정에서 각종 설문조사와 토론회, 유인물 배포, 서명활동 등을 개최하게 되고, 경제적·사회적 지위향상을 위하여 각종 현안에 대한 토론회 개최, 홍보 활동 등을 하게 된다. 또한 노동조합 내부 조직력 강화를 위해 미조직 근로자들에 대한 가입권유, 홍보, 기타 문화활동 등을 하게 된다.
그러나 노동조합 활동이 법적으로 보호를 받기 위하여 다양한 활동들이 노동조합의 업무를 위한 것이어야 하고 나아가 사용자 권리와 형평에 맞게 행사되어야 한다는 두 가지 요건을 충족하여야 한다.[1]

노동조합의 업무를 위한 활동인지의 여부와 관련하여 행위의 주체와 목적으로 구분하여 살펴 볼 필요가 있다. 주체의 문제는 특히 근로자의 행위가 노동조합의 의사에 기하지 않고 행해진 경우에 사적인 행위인지 노동조합의 업무를 위한 행위인지가 문제가 된다. 일반적으로 노동조합의 공식적인 의사에 기한 행위 즉 기관의 행위는 노동조합의 업무를 위한 행위라고 평가될 수 있지만 단순히 개인이 한 행위는 노동조합의 업무와는 무관하게 사적으로 한 행위일 가능성이 많으므로 법적으로 보호 받을 수가 없게 된다.
목적의 문제는 근로조건의 유지·개선 기타 근로자의 경제적·사회적 지

---

1) 김유성,『노동법Ⅱ』, (서울 : 법문사, 1999.) p.96.

위 향상을 도모함을 목적으로(일반노조법 제2조제4호)하는 경우에 법적으로 유효한 노동조합의 활동으로 평가될 수 있다.

1999년 7월1일 교원노조법이 시행되던 초기에 교원의 노동조합 활동과 관련하여 많은 갈등이 있었는데, 주로 노조 사무실 제공, 문서수발시스템 활용, 조합비 일괄공제, 노조 회의 및 행사 출장처리 등 요구와 관련된 것이었다. 학교에서는 아침 교직원회의에서 교원노조 홍보시간을 할애해 주도록 요구하거나 교원노조법에 대한 연수를 조합원이 할 수 있도록 요구함에 따라 갈등이 있었고, 특히, 학교단위의 분회 창립 행사를 두고 많은 학교에서 갈등이 있었다. 이러한 갈등의 논점은 학교장의 입장에서는 교원노조의 조직이 시·도 단위 또는 전국단위에 한하여 노동조합을 설립할 수 있도록 교원노조법이 규정하고 있으므로 학교단위에서는 노조활동을 할 수 없다는 주장이었고, 교원노조 측에서는 합법 단체이므로 수업시간을 제외하고는 노조활동을 자유롭게 할 수 있다는 주장이었다.

이와 같이 노동조합이 설립되고 나면 노동조합 활동을 둘러싸고 많은 논란이 있게 된다. 특히 순수하게 노동조합 내부 활동인 경우에는 별론으로 하더라도 노동조합의 활동이 근무시간 중이거나 시설을 이용할 경우 노조활동의 정당성과 사용자의 권리 사이에 충돌이 일어나게 되고 노사간에 갈등이 발생하게 된다.

교원과 공무원의 노동조합 활동에 대한 문제는 일반노조와 달리 명문으로 쟁의행위 및 정치활동이 금지되어 있는 점과 신분은 물론 직무상의 특수성을 감안하여 일반노조와는 다른 관점에서 노조활동의 범위를 규명하고 접근하여야 할 것이다. 공무원노조법 제3조제2항에도 '공무원은 노동조합 활동을 할 때 다른 법령에서 규정하는 공무원의 의무에 반하는 행위를 하여서는 아니 된다.'라고 규정하고 있다.

2. 노동조합 활동의 범위

노동조합의 활동은 조합원 개인의 활동과 노동조합 기관의 활동으로 구분할 수 있다.

노동조합의 구체적인 결의나 지시 없이 조합원 개인 또는 소수 집단의 자발적인 행위는 그 행위가 예컨대 미조직 근로자에 대한 조합 가입의 권유나 노동조합의 민주적인 운영을 주장하기 위하여 조합간부에 대한 비판 등의 경우처럼 노동조합의 묵시적 수권 또는 승인을 받았다고 인정되는 경우에 노동조합 활동으로 인정받을 수 있다.

노동조합의 결의 또는 지시에 의한 기관 자체의 활동 또는 개인의 활동은 노동조합 활동의 전형적인 모습이다. 이러한 행위들은 일반적으로 노동조합의 활동으로 평가되지만 특히 문제가 되는 것은 정치활동의 인정 여부이다. 민간부문의 노동조합의 경우에는 정치활동도 가능하지만 공무원과 교원노동조합의 경우에는 정치활동이 금지되어 있다(교원노조법 제3조, 공무원노조법 제4조).

대법원

【노동조합의 활동이 정당하다고 하기 위하여는 행위의 성질상 노동조합의 활동으로 볼 수 있거나 노동조합의 묵시적인 수권 혹은 승인을 받았다고 볼 수 있는 것으로서 근로조건의 유지 개선과 근로자의 경제적 지위의 향상을 도모하기 위하여 필요하고 근로자들의 단결 강화에 도움이 되는 행위이어야 하며, 취업규칙이나 단체협약에 별도의 허용규정이 있거나 관행, 사용자의 승낙이 있는 경우 외에는 취업시간 외에 행하여져야 하고, 사업장 내의 조합활동에 있어서는 사용자의 시설관리권에 바탕을 둔 합리적인 규율이나 제약에 따라야 하며 폭력과 파괴행위 등의 방법에 의하지 않는 것이어야 할 것이다.】
(대법원,92.4.10, 91도3044)

3. 노동조합활동의 정당성

노동조합의 활동이 주체와 목적 면에서 노동조합의 활동이라고 평가되는 경우에는 그 활동이 사용자의 권리와 균형 있게 행사되어야 하는데 이를 일반적으로 노동조합 활동의 정당성 문제라고 한다.

1) 정당한 노동조합활동의 판단기준

노동조합이 노조활동을 할 수 있는 권리는 헌법상 보장되고 있는 노동3권의 한 내용이므로 그 보장의 범위 내에서는 당연히 법적으로 정당하게 활동을 할 수 있다. 그러나 법적 보호를 받을 수 있는 노조활동은 일반노조법 제81조제1호에서 볼 수 있듯이 '노동조합의 업무를 위한 정당한 행위'에 한한다.

또한 어떠한 경우에도 폭력이나 파괴행위는 정당한 행위로 해석되어서는 아니 된다(일반노조법 제4조).

따라서 노동조합의 활동이 노동조합의 업무를 위한 것이 아니라거나 또는 정당성의 범위를 벗어난 것이라면 법적인 보호를 받을 수가 없게 된다.

노조활동이 근무시간 중 또는 기업시설 내에서 행하여지는 경우에는 사용자의 경영권, 특히 근로에 관한 지휘·감독권이나 시설관리권과의 마찰이 발생할 수 있다. 노동관계법상 보호대상이 되는 노조활동의 범위에 대하여는 법령상 명시적인 규정이 없으나 노동조합의 행위가 우선 노동조합의 활동으로 볼 수 있어야 하고, 그 목적이 근로조건의 유지개선, 경제적 지위향상, 단결강화에 도움이 되는 행위이어야 하며, 단체협약·취업규칙 등에 별도의 허용규정이 있거나 관행, 사용자의 승낙이 없는 한 근무시간 외에 행해져야 하고, 사업장내에서는 사용자의 시설관리권에 바탕을 둔 합리적인 규율이나 제약에 따라야 한다[2]는 것이 판례의 판단이다.

판례의 원칙에 비추어 보면, 노조활동의 정당성은 근무시간 중의 활동 가능 여부, 청사 내의 활동인 경우 관리권과의 관계, 근무시간 이외의 활동 등으로 나누어 볼 수 있다.

근무시간 중에 정당한 노조활동을 하기 위해서는 법령이나 단체협약에 별도의 허용규정이 있거나 사용자의 승낙이 있어야 하며, 기업 시설 내에서의 노조활동에 있어서는 사용자의 시설관리권에 바탕을 둔 합리적인 규율이나

---

[2] 대법원 92.4.10, 91도3044

제약에 따라야 하고, 노조활동이 근무시간외 회사 이외에서 행해지더라도 사용자의 이익을 배려하여야 할 성실의무를 부담한다.

그러나, 위의 판례에서 나타난 원칙은 일반노조의 경우에 타당하다고 보이나, 교원과 공무원의 경우에는 신분상, 직무상의 특수성으로 인하여 일반노조의 노조활동과는 다른 관점에서 접근하여야 한다.

2) 근로시간면제제도와 노동조합 전임자

(1) 일반노조와 근로시간 면제제도

근로자는 단체협약으로 정하거나 사용자의 동의가 있는 경우에는 사용자 또는 노동조합으로부터 급여를 지급받으면서 근로계약 소정의 근로를 제공하지 아니하고 노동조합의 업무에 종사할 수 있다. 사용자로부터 급여를 지급받는 근로자를 "근로시간면제자"라 하며, 근로시간면제자는 사업 또는 사업장별로 종사근로자인 조합원 수 등을 고려하여 근로시간면제심의위원회에서 결정된 근로시간 면제 한도를 초과하지 아니하는 범위에서 임금의 손실 없이 사용자와의 협의·교섭, 고충처리, 산업안전 활동 등 이 법 또는 다른 법률에서 정하는 업무와 건전한 노사관계 발전을 위한 노동조합의 유지·관리업무를 할 수 있다(일반노조법 제24조제1항, 제2항).

일반노조법 개정(2021.1.6.) 전에는 노조전임자에 대한 사용자의 급여지급 일체를 금지하고, 급여를 지급하는 사용자를 부당노동행위로 처벌하는 규정을 두었으며, 전임자의 급여 지급 등을 요구하는 쟁위행위를 금지하는 규정을 두면서 예외적으로 근로시간 면제 한도 내에서만 임금 손상 없이 노동조합 업무를 종사할 수 있도록 하였다. 2021년 법 개정을 통해 전임자 급여지급 금지 규정과 부당노동행위 등 형사처벌 규정을 삭제하여 현재 일반노조법에서는 '노조전임자' 명칭이 삭제되었으며, 사용자로부터 급여를 지급받으면서 노조 업무에 종사하는 자는 모두 '근로시간면제자'로 일원화하였다.

사용자는 노동조합의 업무에 종사하는 근로자의 정당한 노동조합 활동을 제한해서는 아니 되며, 이를 위반하여 근로시간 면제 한도를 초과하는 내용을 정한 단체협약 또는 사용자의 동의는 그 부분에 한정하여 무효로 한

다. (일반노조법 제24조제3항, 제4항)

근로시간면제자에 대한 근로시간 면제 한도를 정하기 위하여 근로시간면제심의위원회(이하 "위원회"라 한다)를 「경제사회노동위원회법」에 따른 경제사회노동위원회(이하 "경제사회노동위원회"라 한다)에 두고, 위원회는 근로시간 면제 한도를 심의·의결하고, 3년마다 그 적정성 여부를 재심의하여 의결할 수 있다(일반노조법 제24조의2제1항, 제2항).

경제사회노동위원회 위원장은 위원회가 의결한 사항을 고용노동부장관에게 즉시 통보하여야 하며, 고용노동부장관은 경제사회노동위원회 위원장이 통보한 근로시간 면제 한도를 고시하여야 한다(일반노조법 제24조의2제3항, 제4항). 위원회는 다음 각 호의 구분에 따라 근로자를 대표하는 위원과 사용자를 대표하는 위원 및 공익을 대표하는 위원 각 5명씩 성별을 고려하여 구성하며, 근로자를 대표하는 위원은 전국적 규모의 노동단체가 추천하는 사람, 사용자를 대표하는 위원은 전국적 규모의 경영자단체가 추천하는 사람, 공익을 대표하는 위원은 경제사회노동위원회 위원장이 추천한 15명 중에서 노동단체와 경영자단체가 순차적으로 배제하고 남은 사람으로 한다(일반노조법 제24조의2제5항).

위원회의 위원장은 위원 중에서 위원회가 선출하고, 위원회는 재적위원 과반수의 출석과 출석위원 과반수의 찬성으로 의결한다. 위원의 자격, 위촉과 위원회의 운영 등에 필요한 사항은 대통령령으로 정한다(일반노조법 제24조의2제6항 내지 제8항, 개정 2021.1.5.).

(2) 교원노조 노동조합전임자와 근로시간 면제자(시행 2023.12.11.)

가. 교원 노동조합 전임자

교원은 임용권자의 동의를 받아 노동조합으로부터 급여를 지급받으면서 노동조합의 업무에만 종사할 수 있다. 임용권자의 동의를 받아 노동조합의 업무에만 종사하는 사람을 "전임자"(專任者)라 하며, 전임자는 그 기간 중 「교육공무원법」 제44조 및 「사립학교법」 제59조에 따른 휴직명령을 받은 것으로 본다. 전임자는 그 전임기간 중 전임자임을 이유로 승급 또는 그 밖의 신분상의 불이익을 받지 아니한다[교원노조법 제5조 개정 2022.6.10., 시행일: 2023.12.11.].

나. 근무시간 면제자와 면제한도

교원은 단체협약으로 정하거나 임용권자가 동의하는 경우 교원근무시간면제심의위원회에서 결정된 근무시간 면제 한도를 초과하지 아니하는 범위에서 보수의 손실 없이 교육부장관, 시·도지사, 시·도 교육감, 국·공립학교의 장 또는 사립학교 설립·경영자 자와의 협의·교섭, 고충처리, 안전·보건활동 등 이 법 또는 다른 법률에서 정하는 업무와 건전한 노사관계 발전을 위한 노동조합의 유지·관리업무를 할 수 있다(교원노조법 제5조의2제1항). 근무시간 면제 시간 및 사용인원의 한도(이하 "근무시간 면제 한도"라 한다)를 정하기 위하여 교원근무시간면제심의위원회(이하 "심의위원회"라 한다)를 「경제사회노동위원회법」에 따른 경제사회노동위원회에 둔다(교원노조법 제5조의2제2항).

심의위원회는 유초중등학교 교원은 시도 단위, 대학교 교원은 개별학교 단위를 기준으로 재직중인 조합원의 수를 고려하되 노동조합의 조직형태, 교섭구조·범위 등 교원 노사관계의 특성을 반영하여 근무시간 면제 한도를 심의·의결하고, 3년마다 그 적정성 여부를 재심의하여 의결할 수 있다.(교원노조법 제5조의2제3항) 근무시간 면제 한도를 초과하는 내용을 정한 단체협약 또는 임용권자의 동의는 그 부분에 한정하여 무효로 한다(교원노조법 제5조의2제4항). [본조신설 2022.6.10., 시행일: 2023.12.11.]

다. 근무시간 면제 사용의 정보 공개

임용권자는 국민이 알 수 있도록 전년도에 노동조합별로 근무시간을 면제받은 시간 및 사용인원, 지급된 보수 등에 관한 정보를 대통령령으로 정하는 바에 따라 공개하여야 한다(교원노조법 제5조의3). [본조신설 2022.6.10., 시행일: 2023.12.11.]

(3) 공무원노조 노동조합 전임자와 근무시간면제자 등 (시행 2023.12.11.)

가. 공무원노조 노동조합 전임자

공무원은 임용권자의 동의를 받아 노동조합으로부터 급여를 지급받으면서 노동조합의 업무에만 종사할 수 있다(공무원노조법 제7조제1항). 임용권자의 동의를 받아 노동조합의 업무에만 종사하는 사람을 "전임자"(專任者)라 하며, 전임자에 대하여는 그 기간 중 「국가공무원법」 제71조 또는 「지방공무원법」 제63조에 따라 휴직명령을 하여야 한다(공무원노조법 제7조제2항).

국가와 지방자치단체는 공무원이 전임자임을 이유로 승급이나 그 밖에 신분과 관련하여 불리한 처우를 하여서는 아니 된다(공무원노조법 제7조제4항).

나. 근무시간면제자와 근무시간면제한도 [본조신설 2022.6.10., 시행 2023.12.11.]

공무원은 단체협약으로 정하거나 정부교섭대표가 동의하는 경우 공무원근무시간면제심의위원회에서 결정된 근무시간 면제 한도를 초과하지 아니하는 범위에서 보수의 손실 없이 정부교섭대표와의 협의·교섭, 고충처리, 안전·보건활동 등 이 법 또는 다른 법률에서 정하는 업무와 건전한 노사관계 발전을 위한 노동조합의 유지·관리업무를 할 수 있다(공무원노조법 제7조의2 제1항).

근무시간 면제 시간 및 사용인원의 한도(이하 "근무시간 면제 한도"라 한다)를 정하기 위하여 공무원근무시간면제심의위원회(이하 "심의위원회"라 한다)를 「경제사회노동위원회법」에 따른 경제사회노동위원회에 둔다(공무원노조법 제7조의2제2항).

심의위원회는 노동조합 설립 최소 단위를 기준으로 조합원(공무원이었던 조합원은 제외)의 수를 고려하되 노동조합의 조직형태, 교섭구조·범위 등 공무원 노사관계의 특성을 반영하여 근무시간 면제 한도를 심의·의결하고, 3년마다 그 적정성 여부를 재심의하여 의결할 수 있다(공무원노조법 제7조의2제3항). 근무시간 면제 한도를 초과하는 내용을 정한 단체협약 또는 정부교섭대표의 동의는 그 부분에 한정하여 무효로 한다(공무원노조법 제7조의2 제4항).

다. 근무시간 면제 사용의 정보 공개

정부교섭대표는 국민이 알 수 있도록 전년도에 노동조합별로 근무시간을 면제받은 시간 및 사용인원, 지급된 보수 등에 관한 정보를 대통령령으로 정하는 바에 따라 공개하여야 한다. 이 경우 정부교섭대표가 아닌 임용권자는 정부교섭대표에게 해당 기관의 근무시간 면제 관련 자료를 제출하여야 한다(공무원노조법 제7조의3). [본조신설 2022.6.10.]시행 2023.12.11.)

3) 교원과 공무원의 신분상, 직무상의 특수성

원칙적으로 사실상 노무에 종사하는 공무원을 제외하고 노동운동 기타 공무 이외의 일을 위한 집단적 행위를 할 수 없다(국가공무원법 제66조제1항 및 지방공무원법 제58조제1항). 그러나 공무원노조법 제3조에서는 공무원노조법에 의한 공무원의 노동조합의 조직 및 가입과 노동조합과 관련된 정당한 활동에 대해서는 집단적 행위를 금지한 국가공무원법 및 지방공무원법의 규정이 적용되지 않음을 명시하고 있어 공무원노조법이 허용하는 범위내에서의 정당한 노조활동은 가능한 것으로 해석된다.

또한 공무원은 노동조합의 활동을 할 때 다른 법령이 규정하는 공무원의 의무에 반하는 행위를 하여서는 아니 되므로(공무원노조법 제3조제2항) 국가공무원법 및 지방공무원법에 규정된 신분상·직무상의 의무를 준수하여야 한다.

따라서 신분상 의무로서 선서의무(국가공무원법 제55조, 지방공무원법 제47조), 외국정부의 영예수허의무(국가공무원법 제62조, 지방공무원법 제54조), 품위유지의무(국가공무원법 제63조, 지방공무원법 제55조), 영리업무 및 겸직금지(국가공무원법 제64조, 지방공무원법 제56조), 정치운동의 금지(국가공무원법 제65조, 지방공무원법 제57조), 집단행위의 금지(국가공무원법 제66조, 지방공무원법 제58조) 등은 준수하여야 하며, 직무상 의무로서 성실의무(국가공무원법 제56조, 지방공무원법 제48조), 복종의무(국가공무원법 제57조, 지방공무원법 제49조), 직장이탈금지의무(국가공무원법 제58조, 지방공무원법 제50조), 친절공정의무(국가공무원법 제59조, 지방공무원법 제51조), 비밀엄수의무(국가공무원법 제60조, 지방공무원법제52조), 청렴의무(국가공무원법 제61조, 지방공무원법 제53조)를 준수하여야 하고, 그 밖의 공직자윤리법, 공직자등의 병역사항 신고 및 공개에 관한 법률에 기한 의무도 준수하여야 한다.

이상의 공무원 의무는 공무원노조의 조합원인 경우에도 준수하여야 하며, 다만 공무원노조의 조합원인 공무원의 의무는 집단행위의 금지(국가공무원법 제66조, 지방공무원법 제58조)와 관련하여 "정당한" 노동조합 활동에 관여하는 경우에만 면제된다(공무원노조법 제3조제1항).

정당한 노조활동에 대해서는 일반노조법 제3조 및 제4조에 의해 민형사상 책임이 면제되기 때문에 직장이탈 금지의무 등 국가공무원법 및 지방공무원법상의 관련 의무위반을 이유로 한 처벌이나 징계의 대상이 되지 않고 이로 인한 손해에 대한 배상책임도 면책 된다. 또한 정당한 노조활동에 간여한 조합원인 공무원을 해고하거나 불이익처분을 하는 것은 부당노동행위로서 금지된다.

이와 같이 정당한 노조활동으로 인정되는 경우에만 복종의무, 직장이탈금지의무, 집단행위의 금지의무가 그 범위에서 면제되기 때문에 공무원노조의 활동이 "정당"한지 여부가 중요한 의미를 가진다.

공무원노조활동의 정당성 기준은 공무원의 신분상·직무상의 특성과 판례[3]의 판단을 종합하여 민간부문의 노조활동과 달리 해석하여야 한다. 따라서 공무원 노조활동은 근무시간 중에 정당한 조합활동을 하기 위해서는 법령이나 조례 등에서 별도의 허용규정이 있어 그 허용 규정에 의거한 절차와 요

---

3) 대법원 92.4.10. 91도3044

건에 따라 사용자의 승낙이 있어야 하며,[4] 청사 시설 내에서의 조합활동에 있어서는 사용자의 청사관리권에 바탕을 둔 합리적인 규율이나 제약에 따라야 하고, 조합활동이 근무시간외 청사 이외에서 행해지더라도 공무원으로서의 각종 공무원법상의 일반적인 의무 외에 사용자의 이익을 배려하여야 할 성실의무를 부담한다고 할 수 있다.

대법원

【조합활동이 정당하려면 취업규칙이나 단체협약에 별도의 허용규정이 있거나, 관행, 사용자의 승낙이 있는 경우 외에는 취업시간외에 행해져야 하며 사업장 내의 조합활동에 있어서는 사용자의 시설관리권에 바탕을 둔 합리적인 규율이나 제약에 따라야 하고, 비록 조합활동이 근무시간 외에 사업장 밖에서 이루어졌을 경우에도 근로자의 근로계약상의 성실의무(사용자의 이익을 배려해야 함)가 미침.】(1990.5.15 선고 90도357 판결)

---

[4] 행정자치부(현재 행정안전부) 발간한 '공무원단체 업무메뉴얼 2004 p.125'에는 단체 협약에 허용 규정이 있어도 가능한 것으로 보고 있으나 공무원노조법 제10조 제1항의 규정상 법령이나 조례의 규정에 반하는 단체협약의 효력은 부정되므로 판례에서 민간기업의 사례에서 판단한 단체협약은 공무원과 교원노조에는 적용되지 않는다고 보는 것이 타당하다고 본다.

Ⅱ. 교원과 공무원의 노동조합 활동

1. 근무시간 중 노동조합 활동

1) 기본원칙

공무원은 국민 또는 주민 전체의 봉사자로서 공공의 이익을 위해 근무하여야 하고(국가공무원법 제59조, 지방공무원법 제51조), 직무수행에 있어서는 직무에 전념하여 성실하게 근무하여야 할 의무가 있다. 따라서 공무원노조를 위해 그 구성원인 조합원이나 임원이 근무시간 중에 노조활동을 하기 위해서는 근무시간 외에 행하여야 하는 것이 원칙이며 근무시간 중에는 노조 활동이 원칙적으로 금지된다.

다만, 공무원노조의 주된 목적이 "근로조건의 유지·개선과 공무원의 경제적·사회적 지위의 향상을 도모"(일반노조법 제1조)하는 데 있기 때문에 공무원이 근로시간 중에 사용자와 협의 또는 교섭하는 경우(일반노조법 제81조제4호 단서), 기타 노동조합의 업무를 위한 정당한 행위(일반노조법 제81조제1호), 노조전임자와 근무시간 면제자 등의 경우(공무원노조법 제7조, 제7조의2)는 예외적으로 근무시간 중에도 노조활동에 종사할 수 있다.

따라서 공무원과 교원노조의 근무시간 중 노조활동이 허용되는 범위는 법령 또는 조례에 의해 사용자가 허가한 경우, 공무원이 근로시간 중에 사용자와 협의 또는 교섭하는 행위[5], 법령 또는 조례 등에 의한 노동조합의 업무를 위한 정당한 행위, 임용권자로부터 동의를 얻은 노조전임자와 근무시간 면제자의 경우 등이다.

2) 법령 또는 조례 등 규정에 의해 사용자가 허가한 경우

---

[5] '공무원이 근로시간 중에 사용자와 협의 또는 교섭하는 행위' 또한 법령 또는 조례 등에 그 근거 규정이 있는 경우에 가능한 것으로 보아야 한다.

근무시간 중이라고 하여도 법령 또는 조례 등의 규정에 의해 사용자가 노조활동을 허가한 경우에는 그 범위 내에서 노조활동이 가능하다.[6]

국가공무원법 및 지방공무원법 제58조(직장이탈의 금지)는 '공무원은 소속 상관의 허가 또는 정당한 사유가 없으면 직장을 이탈하지 못한다.'고 규정하고 있다.

국가공무원법에서 규정하고 있지 아니한 공무원의 근무시간·복무기강·당직·휴가 등에 대하여는 국가공무원법 제67조(위임규정)에서 '공무원의 복무에 관하여 필요한 사항은 이 법에 규정한 것 외에는 국회규칙, 대법원규칙, 헌법재판소규칙, 중앙선거관리위원회규칙 또는 대통령령으로 정한다.'고 규정하고 있다.

공무원의 근무조건 기타 복무에 관한 일반 규정은 국가공무원 복무규정이고 이에 따른 공무원당직 및 비상근무규칙(행정안전부령)과 관공서의 공휴일에 관한 규정(대통령령)이 있다.[7]

근무시간 중 노조활동에 대한 허가는 당해 행정기관의 사정에 따라서 허가 하지 않을 수도 있는 관할 행정기관의 재량사항이다. 그러나 공무원의 경우 민간기업과는 달리 근무시간 중에 노조활동을 허가하는 경우 급여 지급 문제 등 허가권자의 권한 이외의 사항이 발생할 수도 있다. 또한 복무에 대해서는 국가공무원법 및 국가공무원 복무규정 등에서 규정되어 있기 때문에 그 허용 범위를 벗어난 경우에는 근무시간 중에 행정기관의 장이 임의대로 노조활동을 허용할 수는 없다고 판단된다.

3) 사용자와의 협의 또는 교섭

노동조합의 활동 가운데 가장 중요한 부분이 바로 단체교섭과 단체교섭 이외에 대 사용자와의 협의 부분이라고 할 수 있다. 이런 점에서 근무시간

---

[6] 행정자치부(현재 행정안전부) '공무원단체 업무메뉴얼 2004 p.126'에서는 근무시간 중이라고 하여도 사용자의 허락 또는 단체협약에 의해 조합활동을 허가한 경우의 조합활동은 정당하다고 보고 있으나, 공무원노조법 제10조 제1항의 규정을 감안하면 단체협약은 이에 해당하지 않는다고 본다.
[7] 김중양 김명식,『공무원법』, p397 이하 참조

중에 사용자와 협의 또는 교섭하는 것을 허용하는 것을 부당노동행위에서 제외하고 있다(일반노조법 제81조제4호 단서).

문제는 근무시간 중에 사용자와 교섭 또는 협의를 할 때 전임자 뿐만 아니라 비전임자인 조합원들이 참석하는 경우도 발생하는데 이 때 비전임자인 조합원들의 복무를 어떻게 처리해야 하는지가 문제가 된다.

행정해석

【단체교섭위원의 복무관련 회신】

- 출장은 공무원이 행하는 업무가 국가 또는 해당기관의 공무수행을 위한 것이므로, 교원노조 조합원의 권익향상을 위한 단체교섭은 공무수행으로 볼 수 없어 출장으로 처리하기 곤란함.

- 공가처리 여부는 일반노조법 제81조 제4호 단서(근로자가 근로시간 중에 사용자와 협의 또는 교섭하는 것을 사용자가 허용함은 무방하다) 및 공무원휴가업무예규(교원의 휴가는 교육부장관이 학사일정 등 사정을 감안하여 따로 할 수 있다)의 규정에 따라 교육부에서 자체 판단하기 바람(행자부 복조81811-288, 2000.2.28).

교원노조의 경우 사용자와 교섭관련협의 또는 단체교섭을 근무시간 중에 하는 경우 비전임자인 조합원들의 복무에 대해서는 출장으로 하지 않고 공가로 처리하고 있다. 이는 국가공무원복무규정에 출장인 경우에는 '공무'이어야 하므로 출장 조치는 불가하고, 공가는 가능하다. 그 이유는 교원의 경우 교원휴가업무처리요령에 "교원의 노동조합 설립 및 운영 등에 관한 법률 제6조에 의한 단체교섭위원으로 참석할 때와 동법시행령 제3조제3항에 의한 교섭관련협의를 위하여 지명된 자로 참석할 때"에는 학교의 장은 필요한 기간에 대하여 공가를 허가하여야 한다고 규정되어 있기 때문이다.

교원휴가업무처리요령에 의하면 단체교섭 및 교섭관련 협의와 관련하여 사진촬영, 참관 등의 사항으로 참석하거나 사무처리를 위하여 동행하는 인원은 공가처리 할 수 없으며 단체교섭이나 교섭관련협의가 아닌 교원노동조합의 자체규약에 의한 총회, 대의원회, 조합연수, 조합행사, 설명회, 기타조합회의 및 집회 등에 참석하는 경우와 교육부, 교육행정기관과의 협의를 위해 교원노조법에 의한 법적 근거 없이 참석하는 경우는 공가처리 대상이 아니라고 규정하고 있다.

또한 공무원노조의 경우도 국가공무원 복무·징계 관련 예규에 "공무원노조법 제9조 및 동법 시행령 제8조에 의한 교섭위원으로 선임되어 단체교섭 및 협약 체결에 참석할 때"에는 공가의 사유에 해당한다고 명시하고 있다.
반면 동 예규의 공가제도의 운영상 유의사항에도 위에서 언급한 교원노조의 공가처리 대상이 아닌 사항에 해당한 경우에는 공가처리 할 수 없다고 규정하고 있다.

국가공무원복무규정 상 출장은 '공무'이어야 하고(국가공무원복무규정 제6조제1항), 공가에 대해서는 「병역법」 기타 다른 법령에 의한 징병검사·소집·검열점호 등에 응하거나 동원 또는 훈련에 참가할 때, 공무에 관하여 국회, 법원, 검찰 기타 국가기관에 소환된 때, 법률의 규정에 의하여 투표에 참가할 때, 승진·전직시험에 응시할 때, 원격지간의 전보발령을 받고 부임할 때, 「국민건강보험법 시행령」 제26조의 규정에 의한 건강검진을 받을 때, 「공무원교육훈련법 시행령」 제32조의 규정에 의한 외국어 능력시험에 응시할 때, 올림픽·전국체전 등 국가적인 행사에 참가하는때, 천재·지변·교통차단 기타의 사유로 출근이 불가능할 때 등의 사유에 해당하는 경우에는 이에 직접 필요한 기간 공가를 허가하여야 한다(국가공무원복무규정 제19조).

행정해석

【교원노조활동과 관련한 교원의 공가는 "교원노조법 제6조에 의한 단체교섭위원으로 참석할 때와 동법 시행령 제3조제3항에 의한 교섭관련협의를 위하여 지명된 자로 참석할 때"라고 규정(교원휴가업무처리요령 4.휴가종류별실시방법 다.공가)하고 있음. 따라서 단체협약 이행을 위한 간담회 등의 행사는 교섭관련협의로 볼 수 없어 공가처리 대상이 아님.
공무원의 출장은 국가 또는 해당기관의 공무를 수행하기 위한 것으로, 출장처리 여부는 출장 명령권자인 소속 기관장이 판단하여 결정할 사항임.】[교육인적자원부(현재 교육부) 교원81811-369 ('01.5.15)]

4) 노동조합 업무를 위한 정당한 행위

근무시간 중 노조활동에 대해서는 위에서 본 바와 같이 원칙적으로 허용되지 않고 예외적으로만 허용되지만, 다음과 같이 휴게시간 중의 노조활동과 유인물 배포 등이 주로 문제가 되고 있다.

(1) 휴게시간 중 노동조합활동

국가공무원법 및 지방공무원법이나 공무원복무규정에는 민간부문에서와 같은 휴게시간의 개념은 없고 대신 점심시간이라는 개념이 설정되어 있다(국가공무원복무규정 제9조제2항). 따라서 점심시간 중 노조활동을 하거나 집회에 참가할 수 있는지가 문제 될 수 있다. 또한 교원의 경우에는 근무특성 상 점심시간의 개념이 따로 설정되어 있지 않다.

근로기준법에 따르면 '사용자는 근로시간이 4시간인 경우에는 30분 이상, 8시간인 경우에는 1시간 이상의 휴게시간을 근로시간 도중에 주어야' 하고 '휴게시간은 근로자가 자유로이 이용할 수 있다' 고 규정하고 있다(근로기준법 제53조). 근로기준법 상의 휴게시간은 근로자가 근무의무로부터 완전히 해방되어 자유롭게 이용할 수 있는 시간이기 때문에 원칙적으로 사용자의 급여지급 대상으로는 되지 않는 시간이다. 따라서 원칙적으로 노조활동을 하는 것도 자유롭게 인정되지만, 다른 근로자의 휴게를 방해하지 않고 사용자의 시설관리권이나 기업질서 등을 문란케 하여서는 안 되는 내재적 한계도 가지고 있다.

공무원 노조의 경우 점심시간 중 노조활동의 정당성에 대해서는 다른 공무원의 휴식을 방해하는지 여부, 직장질서를 문란케 하는 위험의 정도, 노조활동의 필요성 등을 고려하여 구체적·개별적으로 판단할 수밖에 없다. 이 경우 후술하는 청사관리권과의 형평성도 함께 고려하여야 한다.

교원의 근무시간은 국가공무원법과 사립학교법에 의거하여 적용되는 국가공무원복무규정 제9조(근무시간) 및 제10조(근무기간 등의 변경)에 의거 교육부장관과 행정안전부장관이 협의하여 1985년부터 09:00-17:00(토요일

09:00-13:00)로 정하였으며, 또한 국가공무원복무규정 제11조(시간외 근무 및 공휴일근무)의 규정에 의하여 학교의 장이 시간외 근무 및 휴일근무를 명할 수 있으므로 학교의 장이 초과근무를 명령하여 출근기간을 앞당기거나 퇴근시간을 늦출 경우 그 시간도 근무시간에 속한다.[8] 따라서 교원의 경우에는 업무의 특성상 점심시간이나 휴게시간의 개념이 없으므로 휴게시간 중 노조활동은 공무원·일반노동조합과는 달리 접근하여야 할 것이다.

(2) 노동조합 유인물 배포

근무시간 중에 노동조합의 유인물을 배포하는 것은 공무원의 성실의무, 직무전념의무에 반하기 때문에 정당한 노조활동으로 보기 어렵지만, 유인물의 배포가 휴게시간(점심시간)에 이루어진 경우에는 다른 공무원의 업무에 나쁜 영향을 미치거나 직장질서를 문란하게 하는 등의 사유가 없는 한 원칙적으로 허용된다고 보아야 할 것이다.

또한 노조전임자와 같이 근무시간 중 노조활동이 공식적으로 허용된 자라고 하더라도 유인물배포행위는 다른 공무원의 직무에 지장을 주는 형태로

---

8) 교육부 복지 81811-274, '99.12.4.

참조 〈교육공무원 인사실무 / 교육부 2003.12〉
◎교원의 근무시간
■ 단위학교별 탄력적 근무시간제 (교원12410-52,'02.1.21)
　(1) 고등학교이하 각급학교에서는 단위학교별 탄력적 근무시간제를 2002년 3월 1학기부터 시행
　(2) 적용대상
　　-고등학교 이하 각급학교 교원을 대상으로 적용
　(3) 제도의 취지
　　- 학교별 교육과정 운영의 자율성을 높이고 교원의 자율연수 기회를 확대하며 방과후 특기적성교육 등을 활성화 함
　(4) 내용
　　- 국가공무원복무규정에 의한 1일 근무시간의 총량(평일 8시간, 토요일 4시간)을 확보하여 근무시간을 정하고, 교육과정 운영에 지장이 없는 범위내에서 교원의 출 퇴근시간을 학교별로 자율적으로 정할 수 있도록 하는 제도임.
　　- 종전 근무시간(09:00-17:00)을 유지할 수도 있음
　　　종전 교원의 근무시간은 1985.2.6(문교부 교행 01136-104-F)일자로 업무특성상 09:00-17:00(동절기, 하절기 공통)로 시행했었음
　　- 개인별 또는 일부 집단별 근무시간의 조정은 불가능함
　　　예를 들어 특정 학년별 교과별 교사집단이 단위학교 근무시간과 별도로 근무시간을 정할 수 없음

이루어져서는 아니 되며, 관련 시설의 감독책임자 등이 인정하지 않는 경우에는 사무실 내에서의 유인물 배포를 할 수 없다고 보아야 한다.

> **대법원**
>
> 【유인물의 배포에 허가제를 채택하고 있다고 할지라도 노동조합의 업무를 위한 정당한 행위까지 금지시킬 수는 없는 것이므로 그 배포행위가 정당한가 아닌가는 허가가 있었는지 여부만 가지고 판단할 것은 아니고 그 유인물의 내용이나 배포방법 등 제반사정을 고려하여 판단되어져야 할 것이고, 취업시간 아닌 주간의 휴게시간 중의 배포는 다른 근로자의 취업에 나쁜 영향을 미치거나 휴게시간의 자유로운 이용을 방해하거나 구체적으로 직장질서를 문란하게 하는 것이 아닌 한 허가를 얻지 아니 하였다는 이유만으로 정당성을 잃는다고 할 수 없음.】(1991.11.12 선고 91누4164 판결)

> **대법원**
>
> 【노동조합의 업무를 위한 정당한 행위에 해당되는가의 여부는 구체적 사건에 있어서 노사 쌍방의 태도, 사용자가 할 불이익취급의 태양, 정도 등을 종합하여 사회통념에 따라 판단하여야 하고, 사용자가 불이익취급의 사유로 한 근로자의 행위가 유인물의 배포인 경우에는 그 유인물의 내용, 매수, 배포의 시기, 대상, 방법, 이로 인한 기업이나 업무에의 영향 등이 정당성을 판단하는 데 있어 기준이 됨.】(2000.6.23 선고 98다54960 판결)

2. 청사(시설)관리권과 노동조합활동

청사(시설)관리권이라 함은 기업 공간 내지 물적 시설에 대하여 가지는 소유권 또는 임차권 등의 점유권에 근거하여 그것을 생산목적에 이용하거나 이용 가능한 상태에 두기 위하여 필요한 조치를 취할 수 있는 사용자의 권리를 말한다. 여기에는 공간 또는 물적 시설의 배치와 가동상태의 보전 등 물적 효용 그 자체를 보존하기 위한 관리권한뿐 아니라 그러한 공간 또는 시설에 의해 조성되는 작업환경을 안전하고 쾌적하게 보전하기 위한 관리권한도 포함한다.

공무원노조가 활동하는 청사는 국유재산법 등에 의해 취득, 유지·보존 및 공무원노조가 활동하는 청사는 국유재산법 등에 의해 취득, 유지·보존 및 운용 등 관리권이 관리관청에 있고 "정당한 사유 없이 사용"하지 못하는 등(국유재산법 제57조제1항) 법률에 의한 제약이 따르고 있다.

청사(시설)관리권과 관련하여 그 정당성이 문제될 수 있는 노조활동에는 유인물 배포, 서명, 설문조사, 집회, 시위, 유인물부착, 현수막게양, 방송장비의 무단이용 시도, 대자보부착 등이 있는데 그 중에서도 노조사무실 설치, 청사 내 조합게시판 설치, 청사의 일시적 사용 그리고 청사 내 유인물 부착 등이 주로 문제가 되고 있다.

서울고등법원

【근로자들의 기업 내의 근무 장소는 근로자들이 자연스럽게 모여 근로조건이나 노동조합에 대한 정보와 의견을 나눌 수 있는 유일한 장소임을 감안할 때, 기업시설에 대한 관리권을 가지고 있는 사용자라 하더라도 근로자들이 근무시간외에 사내에서 노동조합에 관한 정보를 전달하거나 그에 관한 의견을 나누는 것을 금지하는 내용의 취업규칙을 정하는 것은 그와 같은 제한이 사업의 특성상 불가피한 것으로 인정되지 아니하는 한 헌법이 보장하는 근로자들의 자주적인 단결권·단체교섭권·단체행동권을 침해하는 것이 되어 그 효력을 인정받을 수 없음.】(1992.1.17 판결90구14449 선고)

1) 청사 내 노동조합 사무실의 설치

국유재산법(공유재산 및 물품관리법)상 공용·공공용·기업용재산은 그 용도 또는 목적에 장애가 되지 아니하는 범위 안에서 사용 또는 수익을 허가 할 수 있고, 보존용재산은 보존목적의 수행에 필요한 범위 안에서 사용 또는 수익을 허가할 수 있다(국유재산법 제30조제1항, 제2항).

국유재산법에는 행정재산의 사용·수익을 허가하는 경우에는 사용료를 징수하도록 되어 있고(국유재산법 제32조제1항) 사용료를 면제할 수 있는 경우는 행정재산 등으로 할 목적으로 기부를 받은 재산에 대하여 기부자 또는 그 상속인 기타의 포괄승계자에게 사용허가하는 경우, 행정재산을 직접 공용 공공용 또는 비영리 공익사업용으로 사용하려는 지방자치단체에 사용

허가하는 경우, 행정재산을 직접 비영리 공익사업용으로 사용하려는 대통령령으로 정하는 공공단체에 사용허가 하는 경우로 제한하고 있다(국유재산법 제34조제1항).

문제는 국유재산법 제34조(사용료의 감면) 제1항제3호 "행정재산을 직접 비영리 공익사업용으로 사용하려는 대통령령으로 정하는 공공단체에 사용허가 하는 경우"라는 규정에 공무원 노동조합이 해당하지 않기 때문에 설령 행정재산 등에 대하여 노조 사무실 설치 허가를 할 수 있다고 하여도 무상 허가는 불가능하고 사용료를 징수 하여야 한다.

교원 노동조합의 경우 무상 대부가 불가능한 법상의 규정으로 인하여 별도로 노조사무실을 청사 내에 허가하는 경우는 극히 예외적인 경우이고, 노조 사무실 용도로 사용할 수 있도록 전세금 또는 임차료를 지원하는 방법이 일반적이다.

행정해석

【교원노조 사무실을 일반노조법 제81조제4호의 규정에 의거 무상 또는 유상으로 공유재산관련 법령에도 불구하고 임대할 수 있는지】

교원노조법 제14조 제1항의 규정에 의거 적용되는 일반노조법 제81조 제4호 단서의 규정은 교원노동조합에게 최소한의 사무실을 제공하는 것이 부당노동행위에 해당되지 않는다는 것을 규정한 것에 불과하므로 동 규정만을 근거로 교원노동조합에게 사무실을 제공할 수는 없으며, 공유재산을 교원 노동조합에게 유·무상 대부(임대)함에 있어서는 지방재정법 및 동법시행령 등 공유재산 관계법령에 근거가 있어야 함.

따라서 동 관계법령에 의하면 무상 대부(임대)는 불가하며 유상 대부(임대) 시에도 시·도 교육감 또는 재산관리관이 공유재산의 용도 또는 목적에 지장이 없는 한도 내에서 학생의 학습권에 미치는 영향 등을 감안하여 대부(임대) 허가 여부를 결정하되, 차후 교원노조와의 단체교섭 과정에서 결정되어야 할 것임. (교육인적자원부(현재 교육부) 복지81811-284, '99.12.9)

2) 노동조합 게시판의 설치

조합게시판을 청사 내에 설치하는 문제는 허가권자의 재량행위로서 설치를 허가하는 것은 가능하지만 청사의 상황이나 게시판의 이용형태, 게시판의 크기, 설치장소, 다른 단체와의 균형 등을 종합적으로 고려한 뒤 판단하여야 한다.

공무원 노동조합의 게시판과 관련하여서는 복수노조라는 점, 지회나 분회의 경우 인정 여부, 게시 내용에 대한 제재 등이 문제가 될 수 있다.

공무원 노동조합은 복수의 노동조합으로 설립이 가능하기 때문에 청사내에 노동조합 게시판을 허가할 경우 하나의 노동조합이 하나의 게시판을 사용하게 하는 것은 공간의 문제와 복수노조간 갈등 등을 유발할 수 있으므로 복수의 노동조합은 물론 공무원직장협의회 등 타 단체가 공동으로 사용할 수 있는 방법이 합리적일 것이다.

또한 공무원 노동조합의 지회나 분회는 노조의 내부 조직이므로 지회나 분회 단위의 노동조합을 위한 조합게시판 허가는 제한이 있을 수밖에 없다. 교원의 경우 단위학교 분회에서 교무실 내에 게시판을 이용할 수 있는지 여부와 이용할 경우 교육정책을 비난하는 내용 등 비교육적인 내용을 게시할 수 있는지에 대해 논란이 많이 있다. 또한 교총 등 교원노조가 아닌 단체에는 게시판 사용을 허용하면서도 교원노조에게는 게시판 사용을 금지하는 행위는 일반노조법 제81조의 부당노동행위에 해당할 소지가 있으므로 형평성 시비가 발생하지 않도록 주의할 필요가 있다.

이러한 논란을 사전에 방지하기 위하여 게시판 허가를 할 때 게시판 사용의 범위와 시기, 내용 등 발생 가능한 문제들에 대해 합리적인 가이드 라인을 설정해 두는 것이 필요하다.

3) 청사의 일시적 사용

노조사무실이나 노조게시판 허용 또는 사용 허가와 같이 계속적으로 노조에게 이용하도록 하는 것이 예정되어 있는 경우에는 국유재산법상의 허가처분을 전제로 하지만, 이와는 달리 노동조합의 활동을 위한 회의, 교육 등 일시적인 청사 사용에 대하여는 청사관리권에 기한 사실상의 사용허가로 간주되어야 하는 경우도 있을 수 있다.

청사관리권은 관리청에 있기 때문에 노조가 그 이용을 요청하는 경우 관리청이 반드시 이용하도록 하여야 할 의무를 부담하는 것은 아니고, 허용 여부는 전적으로 관리청의 재량에 속한다.

노조활동을 위한 회의나 교육 등 활동은 근무시간 이외 청사 이외의 장소에서 행하여야 하는 것이 원칙이지만, 노조가 청사 사용을 요청하는 경우 청사의 장의 재량으로 청사 사용을 허용할 수 있을 것이다. 다만, 이 때에도 합리적인 범위 내에서 사용 시간과 조건을 붙여 사용이 가능하고 심야 회의나 농성 등을 위한 청사 사용은 불가하다고 보아야 한다.

4) 청사 내 노동조합 유인물 부착

청사 및 청사의 부지는 모두 행정재산의 일부이기 때문에 관리권자의 허가 없이 유인물을 부착할 수 없다.

관리권자의 허락을 받지 아니하고 노조가 청사 구내에 유인물을 부착할 경우에는 먼저 노조에 대해 관리권자의 허락을 받지 않은 유인물 부착은 위법하다는 점을 명확히 통지하고 당해 행위의 중지를 요구하여야 한다. 이러한 요구에도 불구하고 유인물을 부착한 경우 청사 관리자는 노조에 대해 유인물의 제거를 요구하고, 노조가 이에 따르지 않을 때에는 직접 제거할 수 있다. 그 제거를 방해하는 행위에 대해서는 징계처분을 할 수 있다.

또한 위법한 유인물 부착에 의하여 유인물 부착의 매수, 태양, 철거한 후의 흔적, 부착장소 등으로 인해 손해가 발생한 경우에는 노조에 대해 손해배상을 청구할 수 있다.

> **행정해석**
>
> 【노동조합이 사용자의 시설물을 사용할 때에는 단체협약에 별도의 정함이 있는 경우에는 그에 따르되, 그렇지 아니하다면 사용자의 승인을 얻어 사용하여야 할 것임. 따라서 사용자의 사전 승인 없이 임의로 학교 시설물을 사용하거나 시설물에 간판을 부착하였다면 이는

사용자의 시설관리권을 침해하는 것으로 그 정당성을 인정받기 어려울 것임.

타 학교를 방문하여 노조가입을 홍보하는 경우에는 해당 학교의 학내질서 및 시설관리권을 훼손하지 아니하는 범위 내에서 해당 학교 측의 승인을 얻어야 할 것임.】[노동부 노조 01254-592 ('99.8.5)]

행 정 해 석

【교원노동조합이 조합 활동의 편의를 위하여 시·도교육청, 시·군·구 교육청의 공문함과 학교의 서무과(행정실 등)등의 문서유통체계를 이용하는 것과 정부전자문서관리 시스템을 이용하는 것이 사무관리규정 등 현행법상 가능한지 여부】

사무관리규정은 동 규정 제2조의 규정에 의하여 "행정기관"에 적용되는 규정임. 따라서 "행정기관"이 아닌 단체나 기관은 사무관리규정에 의한 문서유통체계와 정부전자문서관리시스템을 이용할 수가 없음. [행정자치부(현재 행정안전부) 능률12300-386 ('00.7.20)]

3. 근무시간 이외의 노조활동

공무원과 교원의 근무시간 이외의 시간에 노조활동을 할 수 있는지는 청사내와 청사 외를 구분하여 논할 수 있다.

청사 내에서는 근무시간이외라고 할지라도 여전히 시설관리권에 바탕을 둔 합리적인 범위 내에서는 제한을 받을 수 있다. 다만 이 경우에도 제한은 합리적인 사유에 근거한 제한이어야지 무조건 청사 내에서는 근무시간이외라도 불허한다는 것은 권리남용에 해당할 수가 있다.

한편 근무시간 이후 청사 내가 아닌 청사 이외에서의 활동은 자유롭게 할 수 있다. 그러나 이 경우에도 공무원으로서의 제반 의무가 면제되지는 않는다는 점을 유의할 필요가 있다.

Ⅲ. 조합비 일괄공제(check off system)

노동조합의 재정은 주로 조합원들이 정기적으로 납부하는 조합비가 중요한 재원이 된다. 조합비의 액수, 납부시기, 방법 등에 대하여는 규약으로 정해진다. 조합비는 노동조합이 개별 조합원으로부터 직접 징수하는 것이 원칙이나 조합원으로부터 개별적으로 징수하는 것이 용이하지 않기 때문에 조합비 징수의 편의를 위해 사용자가 임금에서 조합비 부분을 일괄 공제하여 노동조합 측에 전달해 주는 것이 관행화 되어 있고 대부분 단체협약에서 구체적으로 규정하고 있다. 이를 조합비 일괄공제(check off system)라고 한다.

임금은 통화로 직접 근로자에게 그 전액을 지급하여야 한다. 그러나 법령 또는 단체협약에 특별한 규정이 있는 경우에는 임금의 일부를 공제하거나 또는 통화 이외의 것으로 지급할 수 있다(근로기준법 제43조).
그러나 비록 단체협약에 조합비 일괄공제가 규정되어 있다고 하더라고 그 단체협약 규정이 당연히 개별 근로자를 구속하는 것은 아니므로 단체협약 이외에 개별 근로자의 동의가 필수적이라는 견해[9]가 있다.
노동부는 단체협약으로 조합비 공제를 정한 경우에도 이에 대한 조합원 총회의 의결, 노조규약상의 관련규정 또는 개별 조합원의 동의가 없을 경우에는 조합원 개인이 조합비 일괄징수를 거부하면 사용자는 이를 공제할 수 없다고 하였으나 이후 단체협약에 조합비 일괄공제 제도가 규정되어 있고, 노조규약에 근거가 있거나 총회(대의원회) 의결이 있는 경우에는 개별조합원이 거부하더라도 공제가 가능한 것으로 보고 있다. 또한 유니온숍 협정이 체결된 사업장에서 조합원이 조합비 공제를 거부할 수 있는지 여부에 대해 원칙적으로 본인의 의사와 달리 공제할 수 없으나 당해 조합원에게 노조 탈퇴 의사 확인 등이 필요하다고 한다.

---

[9] 김형배, 앞의 책, p.320

행정해석

【단체협약으로 조합비 공제를 정한 경우에도 이에 대한 조합원 총회의 의결, 노조규약상의 관련규정 또는 개별조합원의 동의가 없으면 조합원 개인이 조합비 일괄공제를 거부하는 경우 사용자는 이를 공제할 수 없다고 봄. 다만, 조합원이 조합비 납부를 거부하는 경우 당해 노조는 자체규약 또는 규약이 정하는 바에 따라 제명 등 징계조치를 할 수 있다고 사료됨.】(노조 01254-772, '97.9.10)

행정해석

【조합비 일괄공제는 사용자가 조합원의 임금에서 조합비를 공제하여 노조에 전달하는 편의제공의 약정으로, 단체협약에 조합비 일괄공제 제도가 규정되어 있고 이에 관한 조합원 총회(대의원회)의 의결이나 노조규약에 관련규정이 있는 경우 사용자는 조합비를 일괄 공제하여 이를 노동조합에 인도하여야 하며, 개별 조합원의 거부를 이유로 조합비를 공제하지 아니 할 경우 단체협약에 위반된다고 보아야 할 것임. 다만, 단체협약에서 조합비에 대한 일괄공제 제도의 근거규정을 두고 있다 하더라도 조합원 총회(대의원회)에서 조합비를 일괄 공제하기로 하는 결의도 없고 노동조합 규약상에 관련 규정도 없는 경우라면, 사용자는 일괄공제를 거부하는 조합원에 대하여 단체협약을 이유로 조합비를 일괄공제 할 수는 없다 할 것이므로, 당해 조합원의 조합비를 일괄공제·인도하지 않는다 하여 단체협약을 위반하였다고 보기 어려울 것임.】(노동조합과-506, 2004.2.26)

행정해석

【단체협약 및 노조규약에 조합비·기타 의무금에 대한 일괄공제 제도의 근거 규정을 두고 있고 대의원회가 투쟁기금의 일괄공제를 의결할 권한을 갖고 있는 경우에는 조합원의 개별적인 동의가 없다하더라도 대의원회의 의결로 이를 일괄공제 할 수 있다고 보아야 할 것임.】(노동조합과-1501, 2004.6.5)

행정해석

【노동조합 및 노동관계조정법 제81조제2호(현행 제81조제1항제2호) 단서에 따라 단체협약에 "○○직원은 입사와동시에 ○○노조의 조합원이 된다"는 유니언숍 협정과 조합비 일괄공제 규정이 있는 경우라면, 근로자가 노동조합을 탈퇴한 후 조합비 공제를 거부하

는 때에는 달리 볼 사정이 없는 한 귀 관리단은 조합비를 공제할 수 없다고 할 것이나 당해 근로자는 유니온숍 협정에 따라 해고의 불이익을 당할 수 있으므로, 당해 조합원에게 유니온숍 협정이 단체협약에 규정되어 있다는 사실을 알려주고 노동조합 탈퇴 의사가 진의인지 여부 등을 확인하여 조합비를 공제할 것인지 공제하지 아니할 것인지를 판단하는 것이 타당하다고 봄.】(노사관계법제팀-1366, 2006.5.19)

행정해석

진정한 노조 탈퇴의사를 표시하고 그 의사가 노동조합 위원장 등에게 도달하였다면 노동조합이 탈퇴서 수취를 거절 하였다고 하더라도 탈퇴의 의사가 도달한 것으로 판단되며, 조합원들이 탈퇴의사 표시를 전달한 입증자료를 사용자에게 제출하면서 노조 탈퇴를 이유로 해당 노조에 대한 조합비 공제 중지 요청을 하였다면 사용자는 해당 조합원의 조합비를 공제할 의무는 없다 할 것임(노사관계법제과-1745, 2019.6.20)

Ⅳ. 교원과 공무원의 정치활동·쟁의행위 금지

공무원 노동조합과 그 조합원은 정치활동을 하여서는 아니 되며(공무원노조법 제4조) 교원의 노동조합은 일체의 정치활동을 하여서는 아니 된다(교원노조법 제3조). 이는 교원·공무원의 정치적의 정치적 중립을 보장하기 위하여 공무원법 및 정치 관련법에서 교원과 공무원의 일정한 정치활동을 금지하고 있다.

교원과 공무원의 정치활동을 금지하고 있는 법률 규정에는 정치운동의 금지(국가공무원법 제65조, 지방공무원법 제57조), 입후보 제한(공직선거법 제53조), 선거운동 금지(제60조, 제85조, 제86조), 후원회 가입제한(정치자금법 제5조) 등이 있다.

공무원인 조합원이 후원회 회원이 아닌 개인 자격으로 국회의원 등에 후원에 필요한 금품을 제공하는 것이 정치활동에 위배되는지 여부가 문제된다. 정치자금법에는 공무원이 개인 자격으로 정치자금을 기부하는 행위를 제한하지 않고 있으나 국가공무원복무규정 제27조제1항 및 국가공무원법 제65조에 의거 공무원은 특정정당이나 정치단체를 지지 또는 반대하는 행위가 금지되어 있기 때문에 공무원은 개인 자격으로도 특정 국회위원 등에게 후원금 등의 정치자금을 기부할 수 없다.

교원과 공무원의 노동조합과 그 조합원은 파업, 태업 또는 그 밖에 업무의 정상적인 운영을 방해하는 일체의 행위를 하여서는 아니 된다(공무원노조법 제11조, 교원노조법 제8조).
공무원은 국민에 대한 봉사자로서 공공의 이익을 위하여 직무를 성실히 수행해야 하므로 신분상 특수성이 있고(헌법 제7조 국민전체에 대한 봉사자), 특히 보수 등 근무조건이 국회에서 결정되고, 그 비용은 최종적으로 국민이 부담하는데 공무원이 자기 요구를 관철하고자 국민을 상대로 파업하는 것을 허용하기 어렵기 때문에 쟁의행위는 금지된다.

그러나, 노동조합 활동의 일환으로 근무조건 개선과 관련하여 내부적으로 의견을 수렴하거나 외부적으로 의견을 발표하고 정부대표와 교섭하거나 여론에 호소하는 등 노동조합으로서의 단체 활동을 제한하는 것은 아니다.

노동조합 활동의 범위

구 분	교원, 공무원노조법	일반노조법
근무시간중 노조활동	○ 법령 또는 조례 등에 의해 사용자가 허가 한 경우 ○ 사용자와의 교섭 또는 협의 : 공가 (근로시간 면제자는 제외)	○ 단체협약, 기타 관행에 의해 사용자가 동의한 경우 ○ 사용자와의 교섭 또는 협의 : 근로시간 면제 한도 내에서 근무시간 인정
휴게시간중 노조활동	○ 공무원의 경우에는 중식시간 중 노조활동 원칙적 가능 - 다만 교원은 중식시간도 근무시간 이므로 원칙적으로 불가	○ 중식시간 등 휴게시간 중 노조활동 원칙적 가능
청(사)내 노조사무실 설치	○ 국유재산법 또는 공유재산 및 물품 관리법의 제한을 받음	○ 단체협약, 기타 관행에 의해 사용자가 허가한 경우 가능
조합비 일괄공제	○ 본인이 1년 범위에서 지출관에게 서면 동의서를 제출시 가능	○ 단체협약, 기타 관행에 의해 사용자가 허가한 경우 가능
정치활동 쟁의행위	○ 금지	○ 가능

제4장 단체교섭

★ 본장의 Point

1. 일반노사관계에 있어서 노동조합 설립단위에 대한 제한이 없고 교섭구도 또한 노사의 교섭 관행에 따라 기업별교섭, 산별교섭 등 다양하게 설정될 수 있다.

2. 교원노조는 노조설립 최소단위를 유·초·중·고는 시·도 단위로, 대학은 학교단위로 하고 있다. 또한 공무원노조는 시·군·구 단위로 한정하고 있으며 교섭구도 또한 최소설립단위를 기초로 다양하게 설정될 수 있다.

3. 교원 및 공무원의 경우 설립단위 및 교섭의 주체를 법률로 정하고 있으므로 단일노조 하부단위에서 교섭이 이루어질 경우 교섭의 당사자 및 담당자에 대한 개념을 명확히 이해할 필요가 있으며, 하부 단위(지부 또는 분회) 노조의 단체교섭권 여부에 대하여 이해한다.

4. 일반노사관계의 경우 2011.7.1.부터 사업 또는 사업장 단위에서 종사하는 근로자는 자유롭게 노동조합을 설립하거나 가입할 수 있는 복수노조 설립이 허용되었으나, 교원과 공무원노조는 법 시행 당시 부터 복수노조가 허용되어 교섭창구 단일화 제도가 도입되었다.

5. 공무원노조법은 단체교섭 대상과 비교섭대상을 법령에서 규정하고 있으나 교원노조법은 단체교섭 대상만을 규정하고 있다. 그러나 실질적으로 교원과 공무원노조의 단체교섭 대상은 동일하다는 점을 이해한다.

Ⅰ. 단체교섭의 의의

단체교섭은 근로자의 단결을 배경으로 한 노동력의 집단적 거래를 목적으로 등장하였다. 근대산업사회에서 계약의 자유란 경제력이 없는 개별근로자의 입장에서는 실질적으로 계약체결의 강제와 다름없었고 현실적으로 계약의 내용은 사용자에 의하여 일방적으로 결정되었다. 단체교섭은 이러한 불합리를 근로자의 단결된 힘에 의해 집단적으로 시정하기 위해 등장한 것이다. 이런 의미에서 단체교섭은 형식적인 계약자유의 원칙을 수정하고 근로조건에 관한 노사간의 계약을 실질적으로 대등하게 형성하도록 하는 기능을 수행한다.[1]

노동조합의 목적은 근로자의 근로조건의 유지·개선과 근로자의 경제적·사회적 지위의 향상을 도모(일반노조법 제1조)하는데 있고, 이러한 목적은 노동조합이 사용자와 단결력을 배경으로 교섭을 하고, 교섭이 결렬되면 쟁의행위 수단을 통하여 달성되도록 하는데 있으므로 단체교섭은 노동조합의 핵심활동이며, 단결권과 단체행동권이 보장된 의미라 할 것이다.[2]

그러므로 헌법에서 보장한 단체교섭권을 구체적으로 실현하기 위하여 노조법에서는 정당한 단체교섭으로 인하여 손해를 입은 경우에 그 손해를 청구할 수 없고(일반노조법 제3조,제4조), 정당한 사유 없이 교섭 또는 단체협약의 체결을 거부하거나 해태하여서는 안된다(일반노조법 제30조제2항, 제81조제1항제3호)고 규정하고 있다.
그러나 교원과 공무원노조는 쟁의행위가 금지되고, 일반노조와는 달리 단체교섭권의 위임이 배제되고 있다.

---

1) 김유성 앞의책 p.121 참조.
2) 노동3권의 상호관계에 대하여 단체교섭권이 핵심이라고 보는 이러한 견해를 단체교섭권 중심설이라고 하며 노동3권의 정당성 범위도 이것을 기준으로 결정된다고 한다. 판례도 동일한 입장을 취하고 있다.(대법원 1990.5.15. 90도357 서울지하철공사사건)

Ⅱ. 단체교섭의 주체

1. 단체교섭의 당사자

단체교섭의 당사자란 단체교섭에 대한 권리와 의무를 가진 자로서, 스스로의 이름으로 단체교섭을 행하고 단체협약을 체결할 권한을 가지는 자를 말한다. 헌법 제33조는 제1항에서 단체교섭의 주체를 개개 근로자로 규정하고 있는 형식을 취하고 있으나, 근로자가 자주적으로 단결하여 노동조합을 통하여 사용자와 단체교섭을 할 권리를 보장하고 있으므로 노동조합의 당사자는 노동조합을 말한다.

교원노조의 경우 노동조합의 대표자는 그 노동조합 또는 조합원의 임금, 근무 조건, 후생복지 등 경제적·사회적 지위 향상에 관하여 교섭하고 단체협약을 체결할 권한을 가진다(교원노조법 제6조제1항).

단체교섭에 응하여야 하는 사용자는 유아교육법과 초중등교육법의 교원은 교육부장관, 시·도 교육감 또는 사립학교 설립·경영자와 단체교섭을 하게 되고, 고등교육법에 의한 교원은 교육부장관과 교섭을 하게된다. 이 경우 사립학교 설립·경영자는 전국 또는 시·도 단위로 연합하여 교섭에 응하여야 한다(교원노조법 제6조제1항제1호). 특별시장·광역시장·특별자치시장·도지사·특별자치도지사·국공립학교의 장·사립학교 설립경영자와 교섭하고 단체협약을 체결하게 된다(교원노조법 제6조제1항제2호).

공무원노조 또한 노동조합의 대표자는 그 노동조합에 관한 사항 또는 조합원의 보수·복지 그 밖의 근무조건에 관하여 정부교섭대표와 각각 교섭하고 단체협약을 체결할 권한을 가진다(공무원노조법 제8조제1항).

공무원노조의 경우 "정부교섭대표"로 통칭되는 국회사무총장·법원행정처장·헌법재판소사무처장·중앙선거관리위원회사무총장·인사혁신처장(행정부를 대표한다)·특별시장·광역시장·특별자치시장·도지사·특별자치도지사·시장·군수·구청장(자치구의 구청장을 말한다) 또는 특별시·광역시·

특별자치시·도·특별자치도의 교육감 중 어느 하나에 해당하는 사람이 된다(공무원노조법 제8조제1항).

1) 노동조합과 당사자

(1) 설립신고를 하지 않은 노조의 당사자 적격 문제

노동조합이 실질적 요건을 갖추고는 있지만 설립신고를 하지 않는 등 형식적인 요건만을 갖추지 못한 경우에도 단체교섭의 당사자가 될수 있느냐가 문제가 된다.

일반노조법의 적용을 받는 노동조합의 경우에는 헌법 제33조제1항에서 '근로자는 근로조건의 향상을 위하여 자주적인 단결권·단체교섭권 및 단체행동권을 가진다.'라고 규정한 헌법의 취지에 비추어 비록 일반노조법상의 설립신고를 하지 않고 있다고 하여도 단체로서의 실체가[3] 있다면 단체교섭의 당사자가 될 수 있다고 하는 것이 통설이다.

그러나 교원과 공무원노동조합의 경우에는 헌법 제33조제2항에서 '공무원인 근로자는 법률이 정하는 자에 한하여 단결권·단체교섭권 및 단체행동권을 가진다.'라고 규정하여 일반노조법의 적용을 받는 노동조합과는 달리 법률로 정하도록 되어 있다. 따라서 교원과 공무원의 노동조합의 경우에는 노동조합으로서의 실질적인 요건은 갖추었으나 형식적인 요건(설립신고)을 갖추지 않은 경우 단체교섭의 당사자가 될 수 있는지 여부는 민간부문의 노동조합과는 달리 당사자가 될 수 없다고 보아야 한다.

(2) 지부 분회와 당사자

---

[3] 따라서 일시적인 쟁의단도 단체교섭의 당사자가 될 수 있다고 한다. 김유성 p.128 단체교섭의 당사자가 될 수 있다고 하여도 사용자가 교섭을 거부하는 경우에 부당노동 행위 구제신청을 할 수 없다면 실질적인 교섭을 할 수 없으므로 설립신고를 필하지 않은 노동조합이 부당노동행위 구제신청을 할 수 있는지에 대한 검토가 중요하다. 학설은 이에 대해 부당노동행위 구제신청을 인정하는 견해(박승두 노동법개론 p.216)와 부정하는 견해(김형배, 앞의 책, p.733)로 나뉘어 진다.

조직형태의 선택이 자유로운 일반노동조합의 경우에는 지부 또는 분회는 원칙적으로 단체교섭의 당사자가 될 수 없으나, 지부나 분회가 독자적인 규약 및 집행기관을 가지고 독립된 조직체로서 활동을 하는 경우 또는 행정관청으로부터 설립신고증을 교부받은 경우에는 당해 조직이나 그 조합원에 고유한 사항에 대하여 독자적으로 교섭 및 협약체결능력을 가질 수 있다.

대법원
【독립한 근로조건의 결정권이 있는 하나의 사업 또는 사업장 소속 근로자를 조직대상으로 한, 초기업적인 산업별·직종별·지역별 단위노동조합의 지부 또는 분회로서 독자적인 규약 및 집행기관을 가지고 독립한 단체로서 활동을 하면서 당해 조직이나 그 조합원에 고유한 사항에 대하여는 독자적으로 단체교섭 및 단체협약체결의 능력을 가지고 있어 기업별 단위노동조합에 준하여 볼 수 있는 경우도 포함됨.】(2002.7.26 선고 2001두5361판결)

대법원
【노동조합의 하부단체인 분회나 지부가 독자적인 규약 및 집행기관을 가지고 독립된 조직체로서 활동을 하는 경우 당해 조직이나 그 조합원에 고유한 사항에 대하여는 독자적으로 단체교섭하고 단체협약을 체결할 수 있고, 이는 그 분회나 지부가 노동조합 및 노동관계조정법 시행령 제7조의 규정에 따라 그 설립신고를 하였는지 여부에 영향 받지 않음.】 (2001.2.23 선고 2000도4299판결)

질의회시
【지부·분회 등이 행정관청으로부터 설립신고증을 교부받은 경우 독자적인 교섭 및 협약체결권의 주체가 될 수 있다.】

노동조합이 근로조건의 결정권이 있는 독립된 사업(장)에 지부·분회 등 산하조직을 설치하고 있는 경우 당해 지부·분회 등 산하조직은 일반노조법 시행령 제7조의 규정에 의거 노동조합의 설립신고가 가능하고, 지부·분회 등이 행정관청으로부터 설립신고증을 교부받은 경우에는 법이 정한 권리와 의무(단체교섭 및 단체협약의 체결, 부당노동행위의 구제신청 등)의 주체가 될 수 있으므로 원칙적으로 단체교섭 및 체결권 등을 행사할 수 있으며, 근로조건의 결정에 관한 주장의 불일치로 인하여 노동쟁의가 발생한 경우 조정신청 등 법 소정의 절차를 거쳐 쟁의행위도 할 수 있음.(2000.6021. 노조01254-511)

공무원노조의 경우 최소설립단위를 제한하고 있기 때문에 법의 취지에 따라 달리 해석될 여지가 있다. 최소 설립 단위를 제한하고 있는 취지는 근무조건을 결정할 수 있는 법적인 권한을 가진 자를 노동관계의 상대방으로 함으로써 불필요하고 무용한 교섭을 방지하여 국민, 주민에게 미치는 불편을 최소화하고 공무의 안정적 운영을 확보하며 공무원노사관계의 안정을 도모하고자 하는 것이다. 따라서 지부·분회가 최소설립단위 이상을 조직대상으로 하여 설립된 경우라면 일반노조와 같이 독자적인 규약 및 집행기관을 가지고 독립된 조직체로서 활동하거나 행정관청으로부터 설립신고증을 교부받은 경우에는 예외적으로 교섭능력을 가진다고 보아야 할 것이다. 예컨대 전국공무원노동조합 내에 국회지부가 설립되었을 경우 국회지부가 독자적인 교섭능력을 가질 가능성이 있다.

그러나 만약 최소단위에 미치지 못하는 지부나 분회가 설립된 경우에는 독자적인 단체교섭 및 단체협약체결 능력은 부인된다고 보아야 할 것이다. 예컨대 행정부공무원 단위노조 내에 지부가 결성되었다고 가정할 경우 지부는 독자적인 교섭능력은 인정되지 않고 있으므로 별도로 단체협약을 체결할 수 없다.

공무원의 노동조합(이하 "노동조합"이라 한다)이 지부(支部)·분회(分會) 등 산하조직을 설치한 경우 노동조합의 대표자는 연합단체인 노동조합, 국회·법원·헌법재판소·선거관리위원회 및 행정부의 노동조합, 그 밖의 전국 규모의 단위노동조합의 경우에는 고용노동부장관에게, 그 외의 노동조합의 경우, 지방고용노동관서의 장에게 통보하여야 한다(공무원노조법 시행령 제2조).

2) 사용자 측의 당사자 (단체교섭의 상대방)

노조의 단체교섭 요구에 대하여 성실히 응해야 할 의무가 있는 단체교섭의 상대방이 되는 자에 대하여 일반노조법에서는 사용자 또는 사용자단체라고만 규정하고 있을 뿐 구체적인 사용자의 판단에 있어서는 명문의 규정이 없기 때문에 해석에 맡겨져 있다. 판례는 단체교섭의 상대방인 사용자를 근로계약의 당사자 또는 사용종속관계에 있는 자로 좁게 해석하는 반면에 학설은 근로조건의 결정권이있는 자는 단체교섭의 당사자가 된다고 보고 있다.[4]

판례는 근로자와의 사이에 사용종속관계가 있는 자, 즉 근로자와의 사이에 그를 지휘·감독하면서 그로부터 근로를 제공받고 대가로서 임금을 지급하는 것을 목적으로 하는 명시적이거나 묵시적인 근로계약관계를 맺고 있는 자를 말한다[5]고 판단하고 있고, 학설에서는 단체교섭의 상대방인 사용자는 근로계약의 당사자로서의 사용자에 머무르지 않고 근로계약의 당사자가 아니라고 하더라도 단체교섭의 대상이 되는 근로조건에 관한 사항의 전부 또는 일부의 결정에 대하여 구체적·실질적 영향력 내지 지배력을 행사하는 자까지 포함된다고 넓게 파악하는 입장이 통설이다.

(1) 정부교섭대표와 사립학교 설립·경영자

일반노조법의 적용을 받는 노동조합과 달리 공무원노조법과 교원노조법에서는 교섭 상대방인 사용자에 대하여 명문으로 자세하게 규정하고 있는데 공무원노조의 상대방은 "정부교섭대표"이고 교원노조의 상대방인 사용자는 교육부장관, 시·도 교육감, 사립학교 설립·경영자이다.

"정부교섭대표"는 노동조합의 최소 설립단위의 장으로서 국회사무총장·법원행정처장·헌법재판소사무처장·중앙선거관리위원회사무총장·인사혁신처장(행정부를 대표한다)·특별시장·광역시장·도지사·특별자치도지사·시장·군수·구청장(자치구의 구청장을 말한다) 또는 특별시·광역시·도·특별자치도의 교육감 등이다.

---

[4] 대법원 1999. 6. 22. 선고 98두137 판결 : 노동조합과 단체교섭을 할 상대방인 사용자단체는 노동관계에 관하여 그 구성원인 사용자에 대하여 조정 또는 규제할 수 있는 권한을 가진 자이어야 하는데, 사용자단체가 이러한 권한을 갖기 위하여는 노동조합과의 단체교섭 및 단체협약을 체결하는 것을 그 목적으로 하고 또 그 구성원인 각 사용자에 대하여 통제력을 가지고 있어야 한다.
[5] 대법원 1993.11.23 선고 92누13011 판결 ; 1995.12.22. 선고 95누3565 판결 ;1997.9.5. 선고 97누3644 판결 등

정부교섭대표는 법령 등에 따라 스스로 관리하거나 결정할 수 있는 권한을 가진 사항에 대하여 노동조합이 교섭을 요구할 때에는 정당한 사유가 없으면 이에 응하여야 하므로(공무원노조법 제8조제2항) 정부교섭대표는 각각에 설립된 공무원노조에 대해서만 교섭의무를 부담하고, 다른 공무원노조에 대해서는 원칙적으로 교섭의무를 부담하지 않는다. 행정부를 대표하는 인사혁신처장은 법원을 조직대상으로 하는 법원공무원단위노동조합에 대한 교섭의무를 부담하지 않는다.

(2) 공무원노동조합과 공동교섭

교원노조법과는 달리 공무원노조법에서는 공동교섭제도를 설정하고 있다. 정부교섭대표는 효율적인 교섭을 위하여 필요한 경우 다른 정부 교섭대표와 공동으로 교섭하거나 다른 정부교섭대표에게 교섭 및 단체협약 체결 권한을 위임할 수 있고(공무원노조법 제8조제3항) 공동으로 교섭하는 경우에는 그 사실을 상대방에게 통보하여야 하며 관련 정부교섭대표 및 관계기관의 장 등의 성명과 위임내용 등을 구체적으로 밝혀야 한다(동법 시행령 제5조).

예컨대 서울특별시는 종로구와 함께 서울지역공무원노조에 대해 공동으로 교섭단을 구성하여 교섭할 수 있다. 이는 정부교섭대표는 법령 등에 따라 스스로 관리하거나 결정할 수 있는 권한을 가진 사항에 대하여 노동조합이 교섭을 요구할 때에는 정당한 사유가 없으면 그 요구에 따라야 하므로(공무원노조법 제8조제2항), 자신이 관리·결정 권한을 가지지 않는 다른 지방자치단체의 문제에 대해서 교섭할 수 없기 때문이다.

따라서 복수의 지방자치단체에 각각 소속된 공무원들로 조직된 공무원노조에 대해서는 각 지방자치단체는 당해 지방자치단체에 속한 각자의 조합원에 대해서만 교섭을 행할 수 있고 다른 지방자치단체에 소속된 공무원을 위한 단체교섭은 할 수 없다. 그러나 복수의 정부교섭대표가 공무원노조의 공동교섭요구에 대해 자신과 관련되는 사항에 대해 공동교섭에 임의로 응할 수는 있다.

그러나 반대로 공무원노조가 공동교섭을 요구할 권리는 없다고 보아야 한다. 서울지역공무원노조가 서울특별시와 종로구에 대해 공동으로 교섭할 것을 요구할 권리는 없으며, 공동으로 교섭을 요구하더라도 서울특별시와 종로구가 공동으로 교섭에 응해야 할 의무는 없는 것으로 해석된다.

대법원

【1989.9.1. 당시 부산직할시장이 원심 판시의 노동조합과 사이에 이 사건 단체협약을 체결할 무렵에 부산직할시 사하구를 포함한 부산직할시 관할구역 안의 각 자치구를 그 구성원으로 하는 사용자단체는 구성되어 있지 아니하였던 것으로 보이고 달리 이 점을 인정할 증거가 없으며, 한편 그 무렵 부산직할시(1994.12.20. 법률 제4789호로 개정되어 1995.1.1.부터 시행된 지방지치법의 규정에 따라 그 명칭이 부산광역시로 변경되었다)는 지방자치법에 따른 지방자치단체의 하나이고, 부산직할시 관할구역 안의 각 자치구 또한 이와는 별도의 지방자치단체에 불과하므로 부산직할시가 그 관할구역 안의 각 자치구를 구성원으로 하는 사용자단체라고도 할 수 없고, 그리고 기록에 의하면, 부산직할시 사하구는 이 사건 단체협약에 당사자로서 서명 날인한 사실이 없음이 분명하므로 이 사건 단체협약은 부산직할시 사하구에 대하여는 그 효력을 미치지 못함.】(1996.6.28. 선고 94다49847 판결)

대법원

【노동조합법 상 '사용자'라 함은 근로자와의 사이에 사용·종속관계가 있는 자, 즉 근로자와 사이에 그를 지휘·감독하면서 그로부터 근로를 제공받고 그 대가로서 임금을 지급하는 것을 목적으로 하는 명시적이거나 묵시적인 근로계약관계를 맺고 있는 자를 말한다. 그리고 국가의 행정관청이 사법상 근로계약을 체결한 경우 그 근로계약관계의 권리·의무는 행정주체인 국가에 귀속되므로 국가는 그러한 근로계약관계에 있어서 노동조합법 제2조제2호에 정한 사업주로서 단체교섭의 당사자의 지위에 있는 사용자에 해당한다. 지방자치단체가 설립한 각급 공립학교의 학교장이 학교회계직원과 사법상 근로계약을 체결하였다고 하더라도 그 근로계약관계에 있어서 일반노조법 제2조제2호에 정한 사업주로서 단체교섭의 당사자의 지위에 있는 사용자는 각급 공립학교의 학교장이 아니라 각급 공립학교를 설치·운영하는 지방자치단체라고 보는 것이 타당함】(2014.2.13. 대법원 선고 2013두21816 판결)

2. 단체교섭의 담당자

단체교섭의 담당자는 실제로 교섭을 담당하는 권한을 가진 자를 말한다. 단체교섭의 담당자는 현실적으로 대화를 하는 자를 가리키기 때문에 단체협약이 체결된 경우에 협약상의 권리·의무의 주체가 되는 단체교섭의 당사자와는 구별되며, 단체협약을 체결할 수 있는 대리권을 보유할 필요는 없다.[6]

1) 노동조합의 담당자

일반노조법의 적용을 받는 노동조합의 경우 단체교섭 담당자에 대하여 제한을 두지 않고 있다. 따라서 상급단체 뿐만 아니라 제3자에게 단체교섭을 위임하는 것도 가능하다. 그러나 공무원노조와 교원노조의 경우 단체교섭의 담당자는 노조의 대표자와 그 조합원에 한하여 가능하도록 규정하고 있다(공무원노조법 제9조제1항, 교원노조법 제6조제2항).

따라서 교원노조나 공무원노조의 경우 그 조합원이면 교섭위원이 가능하므로 본부 또는 지부·분회 명칭에 관계없이 조합원 자격이 있는 자라면 교섭담당자로 선임될 수 있다.

2) 사용자 측의 담당자

정부교섭대표는 원칙적으로 인사혁신처장 등 각급 행정기관의 장이지만, 반드시 행정기관의 장이 단체교섭에 실제로 임하여야 하는 것은 아니다.

정부교섭대표는 효율적인 교섭을 위하여 필요한 경우 다른 정부교섭대표에게 교섭하고 단체협약을 체결할 권한을 위임할 수 있으며(공무원노조법 제8조제3항). 정부교섭대표가 아닌 관계 기관의 장으로 하여금 교섭에 참여하게 할 수 있고, 다른 기관의 장이 관리하거나 결정할 권한을 가진 사항에 대하여는 당해 기관의 장에게 교섭하고 단체협약을 체결할 권한을 위임할

---

6) 김형배, 앞의 책, p.740.

수 있다(공무원노조법 제8조제4항).

또한 정부교섭대표 또는 다른 기관의 장이 단체교섭을 하는 경우 그 소속 공무원으로 하여금 교섭하고 단체협약을 체결하게 할 수 있다(공무원노조법 제8조제5항).

정부교섭대표가 교섭하고 단체협약을 체결할 권한을 위임하는 등의 경우에는 그 사실을 상대방에게 통보하여야 한다. 이 경우 관련 정부교섭대표 및 관계기관의 장 등의 성명과 위임내용 등을 구체적으로 명시하여야 한다(공무원노조법 시행령 제5조).

따라서 소속 공무원이 단체교섭에 임할 경우 공무원노조는 당해 행정기관 등의 장이 출석하지 않았다는 것을 이유로 정부교섭대표가 단체교섭을 거부하였다고 할 수는 없다.

공립학교의 경우 교원노조법에는 명문으로 사용자의 교섭 위임에 대하여 규정하고 있지 않지만 공무원노조법의 규정이 사실상 준용된다고 본다. 따라서 교원노조의 상대방인 사용자는 소속공무원으로 하여금 교섭을 담당하도록 위임할 수 있다.

대법원

【단체교섭권한의 위임이라고 함은 노동조합이 조직상의 대표자 이외의 자에게 조합 또는 조합원을 위하여 조합의 입장에서 사용자 측과 사이에 단체교섭을 하는 사무처리를 맡기는 것을 뜻하고, 그 위임 후 이를 해지하는 등의 별개의 의사표시가 없더라도 노동조합의 단체교섭권한은 여전히 수임자의 단체교섭권한과 중복하여 경합적으로 남아 있다고 할 것이며, 같은 조 제2항의 규정에 따라 단위노동조합이 당해 노동조합이 가입한 상부단체인 연합단체에 그러한 권한을 위임한 경우에 있어서도 마찬가지임.】(1998.11.13 선고 98다20790 판결)

3. 노동조합 대표자의 대표권

노동조합의 대표자는 노동조합 또는 조합원을 위하여 사용자와 단체교섭을 하고 단체협약을 체결할 권한을 가지므로 노조 대표자는 당연히 단체교섭권한 및 단체협약 체결권한을 가진다(일반노조법 제29조). 그런데 노조대표자가 단체협약을 체결하는 경우 노동조합의 규약 또는 총회의 결의로 이를 제한할 수 있는가에 대해서는 견해[7]가 나뉘고 있다.

단체교섭 담당자에게 단체협약체결권이 있을지라도 조합규약이나 총회의 결의에 의해 조합대표의 단체협약체결권한을 제한할 수 있다는 견해에 의하면 첫째, 각 기관의 권한남용을 방지하기 위해 기관 상호간 권한의 분리와 견제가 인정되고 있고, 둘째, 조합규약이나 총회라는 기관의 결의에 의한 대표권의 전체가 아닌 단체협약 체결권의 제한이며, 셋째, 단체 협약의 효력은 민법상의 거래와는 달리 협약을 체결한 노동조합이 아니고 그 구성원인 개개 근로자에게 미치고 조합원 전원이 참가한 쟁의행위를 통해 그 실효성을 거둘 수 있으므로 단체협약체결에서는 항시 조합원의 총의가 중시되어야 하고, 넷째, 조합대표의 단체협약 체결권 남용은 노사관계의 불안을 가져오며 그 대표권의 남용 방지가 불가피하다고 본다면 총회에 의한 단체협약체결권의 제한은 당연하다는 것이다.

반면, 대표자의 권한 제한에 대한 부정설의 견해에 따르면 교섭담당자는 단체교섭의 사실행위 뿐만 아니라 법률행위인 단체협약체결권도 가지며 그 권한은 조합규약이나 조합원 총회의 결의에 의해서도 제한할 수 없다고 본다. 그 근거로 첫째, 조합의 기관인 조합대표의 대표권 행사에 조합구성원인 개개 조합원이 관여할 수 없고, 둘째, 조합대표의 단체협약체결권을 제한하는 것은 조합대표의 대표권을 전면적·포괄적으로 제한하게 되어 단체법리에 반하고, 셋째, 조합대표의 대표권 제한을 민법 제60조에 따라 등기를 하지 않았으므로 제3자에 대해 효력이 없으며, 넷째, 조합대표의 대표권 남용에 따른 조합 내 분규는 조합내부의 문제이고, 제3자인 사용자가 이로 인한 불편을 겪거나 단체협약체결에서 부단한 정력의 낭비를 부담하는 것은 형평의 원리에 반한다는 것으로 우리나라의 경우 일부 학설과 판례의 입장이다.

---

[7] 이병태,『최신노동법』, (서울: 현암사) p.216 이하.

> 대법원

- 단체교섭의 권한이 있는 자에게 단체협약을 체결할 권한이 없다고 한다면, 사용자를 상대방으로 하는 단체교섭이 원활하게 진행될 수 없으며, 결과적으로 단체교섭의 권한이라는 것 자체가 무의미한 것으로 되고 말 가능성이 있음.
- 쌍방간의 타협과 양보의 결과로 임금이나 그 밖의 근로조건 등에 대하여 합의를 도출하더라도 다른 결정절차(노동조합의 총회의 결의)를 거쳐야만 그 합의가 효력을 발생할 수 있다는 상황이라면, 사용자 측으로서는 결정의 권한 없는 교섭대표와의 교섭 내지 협상을 회피하든가 설령 교섭에 임한다 하더라도 성실한 자세로 최후의 양보안을 제출하는 것은 꺼리게 될 것이고, 그와 같은 사용자 측의 교섭회피 또는 해태를 정당한 이유 없는 것이라고 비난하기도 어렵다 할 것임(1993.4.27 선고 91누12257 판결).

> 헌법재판소

【노사간의 타협과 양보의 결과로서 합의가 도출되었더라도 다시 노동조합총회의 의결를 거쳐야만 비로소 그 합의의 효력이 발생할 수 있도록 하는 것은 근로자의 의사를 존중하는 것이기는 하나, 사용자가 결정권한이 없는 노동조합대표자를 상대로 하여 성실하고도 진지하게 교섭에 임하리라는 것을 기대하기는 어렵게 되고, 이로 말미암아 근로3권의 헌법적 목적을 실현하기 위한 절차로서의 단체협약제도의 기능이 크게 저해되어 노동영역에서의 산업평화가 위협받을 수 있다 할 것이다. 이러한 이유로 이 사건 법률조항이 노동조합의 대표자 또는 노동조합으로부터 위임을 받은 자에게 단체교섭권만이 아니라 단체협약 체결권도 부여한 것임.】(1998.2.27. 선고 94헌바 13·26, 95헌바44 결정)

필자의 견해로는 대표자의 권한 제한에 대한 부정설 및 판례의 입장과 같으나 그 사유에 덧붙여 복수노조로서 공동교섭단과 단체교섭을 하고 단체협약을 체결하는 경우 일부 노조가 다른 노조의 권한을 침해하는 문제가 발생하므로 노동조합 대표자의 단체교섭 체결 권한을 제한할 수 없다고 본다.

4. 노동조합지회와 조직형태 변경 사례

산업별 노동조합의 지회 등이 독자적인 노동조합 또는 노동조합 유사의 독립한 근로자단체로서 법인 아닌 사단에 해당하는 경우, 일반노조법 제16조제1항제8호 및 제2항에서 정한 조직형태 변경 결의를 통하여 기업별 노동조합으로 전환할 수 있다(대법원 2016.2.19. 선고 2012다96120 전원합의체 판결).

【판결요지】

[다수의견] 노동조합의 설립 및 조직형태의 변경에 관한 일반노조법 제2조제4호 본문, 제5조, 제10조, 제16조제1항제8호, 제2항과 재산상 권리·의무나 단체협약의 효력 등의 법률관계를 유지하기 위한 조직형태의 변경 제도의 취지와 아울러 개별적 내지 집단적 단결권의 보장 필요성, 산업별로 구성된 단위노동조합(이하 '산업별 노동조합'이라 한다)의 지부·분회·지회 등의 하부조직(이하 '지회 등'이라 한다)의 독립한 단체성 및 독자적인 노동조합으로서의 실질에 관한 사정 등을 종합하면, 일반노조법 제16조제1항제8호 및 제2항은 일반노조법에 의하여 설립된 노동조합을 대상으로 삼고 있어 노동조합의 단순한 내부적인 조직이나 기구에 대하여는 적용되지 아니하지만, 산업별 노동조합의 지회 등이더라도, 실질적으로 하나의 기업 소속 근로자를 조직대상으로 하여 구성되어 독자적인 규약과 집행기관을 가지고 독립한 단체로서 활동하면서 조직이나 조합원에 고유한 사항에 관하여 독자적인 단체교섭 및 단체협약체결 능력이 있어 기업별로 구성된 노동조합(이하 '기업별 노동조합'이라 한다)에 준하는 실질을 가지고 있는 경우에는, 산업별 연합단체에 속한 기업별 노동조합의 경우와 실질적인 차이가 없으므로, 일반노조법 제16조제1항제8호 및 제2항에서 정한 결의 요건을 갖춘 소속 조합원의 의사 결정을 통하여 산업별 노동조합에 속한 지회 등의 지위에서 벗어나 독립한 기업별 노동조합으로 전환함으로써 조직형태를 변경할 수 있다.

또한 산업별 노동조합의 지회 등이 독자적으로 단체교섭을 진행하고 단체협약을 체결하지는 못하더라도, 법인 아닌 사단의 실질을 가지고 있어 기업별 노동조합과 유사한 근로자단체로서 독립성이 인정되는 경우에, 지회 등은 스스로 고유한 사항에 관하여 산업별 노동조합과 독립하여 의사를 결정할 수 있는 능력을 가지고 있다. 의사 결정 능력을 갖춘 이상, 지회 등은 소속 근로자로 구성된 총회에 의한 자주적·민주적인 결의를 거쳐 지회 등의 목적 및 조직을 선택하고 변경할 수 있으며, 나아가 단결권의 행사 차원에서 정관이나 규약 개정 등을 통하여 단체의 목적에 근로조건의 유지·개선 기타 근로자의 경제적·사회적 지위의 향상을 추가함으로써 노동조합의 실체를 갖추고 활동할 수 있다. 그리고 지회 등이 기업별 노동조합과 유사한 독립한 근로자단체로서의 실체를 유지하면서 산업별 노동조합에 소속된 지회 등의 지위에서 이탈하여 기업별 노동조합으로 전환할 필요성이 있다는 측면에서는, 단체교섭 및 단체협약체결 능력을 갖추고 있어 기업별 노동조합에 준하는 실질을 가지고 있는 산업별 노동조합의 지회 등의 경우와 차이가 없다. 이와 같은 법리와 사정들에 비추어 보면, 기업별 노동조합과 유사한 근로자단체로서 법인 아닌 사단의 실질을 가지고 있는 지회 등의 경우에도 기업별 노동조합에 준하는 실질을 가지고 있는 경우와 마찬가지로 일반노조법 제16조제1항제8호 및 제2항에서 정한 결의 요건을 갖춘 소속 근로자의 의사 결정을 통하여 종전의 산업별 노동조합의 지회 등이라는 외형에서 벗어나 독립한 기업별 노동조합으로 전환할 수 있다.

결론적으로 산업별 노동조합의 지회 등이더라도, 외형과 달리 독자적인 노동조합 또는 노동조합 유사의 독립한 근로자단체로서 법인 아닌 사단에 해당하는 경우에는, 자주적·민주적인 총회의 결의를 통하여 소속을 변경하고 독립한 기업별 노동조합으로 전환할 수 있고, 노동조합 또는 법인 아닌 사단으로서의 실질을 반영한 일반노조법 제16조제1항제8호 및 제2항에 관한 해석이 근로자들에게 결사의 자유 및 노동조합 설립의 자유를 보장한 헌법 및 노동조합법의 정신에 부합한다.

[대법관 이인복, 대법관 이상훈, 대법관 김신, 대법관 김소영, 대법관 박상옥의 소수의견]
산업별 노동조합 내에서 산업별 노동조합의 지회 등이 차지하는 위치 내지 산업별 노동조합과의 관계, 근로자와의 조합원관계, 독자적인 단체교섭 및 단체협약체결 능력 등 노동조합으로서의 실질에 관한 여러 사정에 비추어 보면, 산업별 노동조합에서 조직형태의 변경을 결의할 수 있는 주체는 단위노동조합인 산업별 노동조합일 뿐이고, 하부조직에 불과한 산업별 노동조합의 지회 등이 산업별 노동조합의 통제를 무시한 채 독자적으로 조직형태의 변경을 결의하는 것은 원칙적으로 불가능하다. 그러한 결의는 개별 조합원들의 산업별 노동조합 탈퇴의 의사표시에 불과하거나 새로운 노동조합의 설립 결의일 뿐이어서, 여기에 노동조합의 조직형태의 변경이나 그에 준하는 법적 효과를 부여할 수는 없다.

다만 산업별 노동조합의 지회 등이 산업별 노동조합과는 별도로 근로자와 조합원관계를 형성하고 산업별 노동조합이나 다른 하부조직과 구별되는 독자적인 규약 및 의사결정기관과 집행기관을 갖춘 독립된 조직체로 활동하면서 지회 등이나 조합원의 고유한 사항에 관하여 독자적으로 단체교섭을 진행하고 단체협약을 체결할 능력을 보유하여 노동조합으로서의 실질이 있는 경우에는, 산업별 노동조합은 외형과 달리 개별 노동조합과 다름없는 지회 등의 연합단체로서의 성격이 혼합되어 있다고 할 수 있는 만큼, 산업별 노동조합의 지회 등은 자체 결의를 통하여 연합단체에서 탈퇴할 수 있고, 그것이 조직형태의 변경 결의 형식으로 이루어졌더라도 탈퇴의 효과가 발생한다고 해석할 여지는 있다.

그리고 산업별 노동조합의 지회 등이 예외적으로 노동조합으로서의 실질이 있는지를 판단할 때에는, 산업별 노동조합의 조직 구성, 산업별 노동조합과 지회 등의 규약 내용, 규약의 형식 및 운영 현실 사이의 괴리 유무, 단체교섭과 단체협약체결의 실태, 산업별 노동조합의 지회 등에 대한 통제의 정도 등의 제반 요소를 종합적으로 살펴보아야 한다. 물론, 그러한 예외적인 사정이 존재한다는 점은 이를 주장하는 측에서 증명하여야 한다.

요컨대 근로자와 조합원관계를 형성하고 지회 등이나 조합원의 고유한 사항에 관하여 독자적으로 단체교섭을 진행하여 단체협약을 체결할 능력이 있다는 점이 증명되지 아니하는 산업별 노동조합의 지회 등은 조직형태의 변경 주체가 될 수 없다.

Ⅲ. 단체교섭의 구조와 절차

1. 단체교섭구조의 일반적 유형

단체교섭의 유형은 기업별 교섭, 통일교섭, 대각선교섭, 공동교섭, 집단교섭으로 그 유형을 분류할 수 있다.

기업별 교섭은 특정한 기업 내에 조직된 노동조합과 사용자 사이의 교섭형태로 우리나라 전형적인 교섭형태라고 할 수 있다. 이와 같은 교섭형태는 기업단위 또는 사업장 단위에서 교섭이 이루어지므로 개별 기업의 특수성이 잘 반영될 수 있다는 장점이 있다. 반면 노조의 교섭력 약화, 거래비용[8]증대, 경제주의에 매몰, 소규모 분규의 빈발, 임금격차의 확대 등의 문제점을 가지고 있다.

통일교섭(산업별 교섭)은 산업별 또는 직종별로 조직된 노동조합이 이에 대응하는 사용자 또는 사용자 단체와 교섭하는 형태로 복수사용자 교섭이라고도 한다. 우리나라는 체신노조, 철도노조와 전력노조가 이 형태를 띠고 있으며, 유럽에서는 일반적인 형태라 할 수 있다. 통일교섭은 노동조합의 관점에서 볼 때 노동자간의 무한경쟁을 예방하고, 교섭비용을 줄일 수 있으며, 임금 및 노동비용의 격차를 줄일 수 있을 뿐만 아니라 노조에 대한 사용자의 저항을 줄일 수 있다. 보다 중요한 요인으로는 힘의 결집을 할 수 있다는 데 의미가 있을 것이다. 1997년 노동법의 전면적인 개정과 IMF 관리체제하의 구조조정 과정을 거치면서 노조 간부들이 기업별 노조체제의 한계를 절감하게 되고 노조 조직의 존립의 위협에 직면하게 됨에 따라 한국노총과 민주노총이 산별로의 조직전환을 당면한 발전과제로 제시하고 이러한 조직형태의

---

[8] 한국노동교육원의 조사(윤진호, 1998)에 따르면 교섭비용(교섭준비, 교섭일수, 교섭위원수, 쟁의행위에 소요되는 교섭부대 비용 포함)은 매년 1,700억원이 든다고 한다: 이주호, '현장에서 바라본 산별중앙교섭의 필요성과 제도화 방안', "한국사회에서 산업별 교섭의 전망과 가능성 모색, 산별중앙교섭 정책토론회 자료집, 2000.5.10, p.22.

변화를 통하여 구조조정 이후 노동운동의 새로운 전기를 만들고자 산별노조 건설에 노력하기도 하였다.[9]

대각선 교섭은 산업별로 조직된 노동조합이 개개 기업의 사용자와 교섭하는 형태로 산업별 노동조합에 대응할 만한 사용자단체가 없거나 또는 사용자단체가 있더라도 각 기업에 특수한 사정이 있을 때에는 이 방식이 사용된다.

공동교섭은 기업별 노조의 상부단체인 노동조합과 개개 기업별 노조가 공동으로 개개 기업별 조합의 상대방인 개개 기업의 사용자와의 사이에서 행하여지는 교섭을 말한다. 개개 기업별 노조가 상부단체에 교섭권을 일부 위임하여 공동으로 단체교섭에 참여함으로써 기업별 교섭의 약점을 어느정도 보완할 수 있으며, 우리나라에서 섬유노조와 택시노조에서 활용되고 있다.[10]

집단교섭은 수개의 노동조합이 공동으로 이에 대응하는 사용자 측의 집단과 교섭하는 형태를 말하며, 산업별 연합단체 중 특정분야에 대하여 사용자단체와 단체교섭을 하거나, 혹은 기업별 단위노동조합의 대표자들이 연명으로 사용자단체와 단체교섭을 하는 경우를 집단교섭으로 볼 수 있다.[11]

2. 교원 및 공무원 노동조합의 교섭구조

1) 교섭구조

공무원노조는 법에 의하여 노조의 설립단위가 시·군·구 단위를 최소단위로 하고 있고, 교원노조법 또한 노조를 설립하고자 할 경우 시·도 단위 또는 전국단위에 한하여 설립하도록 규정하고 있어 교원노조나 공무원노조는 산업별노조의 형태를 띠게 된다.

---

[9] 최영기, "산업별 교섭의 전망과 가능성 모색", 한국사회에서 산업별 교섭의 전망과 가능성 모색, 산별중앙교섭정책토론회 자료집, 2000, p.5
[10] 이병태, 앞의 책, p.206.
[11] 김형배, 앞의 책, p.732~733.

교원노조의 단체교섭은 전국단위의 경우 산업별교섭의 형태를 띠고 있으나, 시·도 단위는 외형적으로는 전국단위 노조 대표자와 시·도 교육감과 단체교섭을 하는 대각선 교섭의 형태를 띠는 반면 실질적으로는 전국단위의 노조 대표자의 위임을 받아 시·도 단위 노조와 교섭을 하는 형태를 띠고 있다. 그러나, 교원노조의 경우에는 조직 대상이 국·공립학교나 사립학교로 구분되어 설립주체가 다른 측면은 있으나, 교원이라는 단일화된 조직 대상으로 볼 수 있어 교섭구도가 비교적 단순하다.

공무원노조의 조직 대상을 이해하기 위해서는 공무원의 종류를 살펴볼 필요가 있는데, 공무원의 종류로는 경력직공무원과 특수경력직공무원으로 대별되고, 경력직공무원은 다시 일반직·특정직으로, 특수경력직공무원의 경우 정무직·별정직으로 구분되며, 일반직공무원은 다시 많은 직군과 직렬로 구분되어 있어 매우 다양한 조직 대상을 갖고 있다.

조직 대상을 신분에 따라 구분하면 국가공무원과 지방공무원으로 분류할 수 있고, 노조 설립 단위 또한 국회·법원·헌법재판소·선거관리위원회·행정부·특별시·광역시·도·특별자치도·시·군·구 및 특별시·광역시·도·특별자치도의 교육청을 최소단위(공무원노조법 제5조)로 하고 있다. 그러므로 매우 많은 조직단위를 갖고 있어 노조 설립을 교원노조와 같이 전국단위로만 구성될 경우에는 비교적 교섭구도가 단순하게 되겠지만, 모든 조직 구성원이 전국단위로만 구성할 것으로 기대하기란 어려울 것이다. 그럼에도 많은 시·도 단위 또는 시·군·구 단위 노조는 힘을 집중하기 위하여 전국단위 노조에 가입하거나 부처 단위별 전국단위의 노조를 결성하리라는 것은 쉽게 예상할 수 있다. 또한, 시·도 단위나 시·군·구 단위노조로 결성하더라도 상급단체를 결성하여 연합할 가능성도 있을 것이다.

따라서 공무원 노동조합에 있어서는 매우 복잡한 교섭구도가 가능하게 된다. 예를 들면 시·군·구 단위노조가 단일노조로 설립한 경우에도 중앙정부에 단체교섭을 요구할 수 있다고 보아야 하므로 매우 많은 노조가 교섭에 참여할 수 있다. 이해가 쉽도록 가상 교섭구도를 그림으로 나타내면 다음과 같은 복잡한 교섭구조가 가능하게 된다.

공무원노조의 교섭구도 예시

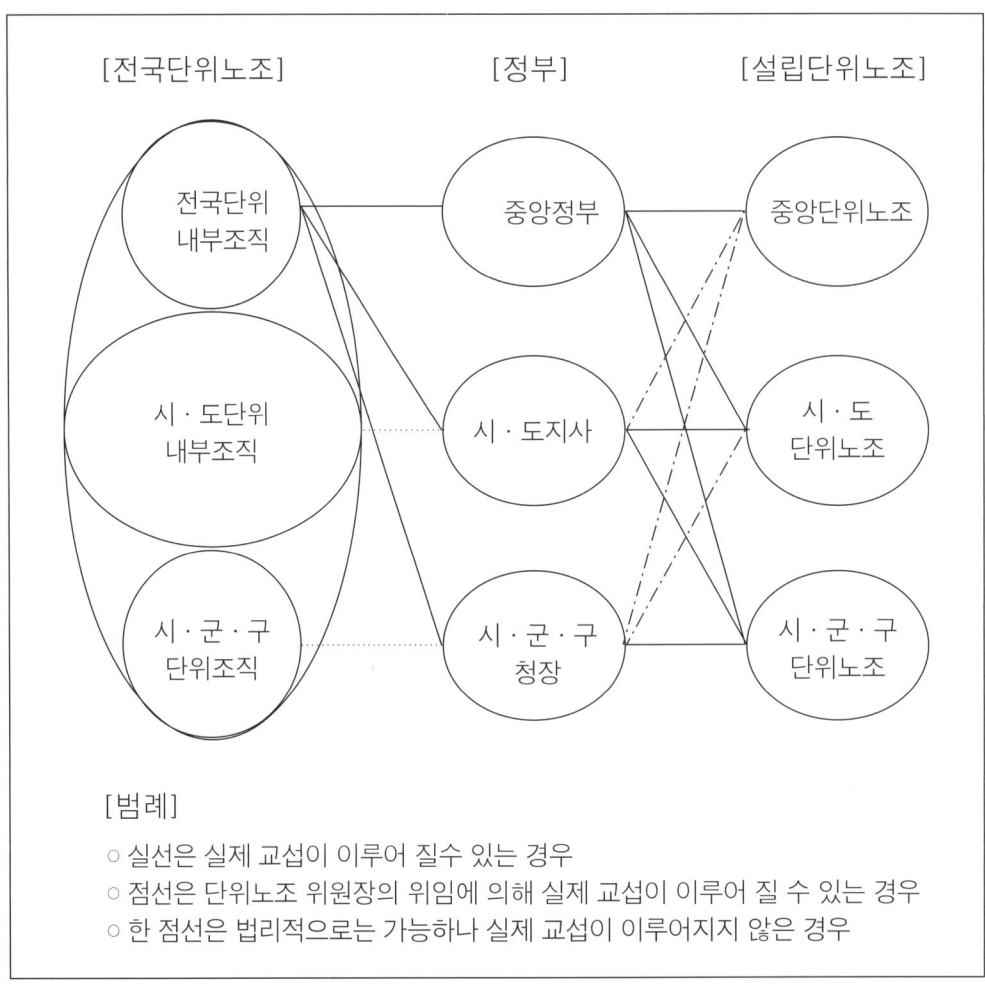

위 그림에서 보는 바와 같이 시·도 단위 또는 시·군·구 단위노조가 중앙정부를 상대로 단체교섭에 참여하는 것이 법리적으로는 가능하다. 또한 그림에서 보는 바와 같이 전국단위 노조가 아닌 중앙단위노조가 시·도지사 또는 시·군·구청장을 대상으로 단체교섭을 요구할 수도 있다.

2) 교원 노동조합과 사립학교의 교섭구조

산업별 형태의 교섭구조는 기업별 교섭에서 산업별교섭의 형태로 전환을 모색하고 있는 노동조합의 방향과 동일한 취지로 이해할 수 있으나 엄밀히 말하면 일반노조의 경우 중앙단위 단체교섭이 통일적 형태를 의미하는데 반해 교원노조의 경우 중앙단위의 교섭이라 하더라도 사립학교의 경우는 사립학교를 설립·경영하는 자가 전국 또는 시·도 단위로 연합하여 교섭에 응하여야 한다는(교원노조법 제8조제1항) 규정 때문에 '분할된 산업별교섭' 형태라 할 수 있다.

이에 대하여 사립학교 설립·경영자가 노동조합의 교섭통보를 받고 교섭단을 구성하지 않거나, 교섭단을 구성하고 있는 중임을 이유로 단체교섭을 해태한 경우 부당노동행위에 해당된다고 하더라도 사후적 구제수단에 불과 하고, 쟁의행위가 불가능하므로 사용자가 단체교섭을 거부하고 부당노동행위 처벌을 감수하는 경우 달리 이를 제재할 수단이 없다는 문제가 있으므로 정부를 대표하는 교육부와 사학재단 연합체의 대표가 공동으로 구성한 사용자 단체와 교원노조가 교섭하는 방식으로 교원노조법을 개정[12]해야 한다고 주장하는 견해가 있고, 사립학교 법인은 교직원의 인사권은 물론 학교의 예·결산을 심의·의결하는 권한을 가질 뿐 아니라 교사들과 관련된 사항들이 대부분 단위학교 차원에서 이루어지므로 이러한 사립의 특성을 살려서 학교법인 또는 사립학교경영자 단위의 교섭이 이루어지도록 법 개정을 검토[13]해야 한다고 주장하는 견해도 있다.

그러나 이러한 주장들은 사립학교의 경우 단체교섭이 원만하게 진행되지 않으므로 단체교섭을 담보하기 위한 방안으로 교원노조법 개정을 전제한 입법론상의 관점에서 접근하고 있으나, 임용권이 법인에 있다는 이유만으로 법인 단위의 단체교섭을 주장하는 것은 기업별 교섭을 주장하는 것과 같은 이치로 산업별교섭의 형태와 배치된다 할 것이므로 현 교원노조법의 테두리내에서 현실적으로 가능한 단체교섭 모델을 강구하는 방안이 보다 현실적이고 또한 효율적이라고 할 것이다.

---

12) 이일권, "교원노조법의 쟁점에 대한 비판적 고찰", p.248, p.255 참조
13) 박상신, "교원노조의 단체교섭에 관한 연구", p.184.

3) 지부 또는 분회의 단체교섭권

지부 또는 분회가 단위노동조합의 하부 조직으로 구성되어 있는 경우 지부 또는 분회가 독자적으로 단체교섭에 대한 권리를 갖느냐에 대한 문제가 대두되고, 지부·분회가 독자적으로 단체교섭권을 행사하지 않는다 하더라도 단위노동조합의 대표자가 단체교섭 권한을 지부·분회에 위임이 가능한지가 의문이 제기될 수 있다.

교육부는 단체교섭의 구도에 관한 쟁점 검토(1999)에서 설립신고를 필하지 않은 지부 또는 분회에의 교섭권한 위임이 가능한지에 관해 단체교섭권한의 내부위임도 금지된다고 한다. 그 사유로 첫째, 문리적인 면에서 교원노조법 제6조제2항에 노동조합의 교섭위원에 노동조합의 대표자를 반드시 포함하도록 한정하고 있으므로 시·도 지부가 비록 내부적으로 교섭권한을 위임받았다 하더라도 단체교섭권에 관한 한 교원노조법상 당사자 적격을 갖추었다고 보기 어렵고, 둘째, 법리적인 면에서 민법상 대리권이 인정되므로 따로 법령상 근거를 둘 필요가 없음에도 교원노조법은 일반노조법의 위임조항 규정에 대해 그 적용을 배제하고 있고, 또한, '수평교섭'구도 하에서는 전국노조의 시·도 지부가 단체교섭권을 위임받았다 하더라도 전국노조 자격으로 시·도 교육감과 단체교섭이 불가하여 내부위임의 실익이 없으며, 전국단위 노조의 내부조직인 시·도 단위의 지부나 분회도 설립신고만으로 자유롭게 시·도 단위의 지위를 획득할 수 있게 한 교원노조법 시행령 제2조의 입법취지를 유추해 보면, 내부위임 허용을 전제로 하지 않았음이 분명하다. 셋째, 정책적인 면에서 교섭권의 내부위임이 가능하다면 학교현장에서 학생의 학습권 등을 보호하기 어렵고, 오히려 노조활동을 방해하는 부작용이 초래될 뿐만 아니라 교원노조법 질서를 근본적으로 교란시킬 우려가 있으며, 전국단위 노조의 내부위임을 받은 시·도지부와 각각 설립된 시·도지부 등이 모두 시·도 교육감을 상대로 단체교섭을 요구할 수 있어 이론상 1개 시·도가 수십 개의 교원노조와 함께 단체교섭을 진행하는 사태가 발생하여 막대한 행정력의 낭비와 교원 노조활동의 비효율을 초래할 것이라는 견해를 밝히고 있다.

이에 지부 또는 분회의 교섭능력에 관한 학설은 ①지부 또는 분회가 단위

노동조합의 하부조직으로서 단위노동조합으로부터 단체교섭권한을 할양받은 경우, ②지부 또는 분회나 그 조합원에 관련된 사항인 경우, ③단위노조 지부나 분회도 독자적인 규약 및 집행기관을 가지고 독립된 단체로서 활동을 하는 경우에는 당해 조직에 특유한 사항에 대하여, ④단위노조의 규약이나 관행상 당해 조직에 한정된 사항에 대하여 교섭할 권한을 수권 받았다고 보아야 한다는 견해들[14]이 있다.

3. 단체교섭의 절차

노동조합과 사용자 또는 사용자단체는 신의에 따라 성실히 교섭하고 단체협약을 체결하여야 하며 그 권한을 남용하여서는 안 되며(일반노조법 제30조제1항), 정당한 이유 없이 교섭 또는 단체협약의 체결을 거부하거나 해태하여서는 아니 된다(일반노조법 제30조제2항).

또한 국가 및 지방자치단체는 기업·산업·지역별 교섭 등 다양한 교섭방식을 노동관계 당사자가 자율적으로 선택할 수 있도록 지원하고 이에 따른 단체교섭이 활성화될 수 있도록 노력하여야 한다(일반노조법 제30조제3항).

이와 같은 노사 양측의 의무를 성실교섭의무라고 하며 교원 및 공무원의 정부교섭대표 및 사용자 측이 성실교섭의무를 위반하면 부당노동행위가 성립

---

[14] 김형배 교수의 견해는 '단위노동조합으로부터 단체교섭권한을 할양받은 경우에는 단체교섭당사자의 지위를 갖는 것으로 보아야 할 것이며, 교섭사항이 지부·분회의 개별적 또는 특수한 사항이거나 규약에 이에 관하여 정한 바가 있을 때에는 산하 지부 분회와 공동으로 또는 지부·분회가 교섭권한을 단위노동조합으로부터 할양받아 독자적으로 교섭을 행할 수 있다. 반면 지부 분회가 독립된 조직성을 갖지 못하고 단지 단위노동조합과 개별 근로자 사이의 의사전달기구로서만 존재하는 경우에는 단체교섭당사자의 지위를 가지지 못한다고 보아야 한다.'
이병태 교수의 견해는 '단위노동조합인 기업별 조합이나 산업별 노동조합의 사업장별 하부단체도 그 하부단체인 지부 또는 분회나 그 조합원에 관련된 사항은 독자적으로 당사자가 될 수 있다.'
김유성 교수의 견해는 '단위노조의 지부나 분회도 독자적인 규약 및 집행기관을 가지고 독립된 단체로서 활동을 하는 경우에는 당해 조직에 특유한 사항에 대하여 단체교섭의 당사자가 될 수 있다. 다만 지부나 분회는 상부조직인 노동조합의 통제에 따라야 한다.'
임종률 교수의 견해는 '단위노조의 지부 분회 등 산하조직은 그 자체 독립된 노동조합은 아니지만 단위노조의 규약이나 관행상 당해 조직에 한정된 사항에 관하여 교섭할 권한을 수권 받았다고 보아야 할 경우가 있다. 따라서 이러한 경우에는 단위노조의 지부·분회 등 산하조직도 해당사항에 한하여 교섭당사자가 된다.',
(이철수, "교원노동조합의 단체교섭 구도"한국노동법학회 2000년도 하계학술대회, p.6 이하 재인용)

하고(일반노조법 제81조제3호), 노동조합 등의 교섭당사자가 성실교섭의무를 위반하면 정부교섭대표와 사용자 측은 단체교섭을 정당하게 거부할 수 있다.

단체교섭은 계속적·유동적 과정이기 때문에 성실교섭의무의 내용과 그 위반 여부는 당해 교섭의 목적·내용 및 교섭사항 등의 제반 사정을 고려하여 개별적·구체적으로 결정할 수 밖에 없다.[15]

노사 양측은 합의달성을 위해 진지하게 노력하여야 하며 특히 사용자측은 교섭의 전 과정에서 합의를 형성하려는 의사 즉 단체협약체결 의사를 가지고 단체교섭에 임해야 한다. 따라서 단체교섭을 처음부터 거부하는 행위, 노동조합의 요구에 대하여 서면에 의한 회답만을 할 뿐 대화를 하지 않으려고 하는 행위, 교섭사항과 직접 관련이 없는 사항을 교섭의 전제조건으로 고집하는 행위, 그리고 단순한 의사전달 권한만 있는 자를 교섭담당자로 내세우는 행위, 위법한 내용에 대하여 합의를 고집하는 행위 등은 성실교섭의무 위반이 된다.

사용자는 단체교섭에서 자신의 입장을 양보할 의무는 없지만, 필요한 설명이나 관련 자료를 제공함으로써 노동조합을 설득하도록 노력하여야 한다. 또한 사용자는 단체교섭에 있어 노조의 요구를 수용하여 단체협약을 체결할 의무는 없으나 교섭의 결과 합의가 성립되면 이를 단체협약으로 체결하여야 한다.

1) 일반노조의 복수노조와 창구단일화

(1) 사업(장) 단위 노조 설립의 자유보장 및 교섭대표노동조합

기존 노동조합이 있는 경우 조직형태와 관계없이 그 노동조합과 조직대상을 같이 하는 새로운 노동조합의 설립이 금지되지만, 2011.7.1부터 사업 또는 사업장 단위에서 근로자는 자유롭게 노동조합을 설립하거나 가입할 수 있게 되었다(일반노조법 제5조).

---

15) 김유성, 앞의 책, p.144 이하 참조

복수노조의 경우에는 교섭대표노동조합의 대표자가 교섭을 요구한 모든 노동조합 또는 조합원을 위하여 사용자와 교섭하고 단체협약을 체결할 권한을 가진다(일반노조법 제29조제2항). 노동조합과 사용자 또는 사용자단체로부터 교섭 또는 단체협약의 체결에 관한 권한을 위임받은 자는 그 노동조합과 사용자 또는 사용자단체를 위하여 위임받은 범위 안에서 그 권한을 행사할 수 있다(일반노조법 제29조제3항).

(2) 교섭창구단일화의 원칙 및 예외적 허용

하나의 사업 또는 사업장에서 조직형태에 관계없이 근로자가 설립하거나 가입한 노동조합이 2개 이상인 경우 노동조합은 교섭대표노동조합을 정하여 교섭을 요구하여야 한다(일반노조법 제29조의2제1항). 교섭대표노동조합 결정 절차(교섭창구 단일화 절차)에 참여한 모든 노동조합은 대통령령으로 정하는 기한 내(참여노조 확정 후 14일 이내)에 자율적으로 교섭대표노동조합을 정한다(일반노조법 제29조의2제3항). 다만, 동 기한 내에 사용자의 동의를 전제로 개별교섭이나 법에서 정한 단일화 절차를 생략한 자율적인 방법으로 교섭대표노조를 결정할 수 있지만 명시적 동의가 없으면 법에서 정한 절차대로 과반수 대표노조가 교섭권을 갖는 다음단계로 자동전환 된다(일반노조법 제29조의2제1항 단서).

교섭대표노동조합을 자율적으로 결정하는 기한 내에 교섭대표노동조합을 정하지 못하거나 사용자의 명시적 동의를 얻지 못한 경우에는 교섭창구 단일화 절차에 참여한 노동조합의 전체 조합원 과반수로 조직된 노동조합(2개 이상의 노동조합이 위임 또는 연합 등의 방법으로 교섭창구 단일화 절차에 참여한 노동조합 전체 조합원의 과반수가 되는 경우를 포함한다)이 교섭 대표노동조합이 된다(일반노조법 제29조의2제3항, 제4항).

이러한 결정방법에도 불구하고 교섭대표노동조합을 결정하지 못한 경우에는 교섭창구 단일화 절차에 참여한 모든 노동조합은 공동으로 교섭대표단을 구성하여 사용자와 교섭하여야 한다. 이 때 공동교섭대표단에 참여할 수 있는 노동조합은 그 조합원 수가 교섭창구 단일화 절차에 참여한 노동조합의 전체 조합원 100분의 10 이상인 노동조합으로 한다(일반노조법 제29조의2 제5항). 공동교섭대표단의 구성에 합의하지 못할 경우에 노동위원회는 해당 노동조합의 신청에 따라 조합원 비율을 고려하여 이를 결정할 수 있으며(일반노조법 제29조의2제6항), 조합원 수 산정은 종사근로자인 조합원을 기준으로 한다(일반노조법 제29조의2제10항).

이상에서 본 복수노조 창구단일화 방식을 요약하면 4가지 방법이 있는데, 이 중에서 교섭대표노동조합을 노동조합이 자율적으로 결정하는 경우와 사용자가 복수의 노조와 각각 단체교섭을 하는 것에 대해 명시적으로 동의하는 경우에는 그에 따르게 되지만 이외에는 법에 규정한 교섭창구단일화 조항이 강제적으로 적용된다.

강제적용 방식은 전체 조합원 과반수로 조직된 노동조합이 있으면 그 노동조합이 대표교섭노동조합이 되고, 과반수로 조직된 노동조합이 없는 경우에는 모든 노동조합은 공동으로 교섭대표단을 구성하여 사용자와 교섭을 하게 된다.

(3) 교섭단위의 결정과 공정대표의무

교섭대표노동조합을 결정하여야 하는 단위는 하나의 사업 또는 사업장으로 한다(일반노조법 제29조의3제1항). 다만, 하나의 사업 또는 사업장에서 현격한 근로조건의 차이, 고용형태, 교섭 관행 등을 고려하여 교섭단위를 분리하거나 통합할 필요가 있다고 인정되는 경우에 노동위원회는 노동관계 당사자의 양쪽 또는 어느 한 쪽의 신청을 받아 교섭단위를 분리하거나 통합하는 결정을 할 수 있다(일반노조법 제29조의3제2항).

법원은 '교섭단위를 분리할 필요가 있다고 인정되는 경우'란 하나의 사업 또는 사업장에서 별도로 분리된 교섭단위에 의하여 단체교섭을 진행하는 것을 정당화할 만한 현격한 근로조건의 차이, 고용형태, 교섭관행 등의 사정이 있음은 물론 이로 인하여 교섭대표노동조합을 통하여 교섭창구를 단일화하더라도 근로조건의 통일적 형성을 통한 안정적인 교섭체계를 구축하려는 교섭창구 단일화 제도의 취지에 부합하지 않는 결과가 발생할 수 있는 예외적인 경우를 의미한다(대법 2018.9.13. 선고, 2015두39361 판결)고 판시하고 있다.

한편, 대법원은 공립학교에서 근무하는 호봉제 회계직 교육공무직원과(월급제) 교육공무직원간에 현격한 근무조건의 차이가 없어 교섭단위를 분리할 필요가 없다고 판단(2022.12.15. 선고, 2022두53716 판결)한 바 있다.

교섭대표노동조합과 사용자는 교섭창구 단일화 절차에 참여한 노동조합 또는 그 조합원 간에 합리적 이유 없이 차별을 하여서는 아니 된다(일반노조법 제29조의4제1항). 노동조합은 교섭대표노동조합과 사용자가 제1항을 위반하여 차별한 경우에는 그 행위가 있은 날(단체협약의 내용의 일부 또는 전부가 제1항에 위반되는 경우에는 단체협약 체결일을 말한다)부터 3개월 이내에 대통령령으로 정하는 방법과 절차에 따라 노동위원회에 그 시정을 요청할 수 있다(일반노조법 제29조의4제2항).

2) 교원노조법의 단체교섭 절차

(1) 교섭 및 체결의 권한

유·초·중등 교원 노동조합의 대표자의 경우는 교육부장관, 시·도 교육감, 또는 사립학교 설립·경영자. 이 경우 사립학교 설립·경영자는 전국 또는 시·도 단위로 연합하여 교섭에 응하여야 하며, 고등교육법에 따른 교원 노동조합의 대표자의 경우는 교육부장관, 시·도지사, 국·공립학교의 장 또는 사립학교 설립·경영자와 단체협약을 체결할 권한을 가진다(교원노조법 제6조제1항). 이때 노동조합의 교섭위원은 해당 노동조합의 대표자와 그 조합원으로 구성하여야 한다(교원노조법 제6조제2항).

(2) 교섭창구 단일화 및 절차

교원노동조합의 대표자는 상대방과 단체교섭을 하려는 경우에는 교섭을 하려는 사항에 대하여 권한을 가진 자에게 서면으로 교섭을 요구하여야 한다(교원노조법 제6조제4항). 이때 노동조합은 노동조합의 명칭, 대표자의 성명, 주된 사무소의 소재지, 교섭요구 사항 및 조합원 수(단체교섭을 요구하는 날을 기준으로 함) 등을 적은 서면을 상대방에게 제출하여야 한다(동법 시행령 제3조제1항). 교섭요구를 받은 상대방은 교섭을 요구받은 사실을 공고하여 관련된 노동조합이 교섭에 참여할 수 있도록 하여야 한다(교원노조법 제6조제5항). 이때 단체교섭에 참여하려는 관련된 노동조합은 공고일로부터 7일 이내에 서면으로 상대방에게 교섭을 요구하여야 하며, 상대방은 교섭요구 기한이 지나면 지체없이 교섭을 요구한 노동조합을 자신의 인터넷 홈페이지 또는 게시판에 공고하고, 교섭노동조합에 그 공고한 사항을 알려야 한다. 교섭노동조합과 상대방은 위 공고가 있는 경우 그 소속원 중에서 지명한 사람에게 교섭내용, 교섭일시·장소·그 밖에 교섭이 필요한 사항에 관하여 협의하도록 하고, 교섭을 시작하여야 한다.

교섭요구 기간에 교섭요구를 하지 않은 노동조합의 교섭요구를 거부할 수 있다(동법 시행령 제3조제4항·제7항). 또한 상대방은 교섭을 요구하는 노동조합이 둘 이상인 경우에는 해당 노동조합에 교섭창구를 단일화 하도록 요청할 수 있다. 이 경우 교섭창구가 단일화된 때에는 교섭에 응하여야 한다(교원노조법 제6조제6항). 다만 이미 노동조합과 단체협약을 체결한 경우 그 유효기간 중에는 그 단체협약의 체결에 참여하지 아니한 노동조합이 교섭을 요구하여도 이를 거부할 수 있다(교원노조법 제6조제7항).[16]

---

16) 2010.2.19 정부에서 국회에 제출한 교원노조 창구단일화 방안(요약)은 다음과 같다. 교원노조법 제6조 ③ 노동조합의 대표자는 교육부장관, 시·도 교육감 또는 사립학교를 설립·경영하는 자와 교섭하려는 경우 서면으로 작성하여 교섭요구, ④ 노동조합으로부터 교섭을 요구받았을 때에는 요구받은 사실을 공고 ⑤ 교섭을 요구하는 노동조합이 둘 이상인 경우 교섭창구 단일화하도록 요청할 수 있고, 이 경우 단일화될때까지 교섭 거부할 수 있다. ⑥ 노동조합과 단체협약을 체결한 경우 그 유효기간 중에는 그 단체협약의 체결에 참여하지 아니한 노동조합이 교섭을 요구하더라도 이를 거부할 수 있다.

(3) 국민여론 및 학부모의 의견수렴

공무원노조법과 달리 교원노조법에는 국민여론과 학부모의 의견을 수렴하도록 규정하고 있다.

단체교섭을 하거나 단체협약을 체결하는 경우에 관계 당사자는 국민여론과 학부모의 의견을 수렴하여 성실하게 교섭하고 단체협약을 체결하여야 하며, 그 권한을 남용하여서는 아니 된다(교원노조법 제6조제8항). 국민여론 등 의견수렴의 방법으로는 여론조사를 하거나 공청회 등을 개최할 수 있고, 여론조사 및 공청회 개최 등은 노동관계 당사자가 이를 공동으로 실시할 수 있다(교원노조법 시행령 제4조제1항, 제2항).

3) 공무원노조법의 단체교섭 절차

(1) 서면으로 결정권한을 가진 정부교섭대표에게 단체교섭 요구

노동조합의 대표자는 정부교섭대표와 교섭하려는 경우에는 교섭하고자 하는 사항에 대하여 권한을 가진 정부교섭대표에게 서면으로 교섭을 요구하여야 한다(공무원노조법 제9조제2항).

법령 등에 따라 국가나 지방자치단체가 그 권한으로 행하는 정책결정에 관한 사항, 임용권의 행사 등 그 기관의 관리·운영에 관한 사항 즉, 비교섭 사항은 정책의 기획 또는 계획의 입안 등 정책결정에 관한 사항, 공무원의 채용·승진 및 전보 등 임용권의 행사에 관한 사항, 기관의 조직 및 정원에 관한 사항, 예산·기금의 편성 및 집행에 관한 사항, 행정기관이 당사자인 쟁송(불복신청을 포함한다)에 관한 사항, 기관의 관리·운영에 관한 그 밖의 사항(공무원노조법 시행령 제4조)등이다.

정부교섭대표는 공동으로 교섭하거나, 교섭 및 단체협약 체결 권한을 위임하는 등의 경우에는 그 사실을 상대방에게 알려야 한다. 이 경우 관련 정부교섭대표 및 관계 기관의 장 등의 성명과 위임 내용 등을 구체적으로 밝혀야 한다(공무원노조법 시행령 제5조).

교섭 요구는 단체협약의 유효기간 만료일 3개월 전부터 교섭 시작 예정일 30일 전까지 하여야 한다(공무원노조법 시행령 제6조).

단체교섭 요구서에는 노동조합의 명칭, 단위노조인지 연합단체인지, 노동조합의 형태, 주된 사무소 주된 사무소의 소재지, 노동조합 대표자, 교섭 시작 예정일, 정부 교섭대표자 등이 명시되어야 하고, 노동조합 설립신고증 사본과 교섭요구 사항이 첨부되어야 한다(공무원노조법 시행규칙 별지 제2호 서식).

교섭요구사항은 당해 사항에 대하여 정부교섭대표가 관리 결정권한이 있는지 여부를 판단하기 위하여 그리고 공무원노조법 제9조제3항에 따른 교섭사실 공고를 위하여 필요한 것이며, 노조 측 교섭위원의 명단은 당해 교섭위원이 "이 법에 따라 설립된 노동조합의 대표자와 조합원"으로 구성되었는지 여부, 교섭위원 수가 적절한지 여부, 교섭권한을 가진 자가 누구인지 등을 판단하기 위하여 필요하다. 또한 교섭개시일시는 복수의 공무원노조가 존재할 경우에 대비하기 위하여 서면으로 요구할 필요가 있다.

노조는 교섭요구사항에 대해 관리·결정권한을 가진 정부교섭대표에게 단체교섭을 요구하여야 하고, 그러한 관리·결정권한이 없는 자에게 단체교섭을 요구하거나 그러한 자를 포함하여 단체교섭을 요구하는 경우에는 정부교섭대표는 단체교섭을 거부할 수 있다. 따라서 정부교섭대표는 우선 노조의 요구사항에 대하여 권한이 있는지 여부를 검토하여 권한이 없을 경우에는 노조의 요구사항에 대한 권한이 없음을 노조에 통보하면서 단체 교섭을 거부하여야 하며, 스스로 관리하거나 결정할 수 있는 권한을 가진 사항에 대해서는 정당한 이유가 없는 한 교섭에 응해야 한다.

노동관계당사자는 교섭위원의 선임통보가 있은 후 지체 없이 교섭내용·교섭일시·교섭장소 그 밖의 교섭에 필요한 사항을 협의하고 교섭을 개시하여야 한다(공무원노조법 시행령 제9조).

(2) 교섭요청사실의 공고와 교섭위원 선임

공무원노조법에는 복수노조의 설립이 자유이기 때문에 복수노동조합의 존재를 전제로 하여, 다른 노동조합에 대해서도 교섭 참가를 보장하도록 하기 위하여 정부교섭대표로 하여금 교섭요청사실 공고를 하도록 의무화하고 있다.

정부교섭대표는 노동조합으로부터 교섭을 요구받았을 때에는 교섭을 요구받은 사실을 공고하여 관련된 노동조합이 교섭에 참여할 수 있도록 하여야 한다(공무원노조법 제9조제3항).

교섭요구사실의 공고는 교섭의 요구를 받은 후 지체 없이 이를 하여야 하며, 교섭에 참여하고자 하는 노동조합은 공고일부터 7일 이내에 고용노동부령이 정하는 바에 따라 정부교섭대표에게 교섭을 요구하여야 한다(공무원노조법 시행령 제7조제1항, 제2항).

정부교섭대표는 교섭요구기간이 만료된 후 지체 없이 교섭요구를 한 노동조합, 즉 "교섭노동조합"을 공고하고, 교섭노동조합에게 통보하여야 한다. 교섭요구기간 안에 교섭요구를 하지 아니한 노동조합의 교섭요구에 대하여는 이를 거부할 수 있다(공무원노조법 시행령 제7조제3항, 제4항).

교섭노동조합은 제7조제3항의 규정에 따른 공고일부터 20일 이내에 교섭위원을 선임하여 교섭노동조합의 대표자가 각각 서명 또는 날인한 서면으로 정부교섭대표에게 통보하여야 한다. 이 경우 교섭위원의 수는 조직의 규모 등을 고려하여 정하되, 10인 이내가 되도록 하여야 한다(공무원노조법 시행령 제8조제1항).

---

17) 교섭창구 단일화 방안의 유형 (2003.7. 노사정위원회 '복수노조의 창구단일화 논의자료'참조)에는 ①배타적 교섭대표제(미국식) : 사업장내 선거 등을 통해 다수 종업원의 지지를 받는 노조만 교섭권을 부여하는 방안, 민주성(선정절차), 교섭창구 완전단일, 사측의 교섭비용 감소 등의 장점이 있는 반면에 공적기관 관여 및 비용부담, 교섭대표 선출기간 과다, 부당노동행위 빈발, 공정대표문제 등의 단점이 있음. ②비례적 교섭 대표제 : 조합원 수에 비례하여 교섭위원단을 구성하는 방식으로 민주성(소수의견존중)이라는 장점이 있는 반면에 교섭단 내부의견 조정의 어려움과 교섭 타결의 지연이라는 단점이 있음. ③교섭단일화 의무제 : 노동조합이 자율적으로 교섭위원단을 구성토록 하고 단일화가 된 경우에만 사용자에게 교섭에 응할 의무를 부과하는 방식으로 노조자율성 보장이라는 장점이 있으나. 소수노조의 단일화 방해와 사용자 측의 부당노동행위 우려라는 단점이 있음. ④단순 다수 대표제: 사업장내 근로자의 과반수 여부에 상관없이 최대 노조에 배타적 교섭권을 부여하는 방식으로 제도운영이 간편하다는 장점이 있으나. 노조의 대표성 약화, 소수노조 난립우려, 공정대표의 문제 등의 단점이 있음.

(3) 복수 공무원노조와 교섭창구 단일화[17]

가. 교섭창구단일화의 대상

정부교섭대표는 교섭을 요구하는 노동조합이 둘 이상인 경우에는 해당 노동조합에 대하여 교섭창구를 단일화하도록 요청할 수 있고, 교섭창구가 단일화될 때까지 교섭을 거부할 수 있다(공무원노조법 제9조제4항). 이는 근무조건은 통일적으로 유지되는 것이 효율적이고 공무원 근무관계에 필요 불가결하다는 점, 단체교섭의 혼란으로 인한 노노간의 갈등, 교섭비용의 증가 등을 고려한 것이라고 할 수 있다.

정부교섭대표는 관련된 노동조합과 단체협약을 체결한 경우 그 유효기간 중에는 당해 단체협약의 체결에 참여하지 아니한 노동조합이 교섭을 요구하더라도 이를 거부할 수 있다(공무원노조법 제9조제5항). 단체협약의 유효기간은 최장 3년으로 되어 있기 때문에(일반노조법 제32조제1항) 교섭대표 노동조합은 최장 3년 동안 조합원수의 변동에 관계없이 또한 새로운 노동조합의 설립에 관계없이 안정적인 교섭대표권을 유지하게 되므로 교섭대표인 노동조합의 교섭권을 협약유효기간 동안 보장함으로써 노사관계의 안정을 도모하고자 하는 취지이다.

나. 교섭창구단일화의 방법

교섭에 임하는 공무원 노동조합이 일명 교섭노동조합이 2이상인 경우에는 교섭노동조합간의 합의에 따라 교섭위원을 선임하되, 합의하지 못한 때에는 이른바 비례적 교섭대표방식에 의한 창구단일화의 방법을 규정하고 있다.

교섭노동조합은 교섭을 요구받은 사실을 공고한 공고일부터 20일 이내에 교섭위원을 선임하여 교섭노동조합의 대표자가 각각 서명 또는 날인한 서면으로 정부교섭대표에게 통보하여야 한다(공무원노조법 시행령 제8조제1항).

교섭을 요구받은 사실을 공고한 공고일부터 20일 이내에 교섭위원 수에 대하여 합의하지 못하는 때에는 교섭노동조합의 조합원수에 비례하여 교섭위원을 선임하여야 한다(공무원노조법 시행령 제8조제2항).

4) 공무원과 교원노조법상 교섭절차의 차이점

2020년과 2021년 법개정으로 공무원과 교원노조법에 의한 교섭의 절차가 교원노조법에서 국민여론과 학부모 의견을 수렴하여야 한다(교원노조법 제6조제8항)는 조항을 제외하고 동일하게 개정되었다.

노동조합은 단체교섭을 위하여 노동조합의 대표자와 조합원으로 교섭위원을 구성하여야 한다(공무원노조법 제9조제1항, 교원노조법 제6조제2항).

노동조합의 대표자는 교섭하려는 사항에 대하여 권한을 가진 자에게 서면으로 교섭을 요구하여야 한다(공무원노조법 제9조제2항, 교원노조법 제6조제4항).
노동조합으로부터 교섭을 요구받았을 때에는 교섭을 요구받은 사실을 공고하여 관련된 노동조합이 교섭에 참여할 수 있도록 하여야 한다(공무원노조법 제9조제3항, 교원노조법 제6조제5항).

교섭을 요구하는 노동조합이 둘 이상인 경우에는 해당 노동조합에 교섭창구를 단일화하도록 요청할 수 있다. 이 경우 교섭창구가 단일화된 때에는 교섭에 응하여야 한다(공무원노조법 제9조제4항, 교원노조법 제6조제6항).

노동조합과 단체협약을 체결한 경우 그 유효기간 중에는 그 단체협약의 체결에 참여하지 아니한 노동조합이 교섭을 요구하더라도 이를 거부할 수 있다(공무원노조법 제9조제5항, 교원노조법 제6조제7항).

Ⅳ. 단체교섭의 대상

1. 일반노조법과 단체교섭 대상[18]

 일반노조법의 적용을 받는 노조의 경우 노동조합 대표자 또는 노동조합으로부터 교섭 또는 단체협약의 체결에 관한 권한을 위임받은 자는 그 노동조합 또는 조합원을 위하여 사용자나 사용자단체와 교섭하고 단체협약을 체결할 권한을 가진다(일반노조법 제29조제1항 내지 제3항).
 이에 따라 일반노조법의 적용을 받는 노조의 경우에 노동조합을 위한 사항과 조합원을 위한 사항이 단체교섭의 대상에 포함되나 구체적으로 어느 범위의 사항이 단체교섭의 대상이 되는지는 뚜렷하지 않다. 일반적으로 단체교섭 대상이 되기 위해서는 ①사용자가 처리 또는 처분할 수 있어야 하고, ②집단적 성격을 가져야 하며, ③근로조건과 관련이 있어야 한다.

> **대 법 원**
>
> 【단체교섭의 대상이 되는 단체교섭사항에 해당하는지 여부는 헌법 제33조제1항과 노동조합 및 노동관계조정법 제29조에서 근로자에게 단체교섭권을 보장한 취지에 비추어 판단되어야 하므로 일반적으로 구성원인 근로자의 노동조건 기타 근로자의 대우 또는 당해 단체적 노사관계의 운영에 관한 사항으로 사용자가 처분할 수 있는 사항은 단체교섭의 대상인 단체교섭사항에 포함됨.】(2003.12.26 선고 2003두8906 판결)

 일반적으로 노동조합을 위한 사항으로는 노조조직 승인조항, 조직보호(Shop) 조항, 조합비 공제(Check-off) 조항, 평화조항, 단체교섭 절차·방법에 관한 조항 등과 같이 채무적 부분에 해당하는 사항이 있고, 조합원을

---

[18] 교섭대상은 일반적으로 크게 세가지로 분류하고 있는데 ①의무적 교섭사항(mandatory subject) : 사용자가 단체교섭 응낙의무를 부담하여 노조의 당해 사항에 대한 단체교섭요구에 대해 사용자가 응하지 않을 때에는 부당노동행위가 성립하는 교섭 사항 ②임의적 교섭사항(permissive subject) :사용자가 교섭에 응할 의무는 없지만 임의로 응하여 단체협약을 체결한 경우에는 법적 효력이 인정되는 사항 ③위법적 교섭사항(illegal or prohibitive subject) :사용자가 임의로 응하더라도 강행법규 위반이 되어 무효가 되는 교섭사항 등이 그것이다.

위한 사항으로는 근로조건에 관한 임금, 수당, 퇴직금, 근로시간, 휴게, 휴일, 휴가 등과 같이 규범적 부분에 해당하는 사항이 있다.

그러나 사용자의 인사경영권에 대한 단체교섭 대상 여부가 주로 논란이 되고 있다. 인사·경영권이란 기업경영과 관련하여 사용자에게 귀속되는 일체의 권한을 의미하는데, 인사권이라 함은 근로자의 채용, 전보, 배치, 인사고과, 승진, 해고 등 징계, 휴직 등의 사항에 관한 사용자의 권한을 의미하고, 경영권이라 함은 회사의 조직변경, 사업확장, 합병·분할·양도, 공장이전, 하도급·용역전환, 휴·폐업, 신기술 도입, 생산계획의 결정 등에 관한 사용자의 제반 권한을 뜻한다. 인사·경영권은 헌법상 보장된 재산권의 관리·행사를 위하여 사용자의 권한으로 인정되고 있다.

다만, 인사·경영권에 속하는 사항이라 하더라도 근로조건과 밀접한 관련을 가지는 경우에는 그 한도 내에서 단체교섭 대상이 된다고 본다. 예컨대 인사·경영권에 관한 사항 중 단체협약으로 체결할 수 있는 사례를 보면, 회사 이전시 이전에 관한 판단은 경영권의 고유한 사항이나 이전으로 인한 근로자의 이사비용, 정착비용 등의 지불을 요구하는 경우, 인사원칙, 배치전환의 기준 등과 같이 전체근로자의 근로조건과 관련된 "인사기준"의 설정을 요구하는 경우, 징계·해고 시 그 최종결정권은 회사가 보유한 채 노동조합의 의견을 듣거나 사전 협의를 거치도록 요구하는 경우, 단체협약 중 조합원의 차량별 고정승무발령, 배차시간, 대기기사 배차순서 및 일당기사 배차순서에 관하여 노조와 사전합의를 하도록 한 조항은 그 내용이 한편으로는 사용자의 경영권에 속하는 사항이지만 다른 한편으로는 근로자들의 근로조건과도 밀접한 관련이 있는 부분으로서 사용자의 경영권을 본질적으로 제약하는 것은 아니라고 보여 지는 경우[19]에는 단체교섭의 대상이 된다.

이 경우에도 인사·경영권을 본질적으로 침해하는 사항은 단체교섭의 대상으로 볼 수 없다. 구체적인 사례를 보면, 사용자의 재량적 판단이 존중 되어

---

[19] 대판 '94.8.26, 93누8993

야 할 기구 통·폐합에 따른 조직변경 및 업무분장 등에 관한 결정권은 사용자의 경영권에 속하는 사항으로서 단체교섭사항이 될 수 없으며[20] 정리해고에 관한 노동조합의 요구내용이 사용자는 정리해고를 하여서는 아니 된다는 취지라면 이는 사용자의 경영권을 근본적으로 제약하는 것이 되어 원칙적으로 단체교섭의 대상이 될 수 없고[21] 회사가 그 산하 시설관리사업부를 폐지시키기로 결정한 것은 적자가 누적되고 시설관리계약이 감소할 뿐 아니라 계열사와의 재계약조차 인건비 상승으로 인한 경쟁력 약화로 불가능해짐에 따라 불가피하게 취해진 조치로서 이는 경영주체의 경영의사 결정에 의한 경영조직의 변경에 해당하여 그 폐지결정 자체는 단체교섭사항이 될 수 없다.[22]

대 법 원

【정리해고나 부서·조직의 통폐합 등 구조조정의 실시 여부는 경영주체에 의한 고도의 경영상 결단에 속하는 사항으로서 이는 원칙적으로 단체교섭의 대상이 될 수 없음(같은 취지의 판결로는 대법원 2002.2.23. 선고 99도5380 판결 ; 대법원 2003.12.11. 선고 2001도3429 판결 ; 대법원 2003.7.22. 선고 2002도7225 판결 등)】(2003.12.26. 선고 2001도3380 판결)

인사·경영권을 침해하는 사항에 대하여 사용자가 교섭을 거부하더라도 부당노동행위가 성립하지 아니한다. 따라서 조합원의 인사(채용·해고·부서이동 등)에 노사합의를 요구하거나, 징계위원회의 노사동수 구성 및 가부 동수 시 부결처리를 요구하는 경우 또는 기업양도, 공장이전, 하도급 및 용역전환 시에 노사간의 사전합의를 요구하는 경우 사용자 측이 거부하여도 부당노동행위가 성립하지 않는다.

다만, 사용자가 스스로의 의사에 따라 교섭에 임하여 인사·경영사항에 관한 단체협약을 체결한 경우에는 그 협약의 취지에 따라 성실히 이행하여야 한다.

---

20) 대판 '02.1.11, 2001도1687
21) 대판 '01.4.24, 99도4893
22) 대판 '94.3.25, 93다30242

인사권이 원칙적으로 사용자의 권한에 속한다고 하더라도 사용자는 스스로의 의사에 따라 그 권한에 제약을 가할 수 있는 것이므로 사용자가 노동조합과 사이에 체결한 단체 협약에 의하여 조합원의 인사에 대한 조합의 관여를 인정하였다면 그 효력은 협약규정의 취지에 따라 결정된다(1992.9.25. 선고 92다18542 판결).

인사·경영권에 관한 사항은 원칙적으로 단체교섭의 대상이 되지 않으므로 사용자의 경영권을 본질적으로 침해하는 인사·경영 문제를 쟁의절차를 수반하는 단체교섭으로 해결하려는 자세는 바람직하지 않으며 이를 관철할 목적으로 쟁의행위에 돌입하는 경우에는 그 정당성을 인정받을 수 없다.

2. 교원노조법과 단체교섭 대상

1) 단체교섭 대상의 일반적 범위

교원노조법에서 규정하고 있는 단체교섭의 대상으로는 교원의 임금, 근무조건, 후생복지 등 경제적·사회적 지위향상에 관한 사항과 그 노동조합의 활동 등에 관한 사항에 한정된다(교원노조법 제6조제1항). 단체교섭 대상의 일반적 판단기준으로는 ①사용자(교육부장관, 시·도교육감, 사립학교경영자, 시도지사 등)가 처리 또는 처분할 수 있는 사항이어야 하고 ②집단적 성격을 띠어야 하므로 개별교원의 해고반대·복직요구 등은 원칙적으로 단체교섭 사항이 되지 않으며,[23] ③교원의 근무조건 등과 관련이 있어야 한다. 교원노조법은 제6조에서 교원노조 대표자는 그 노동조합 또는 조합원의 임금, 근무조건, 후생복지 등 경제적·사회적 지위향상에 관하여 교섭할 권리와 단체협약을 체결할 권리를 보장하고 있다. 동 조항에 기술된 "임금, 근무조건, 후생복지 등 경제적·사회적 지위향상에 관한 사항"이 단체교섭의 대상을 규정하는 것이냐의 의문이 제기될 수 있다.

---

[23] 이러한 분쟁을 한편으로는 이른바 권리분쟁이라고 하여 단체교섭의 대상이 아니라고 본다. 이러한 분쟁에 대해서는 사법부의 판단에 맡겨야 한다.

이에 대해 이상윤 교수는 첫째, 단체교섭대상의 객체를 '노동조합 또는 조합원'으로 규정하고 있고, 둘째, 교원노조법 제6조제1항은 '임금, 근무조건, 후생복지 등 경제적·사회적 지위향상'으로 규정하여 직접적인 단체교섭대상이 '경제적·사회적 지위향상'이고, 임금·근무조건은 경제적·사회적 지위향상에 내포되는 예시적·부분적 개념으로 설정하고 있다. 이에 반하여 일반노조법 제1조는 근로조건과 경제적·사회적 지위향상을 병렬적으로 규정하고 있어 교원노조법 제6조제1항과 일반노조법 제1조간의 관계가 문제될 수 있다. 일반노조법 제1조의 경우 직접적인 단체교섭대상은 근로조건이며, 경제적·사회적 지위의 향상은 근로조건의 개선에 따라 간접적·결과적으로 취득되는 것이고 따라서 근로조건은 구체적인 단체교섭 대상이고, 경제적·사회적 지위는 추상적 개념으로서 근로조건의 개념을 보완하는 것에 불과하다는 견해[24]가 있으나 일반노동조합의 단체교섭은 일반노조법 제1조의 문리적 해석보다는 사용자의 처분권한에 속하는 것이면 모두 단체교섭대상이 된다는 것이 일반적인 견해[25]이므로 이와 같은 관점에서 볼 때 교원노조법 제6조제1항에서 규정하고 있는 '경제적·사회적 지위향상'도 '사용자의 처분권한'에 속하는 것을 포괄적으로 표현하고 있는 것으로 해석되어야 하며, 따라서 임금·근무조건·후생복지 등에 해당하지 아니하는 경우에도 경제적·사회적 지위향상에 해당되는 것이면 단체교섭대상에 포함되며 한편, 경제적·사회적 지위향상에 해당되는 것일지라도 사용자의 처분권한에 속하지 아니하는 것은 단체교섭 대상이 될 수 없다는 견해[26]이다. 이를 정리하면, 노동조합 또는 조합원에 관련된 사항으로 사용자가 처리 처분할 수 있는 경제적·사회적 지위 향상에 해당되는 사항이면 모두 단체교섭 대상이 된다는 입장인 것으로보인다.

그러나, 다음과 같은 이유로 견해를 달리하고자 한다. 첫째, 교원노조법은 노동관계법의 특별법으로 제정되어 있다. 그러므로 노동관계법과는 달리

---

24) 김치선,『노동법』, (박영사, 1994), p.295
25) 김유성, 노동법, p.141; 손창희, "노조전임자 문제에 대한 대법판결", 노동법학 제6호 (한국노동법학회, 1996), p.53
26) 이상윤, "교원노동조합의 단체교섭 대상", 교원노동조합의 노동기본권, (한국노동법학회 2000년도 하계학술대회, 2000), p.35 이하

해석되어질 수 있는 여지가 있고, 교원 직무의 특성상 일반근로자와는 달리 학생의 학습권과 학부모의 교육권과 직간접으로 관련되어 있으므로 이와 조화되도록 해석되어져야 한다고 본다. 교원노조법 제6조에 대한 입법취지를 살펴보면 교육정책·교육과정, 교육(교육행정)기관의 관리·운영 등의 사항은 관련 법령에 의거하여 행정기관이 권한과 책임을 가지고 집행하는 사항이며, 국민의 학습권과 직접 관련이 있는 사항이므로 노사간의 교섭에 의하여 좌우될 수 없으므로 교원노조의 단체교섭사항은 임금, 근무조건, 복지후생 등 경제적·사회적 지위향상과 관련된 사항으로 한정[27]한다고 하고 있고, 둘째, 노동관계법에서는 단체교섭 대상에 대하여 명확히 기술하고 있지 않으나 교원노조법 제6조제1항은 '임금, 근무조건, 후생복지'를 비교적 명확히 나열하고 있고, '경제적·사회적 지위향상'과 등과분의 관계로 설정하고 있는 점을 감안할 때, '임금, 근무조건, 후생복지'는 단체교섭 대상을 기술한 것이라 해석해야 한다고 본다.

또한, 교원노조의 경우 단체교섭 대상이 사용자가 처리 처분할 수 있는 사항에 한 한다는 해석도 문제가 있다고 본다. 교원의 경우 대부분의 근로조건 등이 법령에 의해 결정되고 있고, 이 부분은 입법권자의 권한으로 해석될 수 있으므로 교원의 근로조건에 해당하는 문제라 하더라도 단체교섭의 대상에서 배제되는 결과를 초래한다. 교원노조법 제7조에서 법령·조례 및 예산에 의하여 규정되는 내용과 법령·조례에 의한 위임을 받아 규정되는 내용은 단체협약이 체결될지라도 단체협약으로서의 효력을 가지지 아니하나, 그 내용이 이행되도록 성실히 노력할 의무를 부여하고 있다. 그러므로 사용자의 처분권한에 속하지 않은 사항이라 하더라도 근로조건과 관련되는 사항은 단체교섭의 대상이 된다고 할 것이다.

따라서, 교원노조의 단체교섭 대상은 교원의 임금, 근무조건, 후생복지 등 교원의 근로조건에 해당하는 사항으로 해석되어야 한다고 본다.

---

27) 교육인적자원부,「교직단체와의 단체교섭 협의 자료집」, (서울: 선명인쇄, 2003), p.35

2) 교육정책 교육과정 기관운영에 관한 사항

교육부는 교원노조와의 단체교섭 대상으로 교원의 임금, 근무조건, 후생복지 등 경제적·사회적 지위향상에 관한 사항과 그 노동조합의 활동 등에 관한 사항으로 한정하고 단체교섭의 일반적 판단기준으로 교육부장관, 시·도 교육감이 처리 또는 처분할 수 있는 사항이여야 하며, 집단적 성격을 띠어야 하고, 교원의 근로조건 등과 관련이 있어야 하므로 교육정책·교육과정·기관운영 등에 관한 사항은 교섭대상에서 배제하고[28] 있다.

이에 대해 교육내용, 교과서 내용 및 학급정원 등에 대한 교육정책에 관한 사항이 과연 단체교섭의 대상이 될 수 있는지에 대하여 의견이 나뉘고 있다. 교원은 교육정책에 관한 전문가로서 교육정책의 결정에 가장 합리적이고 공정한 견해를 제시할 수 있으므로 이는 의무적 교섭대상에 해당한다는 주장[29]과 교원이 교육정책에 관한 전문가에 속하나 역시 근로자의 지위에 속하고, 교육정책은 사용자의 결정권한에 속하므로 이는 일반노조의 경영권의 경우와 마찬가지로 임의적 교섭대상에 해당한다는 견해,[30] 교육정책은 공공의 공통적 관심사항으로서 전적으로 공기관인 사용자의 결정권한에 속하므로 단체교섭의 대상이 될 수 없는 금지적 교섭대상에 해당한다는 견해[31]로 나뉘고 있다.

교원노조의 전문성과 특수성을 가진다는 견해에는 동감하나 전문성과 특수성을 가진다는 이유만으로 단체교섭의 대상에 포함되어야 한다는 것에는 견해를 달리한다. 교육정책 등에 관한 사항은 학생·학부모와 직·간접적으로 영향을 미치고 있고, 실제로도 이에 대한 사항은 교원단체 간에도 이견이 많을 뿐만 아니라, 학부모 등 이해 당사자 간에도 첨예한 의견대립을 보이는 경우가 많음을 각종 보도 자료에서도 쉽게 접할 수 있다. 그러므로 교육정책 등은 단체교섭의 대상에서 배제되어야 한다고 보며, 이는 고용노동

---

[28] 교육부, 위의 자료집, p.17.
[29] 전교조, 교원노조법제화에 대한 우리의 입장(1998. 9. 30)
[30] 김소영,「단체교섭에 있어서의 교섭사항 및 교섭구조」(한국노사관계학회, 1999.6.28)
[31] 국회 환경노동위원회,「교원의노동조합설립및운영등에관한법률안 심사보고서」(1999.1)

부의 유권해석[32]이기도 하다.

그러면, 교육정책 등에 관한 사항 즉 경영권에 해당하는 사항이 교원의 근로조건에 영향을 미치는 경우 단체교섭 대상이 되는지에 대해서는 일반노조의 경우 이를 단체교섭 대상이 된다는 견해가 일반적이나, 경영권의 본질적부분에 대해서는 비록 근로조건에 영향을 미치는 경우에도 의무적 교섭대상이 될 수 없다고 보는 견해가 있으며[33] 이는 판례의 입장이기도 하다.

3) 시·도 단위의 단체교섭 대상

강사를 제외한 고등교육법 교원은 개별학교 단위, 시·도 단위 또는 전국단위로 노동조합을 설립할 수 있다(교원노조법 제4조제2항).

그러나 유·초·중등학교 교원은 시·도 단위 또는 전국단위에 한하여 노조를 설립할 수 있다(교원노조법 제4조제1항). 따라서, 시·도 단위의 교원노조와 전국단위의 교원노조가 존재할 수 있다. 그러나 현재의 교원노조는 시·도 단위에 독립된 교원노조를 설립하지 않고 노조 내부 규약에 의한 전국단위의 하부단위로만 두고 있어, 대각선 교섭이나 교차교섭이 가능한지에 대해서는 가능하다는 견해와 불가하다는 견해로 나뉘고 있으나, 이는 교섭

---

[32] 노동부 유권해석(노조 01254-186, 2000.3.3) 교육정책, 교육과정은 국민의 학습권과 직접 관련이 있는 사항으로서 헌법 등 관련 법령에 의거 행정기관이 법률적인 권한과 책임을 가지고 집행하는 사항이며, 교육기관과 교육행정기관의 관리·운영에 관한 사항은 국가 및 지방자치단체의 고유한 경영권에 속한 사항으로 원칙적으로 단체교섭의 대상이 될 수 없을 것임.
다만, 교육정책에 관한 사항중 근로자의 임금·근무조건·후생복지 등과 직접적으로 관련되는 사항은 그 범위 내에서 단체교섭의 대상이 될 수 있을 것임
[33] 이상윤, "교원노동조합의 단체교섭 대상", 「교원노동조합의 노동기본권」, (한국노동법학회 2000년도 하계학술대회, p.39 이하, '의무교섭대상의 범위가 협의의 근로조건에서 경제적·사회적 지위 등의 향상으로 확대되고 있는 추세에서 경영권의 행사는 대부분 근로조건 등에 직·간접적으로 영향을 미치고 있으며, 또한 경영권의 본질적 내용에 근접할 수록 오히려 근로조건에 보다 커다란 영향을 미치는 경우가 대부분이다. 이러한 경우, 경영권에 관한 사항을 의무적 교섭대상으로 하는 경우 대부분의 경영권 행사가 의무적 교섭대상이 되고, 결과적으로 경영권의 본질적 내용을 침해하여 자본주의체제하에서의 사유재산제도를 부정하는 결과를 초래할 우려가 있기 때문이며, 경영권의 본질적 부분에 해당하지 아니하는 경영권의 행사의 경우 경영권 행사와 근로조건의 변경이 혼재되어 있는 바, 이를 오히려 근로조건의 변경으로 보는 것이 보다 타당한 경우, 또는 경영권 행사로 인한 이익보다 근로조건의 변경으로 인한 손실이 큰 경우 등에 한하여 예외적으로 의무적 교섭대상이 된다고 할 것이다.

구도에서 다루고 있으므로 별론으로 하고, 전국단위의 노조가 시·도 단위의 단체교섭 사항을 다룰 수 있느냐의 문제와 시·도 단위의 노조가 전국단위의 단체교섭 사항을 다룰 수 있느냐의 문제가 대두된다.

전국단위의 노조가 시·도 단위의 단체교섭사항 예를 들면, 전국단위의 단체교섭에서 시·도 교육감의 권한사항에 해당하는 사항을 다룰 수 있느냐의 문제라 할 것이다.

이에 대해 이상윤 교수는 우리나라 교원노조의 경우 비록 시·도 단위의 지부·지회가 단체교섭권한을 행사하고 있다고 하나, 전국단위의 명의로 단체교섭이 수행되므로 이는 전국단위 교원노조가 시·도 단위 교원노조의 고유한 단체교섭대상에 대하여 이들로부터 단체교섭권을 위임받아 행사하는 것이 아니라 직접 단체교섭권의 주체가 되는 결과가 되어 이는 부정적으로 해석되어야 한다고 한다.

그러나 위 견해는 노조의 설립단위는 근로자의 선택에 의하여 결정될 문제이고 근로자의 선택에 의하여 전국단위 단위노조로 설립하였을 경우 시·도 단위의 단체교섭 권한 여부는 노동조합의 규약에 의하여 결정될 수 있다고 보나 이는 교육부장관이나 시·도 교육감 등 사용자의 권한에 따라 단체교섭 권한이나 대상을 구분한 견해로 보인다.

필자의 견해로는 유·초·중·고 교원의 경우 근로조건 등이 국가공무원인 관계로 대부분 전국적·통일적으로 전국단위에서 결정될 사항이라 할 것이므로 사용자의 권한 여부에 관계없이 교원의 근로조건에 해당하는 사항은 전국단위가 하부단위에서 위임을 받지 않아도 가능하다고 보아야 할 것이다. 또한, 시·도 교육감의 권한에 해당하는 사항이라 하더라도 전국단위에서 단체교섭을 통하여 단체협약을 체결하고 시·도 단위는 전국단위 단체협약에서 정한 기준을 토대로 그 범위 내에서 결정하는 것이 보다 산별교섭 형태에 부합한다고 본다.

이에 반해, 전국단위의 하부단위로 조직되어 있는 시·도 지부는 단체교섭권이나 단체교섭 대상에 있어서도 일정한 제약을 가지고 있다 할 것이다. 시·도 단위 단위노조로 설립되지 않은 상태에서 시·도 지부가 위임을 받아 단체교섭권을 행사[34]하더라도 현재 시·도 단위 단체교섭 형태와 같이 시·도 단위의 단체교섭 사항은 차치하더라도 전국단위에서 교섭을 추진해야하는 교섭사항까지 포괄하여 단체교섭을 요구하고 있는 점은 문제라 아니할 수 없다. 또한, 시·도 교육감의 권한 사항이라 하더라도 교원의 근로형태가 다른 시·도와 특별한 차이가 없는 점을 감안하면 전국단위에서 단체교섭을 추진하는 것이 보다 효율적이고 이러한 경우 시·도 단위에서는 단체교섭 대상에서 배제하는 것이 효율적인 단체교섭 방안이며, 앞에서도 밝힌 바와 같이 보다 산별교섭 형태에 가깝다고 보이므로 합리적인 모델을 정립할 필요성이 있다고 본다. 물론, 교원노조의 입장에서는 특정 시·도를 대상으로 단체교섭을 추진하여 목적을 달성한 후 다른 시·도 교섭은 물론 심지어 전국단위의 단체교섭에 영향력을 행사하려는 전략적 차원에서 접근할 수 있다고 볼 수 있으나, 이를 장기적으로 볼 때 단체교섭의 분권화 현상을 초래할 수 있을 뿐만 아니라 노조 내부에서의 시·도 단위 노조간 또는 전국 단위에 압력으로 작용하여 갈등을 유발할 여지가 있다고 본다.

따라서, 현재 진행되고 있는 단체교섭의 구도를 전국단위 위주로 단체교섭을 추진하고 시·도 단위는 전국단위의 단체협약의 범위 내에서 교섭을 추진하거나 별도의 협의체 형식으로 교섭 하도록 재정립할 필요성이 있다고 본다.

4) 학교장 권한사항에 대한 단체교섭 대상 여부

유·초·중·고 교원의 경우, 시·도 단위 이상에서 설립하도록 규정한 교원노조법을 감안할 때, 학교장의 권한사항을 시·도 단위나 전국단위의 단체

---

[34] 시·도 단위노조로 설립되지 않은 상태에서 산하조직인 시·도 지부가 단체교섭권이나 단체협약 체결의 고유권한을 가지느냐의 문제는 물론, 위임을 받아 단체교섭권을 행사하는 문제에 대해서도 견해가 다르다.

교섭에서 다룰 수 있느냐의 문제가 발생한다. 앞에서 살펴본 바와 같이 노조 설립 단위로 즉 시·도 단위는 시·도 교육감과 전국단위는 교육부장관과 단체교섭을 하여야 한다는 수평교섭의 견해에 따르면 상부 단위에서 학교장의 권한사항을 단체교섭에 다룰 수 없다는 결론에 도달하게 된다. 그러나 교원노조법 입법취지에 의하면 교원의 임금·근무조건 등이 법령·예산 등으로 법정화 되어 있어 전국적으로 통일적인 기준이 적용되고, 임용권은 시·도 교육감이 갖고 있는 등 일반 근로자와 다른 특수성을 갖고 있으며 학교단위에서 교원노조를 허용하게 되면 노동활동으로 학생들에게 비교육적인 영향이나 학습권 훼손이 직접적으로 파급될 수 있고 초·중등교육법에 의하여 설치된 학교운영위원회 기능과의 갈등관계를 형성할 소지가 있다는 점 등을 감안하여 시·도 단위 이상에서 노조설립을 허용한다는 취지로 보인다. 그러나 이는 학교단위에서 학교장을 대상으로 단체교섭을 할 권한을 금지하는 것으로 학교장의 권한이라 하여 단체교섭 대상이 되지 않는다고 해석하는 것은 무리가 있다.

다만, 학교장의 권한사항이 교원의 근로조건을 결정할 권한을 가지고 있느냐의 여부에서 살펴보아야 한다. 학교장의 권한사항은 대부분이 임용권자 또는 법령에 의한 교원의 근로조건의 관계에서 교원의 복무관리 등 관리권에 해당한다고 보며, 설령 교원의 근로조건에 영향을 줄 수 있는 사항을 결정할 고유의 권한을 가지고 있다 하더라도 이는 경영권(노무지휘권)[35]에 해당하여 단체교섭의 대상에서 배제된다 할 것이다.

따라서, 학교장의 권한 중 임용권자의 위임을 받은 권한에 대해서는 교원의 근로조건과 관련된 사항은 상부 단위에서 단체교섭의 대상으로 다룰 수 있는 반면 법률에 의하여 주어진 학교장의 경영권에 해당하는 사항은 단체교섭의 대상이 아니라 할 것이다.

---

[35] '근로조건'이란 근로계약상의 조건 내지 약속사항 및 노동관계에 있어서 근로자에 대한 기타의 대우를 말하며, 임금, 근로시간, 휴식, 안전·보건·작업환경, 보상, 복지후생 등이 이에 속한다. 노동의 내용, 밀도, 방법, 장소, 환경도 원칙적으로 근로조건이 되지만, 일상적인 경미한 것으로서 그 성질상 사용자의 노무지휘권에 위임되어 있는 것은 근로조건이 아니며, 따라서 의무적 교섭사항이 아니라 할 것임. 서울특별시교육청,「교직단체 업무 편람」(서울; 경인정보문화사, 2003), p.16 참조 www.sen.go.kr, 행정자료실, 서울특별시교육청-교원노조간에 체결된 2004년도 단체협약 중 제15조 제1항, 보안점검표 비치, 제3항 근무상황카드 폐지, 제4항 기타장부 폐지, 제5항 소년신문 구독 관련, 제6항~제8항 제10항~제13항 학교업무의 사무분장, 제9항 폐휴지 수합 폐지, 제43조 학습지도안 결재 폐지 등이 대표적인 노무 지휘권에 해당한다고 본다.

3. 공무원노조법과 단체교섭 대상

공무원 노동조합의 대표자는 그 노동조합에 관한 사항 또는 조합원의 보수·복지 그 밖의 근무조건에 관하여 교섭하고 단체협약을 체결할 권한을 가진다(공무원노조법 제8조제1항). 다만, 법령 등에 따라 국가나 지방자치단체가 그 권한으로 행하는 정책결정에 관한 사항, 임용권의 행사 등 그 기관의 관리·운영에 관한 사항으로서 근무조건과 직접 관련 되지 아니하는 사항은 교섭의 대상이 될 수 없다(공무원노조법 제8조제1항 단서).

위와 같이 공무원노조법 제8조제1항 본문에서 "그 노동조합에 관한 사항 또는 조합원의 보수·복지 그 밖의 근무조건에 관하여"라고 규정하고 있으나, 단서에서 일반노조법 및 교원노조법과는 달리 이른바 비교섭대상을 명시 하고 있다. 따라서 공무원노조의 경우 일반적인 교섭대상의 범위와 함께 비교섭대상의 범위와 법적효력에 대해 노사간 쟁점이 되고 있다.

1) 교섭대상

공무원 노동조합의 대표자는 그 노동조합에 관한 사항 또는 조합원의 보수·복지 그 밖의 근무조건에 관하여 교섭하고 단체협약을 체결할 권한을 가지므로 정부교섭대표가 단체교섭의무를 부담하는 교섭대상사항은 근무조건의 결정에 관한 부분(이른바 규범적 부분)과 함께 근로자의 경제적·사회적 지위의 향상을 위하여 필요한 노동조합의 활동이나 단체교섭의 절차와 방식, 단체협약의 체결 등 근로조건의 결정에 영향을 미치는 기타 노동관계에 관한 부분(이른바 채무적 부분)이 포함되는 것으로 해석된다.[36]

---

[36] 단체협약의 조항을 크게 규범적, 채무적, 제도적 부분으로 구분하는데, 규범적 부분은 근무조건기타 대우에 관한 사항으로 예컨대, 보수, 근무시간, 휴일·휴가 등 근무조건에 관한 사항을 말하며 채무적 부분은 협약당사자간의 권리·의무를 정한 사항으로 예컨대 근무시간 중 노조활동에 관한 사항, 노조전임자에 관한 사항, 노조사무소·게시판 기타 청사시설의 이용에 관한 사항을 뜻한다. 또한 제도적 부분은 집단적 노사관계를 규율한 제도에 관한 조항으로 견해의 차이는 있으나 원칙적으로 규범적 부분으로 이해되고 있다. 이처럼 구분하는 이유는 규범적 부분은 단체협약의 유효기간이 만료된 이후에도 근로조건으로 화체되어 새로운 단체협약이 체결될 때까지 효력이 유지되는 반면에 채무적 부분은 단체협약에 특별한 규정이 없는 한 단체협약의 유효기간 만료와 동시에 효력이 상실된다는 점에서 구별의 실익이 있다.

(1) 근무조건에 관한 사항

조합원의 보수, 복지 그 밖의 근무조건에 관한 사항은 교섭대상이 된다(공무원노조법 제8조제1항 본문). 여기에서 근무조건이라 함은 일반노조법상의 근로조건과 사실상 같은 의미로서 보수, 근무시간, 휴식, 안전보건, 직무환경, 등 공무원이 국가나 지방자치단체에 대하여 근무를 제공함에 있어서 존재하는 각종 조건을 말한다.

원칙적으로 근무조건은 특정한 공무원에게만 관련되는 사항에 국한되어서는 안 되고, 다른 조합원의 근무조건과 관련성(집단성)을 가져야 한다. 근무조건은 보수 기타의 급여, 근무시간, 휴게, 휴일 및 휴가에 관한 사항, 징계처분·직권면직, 휴직, 직위해제·승진·전직·전입·퇴직 등 임용 및 징계의 기준에 관한 사항, 안전보건, 공무상 재해보상에 관한 사항, 여비, 직무 환경 등을 들 수 있다.

다만 법령·조례 또는 예산에 의하여 규정되는 내용과 법령 또는 조례에 의하여 위임을 받아 규정되는 내용은 정부교섭대표와 공무원노조간에 합의를 하더라도 단체협약으로서의 효력을 가지지 않으며 단지 그 내용이 이행될 수 있도록 성실히 노력할 의무만 있다는 점을 유의할 필요가 있다(공무원노조법 제10조). 이는 삼권분립원칙 상 국회의 권한을 존중하여야 한다는 의미이다.

(2) 노동조합에 관한 사항

단체교섭 대상사항은 근무조건에 관한 사항 이외에도 노동조합에 관한 사항도 해당되는데 구체적으로는 노조활동의 범위, 전임자에 관한 사항(공무원노조법 제7조), 제7조의2(근무시간 면제자 등), 단체교섭의 절차에 관한 사항(공무원노조법 제9조), 고충처리에 관한 사항(국가공무원법 제76조의2, 지방공무원법 제67조의2) 조합게시판의 사용, 조합사무실의 이용 등 노조활동에 관한 사항 등이 교섭대상이 될 수 있다.

2) 비교섭사항

정부교섭대표가 단체교섭의무를 부담하는 사항 외에 공무원노조법 제8조 제1항 단서에서는 "법령 등에 따라 국가나 지방자치단체가 그 권한으로 행하는 정책결정에 관한 사항, 임용권의 행사 등 그 기관의 관리·운영에 관한 사항으로서 근무조건과 직접 관련되지 아니하는 사항은 교섭의 대상이 될 수 없다"고 규정함으로써 소위 비교섭대상을 정하고 있다.

일반적인 교섭대상에 대하여는 일반노조법, 공무원노조법, 교원노조법이 유사하게 규정하고 있다. 그러나 일반노조법과 교원노조법에서는 비교섭사항에 대해서는 특별하게 규정하고 있지 않으나 공무원노조법에서는 비교섭사항을 명문으로 규정하고 있다는 점에 차이가 있다.

(1) 비교섭사항의 범위

비교섭사항으로 규정한 "법령 등에 따라 국가나 지방자치단체가 그 권한으로 행하는 정책결정에 관한 사항, 임용권의 행사 등 그 기관의 관리·운영에 관한 사항"이라 함은 정책의 기획 또는 계획의 입안 등 정책결정에 관한 사항, 공무원의 채용·승진 및 전보 등 임용권의 행사에 관한 사항, 기관의 조직 및 정원에 관한 사항, 예산·기금의 편성 및 집행에 관한 사항, 행정기관이 당사자인 쟁송(불복신청을 포함한다.)에 관한 사항. 기관의 관리·운영에 관한 그 밖의 사항 등을 말한다(공무원노조법 시행령 제4조).

따라서 비교섭대상의 범위는 첫째, 정책결정에 관한 사항, 둘째, 관리·운영에 관한 사항, 셋째, 그 사항이 근무조건과 직접 밀접한 관련성이 있는지 여부를 판단하여 결정하여야 할 것이다.

가. 법령 등에 따라 국가 또는 지방자치단체가 그 권한으로 행하는 정책결정에 관한 사항

여기에 속하는 것으로는 행정의 기획·입안에 관한 사항, 예산의 편성에 관한 사항, 법령 및 조례의 기획·입안 및 제안에 관한 사항 등을 들 수 있다.

나. 행정기관의 관리·운영에 관한 사항

일반적으로는 법령에 기하여 국가 또는 지방자치단체의 행정기관이 스스로의 책임으로 처리하도록 정해져 있는 사항이 여기에 속한다고 할 수 있으며, 정부조직법·행정부서의 직제와 관련한 대통령령·시행규칙 또는 지방자치법·관련 조례에 따라 각 부서 또는 지방자치단체에 배당된 사무·업무 중 행정주체로서의 각 기관이 스스로의 판단과 책임으로 처리하여야 할 사항을 의미한다.

다. 근무조건과의 직접 관련성이 없는 사항

관리·운영사항 등이라고 하더라도 근무조건과 직접적으로 관련된 사항은 교섭대상사항이 될 수도 있다. 예컨대 예산의 편성이나 행정청사 이전은 정책결정사항이지만 예외적으로 공무원의 보수의 인상, 이주비, 통근문제와 직접적 관련성이 인정되면 교섭사항이 될 수도 있다.

임용권, 인사권의 행사가 교섭사항이 될 수 있는지가 관리·운영사항과 관련하여 다투어질 수 있다. 임용권의 행사는 소속기관의 장이나 소속 상급기관의 장이 자신의 판단과 책임에 따라 행하는 대표적인 관리·운영사항이므로 예컨대 징계처분의 양정 그 자체는 교섭사항이 되지 않는다, 따라서 징계처분의 철회를 요구하는 것은 이른바 "권리분쟁사항"[37]으로 단체교섭의 대상이 되지 않는다. 그러나 인사권의 기준과 방법을 설정하는 것은 근무조건과 밀접한 관련성을 가지는 경우에는 교섭사항이 될 수도 있다.

구체적으로 어떤 경우에 근무조건과 직접 밀접한 관련성이 있는지 여부는

---

[37] 단체교섭의 대상과 관련하여 분쟁의 성격에 따라 권리분쟁 사항과 이익분쟁 사항으로 구분하는데, 권리분쟁은 이미 권리로서 확정된 상태이므로 이를 둘러싼 분쟁은 사법부의 판단에 맡기는 것이 합리적이기 때문에 단체교섭의 대상으로는 제외된다. 반대로 이익분쟁은 근로조건의 결정과 같이 권리로서 확정되기 전 사항으로 노사간에 힘겨루기를 통하여 결정되므로 교섭대상이라고 본다. 권리분쟁의 예로는 부당해고 여부, 징계과다 여부 등이 있고 이익분쟁의 예로는 임금, 근로시간의 결정 등이 있다.

결국 개별적·구체적으로 판단할 수밖에 없다.

(2) '비교섭대상' 규정의 효력

일반노조법과 교원노조법에서는 비교섭사항을 특별하게 규정하고 있지 않으나 공무원노조법에서는 비교섭사항을 명문으로 규정하고 있다는 점에 차이가 있다.

이처럼 명문으로 규정한 취지를 강조하여 본 단서조항의 효력에 대하여 강행규정이라고 해석하는 견해가 있는데, 이른바 비교섭대상 사항에 대해서는 원칙적으로 공무원노조가 단체교섭을 요구할 수 없고, 설령 요구하더라도 정부교섭대표가 이에 응하여야 할 의무를 부담하지 않으며, 나아가 그 사항에 대하여 정부교섭대표가 임의로 교섭에 응하여 합의를 한다고 하더라도 당해 합의는 강행법규 위반으로 무효가 된다는 견해[38]가 그것이다. 이 견해에 따르면 이러한 관리운영사항 등은 민간부문의 경영권사항에 대비되나, 관리운영사항 등과 경영권사항은 본질적으로 다른 의미를 지니고 있다는 점을 강조한다. 일반노조법에 있어서 이른바 "경영권"에 속하는 사항은 사용자가 처분권한을 가지는 사항[39]으로서 원칙적으로 교섭사항이 되지 않지만, 사용자가 임의로 자신의 경영권을 제한하는 것은 사용자의 임의에 맡겨져 있고 따라서 사용자가 노동조합의 경영권 관련사항의 요구에 대해 교섭에 응할 수 있다고 본다.

이에 비하여 공무원 단체교섭사항에서의 관리운영사항 등은 원칙적으로 국가 또는 지방자치단체가 법령 내에서 자기권한으로 결정할 사항이지 단체교섭으로 결정할 사항이 아니고, 정책결정에 관한 사항이나 행정기관의 관리·운영에 관한 사항은 국민 또는 주민의 이익과 직접적으로 관련되어 있기 때문에 단체교섭의 장에서 노사간에 배타적인 합의의 대상이 되어서는 아니 되고 따라서 관리운영사항 등은 단체교섭의 대상사항이 되는지 여부가 아니라 오히려 어디까지 금지되는지가 핵심적인 문제로 되는 것이고, 따

---

[38] 행자부 '공무원단체 업무매뉴얼' p.181 이하
[39] 대법원 2003. 12. 26. 선고 2003두8906 판결 참조

라서 민간부문에서는 단체교섭사항과 관련하여 의무적 교섭사항과 임의적 교섭사항의 구별이 중요하고 비교섭사항은 예외적인 범주에 머무르는 반면, 공무원단체교섭에 있어서는 비교섭사항의 범주가 우선적으로 확정된 이후 의무적 교섭사항과 임의적 교섭사항의 구별이 뒤따르게 된다고 설명한다.

그러나 이른바 비교섭대상을 일반노조법 및 교원노조법과 달리 명문으로 규정하고 있더라도 강행규정이라고 해석하기에는 무리가 있다.

공무원노조법 제8조제1항 단서의 비교섭대상을 강행규정으로 보는 경우에 비교섭대상을 명시하지 않고 있는 교원노조법과의 형평성에도 어긋나고, 헌법상 평등의 원칙과 과잉금지의 원칙에 저촉될 가능성이 있으며, 현실적으로 근로조건과 직접 관련이 없는 비교섭대상을 구분하기도 쉽지 않기 때문에 공무원노조법상 비교섭대상 규정은 강행규정이 아니라 당연한 내용을 확인한 규정이라고 보아야 한다. 공무원과 유사한 신분상, 직무상의 특수성이 있는 교원노조의 경우 명문의 규정이 없더라도 체결된 단체협약의 내용 중 법령·조례 및 예산에 의하여 규정되는 내용과 법령 또는 조례에 의한 위임을 받아 규정되는 내용은 단체협약으로서의 효력을 가지지 아니한다(교원노조법 제7조제1항)는 규정에 의거하여 단체협약 자체의 효력을 부정하면 충분하다고 본다.

따라서 비교섭대상에 대하여 단체협약을 체결한 경우에는 공무원노조법 제8조제1항 단서에 의해 당연히 무효가 되는 것이 아니라 공무원노조법 제10조의 규정에 의하여 효력이 없는 것이 되고 단지 이행을 위한 성실노력의무만 지게 된다고 해석된다.

이에 따라 교섭대상과 비교섭대상이 혼재하여 교섭을 요구하는 경우에는 정부교섭대표는 일단 교섭에 응할 의무가 있으며, 교섭 자리에서 비교섭대상을 논의하는 것이 합리적이며 단체교섭의 취지에도 적합한 해석이라고 본다.

대 법 원

【헌법 제23조제1항, 제119조제1항, 제15조 규정들의 취지를 기업활동의 측면에서 보면, 모든 기업은 그가 선택한 사업 또는 영업을 자유롭게 경영하고 이를 위한 의사결정의 자유를 가지며, 사업 또는 영업을 변경(확장·축소·전환)하거나 처분(폐지·양도)할 수 있는 자유를 가지고 있고, 이는 헌법에 의하여 보장되고 있는 것인데, 이러한 경영권이 노동3권과 서로 충돌하는 경우 이를 조화시키는 한계를 설정함에 있어서는 기업의 경제상의 창의와 투자의욕을 훼손시키지 않고 오히려 이를 증진시키며 기업의 경쟁력을 강화하는 방향으로 해결책을 찾아야 하는 바, 이와 같은 관점에서 볼 때 구조조정이나 합병 등 기업의 경쟁력을 강화하기 위한 경영주체의 경영상 조치는 원칙적으로 노동쟁의의 대상이 될 수 없고, 그것이 긴박한 경영상의 필요나 합리적인 이유 없이 불순한 의도로 추진되는 등의 특별한 사정이 없는 한 노동조합이 그 실시를 반대하기 위하여 벌이는 쟁의행위에는 목적의 정당성을 인정할 수 없음.】(2003.11.13. 선고 2003도687 판결)

(3) 참고 : 고용노동부 '공무원 단체협약 위법 여부 등 판단 및 조치 기준'

고용노동부는 2009.3월 "공무원 단체협약 위법 여부 등 판단 및 조치 기준"을 제시하였는데, 이 중 위법사항과 비교섭사항을 중심으로 간략히 살펴본다. 특히 2023.12.11. 시행되는 개정법에는 노조전임자와 근무시간면제자에 대한 규정을 일부 개정하거나 신설하여 그 부분을 반영하였다(세부 내용은 본서 108-112쪽 참조).

- 위법사항

위법사항은 단체협약 내용이 공무원노조법과 일반노조법 등 노동관계법을 위반하거나 공무원법 등 다른 법률을 위반하는 경우를 들고 있다.

첫째, 법령·예산·조례 등에 반하는 협약내용을 우선적·규범적으로 효력 인정하는 사례이다. 이 경우는 단체협약 내용 중 법령·조례 또는 예산에 의하여 규정되는 내용과 법령 또는 조례에 의한 위임을 받아 규정되는 내용은 단체협약으로서의 효력(규범적 효력)이 인정되지 않는다는 공무원노조법 제10조에 반하며, 교원노조법 제7조도 동일한 내용이므로 교원노조의 경우에도 적용된다.

둘째, 노조 가입제한을 완화한 사례로 공무원노조법 제6조제2항 및 동 시행령 제3조에 노조 가입이 금지되는 공무원의 범위를 규정하고 있음에도 "조합 간부가 임기 중 승진으로 조합원 자격을 상실한 경우 후임자 선출 시까지 업무인수인계를 위한 조합업무를 인정한다"는 등의 단체협약 내용이 위법하다고 판단하고 있다.

셋째, 근무시간 중 단체복(조끼등)·머리띠·리본 착용 등을 허용하는 단체협약 내용은 위법하다고 판단하고 있다.

여기서 교원노조법 제7조제2항과 공무원노조법 제10조제2항에 법령 등 사항이 단체협약으로 체결된 경우 이행될 수 있도록 성실히 노력해야 한다는 조항이 있으므로 법령에 반한 내용을 단체협약으로 체결한 경우라 하더라도 단체협약으로서의 효력만 부인될 뿐이지 위법사항으로 분류할 수 없다는 견해가 있다.

그러나 일반노조법 제31조제3항에서 행정관청은 단체협약 중 위법한 내용이 있는 경우에는 노동위원회의 의결을 얻어 시정을 명할 수 있다고 규정하여 단체협약 내용 중에 위법사항이 존재할 수 있음을 법상 인정하고 있는 점에 비추어 교원노조법 제7조나 공무원노조법 제10조의 경우 근로조건 등 교섭대상에 대한 내용이 단체협약에 포함될 경우로 한정하여 해석해야 하고 강행 법률을 위반하였거나, 양속위반[40] 등에 해당하는 내용에 대해서는 위법사항으로 분류할 수 있다.

- 비교섭사항

교원노조법의 경우 일반노조법과 마찬가지로 비교섭사항을 구체적으로 규정하고 있지 않으나, 공무원노조법 제8조에는 법령 등에 의하여 국가 또는 지방자치단체가 그 권한으로 행하는 정책결정에 관한 사항, 임용권의 행사 등 그 기관의 관리·운영에 관한 사항으로서 근무조건과 직접 관련되지 아니하는 사항은 교섭의 대상이 될 수 없다고 구체적으로 규정하고 있다.

그러나, 구체적으로 명문규정을 두고 있지 않다 하더라고 판례 등을 통해 형성된 노동법 해석 기준상으로 비교섭사항을 구분할 수 있다.

이에 따라 고용노동부는 첫째, 정책결정에 관한사항으로 정책의 기획 또는 계획의 입안 등 정책결정에 관한사항은 정책수립·집행의 주체인 행정기관이 그 권한과 책임, 법치주의 원칙에 따라 전권적으로 행하여야 할 사항 둘째, 임용권행사에 관한 사항으로 공무원 채용에 관한 사항은 근무조건 관련성이 없고, 관계법령 등이 정하는 바에 따라 임용권자가 그 권한과 책임 하에 행사되어야 할 사항으로 승진, 근무성적 평정, 다면평가, 전보·전직, 징계 등을 들고 있다. 셋째, 조직 및 정원에 관한 사항으로 조직 및 정원에 관한 사항은 관련 법령 등에 의해 행정기관이 그 권한과 책임 하에 전권적으로 행사하여야 할 사항으로 "구조조정 등을 이유로 일방적으로 정원을 축소해서는 아니 되며, 불가피한 경우에는 노사 합의하에 정원을 조정하여야 한다"는 내용 등으로 단체협약을 체결한 경우를 비교섭 사항으로 분류하고 있으며, 넷째, 예산·기금의 편성 및 집행에 관한 사항과 다섯째, 기관의 관리·운영에 관한 그 밖의 사항으로 인사 제도(정책) 관리·운영 관련, 노사협의기구 등 설치·운영, 포상관련, 감사관련, 평가관련, 직무관련(사무분장, 업무이관, 회의·업무보고 방법, 비상·휴일근무 등 직무명령) 사항 및 기타 관리·운영사항 등을 비교섭 사항으로 분류하고 있다.

---

40) 김형배, 앞의 책, p.757.

제5장 단체협약

★ 본장의 Point

1. 단체협약은 근로조건을 개선하는 기능을 가지고 있으며, 무의미 한 분쟁을 방지할 수 있는 기능도 있다. 나아가 근로조건의 평준화 기능도 제한적이나마 있을 수 있다.

2. 교원이나 공무원노사관계에 있어서 단체협약의 의의는 근로조건의 개선기능보다는 노사 간 의사소통을 원활하게 하는 것이 주요한 기능이라 할 수 있다.

3. 단체협약의 효력에 있어 교원 및 공무원의 경우에는 법령 조례 및 예산에 의하여 규정되는 내용은 효력을 가지지 아니하되 다만 그 내용이 이행될 수 있도록 성실히 노력할 의무만을 규정하고 있는 반면, 일반노사관계의 경우 이와 다르게 규율하고 있는 점을 이해한다.

4. 일반노조법에서 인정하고 있는 단체협약의 효력확장 제도는 하나의 사업 또는 사업장에 적용되는 일반적구속력 제도와 하나의 지역에 적용되는 지역적구속력 제도가 있다. 이 중에서 교원과 공무원노조는 일반적구속력 제도만 인정되고 있다.

5. 단체협약은 기간의 만료, 해지·해제, 당사자의 변동, 목적의 달성, 반대협약의 성립 등에 의하여 효력을 상실한다.

Ⅰ. 단체협약의 의의와 법적성질

1. 단체협약의 의의

단체협약은 노동조합과 사용자가 임금, 근로시간 기타의 사항에 대하여 단체교섭 과정을 거쳐 합의한 사항을 말하는 것으로 근로조건 등에 대하여 노사간에 합의한 사항이지만 그것에 규범적 효력이 인정되어 노사관계에 미치는 영향이 크게 된다.

단체협약은 노동조합과 사용자간에 주장이 서로 다른 문제를 합의하여 일정한 기간동안 그에 따르기로 결정한 것이므로 그 유효기간 동안에는 노사간에 단체교섭으로 인한 분쟁을 일으키지 않고 공동의 이익을 증진시키는데 노력할 수 있는 상태가 되어 노사관계의 안정을 가져오는데 기여하게 된다. 따라서 단체협약에는 그 유효기간동안 협약으로 결정한 사항의 변경을 요구하는 쟁의행위를 하지 않는다는 평화의무가 당연히 내재하게 된다.

일반적으로 단체협약의 내용 가운데 근로조건, 기타 근로자의 대우에 관한 기준에 위반한 취업규칙이나 근로계약은 무효가 되고 그 무효가 된 부분은 개별근로계약과 관계없이 일률적으로 단체협약에 의해 규율되는 것이나, 공무원이나 교원의 임금 등 근무조건이 법령·예산·조례 등에 의하여 결정되고 있는 점을 고려하여 공무원노조법 제10조와 교원노조법 제7조에서는 단체협약의 효력을 별도로 규정하고 있다.

1) 일반노사관계에 있어서 단체협약의 의의

사용자는 근로계약을 체결할 때에 근로기준법 제17조에 따라 임금, 소정근로시간, 휴일, 연차 유급휴가 등 근로조건을 명시하여야 하며, 임금의 구성항목·계산방법·지급방법 및 소정근로시간, 휴일, 연차 유급휴가의 사항이 명시된 서면을 근로자에게 교부하여야 한다. 또한 근로기준법 제93조에 따라 상시 10명 이상의 근로자를 사용하는 사용자는 임금 등 근로기준법 제93조에서 규정하고 있는 사항에 관하여 취업규칙을 작성하여 고용노동부장관에게 신고하여야 한다. 이처럼 근로계약과 취업규칙은 근로자와 사용자의 자유의사에 기초한 시민법상의 원리를 기반으로 하고 있다.

그러나 근로자가 개별적으로 사용자와 평등한 지위에서 근로조건에 대하여 근로계약을 체결한다는 것은 실질적으로 어려우므로, 근로자들이 노동조합을 결성하여 사용자와 단체교섭을 하고 단체교섭에 실패할 때에는 쟁의행위를 통하여 근로자들의 임금 및 기타 근로조건에 관한 주장을 관철함으로써 실질적 평등을 도모할 수 있다. 이와 같이 평화적인 교섭이나 쟁의 행위를 거쳐서 근로자에게 유리한 근로조건을 협약이라는 형태로 서면화한 것이 단체협약이다. 따라서 단체협약은 노동조합의 단결력과 쟁의행위라는 투쟁력을 배경으로 한 근로관계의 집단적 규율형식이다.

이처럼 사용자와 노동조합이 합의 과정을 통해 체결된 단체협약은 근로조건을 개선하는 기능을 가지고 있으며, 단체협약의 효력기간 중에는 노사모두 단체협약을 준수할 의무를 지니므로 무의미한 분쟁을 방지할 수 있는 기능도 있다. 나아가 단체교섭이 기업단위를 넘어서 지역 또는 직종 단위로 확대된다면 근로조건의 평준화 기능도 제한적이나마 있을 수 있다.

2) 교원 및 공무원노사관계와 단체협약의 의의

일반적으로 단체협약은 사용자와 노동조합이 장기간에 걸쳐 의견을 나누는 합의 과정을 통해 체결되므로 의사소통의 결과물이고 동시에 근로조건을 개선하는 기능을 가지고 있으며, 단체협약의 효력기간 중에는 노사 모두 단체협약을 준수할 의무를 지니므로 무의미한 분쟁을 방지할 수 있는 기능도 있다. 또한 전술한 바와 같이 단체교섭이 기업단위를 넘어서 지역 또는 직종 단위로 확대된다면 근로조건의 평준화 기능도 제한적이나마 있을 수 있다.

그러나 교원이나 공무원노사관계에서는 위와 같은 단체협약의 의의 중에서 가장 중요한 기능이라고 할 수 있는 근로조건 개선 기능은 공무원노조법 제10조 및 교원노조법 제7조제1항의 "체결된 단체협약의 내용 중 법령·조례 및 예산에 의하여 규정되는 내용과 법령 또는 조례에 의한 위임을 받아 규정되는 내용은 단체협약으로서의 효력을 가지지 아니 한다."는 규정에 의해 일반기업체의 단체협약의 효력과는 달리 법적인 한계를 가지고 있다.

일반기업체의 단체협약은 직접적·강행적 효력을 부여하고 있는데 반해 공무원노조법이나 교원노조법에서는 법적으로 단체협약의 효력에 일정한 제한을 가하고 있다. 이는 공무원이나 교원의 특수성에 기인하는 것으로 공무원 및 국·공립학교 교원의 근무조건은 국가공무원법 등을 적용받고 있고, 사립학교 교원은 사립학교법 제55조(복무) '사립학교의 교원의 복무에 관하여는 국·공립학교의 교원에 관한규정을 준용한다.' 는 규정에 의하여 국공립학교 교원과 동일한 근무조건 아래에서 근무하기 때문이다.

또한 일반노조법 제35조(일반적구속력)의 규정은 공무원 및 교원노조에도 적용되지만, 같은 법 제36조(지역적 구속력)의 규정은 적용받지 않으므로 (공무원노조법 제17조제3항, 교원노조법 제14조제2항) 단체협약의 효력이 지역단위로 확대될 여지도 법적으로 제한되어 있다.

따라서, 교원이나 공무원노사관계에 있어서 단체협약의 의의는 근로조건의 개선 기능보다는 노사 간 의사소통을 원활하게 하는 것이 주요한 기능이라 할 수 있다.

2. 단체협약의 법적 성질

단체협약의 법적 성질에 대하여 여러가지 견해가 대립되는데 단체협약의 특징적 성질을 통일적으로 파악하려고 할 때에는 대체로 법규범설과 계약설로 나누고 전자는 사회적 자치규범설 및 자치관습법설이, 후자는 수권설과 집단적 규범계약설이 있다. 사회적 자치규범설에 의하면 단체협약이 적법하고 유효하게 성립하기 위해서는 일반계약법리가 적용되지만, 일단 협정이 체결되어 협약의 존재 및 내용이 확정되면 법률과 같은 효력을 갖는다는데 착안하여 이에 중점을 두는 견해고. 자치관습법설은 단체협약이 노사관계를 규율하는 법규범으로 용인된 것은 근대적인 의미의 집단적 노사관계에서 노동조합주의의 발달과 더불어 노사가 이를 합리적인 규범으로 받아들이고 있기 때문이라고 하는 견해이다. 수권설에 의하면 단체협약은 어디까지나 노동조합과 사용자 사이의 합의에 의하여 성립되는 계약이며, 다만 정책적 관점에서 국가가 법규범적 효력을 부여한 데 지나지 않는다는 견해이며, 집단적 규범계약설은 단체협약은 우선 협약체결당사자인 노동조합과 사용자에게 직접 효력을 미치며 다른 한편 협약체결 당사자인 노동조합의 구성원과 사용자단체의 구성원에게도 효력이 미친다. 전자의 효력관계는 계약법적으로 이해할 수 있으므로 별 문제는 없으나 후자의 것은 계약이론에 의하여 설명될 수 없는 특유한 효력관계가 있음을 전제한 견해라 할 것이다.

그러나 교원과 공무원노조 단체협약의 경우 법령·조례 및 예산에 의하여 규정되는 내용과 법령 또는 조례에 의한 위임을 받아 규정되는 내용은 단체협약으로서의 효력이 부인되고, 공무원과 교원의 경우 근로조건 등이 법령에 의해 규정되고 있는 점을 감안하면 공무원과 교원노조 단체협약의 규범성에 대한 의문이 제기되므로 달리 해석 되어져야 한다고 본다(공무원노조법 제10조, 교원노조법 제7조 참조).

Ⅱ. 단체협약의 체결방법

단체협약은 서면으로 작성하여 당사자 쌍방이 서명 또는 날인 하여야 하고, 단체협약 체결일로부터 15일 이내에 이를 행정관청(공무원이나 교원의 경우 "고용노동부장관")에게 신고하도록 규정(일반노조법 제31조)하고 있다.

단체협약은 그 체결절차, 실제적 내용 등에 따라서 단체협약으로 인정되는지의 여부가 결정되는 것이므로 "협정", "확인서", "각서" 등 그 명칭 여하에 관계없이 실질적으로 노사 쌍방이 정상적인 단체교섭을 통하여 합의한 내용을 문서화한 것이면 단체협약으로 인정된다.

단체협약은 이를 문서화한 후에 양 당사자의 서명 또는 날인이 있어야 한다. 노동조합은 그 대표자 즉 노동조합위원장이 서명 또는 날인하여야 하며 사용자측은 법인기업인 경우 대표이사가, 개인기업인 경우 사업주가 서명 또는 날인하여야 한다.

따라서, 서면으로 작성되지 않은 단체협약은 법상 인정되지 않으며 단체협약으로서의 효력이 없다. 반면, 단체협약의 신고는 행정관청의 인가를 얻기 위한 요식행위가 아니므로 단체협약의 효력 발생과는 관계가 없다.

고용노동부장관은 단체협약 중 위법한 내용이 있는 경우에는 노동위원회의 의결을 얻어 그 시정을 명할 수 있다(일반노조법 제31조제3항). 고용노동부장관의 시정명령이 내려진 경우에도 그것만으로 당해 협약부분의 효력이 변경되거나 상실되는 것은 아니며, 노동조합이 시정명령을 위반하는 경우에도 벌칙의 적용은 별론으로 하고(일반노조법 제93조제2호) 곧바로 당해 명령의 집행력이 인정되는 것은 아니다.[1]

전술한 바와 같이 단체협약을 서면으로 작성함에 있어 서면의 명칭이나 형식은 관계없으나 단체협약 작성의 요건을 갖추지 아니한 단체협약의 효력

---

[1] 서울고법1993.3.12. 선고 92구12096 판결.

에 관해서는 견해가 나뉘고 있다. 일반노조법 제31조제1항의 요건은 효력발생요건으로서 이를 충족시키지 못하는 경우 ①단체협약으로서 효력은 물론 일반계약으로서의 효력(법적 구속력)도 인정되지 않는다는 입장,[2] ②협약으로서의 효력은 인정되지 않으나 계약으로서는 유효하다는 입장, ③일반노조법 제35조, 제36조에서 말하는 단체협약의 효력 확장제도인 일반적 또는 지역적 구속력은 인정되지 않으나 단체협약의 본질적인 규범적 효력은 부정되지 않는다는 입장이 있으나, 판례 및 다수의 학설은 단체협약의 보호적 내지 규범적 기능과 안정적 기능을 고려할 때 ①의 입장을 취하고 있다.[3]

대법원

【일반노조법 제31조제1항이 단체협약은 서면으로 작성하여 당사자 쌍방이 서명날인 하여야 한다고 규정하고 있는 취지는 단체협약의 내용을 명확히 함으로써 장래 그 내용을 둘러싼 분쟁을 방지하고 아울러 체결당사자 및 그의 최종적 의사를 확인함으로써 단체협약의 진정성을 확보하기 위한 것이므로, 그 방식을 갖추지 아니하는 경우 단체협약은 효력을 가질 수 없다고 할 것인바, 강행규정인 위 규정에 위반된 단체협약의 무효를 주장하는 것이 신의칙에 위배되는 권리의 행사라는 이유로 이를 배척한다면 위와 같은 입법취지를 완전히 몰각시키는 결과가 될 것이므로 특별한 사정이 없는 한 그러한 주장이 신의칙에 위반된다고 볼 수 없다고 보아야 할 것임.】(2001.5.29. 선고 2001다15422·15439 판결)

---

2) 1969.9.29, 日本 東京地裁
3) 김수복,「노동조합및노동관계조정법」, (서울, 주·중앙경제, 2000), p.328

Ⅲ. 단체협약의 내용과 효력

1. 일반노조법과 단체협약의 내용·효력

단체협약의 내용은 여러 가지 상이한 요소로 구성되어 있고, 내용에 따라 규범적 부분과 채무적 부분으로 구분하는 것이 일반적이다. 이외에도 제도적 부분을 별도로 인정할 것인지에 대하여 견해가 나뉘는데 제도적 부분은 집단적 노사관계를 규율한 제도에 관한 조항이라는 점에서 특이성이 인정되는 것이므로 성격에 따라 별도로 인정하여야 한다는 견해[4]가 있고, 제도적 부분을 별도로 인정할 실익이 없다는 견해[5]도 있다. 그러나 단체협약의 효력을 설명하는데 유용하다고 판단되어 제도적 부분을 포함하여 살펴보고자 한다.

규범적 부분은 단체협약 내에「근로조건 기타 근로자의 대우에 관하여 정한 부분」을 말하고, 그 효력은 개별적 근로관계에 대하여 강행적·직접적(보충적), 그리고 자동적으로 적용된다. 강행적 효력이라 함은 단체협약에 정한 근로조건 기타 근로자의 대우에 관한 기준에 위반하는 취업규칙 또는 근로계약의 부분은 무효(일반노조법 제33조제1항)로 되는 효력을 말하며, 직접적 효력이란 위와 같은 강행적 효력에 의해 효력이 없게 된 부분 또는 취업규칙, 근로계약으로 정하지 않은 부분은 단체협약에 정한 기준에 의하여 직접적으로 보충하는 효력을 가지게 되는(일반노조법 제33조제2항) 것을 말한다.

채무적 부분은 집단적 노사관계와 관련하여 단체협약 당사자의 권리·의무를 규정하는 내용을 의미하며, 조합원들의 근로관계에 대하여 직접 직률적 효력이 미치는 것이 아니라 협약체결 당사자에게만 그 효력이 국한된다.
일반적으로 평화의무, 노조활동에 관한 편의제공 조항, 단체교섭의 절차 및 기타 규칙 등이 이에 속한다.

---

4) 김형배, 앞의 책, p.775
5) 김유성 노동법Ⅱ 1999 p.169 법문사

조직적 부분은 제도적 부분이라고도 하는데 집단적 노사관계를 제도적으로 규율하는 조항을 의미한다.

1) 규범적 부분과 효력

전술한 바와 같이 규범적 부분이라 함은 단체협약의 내용 중 '근로조건 등 기타 근로자의 대우에 관한 사항'을 말하는 것으로 사용자와 근로자 사이의 근로계약관계에 있어서 근로자의 대우에 관하여 정한 조건을 말한다. 구체적으로는 ①임금, 제수당, 퇴직금 ②근로시간, 휴일, 휴가 ③재해보상의 종류와 산정방법 ④복무규율, 인사이동, 승진, 상벌 및 해고 ⑤안전·보건에 관한 사항 ⑥후생·복리에 관한 사항 등이 이에 해당되며, 근로기준법 제93조 소정의 취업규칙으로 정하여야 할 사항[6]이 포함된다.

일반노조법에서는 단체협약의 내용 중 '근로조건 등 기타 근로자의 대우에 관한 사항'인 규범적 부분은 근로자와 사용자가 개별적으로 체결한 근로계약은 물론 사용자가 근로자의 의견을 수렴하거나 그 동의를 거쳐 제·개정한 취업규칙 보다 우선하여 효력을 가진다(근로기준법 제96조).

2) 채무적 부분과 효력

단체협약의 내용 중에서 협약 당사자 상호간의 권리·의무를 규율하는 사항들은 노동조합과 사용자간에 채권·채무적 효력이 미치는 부분으로 채무적 효력은 단체협약의 채무적 부분 및 협약 전체에 대해 인정되며 규범적 효력과는 달리 개별조합원에 대해서는 영향을 미치지 않는다.

---

[6] 고용노동부 2006.04.14. 노사관계법제팀-1049
① 업무의 시작과 종료 시각·휴게시간·휴일·휴가 및 교대 근로에 관한 사항, ② 임금의 결정·계산·지급 방법, 임금의 산정기간·지급시기 및 승급(昇給)에 관한 사항 ③ 가족수당의 계산·지급방법에 관한 사항 ④ 퇴직에 관한 사항 ⑤「근로자퇴직급여 보장법」제8조에 따른 퇴직금, 상여 및 최저임금에 관한 사항 ⑥ 근로자의 식비, 작업 용품등의 부담에 관한 사항 ⑦ 근로자를 위한 교육시설에 관한 사항 ⑧ 산전후휴가·육아휴직 등 근로자의 모성 보호 및 일·가정 양립 지원에 관한 사항 ⑨ 안전과 보건에 관한사항 ⑩ 근로자의 성별·연령 또는 신체적 조건 등의 특성에 따른 사업장 환경의 개선에 관한 사항 ⑪ 업무상과 업무 외의 재해부조(災害扶助)에 관한 사항 ⑫ 표창과 제재에 관한 사항 ⑬ 그 밖에 해당 사업 또는 사업장의 근로자 전체에 적용될 사항

노동조합과 사용자간에 채권·채무적 효력이 미치는 부분으로 이에는 노동조합 사무실 제공, 평화조항, 숍조항, 단체교섭조항, 조합원의 범위 조항, 조합 활동 조항, 쟁의조항 등이 해당된다.

협약당사자는 단체협약 규정 전반에 대하여 계약당사자로서 단체협약을 준수하고 이행할 의무를 진다. 따라서 일방당사자는 상대방이 협약을 위반하거나 이행하지 않으면 그 이행을 청구하거나 불이행 또는 위반으로 생긴 손해배상을 청구할 수 있는 것이 원칙이다.

3) 조직적 부분(제도적 부분)과 효력

조직적 부분이란 단체협약 규정 중에서 노사관계를 제도적으로 규율하는 조항을 조직적 부분 또는 제도적 조항이라고 하여 규범적 및 채무적 조항과 구분한다. 구체적으로는 근로자참여 및 협력 증진에 관한 법률(이하 '근참법'이라 한다.)에서 규정하고 있는 협의사항, 의결사항 그리고 보고사항이 이에 해당된다.

조직적 부분은 근참법 제20조(협의 사항)에 규정한 사항으로 생산성 향상과 성과 배분, 근로자의 채용·배치 및 교육훈련, 근로자의 고충처리, 안전·보건 그 밖의 작업환경 개선과 근로자의 건강증진, 인사·노무관리의 제도 개선, 경영상 또는 기술상의 사정으로 인한 인력의 배치전환·재훈련·해고 등 고용조정의 일반원칙, 작업과 휴게 시간의 운용, 임금의 지불방법·체계·구조 등의 제도 개선, 신기계·기술의 도입 또는 작업 공정의 개선, 작업 수칙의 제정 또는 개정, 종업원지주제와 그 밖에 근로자의 재산형성에 관한 지원, 직무 발명 등과 관련하여 해당 근로자에 대한 보상에 관한 사항, 근로자의 복지증진, 사업장 내 근로자 감시 설비의 설치, 여성근로자의 모성보호 및 일과 가정생활의 양립을 지원하기 위한 사항, 「남녀고용평등과 일·가정 양립 지원에 관한 법률」 제2조제2호에 따른 직장 내 성희롱 및 고객 등에 의한 성희롱 예방에 관한 사항, 그 밖의 노사협조에 관한 사항 등이다.
근참법 제21조(의결사항)은 근로자의 교육훈련 및 능력개발 기본계획의 수립, 복지시설의 설치와 관리, 사내근로복지기금의 설치, 고충처리위원회에서 의결되지 아니한 사항, 각종 노사공동위원회의 설치 등이 있고, 근참법 제22조(보고 사항 등)에는 경영계획 전반 및 실적에 관한 사항, 분기별 생산계획과 실적에 관한 사항, 인력계획에 관한 사항, 기업의 경제적·재정적 상황 등이 있다.

일반노사관계에서 이러한 조직적 조항의 법적인 효력에 대하여 다양한 견해가 있는데, 원칙적으로 규범적 효력을 갖는다고 해석하는 견해[7]가 있고, 조직적 부분이 가지는 효력은 원칙적으로 규범적 효력을 가지나 조직적 부분의 성질에 따라 결정하여야 한다는 견해[8], 단체협약을 규범적 부분과 채무적 부분으로만 구분하면서 이른바 제도적 부분은 독일과 같은 명문의 규정이 없으며 규범적 효력은 인정하지 않고 단지 권리남용의 원리를 도입하여 권리남용에 해당하는 경우 무효로 해석하는 견해[9]도 있다.

필자의 견해로는 조직적 부분은 원칙적으로 규범적 효력을 가지고 있으나 단체협약의 구체적인 규정에 따라 해석될 수 있다고 본다.

2. 교원노조법과 단체협약의 내용 효력

개별 사업장 별로 노동조합을 구성하여 그 사업장에 소속된 근로자들만의 근로조건의 향상 등을 목적으로 하여 근로3권을 행사할 수 있는 일반노동조합에 적용되는 법리와 전국 또는 시·도 단위로 노동조합을 구성할 수 있을 뿐 그 하부단위로 노동조합을 구성할 수 없고, 단체행동권 행사가 제한되는 교원 노동조합에 적용되는 법리는 본질적인 차이가 있다.

---

[7] 김수복 앞의책 p.955
[8] 김형배 앞의책 p.776
[9] 야스노가쯔오 (이정역) 2007 p.547 법문사

대 법 원

【교원의 지위에 관련된 사항에 관한 한 헌법 제31조제6항이 근로기본권에 관한 헌법제33조제1항에 우선하여 적용되기 때문에, 입법자가 교원에 대하여 일반노동조합과 유사한 형태의 조합을 결성할 수 있음을 규정하되 그 규율방식을 달리하여 근로조건의 향상 등을 목적으로 하는 단결권 및 단체교섭권은 허용하면서도 단체행동권의 행사는 전면적으로 금지하거나, 혹은 개별 직장이 아닌 광역단위에 한하여 노동조합을 설립할 수 있도록 하는 등 이에 대하여 특별한 규율을 하는 것도 허용된다.】(2006.5.26. 선고 2004다62597 판결)

따라서 교원의 단체협약 효력 또한 일반기업체의 노사관계와는 달리 해석하고 적용되어야 한다.

먼저 교원노사관계에서의 단체협약은 일반노조와는 달리 교원노조법 제7조에서 "법령·조례 및 예산에 의하여 규정되는 내용과 법령 또는 조례에 의한 위임을 받아 규정되는 내용"(이하 '법령·조례·예산 등'이라 한다.)은 효력을 제한하는 규정을 두고 있으므로 이 조항의 의미와 내용을 파악하는 것이 선행되어야 한다. 따라서 일반노조법 제33조(기준의 효력)와 교원노조법 제7조(단체협약의 효력)와의 관계를 먼저 규명하고, 교원노조법 제7조에서 규정하고 있는 단체협약과 관련된 '법령·조례·예산 등' 사항을 정리해 보고, 법령·조례·예산 등에서 규정하지 아니하는 단체협약 조항의 효력을 살펴보고자 한다.

1) 일반노조법 제33조(기준의 효력)와 교원노조법 제7조(단체협약의 효력)와의 비교

교원노조와 사용자가 체결한 단체협약의 효력을 구체적으로 규명하기 위하여 우선 일반노조법 제33조와 교원노조법 제7조와의 관계를 살펴보고자 한다.

전술한 바와 같이 일반노조법은 단체협약에 정한 근로조건 기타 근로자의 대우에 관한 기준에 위반하는 취업규칙 또는 근로계약의 부분은 무효가 되고(일반노조법 제33조제1항) 근로계약에 규정되지 아니한 사항 또는 제1항의 규정에 의하여 무효로 된 부분은 단체협약에 정한 기준에 의하도록 규정하고 있다(이른바 단체협약의 강행적 효력과 직접적 효력).

반면, 교원노조법은 일반노조법과는 달리 교원노조법 제7조에서 '법령·조례·예산 등'에 해당하는 내용은 단체협약으로서의 효력은 부인되고 이행될 수 있도록 성실히 노력할 의무만을 부과하고 있다.

교원노조법은 일반노조법의 특별법이므로 단체협약의 효력은 교원노조법 제7조가 특별규정으로써 우선 적용된다. 따라서 교원노조와 사용자가 체결한 단체협약의 효력은 먼저 교원노조법 제7조제1항에 의한 효력 유무를 살펴보아야 한다.

굳이 교원노사관계의 특수성을 논하지 않더라고 교원노조법 제7조의 해석상 "성립"과 "효력"을 구분하여 단체협약으로 성립(체결)은 하였으나 교원노조법 제7조제1항에 의거하여 단체협약보다는 법령 등이 우선하여 "효력"을 가지게 된다. 그러므로 개개근로자와 교섭에 의하여 근로관계의 내용을 변경할 수 없는 교원과 공무원은 일반적인 입법 행위를 하거나, 법령·조례 및 위임에 근거한 행정행위 등을 통해서만 근로관계의 내용에 대한 변경이 가능한 것으로 해석하는 것이 타당할 것이다.

그리고 '법령·조례·예산 등' 사항에 해당되지 않아 단체협약으로서 효력이 인정되는 경우에 비로소 일반노조법 제33조의 효력을 구체적으로 살펴보아야 한다.

2) '법령·조례·예산 등'에 의해 규정되는 내용의 구체적 의미와 효력

교원노사관계에서 단체협약의 법적 효력을 구체적으로 논하기 위하여 단체협약의 내용 중 '법령·조례·예산 등'에 해당하는 내용을 정의하고 파악하는 것이 중요하다.

(1) 교원노조법 제7조제1항의 '법령·조례·예산 등'에 해당하는 내용

학교 현장에서 단체협약의 효력과 관련하여 적용이 될 수 있는 현행법은 국가공무원법 및 교육기본법을 비롯하여 초·중등교육법, 사립학교법, 교육공무원법, 유아교육법, 지방교육자치에관한법률, 학교급식법, 학교보건법 등이 있고 각각 하위법령인 시행령 및 시행규칙이 있다. 그리고 시도 자치단체 또는 교육감이 제정하여 시행하는 조례와 자치법규인 교육규칙이 있다.

위 법령 등의 내용 중에서 단체협약의 효력과 직접적인 관계를 가지고 있는 대표적인 법령을 보면, 초·중등교육법 제6조(지도·감독)에 '국립학교는 교육부장관의 지도·감독을 받으며, 공·사립학교는 교육감의 지도·감독을 받는다.'는 규정이 있고 또한 초·중등교육법 제20조(교직원의 임무) '교장은 교무를 총괄하고, 민원처리를 책임지며, 소속 교직원을 지도·감독하고, 학생을 교육한다(제1항). 교감은 교장을 보좌하여 교무를 관리하고 학생을 교육하며, 교장이 부득이한 사유로 직무를 수행할 수 없는 때에는 그 직무를 대행한다. 다만, 교감을 두지 아니하는 학교의 경우에는 교장이 미리 지명한 교사(수석교사를 포함한다.)가 그 직무를 대행한다(제2항). 수석교사는 교사의 교수·연구 활동을 지원하며, 학생을 교육한다(제3항). 교사는 법령에서 정하는 바에 따라 학생을 교육한다(제4항). 행정직원등 직원은 법령에서 정하는 바에 따라 학교의 행정사무와 그 밖의 사무를 담당한다(제5항).'라는 규정을 들 수 있다.

또한 지방교육자치에 관한 법률 제1조(목적)에서 '이 법은 교육의 자주성 및 전문성과 지방교육의 특수성을 살리기 위하여 지방자치단체의 교육·과학·기술·체육 그 밖의 학예에 관한 사무를 관장하는 기관의 설치와 그 조직 및 운영 등에 관한 사항을 규정함으로써 지방교육의 발전에 이바지함을 목적으로 한다.'고 규정하고 있고, 지방교육자치에 관한 법률 제27조(직원의 임용 등)에서 '교육감은 소속 공무원을 지휘·감독하고 법령과 조례·교육규칙으로 정하는 바에 따라 그 임용·교육훈련·복무·징계 등에 관한 사항을 처리한다.'는 규정 또한 참고할 수 있다.

이러한 법령 등에 해당하는 사항이 단체협약의 내용으로 체결되었을 때 교원노조법 제7조의 규정에 따라 단체협약으로서 효력은 없고 단지 그 이행을 위해 노력하여야 할 의무만을 부담하게 된다.

(2) 헌법재판소 결정(2008.12.26. 헌재결정사건 2005헌마971, 2005헌마1193, 2006헌마198(병합).

교원노조법 제7조(단체협약의 효력)와 동일하게 규정되어 있는 공무원노조법 제10조(단체협약의 효력)에 대한 위헌심판 사건에서 헌법재판소는 국회에서 제정한 법률과 그 법률에 근거하여 발하는 명령·규칙은 단체협약 체결 전후를 불문하고 언제나 공무원 노사가 체결한 단체협약보다 우선한다고 보았다.

따라서 교원노조법 제7조제1항에 의거하여 교원의 단체협약은 법령 등에 우선하는 효력을 가질 수 없는 것이다.

(3) 교원노조법 제7조제2항의 의미와 효력

교원노조법 제7조제1항에 해당되어 단체협약으로서의 효력을 가지지 아니하는 내용에 대하여는 그 내용이 이행될 수 있도록 성실히 노력하여야 한다는 의미는 법적효력을 갖는다는 의미가 아니라 그 이행을 할 수 있도록 노력하여야 하는 것을 뜻한다. 따라서 단체협약의 내용 중에서 법령 사항인 경우에는 법령에 반영하여 개정하도록 노력하여야 하므로 법령사항인 경우에 법령에 반영될 수 있도록 절차를 밟는 방법이 있을 수 있으며, 조례에 해당되는 사항의 경우에는 조례에 반영될 수 있도록 노력하여야 하며, 예산과 관련되는 내용은 예산에 반영하여 집행을 할 수 있도록 노력하여야 한다.

참고로 교육계는 교원노조와는 다른 전문직 단체로 '교원지위향상 및 교육활동 보호를 위한 특별법'(이하 '교원지위법')에 의하여 교섭·협의를 하는 전문직 단체(한국교총)가 존재하는데 '교원지위향상을 위한 교섭·협의에 관한 규정 제6조'는 법령의 제정·개정 또는 폐지, 예산의 편성·집행 등에 의하여 이행될 수 있는 사항에 관하여는 쌍방이 적법한 절차와 방법에 의하여 그 이행을 위한 노력을 하여야 한다고 규정하고 있다.

교원노조의 단체협약도 '교원 지위 향상을 위한 교섭·협의에 관한 규정 제6조'와 동일하게 해석하는 것이 교원노조법의 입법취지에 부합할 것이다.

3) '법령·조례·예산 등' 사항이 아닌 경우 단체협약의 효력

단체협약의 내용 중에 '법령·조례·예산 등' 사항에 대하여는 그 효력이 없고 단지 성실이행 의무만이 있음을 보았다. 그런데 '법령·조례·예산 등' 사항이 아닌 단체협약의 내용에 대하여 일반노조법의 단체협약과 동일하게 해석하고 적용하여야 하느냐에 대하여 의문이 아닐 수 없다. 이는 일반노조법과는 달리 규정하고 있는 최소 노조설립 단위(교원노조법제4조), 교섭 및 체결권한 등(교원노조법 제6조), 단체협약의 효력(교원노조법 제7조)등의 법 규정에 비추어 일반노조의 단체협약과는 달리 해석되어야 하므로 단체협약의 체결 주체, 단체협약의 적용범위 등 그 효력에 대하여 검토되어야 한다.

(1) 단체협약 체결주체 또는 준수 의무자 문제

교원노사관계에서 단체협약의 체결주체는 유·초·중·고 교원을 대상으로 설립된 특별시·광역시·특별자치시·도·특별자치도(이하 "시·도"라 한다) 단위 또는 전국 단위 노동조합은 교육부장관, 시·도 교육감 또는 사립학교 설립·경영자(이 경우 사립학교 설립·경영자는 전국 또는 시·도 단위로 연합하여 교섭에 응하여야 한다.)이고, 고등교육법에 의한 교원(강사는 제외)노조는 교육부장관, 특별시장·광역시장·특별자치시장·도지사·특별자치도지사(이하 "시·도지사"라 한다), 국·공립학교의 장 또는 사립학교 설립·경영자가 된다(교원노조법 제4조).

단체협약의 효력은 체결주체에게는 직접적인 구속력이 있으나 공립 유·초·중·고 단위학교장은 체결주체가 아니므로 단위학교에 단체협약이 직접 적용되는 것은 아니다.

단체협약이 공립 유·초·중·고 단위학교에 직접 적용되지 않는 구체적 이유는 첫째, 학교 현장의 교직원의 임무의 측면에서, 초·중등교육법 제20조(교직원의 임무) 제1항 '교장은 교무를 총괄하고, 민원처리를 책임지며 소속 교직원을 지도·감독하고, 학생을 교육한다.'고 규정되어 있고, 같은 법 제4항은 교사는 단체협약이 아니라 '법령이 정하는 바에 따라 학생을 교육한다.'고 규정하고 있다. 따라서 단위학교의 교무에 관하여는 초·중등교육법 제20조제1항과 제4항이 교원노조법 제7조제1항에 규정하고 있는 '법령'에 해당되고 따라서 단체협약에 단위학교와 관련된 내용이 있다면 단체협약이 적용될 여지가 없기 때문에 단위학교에는 일단 단체협약의 효력이 바로 미치지는 않는다고 해석하여야 한다.

둘째, 교원노조 설립 단위와 교섭구도 측면에서 '유·초·중등교육법에 의한 교원은 특별시·광역시·특별자치시·도·특별자치도(이하 "시·도"라 한다)단위 또는 전국단위에 한하여 노동조합을 설립할 수 있다(교원노조법 제4조제1항)'고 규정하고 있고, 고등교육법에 의한 교원(강사제외)은 개별학교 단위, 시·도 단위 또는 전국 단위로 노동조합을 설립할 수 있다고 규정하고 있다.

고등교육법에 의한 노동조합을 제외한 노동조합의 교섭구조도 노동조합의 조직체계와 동일하게 설정하고 있다(교원노조법 제6조제1항제1호). 이는 유·초·중등학교 교원의 임금·근무조건 등이 전국단위에서 획일적으로 결정되고 임용권도 시·도 교육감이 갖고 있는 등 교원의 특수성을 고려하고, 시·도 또는 전국단위로 교원노조를 조직하여야 하고 유·초·중등학교는 단위학교 차원에서의 교원노조 설립은 금지하여 학습권이 침해되지 않는 범위 내에서 노동기본권을 보장하는데 있기 때문이다.[10]

이와 관련하여 고용노동부는 유·초·중등학교 교원노조와 시·도교육청 사이에 체결된 단체 협상안을 학교장이 지키지 않은 경우 단협 위반 책임의 소재 및 구제방안[11]에서 "일반노조법 제31조제1항의 규정에 의해 유효하게 체결된 단체협약은 그 유효기간 동안 강행법규 위반 등 특별한 사정이 없

---
10) 교직단체와의 단체교섭·협의 자료집 2002.2. 교육인적자원부 발간 p.3
11) 노동부 공공노사관계팀-1505, 2007.7.13

는 한 노사 모두 성실히 이행하여야 하며, 노사간에 체결한 단체협약을 어느 일방 당사자가 위반 할 경우, 그 위반내용에 따라 일반노조법 제92조에 규정된 벌칙을 적용받게 됨. 귀 질의와 관련하여 교원노동조합과 인천광역시 교육감 사이에 체결된 단체협약이 적법한 절차에 따라 체결되어 효력을 유지하고 있다면 사측당사자로서 시·도 교육감은 이를 성실히 이행해야 할 의무가 있음. 다만, 시·도 교육감이 단체협약을 이행하기 위하여 행정지도 등 필요한 조치를 성실히 수행하였음에도 불구하고 학교장이 이를 거부하거나 수용하지 않을 경우에는 관련 교육감은 구체적인 사실관계에 따라 그 지도·감독 권한 범위 내에서 직무상 명령복종의무 위반 등에 대한 책임을 물을 수도 있을 것으로 사료된다."고 하고 있다.

이 고용노동부의 해석은 시·도 교육감이 단체협약을 이행하기 위하여 행정지도 등 필요한 조치를 성실히 수행하였음에도 불구하고 학교장이 이를 거부하거나 수용하지 않을 경우에는 관련 교육감은 구체적인 사실관계에 따라 그 지도·감독 권한 범위 내에서 직무상 명령복종의무 위반 등에 대한 책임을 물을 수는 있으나 단체협약 위반에 대한 책임을 단위학교장에게 직접 물을 수는 없다고 해석한 것으로 판단된다.

반면, "노동법상 사용자의 지위가 인정되는 학교장에게 간접적으로만 단체협약 위반이나 불이행에 대한 책임을 지우는 것이 과연 타당한지에 대해서는 좀 더 검토가 필요할 것"이라는 견해[12]가 있는데, 교원노조법의 입법취지와 교육관련 법령의 체계상 학교장이 직접 단체협약의 이행책임을 지는 것은 아니라고 보아야 한다.

다만, 단체협약을 체결한 교육부장관 또는 시·도 교육감은 단체협약을 이행할 의무가 있으므로 당연히 단체협약의 이행을 위한 조치를 취하여야 한다. 따라서 단체협약의 구체적인 이행을 위하여 시·도교육감 또는 교육부장관은 초·중등교육법 제6조(지도·감독)에 '국립학교는 교육부장관의 지도·

---

12) 김광욱, 교원노조법 강의, p.539 한국실무노동법연구회

감독을 받으며, 공·사립학교는 교육감의 지도·감독을 받는다.'는 규정과 지방교육자치에 관한 법률 제27조(직원의 임용 등)에서 '교육감은 소속 공무원을 지휘·감독하고 법령과 조례·교육규칙이 정하는 바에 따라 그 임용·교육훈련·복무·징계 등에 관한 사항을 처리한다.'는 규정에 의거 지도감독권을 행사할 수 있다. 즉 단체협약을 체결하면 그 단체협약 체결로 바로 단위학교에 단체협약의 효력이 발생하는 것이 아니라 초·중등교육법 제6조 등에 의하여 지도감독권을 행사하여야 단체협약의 이행을 할 수 있을 뿐이다.

따라서 단위학교장들이 단체협약 이행에 협조를 하지 않아 단체협약을 불이행하는 결과가 발생한 데에 따른 책임문제는 단체협약의 불이행 문제가 아니라 초·중등교육법 제6조(지도감독) 등 행정조직 내부의 문제로써 교원노조법과는 다른 별개의 문제로 검토 되어야 한다.

또한 유아교육법 및 초·중등교육법에 의한 교원의 임금·근무조건 등이 전국단위에서 획일적으로 결정되고 임용권도 시·도교육감이 갖고 있는 등 교원의 특수성을 고려하여 교원노조는 설립단위가 일반노조와는 달리 시·도 단위를 최소단위로 설립하도록 법에서 규정하고 있으므로 단체협약의 효력 역시 시·도단위를 기준으로 적용된다고 해석 하여야 한다.

(2) 단체협약 내용 중 사용자의 권한 이외의 사항 또는 교섭대상이 아닌 사항에 대한 법적 효력

노동조합이나 그 대표자로부터 교섭 또는 단체협약체결권한을 위임받은 자는 그 노동조합 또는 조합원을 위하여 사용자나 사용자단체와 교섭하고 단체협약을 체결할 권한을 가지며(일반노조법 제29조제1항 및 제2항) 이에 따라 노동조합을 위한 사항과 조합원을 위한 사항이 단체교섭의 대상에 포함되나 구체적으로 어느 범위의 사항이 단체교섭의 대상이 되는지는 뚜렷하지 않다. 그러나 단체교섭 사항은 사용자가 처리·처분할 수 있어야 하고,

---

13) 노동부 집단적노사관계업무메뉴얼 2008.6 p.106

집단적 성격을 가져야 하며, 근로조건과 관련이 있어야 한다.[13] 이와 같은 조건에 부합하는 내용을 기준으로 단체교섭 사항을 노동조합과 관련된 사항과 조합원을 위한 사항으로 다시 세분화 할 수 있다.

교육부장관은 인적자원개발정책, 학교교육·평생교육, 학술에 관한 사무를 관장하고(정부조직법 제28조제1항) 대통령의 지휘·감독을 받는다(정부조직법 제11조)는 법 규정에 따라 교육부장관이 단체협약으로 체결할 수 있는 사항은 법적인 한계 즉 내제적인 한계를 가질 수밖에 없다.

시·도교육감은 지방교육자치에 관한 법률과 지방자치법에 따라 지방자치단체의 교육·학예에 관한 사무를 관장하는 집행기관으로서 관련 사무를 총괄하는 한편 지방교육자치에 관한 법률에 의하여 국가행정사무 중 시·도에 위임하여 시행하는 사무로서 교육·학예에 관한 사무는 교육감에게 위임하여 행하도록 되어 있으므로 시·도교육감의 고유한 업무에 한하여 단체협약을 체결할 수 있고 이에 따라 단체협약의 효력 또한 제한될 수밖에 없는 내제적인 한계가 있다. 따라서 교원노조법 제7조제1항에 해당하지 않는 사항으로 단체교섭을 체결하였다고 하여도 교육감의 권한 범위를 벗어난 사항에 대하여는 그 효력이 부인될 것이다.

사립학교 또한 사립학교법 제4조에 의하여 시도교육감의 지도감독을 받도록 규정되어 있고 사립학교법 제55조에 사립학교의 교원의 복무에 관하여는 국·공립학교의 교원에 관한 규정을 준용하고 있으므로 사립학교 연합체와 체결하게 되는 단체협약의 내용은 본 규정에 의해 한계를 가질 수밖에 없다.

(3) 이른바 인사경영권에 관한 단체협약 규정의 법적 효력

일반노조법상 인사·경영권은 헌법상 보장된 재산권의 관리·행사를 위하여 사용자의 권한으로 인정되고 있어 '경영상 의사결정 자체'나 '인사 결정권 자체'는 원칙적으로 의무적 교섭사항이 아닌[14]것으로 해석되고 있으

---

14) 고용노동부 집단적노사관계업무메뉴얼 2008.6 p.108

며, 다만 인사·경영권에 속하는 사항이라 하더라도 근로자들의 근로조건과 밀접한 관련이 있는 부분으로서 사용자의 인사·경영권의 본질적 사항을 침해하는 것이 아닌한 그 한도내에서 단체교섭 대상이 될 수 있다.

판례에 의하면 사용자가 스스로의 의사에 따라 교섭에 임하여 인사·경영 사항에 관한 단체협약을 체결할 경우라도 이를 근거로 사용자의 인사·경영권이 당연히 제한되는 것은 아니므로 노동조합과 합의 또는 협의를 하여야 한다거나 사전승인을 받아야 한다는 취지의 조항이 있더라도 이는 단체협약 다른 규정과의 관계하에서 해석 되어야 한다고[15] 보고 있다. 따라서 인사·경영권의 본질적 사항을 침해하는 단체협약 규정은 그 효력을 제한적으로 해석 할 수 있다는 것이 일반노조법상 단체협약의 내재적인 한계라고 할 수 있다.

교원 노사관계에서 사용자의 지위에 있는 시도교육감, 교육부장관 그리고 사학경영자들은 인사경영권 행사에 있어 일반기업체와는 달리 법령의 제한을 받는 내재적인 한계가 있을 수 밖에 없다. 교원노조의 특성과 교원노조법 제7조의 해석상 단체협약 보다는 교육관련 법령이 우선할 수 밖에 없으므로 인사경영권에 관한 단체협약의 효력은 일반노조의 경우와는 달리 더욱 좁게 해석하여야 한다. 따라서 일반 노조에서 적용한 판례의 견해를 교원노조에 그대로 적용할 수는 없는 것이다.

교원노조법에는 명문의 규정은 없으나 공무원노조법 제8조(교섭 및 체결권한)제1항 단서에는 법령 등에 따라 국가나 지방자치단체가 그 권한으로 행하는 정책결정에 관한 사항, 임용권의 행사 등 그 기관의 관리·운영에 관한 사항으로서 근무조건과 직접 관련되지 아니하는 사항은 교섭의 대상이 될 수 없다고 명시하고 있고, 같은 법 시행령 제4조(비교섭 사항)에서 정책의 기획 또는 계획의 입안 등 정책결정에 관한 사항, 공무원의 채용·승진 및 전보 등 임용권의 행사에 관한 사항, 기관의 조직 및 정원에 관한 사항,

---

15) 대법원 1992.9.25, 92다18542 ; 대법원 2002.2.26, 99도5380 ; 대법원 2003.6.10, 2001두3136 등

예산·기금의 편성 및 집행에 관한 사항, 행정기관이 당사자인 쟁송(불복신청을 포함)에 관한 사항, 기관의 관리·운영에 관한 그 밖의 사항은 교섭대상이 될 수 없다고 명시하고 있다. 이와 같은 내용은 교원노조법에는 규정되어 있지 않으나 교원노조에도 동일하게 적용된다고 보아 단체 교섭대상이 될 수 없다.

4) 교원 단체협약의 기능과 효력

위에서 본 바와 같이 교원노사관계에 있어서 단체협약의 내용에 대한 법적 효력을 논하기 위하여 먼저 법령 등 사항인지 여부를 확인한 후에 법령 등 사항이 아닌 경우에 비로소 일반노조법에서 단체협약의 효력을 규명하는 방법 즉, 규범적 부분과 채무적 부분 그리고 조직적(제도적)부분으로 구분하여 단체협약의 효력을 검토할 수 있다.

그러나 교원 및 공무원은 일반 기업체와 달리 개별근로자와의 근로계약이라는 개념은 성립할 수 없으며, 근로자의 의견수렴 또는 동의가 필요한 취업규칙도 존재하지 않으므로 법령을 근거로 일반 행정행위 절차를 통하여 근로관계의 내용을 변경할 수 있다. 또한 단체협약의 규범적 부분에 해당하는 조항 대부분은 상위법에 근거가 있을 것이므로 이러한 법령에 근거하여 단체협약의 내용 중 규범적 부분에 해당하는 조항과 다른 내용으로 교육청 지침이나 공문을 시행할 수 있다.

교원노조에 있어서도 일반노조에서와 같이 단체협약을 준수하지 않으면 그 이행을 청구하거나 불이행으로 인하여 발생한 손해에 대하여 배상을 청구할 수 있다. 다만, 교원노조법 제7조제1항에 해당하는 내용으로 제2항에 의하여 성실노력 의무만을 가지는 경우에는 채무적 효력은 부인되며 신사협정으로서의 효력만을 가진다고 보아야 한다.

그런데 일반노사관계에서는 규범적 부분이 중요한 의미를 갖고 있지만 교원노사관계에서는 제도적 또는 조직적 부분이 중요한 의미를 갖는다. 이는 일반노조와 달리 교원은 임금 및 근로시간 등 중요한 근무조건이 법정화 되어 있고 따라서 교원노사관계에서는 근무조건 향상 기능 보다는 의사소통

기능이 더욱 커다란 기능을 하기 때문이다. 물론 일반기업체 근로자도 근무조건이 노동법에 법정화 되어 있으나 이는 교원과 달리 최저기준일 뿐이므로 단체협약으로 최저조건을 상회하는 근무조건을 체결할 수 있고 이 부분 즉 근무조건 향상기능이야말로 일반기업체 노동조합의 주요 기능이라 할 수 있다.

따라서 교원노사관계에 있어서 단체협약의 법적효력은 규범적 부분과 채무적 부분에 대한 효력보다는 조직적(제도적)부분에 대한 법적 효력을 검토하는 것이 실질적으로 의미가 있다고 할 수 있다.

교원노사관계에서 제도적 부분에 대하여 규범적 효력이 있는지 채무적 효력이 있는지 여부를 구분하는 실익은 단체협약의 효력이 만료되었을 때 중요한 의미를 갖는다. 제도적 부분이 규범적 효력이 있다고 해석한다면 단체협약의 유효기간이 만료되어 무협약 상태가 되었을 때 제도적 부분에 대해서도 효력을 인정하게 되고 반대로 채무적 효력이 있다고 해석한다면 단체협약의 유효기간 만료와 더불어 단체협약의 효력 또한 실효된다고 볼 수 있기 때문이다.

생각건대, 교원의 경우 국가공무원법과 사립학교법 등 법령에 구체적으로 근무조건이 법정화 되어 있고 조직적 또는 제도적 부분 또한 일반기업체와는 달리 법 규정에 의해 제도가 설정되어 있거나 정책적인 목적으로 제도를 운영하는 것이 일반적이다. 이는 입법권이 국회에 있다는 삼권분립의 원칙에 의한 당연한 현상이며 따라서 일반노사관계에서는 규범적 효력을 지닌 것으로 해석 될 지라도 교원노사관계에서는 원칙적으로 규범적 효력이 없고 채무적 효력을 갖는 것으로 보아야 한다.

3. 공무원노조법과 단체협약의 내용 효력

1) 규범적 부분과 효력

공무원의 경우 채용시 근로계약을 작성하지 않고 임용장 또는 임용통지서의 교부에 의해 임용되고, 그 구체적인 근무조건은 주로 법령에 의하여 정해진다. 그렇지 않은 근무조건에 대해서는 단체협약에서 정한 사항이 구속력을 가지고 적용된다.

2) 채무적 부분과 효력

단체협약의 내용 중에서 협약 당사자 상호간의 권리·의무를 규율하는 사항들은 노동조합과 사용자간에 채권·채무적 효력이 미치는 부분으로 이에는 평화조항, 숍조항, 단체교섭조항, 조합활동조항 등이 해당된다.

이와 같은 채무적 부분은 사용자와 노동조합, 즉 협약당사자가 상대방에 대하여 어떤 의무를 부담하게 하는 채권·채무관계를 바탕으로 하며 노동조합은 채무적 부분에 관한 제반 의무를 스스로 준수해야 하며, 조합원 등이 단체협약에 규정된 준수사항을 지키도록 지도하여야 한다.

3) 법령 예산 등에 의해 규정되는 내용의 효력

공무원노조와 사용자가 합의하여 체결된 단체협약의 내용 중 법령·조례 또는 예산에 의하여 규정되는 내용과 법령 또는 조례에 의한 위임을 받아 규정되는 내용은 단체협약으로서의 효력을 가지지 아니하며(공무원노조법 제10조제2항) 단체협약으로서의 효력을 가지지 아니하는 내용에 대하여는 그 내용이 이행될 수 있도록 성실히 노력하여야 한다(공무원노조법 제10조제2항).

여기에서 말하는 법령의 의미가 반드시 명확한 것은 아니지만, 본조의 취지를 생각할 때 법률, 대통령령, 시행규칙까지 포함되는 것이라고 해석되고, 조례는 지방자치단체의 지방의회가 법령의 범위 안에서 그 사무에 관하여 의결한 것(지방자치법 제15조, 제28조)을 의미한다.

지방자치단체의 장이 법령 또는 조례가 위임한 범위 안에서 그 권한에 속하는 사무에 관하여 제정한 규칙(지방자치법 제29조)은 법령·조례 그 자체에는 해당하지 않지만, 조례에 의한 위임을 받아 규정하는 내용을 가진 규칙은 해당 될 수 있다고 해석된다.

법령 등에 의해 규정되는 내용을 합의한 때에는 정부교섭대표는 그 내용이 이행될 수 있도록 성실히 노력하여야 할 의무를 부담하는데, 예컨대 보수의 인상이나 수당의 개선에 대해 합의를 한 경우 정부교섭대표는 이를 실현하기 위하여 법률 또는 조례의 개정안을 국회나 의회에 제출하도록 노력하여야 하고 시행령 등의 제·개정이 필요한 경우에는 스스로 이를 이행하도록 노력하여야 할 신의칙상의 책임을 부담하게 된다.

국회나 지방의회의 의결이 필요한 사항이 국회 등에서 부결된 때에는 당해 합의의 내용이 실현되지 않아도 그 노력의무를 다한 것으로 해석된다.

4) 헌법재판소 결정

공무원노조법 제10조(단체협약의 효력)에 대한 위헌심판 사건에서 헌법재판소는 "공무원의 경우 민간부문과 달리 근무조건의 대부분은 헌법상 국민전체의 의사를 대표하는 국회에서 법률, 예산의 형태로 결정되는 것으로서, 그 범위 내에 속하는 한 정부와 공무원노동단체간의 자유로운 단체교섭에 의하여 결정될 사항이라 할 수 없다. 따라서 노사간 합의로 체결한 단체협약이라 하더라도 법률·예산 및 그의 위임에 따르거나 그 집행을 위한 명령·규칙에 규정되는 내용보다 우선하는 효력을 인정할 수는 없다. 그리고 조례는 지방의회가 제정하는 것으로 해당 지방자치단체와 그 공무원을 기속하므로, 단체협약에 대하여 조례에 우선하는 효력을 부여할 수도 없다."고 결정하였다.[16]

이에 대해 헌법재판소 소수의견은 "공무원노조법 제10조제1항의 '법령' 중 명령·규칙은 공무원 노사관계의 일방당사자가 일방적으로 제정하고 변경하는 것이므로, 공무원 노사의 쌍방이 합의하여 결정한 단체협약의 효력보다 모든 경우에 언제나 우선적 효력을 가진다고 보기는 어렵다."고 보고 "공무원노조법 제10조제1항의 '법령'에는 단체협약 체결 후에 시행되는 명령 규칙은 포함되지 않는다고 해석함이 마땅하고, 만일 공무원노조법 제10조제1항의 '법령'에 단체협약 체결 후에 시행되는 명령·규칙도 포함된다고 해석하는 것은 헌법 제33조제1항·제2항에 위반된다고 보아야 한다."고 하

---

16) 2008.12.26. 헌재결정사건 2005헌마971, 2005헌마1193, 2006헌마198(병합)

면서 다수의견에 반론을 제기하였다.

정리하면 헌법재판소의 소수의견은 단체협약 체결 후에 시행되는 명령·규칙은 단체협약보다 효력을 우선할 수 없다는 것이고 반면에 헌법재판소의 다수의견에 따르면 단체협약 체결 시점을 불문하고 언제나 법령이 단체협약보다는 우선하여 효력을 가지게 된다.

생각건대 입법권은 국회에 있으며(헌법 제40조) 대통령은 법률에서 구체적으로 범위를 정하여 위임받은 사항과 법률을 집행하기 위하여 필요한 사항에 관하여 대통령령을 발할 수 있는(헌법 제75조) 헌법상 권한을 부여받고 있다. 따라서 국회에서 제정한 법률과 그 법률에 근거하여 대통령이 발하는 명령·규칙은 정부와 공무원노동단체간의 체결된 단체협약에 언제나 우선하여 적용되는 것으로 해석하여야 한다.

헌재의 소수의견에 따라 "법령"에 단체협약 체결 후에 시행되는 명령·규칙은 포함되지 않는다고 해석한다면 법률에서 구체적으로 범위를 정하여 위임받은 사항과 법률을 집행하기 위하여 필요한 사항에 관하여 발하는 대통령령이 단체협약에 의해 제한될 수 있으므로 이는 삼권분립의 원칙에 정면으로 반하게 되는 결과를 초래할 수 있고 헌법이 대통령에게 부여한 권한이 제한될 수도 있다. 따라서 국회에서 제정한 법률과 그 법률에 근거하여 발하는 명령·규칙은 단체협약 체결 전후를 불문하고 언제나 교원 또는 공무원 노사가 체결한 단체협약보다 우선한다고 보아야 한다.

따라서 공무원노조법 제10조제1항에 의거하여 공무원의 단체협약은 법령 등에 우선하는 효력을 가질 수 없다.

Ⅳ. 단체협약 효력 확장

1. 일반노조법과 단체협약의 효력 확장

단체협약의 규범적 효력이 미치는 범위는 그 당사자인 사용자와 노동조합의 조합원에 한정되는 것이 원칙이나 사용자간의 공정한 경쟁을 촉진하고 사용자측이 상대적으로 근로조건이 열악한 비조합원을 선호하여 노동조합을 약화시킬 수 있는 수단을 방지하기 위하여 단체협약의 효력이 적용되는 범위가 확장되도록 제도화하고 있다. 이는 노동조합이라는 집단적이고 통일된 창구를 통하여 비조합원의 근로조건을 통일적으로 규제함으로써 협약 당사자인 노동조합의 규제력을 강화하기 위한 제도적 장치가 단체협약의 효력 확장 제도이다.

현행법에서 인정하고 있는 단체협약의 효력확장 제도는 하나의 사업 또는 사업장에 적용되는 일반적구속력(일반노조법 제35조)과 하나의 지역에 적용되는 지역적구속력(일반노조법 제36조) 두 가지 제도가 있다.

1) 일반적 구속력

하나의 사업 또는 사업장에 상시 사용되는 동종 근로자의 반수 이상의 근로자가 하나의 단체협약의 적용을 받게 된 때에는 다른 동종의 근로자에 대하여도 당해 단체협약이 적용된다(일반노조법 제35조). 여기에서 동종인지 여부의 판단에 대해서 판례는 동종의 근로자는 "당해 단체협약의 규정에 의하여 그 협약의 적용이 예상되는 자"로 보고 있고[17] "단체협약 등의 규정에 의하여 조합원의 자격이 없는 자는 단체협약의 적용이 예상된다고 할 수 없어 단체협약의 일반적 구속력이 미치는 동종의 근로자라고 할 수 없다[18]"고 하고 있다. 따라서 일반적 구속력이 발생하는 요건으로서의 동종의 근로자

---
[17] 대법원1995.12.22.선고95다39618 판결
[18] 대법원 2004.2.12 선고 2001다63599 판결

는 일반노조와 교원노조의 경우에는 일반노조법 제2조(정의)제4호 가목 '사용자 또는 항상 그의 이익을 대표하여 행동하는 자'를 제외한 근로자로 보아야 하고, 공무원노조는 공무원노조법 제6조에 의하여 가입자격이 인정되는 공무원 등을 대상으로 판단하여야 할 것이다.

단체협약의 효력이 발생된 이후에 신규 채용 또는 조합원의 탈퇴 등으로 『반수 이상의 근로자』라는 요건을 갖추지 못하면 일반적 구속력의 효력은 자동적으로 종료된다.

사업 또는 사업장 단위의 효력확장은 단체협약의 당사자인 노동조합과 사용자가 별도의 조치를 할 필요가 없이 요건이 충족되면 자동적으로 비조합원에게도 단체협약이 적용되며 단체협약 내용 중 규범적 부분만이 확장 적용된다.

2) 지역적 구속력

하나의 지역에 있어서 종업하는 동종의 근로자의 3분의 2 이상이 하나의 단체협약의 적용을 받게 된 때에는 고용노동부장관은 당해 단체협약의 당사자의 쌍방 또는 일방의 신청에 의하거나 그 직권으로 노동위원회의 의결을 얻어 당해 지역에서 종업하는 다른 동종의 근로자와 그 사용자에 대하여도 당해 단체협약을 적용한다는 결정을 할 수 있다(일반노조법 제36조제1항).

위 조항에 따라 고용노동부장관이 노동위원회의 의결을 얻어 해당 단체협약의 확장을 결정을 하는 경우에는 해당 지역에서 종사하는 동종의 근로자에게 단체협약이 적용되며 해당 단체협약의 당사자가 아닌 사용자도 구속된다.

2. 교원노조법과 일반적 구속력

교원노조의 경우 일반적 구속력 요건 중 '사업 또는 사업장'의 범위를 어떻게 볼 것인가에 대한 문제가 다음과 같이 제기될 수 있다. ①개개 학교를 하나의 사업 또는 사업장으로 보는 경우, ②임용권자를 중심으로 교육부 또는 시도 교육감에 소속된 국·공립학교 전체(사립학교의 경우에는 전국단위 또는 시도단위 사립학교)를 하나의 사업 또는 사업장으로 보는 경우, ③ 공·사립을 불문하고 전체학교를 하나의 사업 또는 사업장으로 보는 경우도 있을 수 있다.

개개 학교를 하나의 사업 또는 사업장으로 본다면, 조합원의 수가 학교 구성원의 반수를 넘을 경우 그 학교에 있어서는 비조합원에게도 단체협약이 적용된다. 반면, 공립학교 전체를 하나의 사업 또는 사업장으로 볼 경우, 공립 전 교사의 반수 이상이 조합원일 경우에 단체협약의 확장 효력이 공립학교 전체에 미치고, 과반수가 되지 않을 경우 일부 학교에서 조합원이 반수 이상이라 하더라도 그 학교를 포함하여 단체협약의 확장 효력은 발생하지 않는다 할 것이다.

또한, 공·사립을 불문하고 공·사립학교 전체를 하나의 사업 또는 사업장으로 볼 경우 교사의 반수 이상이 조합원일 경우 장관 또는 교육감과 체결한 단체협약이 일반적 구속력에 의거 사립학교에도 적용될 수 있느냐의 의문이 제기될 수 있다.

1) 학교단위를 기준으로 한 유권해석(이후 변경 됨)과 견해

고용노동부는 교원노조의 시·도 단위 교섭에 있어 사용자측 교섭당사자는 교원노조법 제6조제1항의 규정에 의해 국·공립학교의 단위 연합단체가 되는 것이므로 시·도 교육감이 교원노조(지부)와 체결한 단체협약은 원칙적으로 당해 시·도의 국·공립학교에 적용되는 것인 바, 도교육청과 교원노조(지부)가 체결한 단체협약의 일반적 구속력 적용의 하나의 사업(장)은 각 국·공립학교로 보아야 할[19] 것 이라고 하였다.

고용노동부의 견해에 따르면 하나의 '사업 또는 사업장' 단위를 개개 학교 단위로 해석함을 알 수 있다.

---

19) 고용노동부 노조68107-600, 2002.7.13

또한, 박상신(2002)은 "교원노조의 단체교섭에 관한 연구"에서 단체협약의 확장적용 요건으로 하나의 단체협약의 적용을 받는 교원이 반수 이상인지의 여부는 「하나의 학교」를 단위로 산출해야 한다고 보고, 하나의 교육재단이 수개의 학교로 되어 있는 경우에는 학교별로 각기 계산해야 한다고 하였다.

2) 변경된 행정해석

그러나 위 행정해석은 이후 변경되어 교원이 반수 이상인지의 여부는 「하나의 학교」를 단위로 산출할 것이 아니라 시·도단위로 산출하여야 한다고 변경하였다.[20]

교원노조의 경우 노조의 최소 설립단위가 시·도 단위이므로 일반노조법 제35조의 '하나의 사업 또는 사업장'은 시·도 단위로 해석하여야 할 것이다.

따라서 교육청과 교원노조간의 단체협약의 내용 중 근로조건 기타 근로자의 대우에 관한 사항으로서 일반노조법 제35조의 규정에 따라 개별학교가 아닌 시·도 단위 근로자의 반 수이상의 노동조합 조합원이 하나의 단체협약의 적용을 받는다면 노조원이 아닌 일반 교사들에 대해서도 당해 단체협약이 적용될 것이다.

3) 교육부장관 또는 시·도 교육감과 맺은 단체협약의 사립학교 적용 여부

단체협약은 협약당사자인 구성원에게만 효력이 미치는 것이 단체협약의 본래적인 성질이라 할 것이다. 교원노조법은 제6조에서 교원노조 대표자는 교육부장관, 시·도 교육감 또는 사립학교 설립·경영자와 단체교섭하고 단체협약을 체결할 권한을 가진다고 규정하고 있다. 여기서 의문이 제기 되는 것은 교육부장관 또는 시·도 교육감과 체결한 단체협약이 사립학교에도 적용되는지의 여부라 할 것이다. 왜냐하면 교원 노조 설립을 공·사립으로 구

---

[20] 고용노동부 공공노사관계팀-854, 2007. 4. 19

분하지 않고 단위노조로 설립되어 있어 사립학교의 교원도 교원노조 구성원에 포함되기 때문이다. 이와 관련하여 교원노조는 교육부장관이나 시·도교육감과 체결한 단체협약의 적용범위에 사립학교도 적용되어야 함을 단체교섭 과정에서 강력히 요구하였고, 반면 사용자측은 교원노조법에 사립학교의 경우 별도로 사립학교 설립·경영자와 교섭을 하고 단체협약을 체결하도록 규정하고 있으므로 사립학교는 단체협약의 적용범위에서 배제되어야 한다는 입장을 견지하여 국·공립학교에만 적용하는 것으로 단체협약을 체결하고 있었다.

이러한 단체협약에 대하여 교원노조는 사립학교법 제55조에 '사립학교 교원의 복무에 관하여는 국·공립학교의 교원에 관한 규정을 준용한다.'고 규정하고 있고, 단체협약은 법령[21]에 해당하므로 국·공립학교에 적용되는 단체협약이 사립학교에도 적용된다고 주장하였다. 반면, 사용자측은 단체협약은 사립학교법 제55조에서 의미하는 규정에 해당되지 않으므로 사립학교에 적용되지 않는다는 입장을 견지하였다.

먼저, 교원노조에서 주장한 단체협약이 법령에 해당하는지는 앞에서 언급한 바와 같이 단체협약의 법적 성질을 법규범으로 보기 어려우므로 법령에 해당하지 않는다는 것은 명백하고, 또한, 교육감이 사립학교를 지도할 권한이 있다 하더라도 법령에서 정한 한도 내에서만 가능하고 단체협약으로 새로 형성된 권리까지 사립학교를 지도·감독할 수 있느냐 하는 데에는 의문

---

[21] 교육부는 교원노조법 제정 후 처음으로 교원노조가 요구(1999.7.16)한 단체교섭에서 6차례의 교섭관련협의, 22차례의 교섭소위원회, 4차례의 본교섭위원회를 개최하여 2000.7.3 단체협약을 체결하고 2000.7월 발간한「교섭(·협의) 및 합의 관련 자료집」에서 교직단체와 합의된 사항의 적용범위와 한계에 대하여 '사립학교 교원은 합의 사항이 직접적으로 적용되지 않으나, 사립학교법 제55조의 규정에 의거 복무에 관하여 국·공립학교의 교원에 관한 규정을 준용하도록 되어 있고, 교원지위향상을위한특별법 제3조제2항에 의하여 보수를 공무원인 교원의 보수 수준으로 유지하도록 하고 있어 국·공립학교 교원에게 적용되는 법령을 개정할 시 그 효력이 동일하게 미치게 되므로 사립학교 교원도 사실상 그 혜택을 볼 수 있음'이라고 명시함에 따라 동 내용에 대하여 교원노조는 단체협약이 법령이라고 주장하고 따라서 단체협약이 사립학교에도 적용됨을 주장하고 있다. 그러나 동 해석에 대해서도 법령이 개정될 경우 사립학교에도 동일하게 효력이 미친다는 것은 법령 개정의 효과에 의해 외형상 사립학교에 적용되는 것으로 보일 뿐 단체협약의 효력이 직접 적용되는 것을 의미하는 것은 아니고, 또한, 단체협약이 바로 법령이라는 내용은 아니라 할 것이다. 교육부, 「교섭(·협의)및 합의 관련 자료집」, 2000, p.13 참조

이고, 설령 사립학교에 적용된다고 하더라도 사립학교 설립·경영자와 체결한 단체협약과의 상충문제가 발생한다고 할 것이므로 교원노조 주장은 타당하지 않다고 본다.

3. 공무원노조법과 일반적 구속력

하나의 사업 또는 사업장에 상시 사용되는 동종 근로자의 반수 이상의 근로자가 하나의 단체협약의 적용을 받게 된 때에는 다른 동종의 근로자에 대하여도 당해 단체협약이 적용된다(일반노조법 제35조). 정부교섭대표가 단체협약을 체결한 경우 당해 교섭단위 내에서 상시 사용되는 동종의 공무원의 반수 이상이 하나의 단체협약의 적용을 받게 된 때에는 당해 교섭단위내의 다른 동종의 공무원에 대해서도 당해 단체협약이 적용된다.

일반적 구속력이 발생하는 요건으로서의 동종의 근로자는 앞에서 언급한 바와 같이 공무원노조법 제6조에 기하여 가입자격이 인정되는 공무원 등을 대상으로 판단하여야 할 것이다.

대법원

【일반노조법 제35조는 하나의 사업 또는 사업장에 상시 사용되는 동종의 근로자 반수 이상이 하나의 단체협약의 적용을 받게 된 때에는 당해 사업 또는 사업장에 사용되는 다른 동종의 근로자에 대하여도 당해 단체협약이 적용된다고 규정하는바, 이에 따라 단체협약의 적용을 받게 되는 동종의 근로자라 함은 당해 단체협약의 규정에 의하여 그 협약의 적용이 예상되는 자를 가리키며, 한편 단체협약 등의 규정에 의하여 조합원의 자격이 없는 자는 단체협약의 적용이 예상된다고 할 수 없어 단체협약의 일반적 구속력이 미치는 동종의 근로자라고 할 수 없음.】(2004.2.12 선고 2001다63599)

Ⅴ. 단체협약의 종료

단체협약은 기간의 만료, 해지·해제, 당사자의 변동, 목적의 달성, 반대 협약의 성립 등에 의하여 효력을 상실한다.

1. 단체협약의 실효 사유

1) 존속기간의 만료와 당사자의 소멸

단체협약의 유효기간의 상한은 노·사 당사자가 3년의 범위 내에서 자유롭게 정할 수 있으나(일반노조법 제32조제1항), 그 유효기간을 정하지 않거나 3년 이상을 초과하는 기간을 정한 경우에는 그 유효기간은 3년으로 된다(일반노조법 제32조제2항). 따라서 단체협약은 그 유효기간이 만료되면 효력이 상실된다. 그러나 그 유효기간이 만료되는 때를 전후하여 노동조합과 사용자 쌍방이 새로운 단체협약을 체결하기 위하여 단체교섭을 계속하였음에도 불구하고 단체협약이 체결되지 아니한 경우에는 종전의 단체협약(규범적 부분과 채무적 부분 포함)은 그 효력 만료일부터 3월까지 계속 효력을 가진다(일반노조법 제32조제3항). 단체협약 유효기간 중이라도 노동조합이 해산하게 되면 단체협약은 당연히 소멸하지만, 노동조합의 조직변경이 있는 경우에는 그 동일성이 인정된다면 단체협약은 그대로 존속한다.

2) 해지·해제

단체협약은 자동연장협정에 의하여 효력이 연장된 경우에 해지할 수 있다고 명시되고 있으나, 그 외의 경우에 해지가 가능한지에 대하여는 명확한 규정을 두고 있지 않다. 그러므로 단체협약의 유효기간 내에 해지가 가능한지 여부와 단체협약의 일부분에 대하여 일방적으로 해지가 가능한지 여부가 문제가 된다.

단체협약(자동갱신협정에 따라 '갱신된 단체협약' 포함)의 유효기간 내에는 단체협약을 해지할 수 없다고 보는 것이 일반적이다. 그러나 유효기간 내라 하더라도 단체협약은 노사간의 의사합치에 의한 약정이므로 협약 당사자간의 합의(당사자 일방의 동의의 경우도 포함됨)에 의한 경우라면 전부 또는 일부 조항에 대해서도 언제든지 해지할 수 있다는 것이 지배적인 견해이며, 단체협약은 근로조건 규제 및 노사관계 안정의 기능을 가진다는 점에 비추어 협약의 상대방이 평화의무를 위반한다든가 또는 단체협약에 의하여 정립된 근로조건의 기준을 계속 무시하는 등과 같이 단체협약의 존재의의를 상실시킬 만한 중대한 위반행위를 한때에는 당사자 일방이 단체협약을 해지(민법 543조 참조)할 수 있다.

또한, 단체협약 중 자신에게 불리한 조항만을 선정하여 해지하는 것이 가능한지에 대하여는 개별 규정 전체가 하나의 일체를 이루어 규범적 효력을 갖는 것이므로 협약 당사자 일방에게 규정 일부에 대한 해지권을 부여한 바 없는 이상 일부조항에 대하여 해지할 수 없다는 것이 일반적인 견해이다.

복수노조 설립이 가능한 노사관계에 있어서 단체협약 체결 이후 새로 설립된 노조가 있을 경우 종전 단체협약의 내용의 일부를 합의나 동의에 의하여 변경 또는 해지하고자 할 때에 새로운 노조에 대해서도 합의나 동의를 받아야 하는지 여부가 관건인데 이는 새로운 단체협약의 체결을 의미하므로 교섭창구 단일화 규정이 적용된 경우에는 새로 설립된 노조의 합의나 동의를 반드시 받아야 할 것이다.

일반노조법에 의하면 해지하고자 하는 경우에 6월전까지 상대방에게 사전 통고하고 종전의 단체협약을 해지할 수 있다(일반노조법 제32조제3항 단서)고 규정하고 있는데 이 경우 해지 통고일로부터 6개월이 경과하면 해지의 효력이 자동적으로 발생한다는 의미보다는 해지를 하고자 할 경우 최소한 6개월의 기한을 두어야 한다는 것을 의미하므로 문서 송달 기간을 고려하여 최소한 6개월이 경과한 후의 특정기일을 정하여 통고해야 함을 의미한다.

2. 자동연장협정과 자동갱신협정

자동연장협정이란 유효기간 만료 후의 무협약 상태를 피하기 위하여 「이협약은 새 협약이 성립할 때까지 유효하다」는 내용의 협정을 말한다. 이는 협약 당사자가 새 협약이 성립할 때까지 일단 현재의 단체협약에 의하여 노사관계를 안정시킨 가운데 단체교섭을 계속하자는데 그 취지가 있으므로 당사자의 의사에 반하여 협약의 효력을 연장하는 것은 아니다. 따라서 당사자 일방이 자동연장협정을 해지하고자 하는 경우에는 6월전까지 상대방에게 사전 통고하고 종전의 단체협약을 해지할 수 있다(일반노조법 제32조제3항 단서).

자동갱신협정이란 예를 들어 『이 협약의 기간만료 30일전까지 당사자의 일방이 단체협약의 개폐의 의사표시 또는 변경안의 제시가 없는 경우에는 기간만료일로부터 다시 3년간 유효한 것으로 본다』라고 하는 협정을 말한다. 이는 단체협약 개폐의 의사표시를 할 수 있음에도 불구하고 이를 행하지 않는 것은 종전의 단체협약의 계속적인 존속을 묵시적으로 인정하는 것이므로 구협약과 동일한 내용의 신협약을 체결하는 절차를 생략한 것이라고 볼 수 있다.

3. 단체협약 유효기간 종료 후의 효력

단체협약이 만료·실효 후의 효력 지속여부에 있어서는 여러 가지 견해가 있으나 구 협약에 의한 근로조건이 개개의 근로계약의 내용이 되고 있다고 보아 또는 만료·실효 후에도 구 협약상의 근로조건을 그대로 유지한다는 묵시의 합의가 근로계약상 성립되고 있다고 보아 새로운 협약이나 새로운 근로계약이 체결·개정될 때까지는 종래의 근로조건 관계가 계속된다[22]는 견해가 다수설로 되어 있다.

이러한 견해에 따를 경우 단체협약의 효력이 상실된 후에도 구 협약의 내용을 변경할 수 없다는 것을 의미한다.

---

22) 김수복, 앞의 책, p.422~423

그러나, 일반노사관계와 달리 공무원과 교원노사관계에서의 단체협약은 법에서 효력의 요건을 제한하는 규정(공무원노조법 제10조, 교원노조법 제7조)이 있고, 단체교섭의 대상인 임금, 근로조건 등은 대부분 법령으로 명시하고 있어 교원노조와의 단체협약의 기간이 만료된 후에도 효력이 지속(이하 '여후효'라 함)되는지는 의문이 제기될 수 있으므로 이에 대하여 살펴보고자 한다.

1) 단체협약의 '여후효'

단체협약이 그 종료원인의 발생으로 종료된 경우, 그 협약은 장래에 대해 효력을 잃게 된다. 그 결과 종래 단체협약에 따라 성립한 노동조합과 사용자 사이의 모든 권리의무는 소멸한다. 다만 그 종료는 장래에 대해서만 효력을 발생하므로 소급하여 효력을 잃는 것은 아니다. 단체협약의 종료로 그 효력이 상실된 경우 채무적 부분은 그 효력을 상실하지만[23] 단체협약에 의해 정해진 규범적 부분인 근로조건은 여러 가지 견해가 있다.

학설에 의하면 첫째, 여후효를 전면적으로 받아들여 종래 협약의 규범적 부분이 가지는 규범적 효력을 그대로 인정하여야 한다고 보는 무제한적 여후효설과 둘째, 직률성만을 인정하여 협약 종료 후에도 규범적 부분은 근로관계의 내용으로 화체되었으므로 그대로 효력이 있으나 강행적 효력이 존재하지 않으므로 개별적인 새로운 근로계약에 의해 근로조건이 정하여진 때, 가령 종래 협약 기준 이하일지라도 당해 근로계약은 유효하다고 보는 제한적여후효설, 셋째, 여후효를 전면적으로 부정하여 협약 종료 후의 개별 근로관계는 근로계약, 취업규칙 및 계약당사자의 의사에 의해 결정하여야 한다고 보는 여후효부정설 그리고 넷째, 여후효의 개념 자체는 부정할지라도 규범적 부분은 규범적 효력에 의해 개별근로계약의 내용으로 되어 있으므로 협약 실효 후일지라도 특별히 이를 배제하는 개별적 혹은 집단적 약정이 없는 한 종래의 협약에서 정한 바에 따라 근로조건이 결정된다고 보는 근로계약내용화체설[24]등이 있다.

---

23) 대판 1997.6.13, 96누 17738 판결
24) 이병태, 앞의 책, p.283

판례는 '단체협약이 실효되었다고 하더라도 임금, 퇴직금이나 노동시간, 그 밖에 개별적인 근로조건에 관한 부분은 단체협약의 적용을 받고 있던 근로자의 근로계약의 내용이 되어 그것을 변경하는 새로운 단체협약, 취업규칙의 체결·작성되거나 또는 개별적인 근로자의 동의를 얻지 아니하는 한 개별적인 근로자의 근로계약의 내용으로서 여전히 남아 있어 사용자와 근로자를 규율한다'[25]고 하여 규범적 부분에 대해서는 새로운 단체협약의 체결, 새로운 취업규칙의 작성, 개별 근로자의 동의 등의 경우 이외에는 효력을 유지하는 것으로 보고 있다. 독일에서는 1949년 독일 단체협약법 제4조 제5항에서 '단체협약의 종료 후에도 그 법규범은 다른 합의에 의해 대체되지 않는 한 유효하게 존속한다.'고 규정하여 입법적으로 해결하였다.

판례의 입장에 비추어 보면 일반노사관계에서 규범적 부분의 경우 여후효가 인정됨을 알 수 있다. 그러나, 공무원과 교원노조의 경우에는 앞에서도 살펴본 바와 같이 일반 노사관계의 단체협약과 다른 특성이 있다할 것이므로 공무원과 교원노조의 단체협약 여후효에 대한 검토가 필요하다.

2) 교원·공무원노조의 단체협약의 '여후효'

일반 노사관계의 경우 일반노조법 제33조에 따라 '단체협약에 정한 근로조건 기타 근로자의 대우에 관한 사항은 취업규칙 또는 근로계약의 부분은 무효로 한다' 라고 규정하여 단체협약 내용이 근로계약의 내용이 되어 단체협약이 지속된 것으로 외견상 보일 수 있다. 그러나 교원의 경우 근로조건 등이 법령이나 예산에 의하여 결정[26]되므로 이 경우는 단체협약의 효력이 없고, 동 내용에 대한 법령이 바뀔 경우에는 단체협약의 효력이 지속되는 것으로 외견상 보일 뿐 단체협약 효력이 지속된다고는 보이지 않는다.

또한, 교원과 공무원의 경우 단체협약의 내용에 있어서도 규범적 부분은 교

---

25) 대법 2007.12.27. 선고 2007다51758; 대법 2006.11.23. 선고 2006두11644 등
26) 교원노조법 제7조제1항 '단체협약의 내용중 법령·및 예산에 의하여 규정되는 내용과 법령 또는 조례에 의한 위임을 받아 규정되는 내용은 단체협약으로서의 효력을 가지지 아니한다'

원의 임금, 근무조건 등 교섭대상으로 한정함이 타당할 것이고 이 경우 법령사항이 되므로 일반노사관계와는 달리 단체협약으로서의 효력이 부인된다 할 것이다. 기타의 내용(즉, 법령으로 규정되지 않은 내용)에 대한 규범적 효력으로서의 여후효를 인정할 경우 주된 근무조건인 규범적 부분이 '무효'인데 반하여 기타의 내용이 효력을 지속한다면 이치에 맞지 않는 모순이 발생한다. 그러므로 내용면에 있어서도 단체협약의 효력기간이 만료되면 여후효는 발생하지 않는다고 보는 것이 합당할 것이다.

문제는 단체협약 종료 후에 당사자 간에 합의가 있으면 근로조건을 변경할 수 있는지가 문제된다. 이에 대하여 김형배(1997)는 단체협약의 강행적 효력과 직접적 효력이 더 이상 존재하지 않으므로 사용자는 개개의 근로자와 교섭에 의하여 근로관계의 내용을 변경할 수 있다고 주장하고 있고, 김유성(1999)은 조합원과 비조합원의 경우를 나누어서 노조의 탈퇴 등으로 인하여 비조합원에게 적용되는 단체협약은 단체교섭권의 침해가 문제될 여지가 없으므로 당사자와의 개별적 합의에 의해 협약 상 기준을 변경할 수 있으나, 조합원에 대하여는 헌법상 단체교섭권이 보장되고 있는 취지 하에서 개별교섭금지의 원칙, 근로조건의 일방적 변경금지의 원칙 등이 도출되기 때문에 그 변경이 유리하든 불리하든 불문하고 허용되지 않는다고 보고 있다.

생각건대, 헌법상 노동3권이 보장되고 있는 취지 하에서 사용자의 일방적인 근로조건 변경을 금지하여야 한다는 견해에 찬성한다. 이러한 견해에 따를 경우 단체협약의 효력이 상실된 후에도 구 협약의 내용을 특별한 사유 없이는 변경할 수 없는 것이 원칙이라는 것을 의미한다.

먼저 근무조건과 관련된 규범적 부분의 경우에 단체협약이 실효되더라도 교원과 공무원인 개별조합원의 근로조건은 여전히 법령으로 정해져 있고 또한 일반기업체에서 논의되고 있는 근로계약이나 취업규칙이 존재하지도 않는다.
따라서 교원과 공무원에 있어서 단체협약이 실효된다고 하여 일반기업체와 동일한 규범적 효력이 지속될 수가 없다. 왜냐하면 교원과 공무원에 있어서는 단체협약의 규범적 부분은 협약의 성립과 함께 개별적 근로관계의 내용으로 화체되기 때문에 협약이 실효되더라고 개별적 근로관계의 내용으로 화체된 부분은 그대로 존속한다는 견해나 계속적 법률관계를 규율하는 근로 계약의 본질상 협약상의 근로조건 기준은 근로계약의 내용으로서 효력을 지속하게 된다는 견해는 성립할 수가 없다고 보기 때문이다.

채무적 부분은 단체협약의 실효와 더불어 효력을 상실한다. 조직적(제도적) 부분은 규범적 효력을 갖는다는 견해에 따르면 앞에서 본 바와 같이 교원과 공무원의 근로조건은 법정화 되어 있으므로 단체협약의 효력이 만료되면 당연히 그 효력을 상실하게 되고, 채무적 효력을 갖는다는 견해에 따르면 단체협약의 실효와 더불어 효력은 자동적으로 없게 된다.

필자의 견해로는 교원 또는 공무원에 있어서 단체협약의 조직적(제도적)부분은 채무적 효력을 갖는다고 생각되므로 단체협약의 실효와 더불어 자동적으로 단체협약의 효력을 상실한다고 본다.
한편, 단체협약 종료 후에 당사자 간에 합의가 있으면 근로조건을 변경할 수 있는지의 문제 또한 일반기업체와는 달리 공무원이나 교원의 경우 법령으로 정하고 있기 때문에 법령의 개정 등이 없는 한 당사자간 합의로 근로조건을 변경할 수는 없다고 판단된다.

Ⅵ. 단체협약의 해석과 불이행

1. 단체협약의 해석

단체협약의 해석 또는 이행방법에 관하여 관계 당사자간에 의견의 불일치가 있는 때에는 당사자 쌍방 또는 단체협약에 정하는 바에 의하여 어느 일방이 노동위원회에 그 해석 또는 이행방법에 관한 견해의 제시를 요청 할 수 있다(일반노조법 제34조 제1항).
견해제시의 요청은 당해 단체협약의 내용과 당사자의 의견 등을 기재한 서면으로 하여야 한다(일반노조법 시행령 제16조).

노동위원회는 위 요청을 받은 때에는 그 날부터 30일 이내에 명확한 견해를 제시해야 하며(일반노조법 제34조제2항) 노동위원회가 제시한 견해는 중재재정과 동일한 효력이 있다(일반노조법 제34조제3항).

노동위원회의 견해에 대하여 이의가 있는 노사일방은 노동위원회의 견해서를 송달 받은 날부터 10일 이내에 중앙노동위원회에 재심을 신청할 수 있으며 만약 재심신청을 하지 아니하면 노동위원회에서 제시한 견해는 확정되는 것이므로 노사 당사자는 그 견해를 따라야 한다.

2. 단체협약의 불이행

단체협약 중 일정한 사항을 불이행한 경우 일반노조법과 교원노조법에서는 불이행에 대하여 벌칙이 적용되지만(일반노조법 제92조), 공무원노조와 체결한 단체협약을 정부교섭대표 등이 위반한 때에는 공무원노조법 제17조 제3항에 의해 일반노조법 제92조의 적용이 배제되고 있기 때문에 벌칙은 적용되지 않는다.

반면에 정부교섭대표 등이 단체협약을 불이행한 경우에는 공무원노조는 법원에 이행청구를 하는 방법 또는 당사자 쌍방이 합의하거나 단체협약에서 정한 경우에는 일방이 노동위원회에 단체협약의 해석 또는 이행방법에 관한 견해의 제시를 요청하는 방법(일반노조법 제34조 참조)을 취할 수 있다.

3. 단체협약 위반 또는 불이행시의 효력

일반기업의 노사관계에 있어서 단체협약의 중요성을 감안하여 단체협약의 내용 중 일반노조법 제92조제2호[27])에서 규정된 사항을 위반한 사용자, 노동조합 및 조합원에 대해서는 형사처벌(1천만원 이하 벌금)을 하도록 규정하고 있다.

따라서 단체협약의 만료 또는 해지 통보 등의 사유로 단체협약이 실효된 경우에는 본 조항에 의한 벌칙문제가 발생하지 않는다고 해석된다.

교원노사관계에 있어서 단체협약의 위반 또는 불이행시의 벌칙 적용 여부 또한 교원노조법 제7조제1항에 의하여 '법령 등'에 해당하는 사항은 효력이 없으므로 그 부분에 대해서는 위반의 문제가 발생되지 않고 따라서 불이행시의 벌칙 적용 또한 없다고 해석된다.

또한 교원의 경우 임금과 근로시간 그리고 징계 및 해고 등 근무조건에 관한 사항은 법정화 되어 있으므로 위반의 여지가 없고, 쟁의행위가 금지되어 있으므로 쟁의행위에 관한 사항도 적용될 여지가 없다.

---

27) 제92조(벌칙) 다음 각호의 1에 해당하는 자는 1천만원 이하의 벌금에 처한다.
   2. 제31조제1항의 규정에 의하여 체결된 단체협약의 내용 중 다음 각목의 1에 해당하는 사항을 위반한 자
      가. 임금·복리후생비·퇴직금에 관한 사항
      나. 근로 및 휴게시간, 휴일, 휴가에 관한 사항
      다. 징계 및 해고의 사유와 중요한 절차에 관한 사항
      라. 안전보건 및 재해부조에 관한 사항
      마. 시설·편의제공 및 근무시간 중 회의참석에 관한 사항
      바. 쟁의행위에 관한 사항

제6장 부당노동행위 구제제도

★ 본장의 Point

1. 부당노동행위 제도는 헌법상의 근로3권을 보장하기 위한 제도로 사용자에게만 금지되는 제도이다.

2. 부당노동행위가 성립하기 위해서는 부당노동행위의 주체 즉 "사용자 또는 사용자를 위하여 행동하는 자"가 부당노동행위의 의사에 기초한 언행을 하는 것을 의미하며, 이 경우 부당노동 행위의 의사는 고의 과실 차원 이외에 객관적 외형적 사실로부터 추정되는 의사만으로도 가능하다.

3. 부당노동행위의 유형으로 ①불이익 취급 ②불공정 고용계약 ③단체교섭의 거부 해태 ④지배 개입 등으로 구체적으로 어떤 경우에 부당노동행위에 해당하는지를 살펴본다.

4. 일반노조법과 교원노조법상 부당노동행위의 주체인 사용자는 형사처벌의 대상이 되는 반면, 공무원노조법상 사용자의 행위는 처벌규정이 적용되지 않는다.

Ⅰ. 제도의 의의

1. 부당노동행위 제도의 의의

헌법 제33조제1항은 근로자에게 단결권·단체교섭권·단체행동권을 보장하고 있으나 노동조합운동의 초기단계부터 사용자는 노동조합의 세력이 강화되는 것을 경계하여 조합운동의 약화를 도모하여 왔다.

그 방법으로는 근로자의 노동조합 결성 또는 정상적 활동을 방해하기 위한 근로자 해고 또는 차별적 대우 등 불이익 취급과 반조합적 선전, 어용조합의 결성, 단체교섭의 거부, 지배·개입 등이 있다. 이러한 사용자에 의한 노동3권 침해는 원래 노동조합이 스스로 방어하여야 할 것이지만 노동조합에 의한 자주적 방어가 어려운 경우에는 국가기관의 개입에 의하여 사용자의 행위를 배제할 것이 요청되는 바, 부당노동행위 제도는 헌법상 보장된 노동3권을 보호하기 위해 설정된 제도로서 사용자의 부당한 침해행위를 방지하고, 개개인의 근로자 또는 노동조합을 보호함으로써 공정한 "룰"에 의해 노사관계 질서를 형성·정립하기 위한 제도이다.

2. 제도의 변천

'53년 노동조합법 제정 당시 부당노동행위에 대해 직벌주의를 규정하였으나 '63년 법 개정시 노동위원회에 의한 원상회복주의로 전환하였고 '86년 법 개정시 원상회복주의에 다시 처벌규정을 가미하여 현재는 원상회복주의와 과벌주의를 병행하고 있다.

'97년 일반노동법 제정으로 종전의 체제를 그대로 유지하면서 부당노동행위에 대한 반의사 불벌 조항을 삭제하였고, 노조전임자의 급여지원을 부당노동행위로 규정하였다(일반노조법 제81조제4호). 또한 법원의 구제명령 긴급이행명령 제도를 도입하였다(일반노조법 제85조제5항).

법인 또는 단체의 대표자, 법인·단체 또는 개인의 대리인·사용인 기타의 종업원이 그 법인·단체 또는 개인의 업무에 관하여 일반노조법 제88조에 따른 쟁의행위 제한과 금지 내지 제93조에 따른 노조명칭사용, 규약 및 결의처분 및 단체협약 시정명령 위반행위를 한 때에는 행위자를 벌하는 외에 그 법인·단체 또는 개인에 대하여도 각 해당 조의 벌금형을 과한다. 다만, 법인·단체 또는 개인이 그 위반행위를 방지하기 위하여 해당 업무에 관하여 상당한 주의와 감독을 게을리하지 아니한 경우에는 그러하지 아니하다(일반노조법 제94조, 양벌규정).〈개정 2020. 6. 9.〉

이 양벌규정에 대한 헌법재판소의 단순위헌 결정(2019.4.11. 2017헌가30 결정 등)에 따라 '20년 법 개정을 통해 양벌규정의 예외를 규정하여 법인·단체 또는 사업주가 법위반 행위를 방지하기 위한 상당한 주의와 감독을 게을리하지 아니한 경우에는 양벌규정이 적용되지 않는다.

사용자가 중앙노동위원회의 구제명령에 불복하여 행정소송을 제기하는 경우 중앙노동위원회의 신청에 의하여 관할법원이 확정판결 전이라도 구제명령의 전부또는 일부를 이행하도록 명령할 수 있고 이에 위반한 경우에는 불이행 일수에 비례한 과태료를 부과하여 이행을 강제함으로써 근로자의 권리를 신속히 구제할 수 있도록 하였다(일반노조법 제95조).

그러나 공무원 노조법 제17조제3항에서는 정부기관으로서의 행위로 개인이 신분상 불이익을 감수하게 된다는 점과 고소·고발 남용으로 인사권 행사를 부당하게 제약할 우려가 있다는 점을 감안하여 부당노동행위에 따른 벌칙조항인 일반노조법 제90조를 적용 제외하고 있기 때문에 부당노동행위를 한 해당 기관장 등은 부당노동행위에 따른 벌칙조항은 적용되지 않는다. 즉 일반노조법과 교원노조법에서는 부당노동행위에 해당하면 벌칙조항이 적용되지만 공무원 노조법에서는 벌칙조항에 대한 적용을 배제하고 있다.

3. 특징

1) 공무원노조법과 원상회복주의

노동위원회의 부당노동행위 구제는 부당노동행위로 인해 침해된 상태를 제거하고 원상회복하는데 실익이 있기 때문에 원상회복주의를 채택하고 있고 이와는 별도로 부당노동행위를 사전에 예방·억제하기 위해 부당노동행위를 한 자를 처벌하는 처벌주의를 병용하고 있다.

일반노조법과 교원노조법에서는 이러한 노동위원회의 구제명령의 실효성을 높이기 위하여 사용자가 확정된 구제명령을 이행하지 않는 경우에 처벌할 수 있도록 하고 있고(일반노조법 제89조제2호) 부당노동행위를 한 자를 처벌하는 처벌주의를 병용하고 있다(일반노조법 제90조).[1]

그러나 공무원노조법 제17조제3항에서는 처벌조항(일반노조법 제89조 제2호 및 제90조)의 적용을 배제하고 있기 때문에 원상회복주의만 채택하고 있다고 할 수 있다. 따라서 부당노동행위를 한 사용자는 처벌되지 않을 뿐만 아니라 부당노동행위 구제신청의 피신청인인 해당 기관장 등이 노동위원회의 구제명령을 이행하지 않더라도 동 벌칙조항은 적용되지 않는다.

2) 행정구제와 사법적 구제의 이원적 구제제도

사용자의 부당노동행위로 그 권리를 침해당한 근로자 또는 노동조합은 원상회복을 위한 구제방법으로서 노동위원회에 구제신청을 할 수 있고, 이와 별개로 사법상의 지위의 확보 및 권리구제를 위하여 별도로 민사소송을 제

---

[1] 일반노조법과 교원노조법상 피해 당사자는 부당노동행위 구제신청과 별도로 사용자의 처벌을 요구할 수도 있는데(일반노조법 제90조) 부당노동행위에 대하여는 피해자의 의사에 관계 없이 처벌할 수 있다.

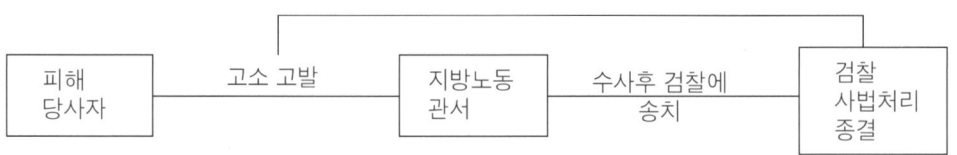

기할 수 있다.[2]

교원과 공무원의 경우에도 정부 측의 부당노동행위로 그 권리를 침해당한 교원, 공무원 또는 노동조합은 노동위원회에 부당노동행위 구제신청을 할 수 있고, 이와 별개로 교원, 공무원 또는 노동조합은 그 지위의 확보 및 권리구제를 위해 정부측 해당 기관장을 상대로 행정소송을 제기할 수 있다.

다만, 일반 근로자의 경우에는 부당노동행위로서의 부당해고가 있을 경우, 노동위원회에 부당해고와 부당노동행위 구제신청을 동시에 할 수 있지만 교원과 공무원의 경우에는 부당노동행위 구제신청만 할 수 있으며, 해임 등에 대해서는 법원에 소송을 제기하여야 한다. 교원의 경우 해고나 그 밖의 불이익을 받은 것을 이유로 해당 교원 또는 노동조합이 노동위원회에 부당노동행위 구제를 신청한 경우에는 「교원지위향상을 위한 특별법 제9조에도 불구하고 교원소청심사위원회에 소청심사를 청구할 수 없다」라고 규정 (교원노조법 제13조)하였으나 교원노조법 제13조가 2023.12.11.부터 삭제시행되어 교원은 노동위원회에 부당노동행위구제신청과 함께 교원소청심사위원회에 소청심사도 할 수 있게 되었다.

사용자의 부당노동행위로 인하여 그 권리를 침해당한 근로자 또는 노동조합은 노동위원회에 그 구제를 신청할 수 있다(일반노조법 제82조제1항). 노조설립 과정의 부당노동행위에 대해서는 후에 설립된 노동조합에도 신청자격이 인정된다. 단체교섭 거부 및 지배개입의 경우에는 원칙적으로 노동조합이 신청인이 되는 것이나, 조합임원 또는 개별근로자도 이해관계 자로서 신청할 수 있다.

구제신청은 부당노동행위가 있는 날(계속하는 행위는 그 종료일)부터 3월 이내에 하여야 한다(일반노조법 제82조제2항). 이때 "계속하는 행위"란 동일한 부당노동행위 의사에 근거하여 계속적으로 반복되는 행위를 말하며, 사용자가 한 행위의 효과가 계속된다는 의미는 아니다.

---

[2] 대법원 1992. 5. 22. 91다22100

노동위원회는 공무원 또는 노동조합으로부터 구제신청을 받은 때에는 지체없이 그 사실을 행정관청과 소관 소청심사위원회에 통보하여야 한다(공무원노조법 시행령 제13조).

3) 긴급이행명령제도

사용자가 중앙노동위원회의 부당노동행위 구제명령에 불복하여 행정소송을 제기한 경우에 관할법원으로 하여금 중앙노동위원회의 신청에 의해 결정으로써, 판결이 확정될 때까지 중앙노동위원회의 구제명령의 전부 또는 일부의 이행을 명할 수 있도록 하고 있다(일반노조법 제85조제5항). 이 제도를 긴급이행명령제도라고 하는데 법원의 긴급이행명령을 위반한 자에 대해서는 500만원 이하의 금액(당해 명령이 작위를 명하는 것일 때에는 그 명령의 불이행 일수 1일에 50만원 이하의 비율로 산정한 금액)의 과태료에 처한다(일반노조법 제95조).

긴급이행명령제도와 과태료 관련 규정은 일반노조법은 물론, 공무원노조법, 교원노조법 모두 적용된다.

Ⅱ. 성립요건

1. 부당노동행위 주체

부당노동행위제도는 사용자의 일정한 행위에 대하여 금지하는 제도이다. 따라서 부당노동행위의 주체에 대하여는 일정한 행위를 해서는 안되는 행위의 주체로서의 사용자와 구제명령을 이행하여야 하는 사용자가 각각 다를 수 있다.

행위의 주체로서 사용자란 "사업주·사업의 경영담당자 또는 사업의 근로자에 관한 사항에 대하여 사업주를 위하여 행동하는 자"를 말한다(일반노조법 제2조제2호).

"사업주를 위하여 행동하는 자"란 일반노조법에서는 인사·급여·노무관리 등에 대하여 사업주 또는 사업의 경영담당자의 명령·지휘권을 대행하는 자도 포함된다. 일반적으로 부장·과장 등 고위 직원을 말하나, 낮은 직위의 직원일지라도 대행이 인정되는 경우에는 사용자의 범위에 포함된다.

공무원노조법에서의 사용자에 해당하는 "공무원에 관한 사항에 대하여 기관의 장을 위하여 행동하는 사람"의 일반적인 기준은 "공무원의 인사, 급여, 후생, 노무관리 등 근무조건의 결정 또는 업무상의 명령이나 지휘감독을 하는 등의 사항에 대하여 사용자인 기관의 장으로부터 일정한 권한과 책임을 부여받은 사람"으로 정의할 수 있다. 구체적인 범위는 개별적으로 판단하여야 하지만 공무원노조법 시행령 제3조(노동조합 가입이 금지되는 공무원의 범위)제1호 및 제2호에 해당하는 경우가 이에 해당한다고 할 수 있다.

교원노조법상 사용자는 교원의 인사관리를 담당하거나, 교원의 근로조건의 결정·학교 운영 및 학사관리의 기획 또는 집행에 관여하는 교장, 교감 등이 포함될 수 있다.

공무원노조법은 처벌 규정이 배제되기 때문에 부당노동행위를 한 사용자가 처벌받지는 않지만, 일반노조법과 교원노조법상 부당노동행위의 주체인 사용자는 형사처벌의 대상이 된다(일반노조법 제90조).

구제명령의 상대방인 사용자는 법률상 독립한 권리의무의 귀속주체이어야 한다. 따라서 일반노조법상 사업주인 사용자에 국한되며, 공무원노조법과 교원노조법상 사용자는 해당 기관의 장이 된다. 공무원노조법과 교원노조법상 구제명령의 주체로서의 사용자는 일반적으로 교섭의 상대방과 동일하게 된다.

2. 부당노동행위 의사

부당노동행위제도의 규제대상은 사용자의 의사에 기초를 둔 언동이라 할 것이므로 사용자의 부당노동행위 의사가 있어야 부당노동행위가 성립된다. 다만, 그 의사는 고의·과실의 차원이 아니고 객관적·외형적 사실로부터 추정되는 의사만으로 충분하며 부당노동행위 의사 추정기준은 사용자의 조합에 대한 종래의 태도(사보, 회의, 조회, 직원교육 및 평소언행), 과거 부당노동행위 사건 유무, 피해자의 조합활동 적극성 유무, 불이익 취급시기(조합결성 직후, 단체교섭 직전·교섭중, 쟁의행위 등), 사용자 처분과 종래 관행의 균형 여부, 타 근로자와의 형평(동일 사안에 있어서의 차별대우), 노조결성 이후 조합조직 및 활동의 추이, 사용자가 제시한 처분이유의 명료성, 합리성, 일관성, 사용자의 처분이 단체협약, 취업규칙 소정의 절차이행 여부 등을 들 수 있다.

부당노동행위제도는 민법상의 불법행위와 같이 손해배상을 위주로 하는 제도가 아니므로 그 결과발생을 필요로 하는 위법행위와는 다른 것이다. 따라서, 단결권 침해 등의 결과를 발생시킬 우려가 있는 행위에 대하여도 구제명령이 가능하다.

Ⅲ. 부당노동행위의 유형

사용자의 부당노동행위의 유형으로는 ①불이익 취급 및 보복적 불이익 대우, ②불공정고용계약의 체결, ③단체교섭의 거부·해태, ④지배·개입 등이 있다(일반노조법 제81조제1항제1호, 제5호).

1. 불이익 취급 및 보복적 불이익 대우 (일반노조법 제81조제1항제1호, 제5호)

1) 의의

근로자가 노동조합에 가입 또는 가입하려고 하였거나 노동조합을 조직 하려고 하였거나 기타 노동조합의 업무를 위한 정당한 행위를 한 것을 이유로 그 근로자를 해고하거나 그 근로자에게 불이익을 주는 행위(일반노조법 제81조제1항제1호)와 근로자가 정당한 단체행동에 참가한 것을 이유로 하거나 또는 노동위원회에 대하여 사용자가 이 조의 규정에 위반한 것을 신고하거나 그에 관한 증언을 하거나 기타 행정관청에 증거를 제출한 것을 이유로 그 근로자를 해고하거나 그 근로자에게 불이익을 주는 행위(일반노조법 제81조제1항제5호)는 부당노동행위로 금지된다.

제1호에서 규정하고 있는 「근로자가 노동조합에 가입 또는 가입하려고 한 것」은 기존 노동조합의 조합원이 된 것 또는 될 것을 의미하고, 「노동조합을 조직하려고 한 것」은 노동조합이 없는 경우에 조합을 조직하려는 준비행위를 말한다. 또한 「노동조합의 업무를 위한 행위」는 노동조합의 목적인 근로조건의 개선·유지 기타 근로자의 경제적 지위향상을 도모하기 위한 필요행위 및 기타 관련되는 행위를 말한다.

> **대 법 원**
>
> 【일반노조법 소정의 "노동조합의 업무를 위한 정당한 행위"란 일반적으로는 정당한 노동조합의 활동을 가리킨다고 할 것이나, 조합원이 조합의 결의나 조합의 구체적인 지시에 따라서 한 노동조합의 조직적인 활동 그 자체가 아닐지라도 그 행위의 성질상 노동조합의 활동으로 볼 수 있거나, 노동조합의 묵시적인 수권 혹은 승인을 받았다고 볼 수 있을 때에는 노동조합의 업무를 위한 행위로 보아야 할 것임.】(대법원 '91.11.12, 91누4164)

이 경우 부당노동행위 성립여부는 당해 노동관계의 전체적인 상황, 근로자 및 사용자측의 태도, 불이익 취급의 종류와 정도 등 제반사항과 부당노동행위 의사의 유무를 종합하여 판단하여야 한다. 따라서, 노조활동에 대한 사용자의 제재가 지나친 것이라면 불이익 취급에 해당될 수 있다.

제5호의 규정은 넓은 의미에서 조합의 정당한 행위에 포함된 행위를 이유로 한 부당노동행위를 규정한 것으로 일종의 보복적 차별대우를 금지한 것이다.

불이익 취급의 유형으로는 해고, 퇴직의 강요, 전근 배치전환, 출근정지, 휴직명령, 대기명령, 복직거부 등 신분상의 불이익 대우, 차별적 승급·강등, 각종 수당의 차별적 지급, 수입 감소조치 등 경제적인 불이익 대우, 취업거부, 정직, 시말서 요구, 견책, 복리후생 시설의 차별대우 등 정신적 불이익 대우, 노동조합 활동방해, 조합 임원 또는 대의원 선출기반 박탈, 승진 등 노동조합 활동상의 불이익 대우 등이 있다.

2) 성립요건과 사례

부당노동행위가 성립되기 위해서는 정당한 노조활동과 사용자의 불이익 취급 사이에 인과관계가 인정되어야 한다.

인과관계의 판단요소로는 대상근로자가 조합활동의 중추적 역할을 담당하였거나 조합활동에 적극적이었는지 여부, 조합활동과 불이익 취급 시기의 관련여부(예컨대 단체교섭, 쟁의행위시의 처분), 처분결과가 조합조직·활동에 미친 영향, 처분이유의 명확성, 정당성 유무, 종래의 관행 등을 종합적으로 검토하여 판단한다.

대법원

【사용자가 근로자를 해고함에 있어서 표면적으로 내세우는 해고사유와는 달리 실질적으로는 근로자의 정당한 노동조합 활동을 이유로 해고한 것으로 인정되는 경우에 있어서는 그 해고는 부당노동행위라고 보아야 할 것이고, 근로자의 노동조합 업무를 위한 정당한 행위를 실질적인 해고사유로 한 것인지의 여부는 사용자측이 내세우는 해고사유와 근로자가 한 노동조합 업무를 위한 정당한 행위의 내용, 해고를 한 시기, 사용자와 노동조합과의 관계, 동종 사례에 있어서 조합원과 비조합원에 대한 제재의 불균형 여부, 종래의 관행에 부합 여부, 사용자의 조합원에 대한 언동이나 태도 기타 부당노동행위 의사의 존재를 추정할 수 있는 제반사정 등을 비교 검토하여 종합적으로 판단하여야 함.】(同旨 대판'91.4.23, 90누7685) (대법원'99.11.9, 99두4273)

해고 등 불이익 취급처분에 있어 사용자측 뿐 아니라 근로자측에도 불이익 취급을 당할만한 원인이나 사유가 있는 경우에는 정당한 노조활동의 사실이 없었더라면 불이익 취급이 없었을 것이라고 판단되는 경우에 부당노동행위가 성립된다.

업무상 필요에 따른 전근, 배치전환은 원칙적으로 불이익 취급에 해당하지 아니하나, 외형상으로 내세우는 전근·배치전환 사유와는 달리 실질적으로는 근로자의 정당한 노조활동을 이유로 한 것으로 인정되는 경우에 불이익 취급에 해당한다.

노동조합에 가입할 수 없는 자에 대하여 노동조합의 가입을 이유로 불이익한 처우를 하는 것은 부당노동행위가 아니다.

노조활동을 저지·곤란하게 할 목적으로 조합임원을 영전시키는 행위는 노조활동상의 불이익 처분에 해당될 수 있다.[3]

---

[3] 쟁의행위가 허용되는 민간부문의 경우, 쟁의행위가 정당하다고 평가되는 경우에는 이를 이유로 한 징계처분은 불이익 취급에 해당한다. 쟁의행위가 부당하다고 판단되더라도 해당 징계처분이 다른 조합원이나 관행에 비하여 형평을 잃을 정도로 중할 경우에는 불이익 취급에 해당될 수 있다.
파업이나 노조활동으로 실제 근로하지 아니한 시간에 상당하는 임금공제는 불이익취급이 되지 아니하나 그 공제액이 비근무시간에 비해 지나칠 경우에는 불이익취급에 해당될 수 있다.

대법원

【사용자가 근로자의 노동조합 활동을 혐오하거나 노동조합 활동을 방해하려는 의사로 노동조합의 간부이거나 노동조합 활동에 적극적으로 관여하는 근로자를 승진시켜 조합원 자격을 잃게 한 경우에는 노동조합 활동을 하는 근로자에게 불이익을 주는 행위로서 부당노동행위가 성립될 수 있을 것인 바, 이 경우에 근로자의 승진이 사용자의 부당노동행위 의사에 의하여 이루어진 것인지의 여부는 승진의 시기와 조합활동과의 관련성, 업무상 필요성, 능력의 적격성과 인선의 합리성 등의 유무와 당해 근로자의 승진이 조합활동에 미치는 영향 등 제반사정을 고려하여 판단하여야 할 것임.

사용자가 근로자의 정당한 노동조합 활동을 실질적인 이유로 삼으면서도 표면적으로는 업무상 필요성을 들어 배치전환한 것으로 인정되는 경우에는 부당노동행위라고 보아야 할 것이고, 배치전환이 부당노동행위에 해당되는지 여부는, 배치전환의 동기, 목적, 배치전환에 관한 업무상의 필요성이나 합리성의 존부, 전보에 따른 근로자의 생활상의 불이익과의 비교형량, 배치전환의 시기, 사용자와 노동조합과의 관계, 배치전환을 하기에까지 이른 과정이나 사용자가 취한 절차, 그밖에 배치전환 당시의 외형적 객관적인 사정에 의하여 추정되는 부당노동행위 의사의 존재 유무 등을 종합적으로 검토하여 판단하여야 함.】(대법원'98.12.23, 97누18035)

불이익취급에 있어서 사용자의 입장에서 정당한 인사권을 행사한 결과로 인한 불이익취급과 부당노동행위로서의 불이익취급이 경합하는 경우가 있다. 이 경우 불이익취급의 판단에 대해서는 ①부당노동행위 부정설, ②부당노동 행위 긍정설, ③결정적 원인설, ④상당인과관계설 등이 있다. 학설은 근로3권 보장 활동이 없었으면 불이익취급이 없었을 것이라고 판단되는 경우에는 부당노동행위의 성립을 인정해야 한다는 상당인과관계설이 다수설이다.[4]

이에 대해 판례는 '사용자가 근로자를 해고함에 있어서 근로자의 노동조합업무를 위한 정당한 행위를 그 결정적인 이유로 삼았으면서도 표면적으로는 다른 해고사유를 들어 해고한 것으로 인정되는 경우에는 일반노조법상의

---
4) 김유성 앞의 책 p.328 이하 참조

부당노동행위라고 보아야 할 것이고, 근로자의 노동조합업무를 위한 정당한 행위를 실질적인 해고이유로 한 것인지의 여부는 제반 사정을 종합적으로 검토 하여야 한다'고 판시함으로써 결정적 원인설에 가까운 입장을 취하고 있다.[5]

따라서 판례에 따르면, 정당한 징계사유가 있어 징계면직 등의 불이익 조치를 취한 것은 비록 사용자가 조합원의 노동조합활동을 못마땅하게 여긴 흔적이 있다고 하더라도 그 사유만으로는 징계면직 등의 불이익조치를 징계권 남용에 의한 부당노동행위에 해당한다고 볼 수는 없게 된다.

대법원

【사용자가 근로자를 해고함에 있어서 근로자의 노동조합업무를 위한 정당한 행위를 그 결정적인 이유로 삼았으면서도 표면적으로는 다른 해고사유를 들어 해고한 것으로 인정되는 경우에는 노동조합법 제39조제1호(현행법 제81조제1항제1호)에 정한 부당노동행위라고 보아야 할 것이고, 근로자의 노동조합업무를 위한 정당한 행위를 실질적인 해고이유로 한 것인지의 여부는 사용자측이 내세우는 해고사유와 근로자가 한 노동조합업무를 위한 정당한 행위의 내용, 징계해고를 한 시기, 회사와 노동조합과의 관계, 동종의 사례에 있어서 조합원과 비조합원에 대한 제재의 불균형 여부, 처분 후에 있어서 다른 노동조합원의 탈퇴 등 노동조합활동의 쇠퇴 내지 약화 여부, 기타 부당노동행위 의사의 존재를 추정할 수 있는 제반 사정을 비교 검토하여 종합적으로 판단하여야 할 것임.】(1991.2.22. 선고 90누6132 판결)

대법원

【사용자가 근로자를 해고함에 있어서 표면상의 해고사유와는 달리 실질적으로는 근로자가 노동조합업무를 위한 정당한 행위를 한 것을 이유로 해고한 것으로 인정되는 경우에는 부당노동행위라고 보아야 할 것이고, 근로자의 노동조합업무를 위한 정당한 행위를 실질적인 해고사유로 한 것인지의 여부는 사용자측이 내세우는 해고사유와 근로자가 한 노동조합업무를 위한 정당한 행위의 내용, 해고를 한 시기, 사용자와 노동조합과의 관계, 동종의 사례에 있어서 조합원과 비조합원에 대한 제재의 불균형 여부, 징계절차의 준수 여부, 징계재

---

[5] 대법원 1991. 2. 22. 선고90누 6132 판결 ; 대법원 1994. 12. 23. 선고 94누3001판결 등

량의 남용 여부, 기타 부당노동행위 의사의 존재를 추정할 수 있는 제반사정을 비교, 검토하여 종합적으로 판단하여야 하고(1994.8.26. 대법 94누 3940;1993.12.10. 대법 93누 4595 등 참조) 적법한 징계해고사유가 있어 징계해고한 이상 사용자가 근로자의 노동조합 활동을 못마땅하게 여긴 흔적이 있다 하여 그 사유만으로 위 징계해고가 징계권 남용에 의한 부당노동행위에 해당한다고 단정해서는 안됨.】(1994.12.23. 선고 94누3001 판결)

2. 불공정 고용계약 (일반노조법 제81조제1항제2호)

1) 의의

근로자가 어느 노동조합에 가입하지 아니할 것 또는 탈퇴할 것을 고용조건으로 하거나 특정한 노동조합의 조합원이 될 것을 고용조건으로 하는 행위를 부당노동행위로 금지하고 있다. 이를 불공정 고용계약[6]이라고 하는데 불이익 취급이 종업원이 된 자의 노동3권 보장활동을 침해하는 행위임에 비해 불공정 고용계약은 종업원이 되기 전의 상태에서 단결활동을 봉쇄하려는 성격의 계약이다.

법문상은 「조합에 가입하지 아니할 것이나 탈퇴할 것」의 2가지를 불공정 고용계약의 내용으로 하고 있으나 불공정 고용계약의 금지취지가 단결권을 저해하는 사용자의 행위를 배제하려는 데에 있으므로 조합에 가입하더라도 노조활동을 하지 않는다든가 어용조합에의 가입을 고용조건으로 하는 것도 불공정 고용계약에 해당될 수 있다. 그리고 그 계약이 반드시 문서로 작성되어야 불공정 고용계약이 성립되는 것은 아니다.

따라서 공무원과 교원의 임용 시 노동조합에 가입하지 아니할 것 또는 탈퇴할 것 또는 특정 노동조합에 가입할 것을 고용조건으로 하는 것은 불공정

---

[6] 고용조건으로 노동조합 활동을 제한하는 것을 '반조합계약'이라고도 한다.(김유성교수) 미국에서는 "yellow dog contract"라고 하는데 이를 '황견계약', '비열계약'으로 번역하여 사용하기도 한다.(김형배교수)

고용계약으로 부당노동행위에 해당한다.

2) 유니온숍(union shop)과 공무원·교원노조법의 적용 배제

근로자가 어느 노동조합에 가입하지 아니할 것 또는 탈퇴할 것을 고용조건으로 하거나 특정한 노동조합의 조합원이 될 것을 고용조건으로 하는 행위는 부당노동행위로 금지하고 있다(일반노조법 제81조제1항제2호).

그러나 노동조합의 단결력 강화를 위해 일반노조법에서는 유니온 숍 제도를 제한적으로 인정하고 있다. 노동조합이 당해 사업장에 종사하는 근로자의 3분의 2 이상을 대표하고 있을 때에는 근로자가 그 노동조합의 조합원이 될 것을 고용조건으로 하는 단체협약의 체결은 가능하도록 하여 노동조합의 단결력을 보장하고 있다. 다만 이 경우 사용자는 근로자가 그 노동조합에서 제명된 것 또는 그 노동조합을 탈퇴하여 새로 노동조합을 조직하거나 다른 노동조합에 가입한 것을 이유로 근로자에게 신분상 불이익한 행위를 할 수 없다(일반노조법 제81조제1항제2호 단서).

일반노조법과는 달리 공무원과 교원 노동조합의 경우에는 유니온숍 협정에 관한 일반노조법 제81조제1항제2호 단서 규정을 적용 제외하고 있으므로(공무원 노조법 제17조제3항, 교원노조법 제14조제2항) 공무원과 교원은 특정 노동조합에 가입할 것을 고용조건으로 하는 단체협약 체결이 허용되지 않는다.

법문에서 당해 사업장이란 노동조합의 조직대상으로서의 사업장을 의미하므로 노동조합이 사업단위로 설립된 경우에는 그 사업을, 노동조합이 사업장 단위로 설립된 경우에는 그 사업장을 의미한다.
「근로자 3분의 2이상」에서의 근로자라 함은 전체근로자에서 사용자 또는 항상 그의 이익을 대표하여 행동하는 자(일반노조법 제2조제4호 가목)를 제외한 자를 말한다.

원래적 의미의 유니온숍은 사용자가 일정한 기간 내에 조합에 가입하지 않거나 노동조합으로부터 자진탈퇴 또는 제명된 근로자를 해고해야 할 의무를 지는 협약을 말하는 것이나 현행법은 제명된 것 또는 그 노동조합을 탈퇴하여 새로 노동조합을 조직하거나 다른 노동조합에 가입한 것을 이유로 근로자에게 신분상 불이익한 행위를 할 수 없도록 규정하고 있다.

   단체협약에서 유니온숍 제도를 설정한 후 노동조합에 가입한 조합원이 조합을 탈퇴하고도 다른 노조를 조직하거나 가입하지 않은 경우에는 단체협약의 내용에 따라 노동조합은 당해 조합원의 해고를 사용자에게 요구할 수 있으며 사용자는 이에 응할 의무가 있다. 다만, 조합원의 탈퇴로 인하여 노동조합의 조직이 근로자 3분의 2이하로 그 수가 감소되었을 때에는 노동조합은 동 해고를 사용자에게 요구할 수 없다.
   유니온숍 협정이 체결된 경우에도 사용자가 해당 근로자에 대한 해고의무를 이행하지 않는다고 하더라도 계약상의 의무위반에 불과한 것이지 부당노동행위에 해당되지는 아니한다.[7]

대법원

【노조를 탈퇴한 근로자 11명이 노조탈퇴 의사를 철회하고 노조에 다시 가입하기 위한 노력을 하였음에도 불구하고 노동조합이 그중 일부에 대하여는 노조탈퇴 의사 철회를 받아 들여 노조원의 자격을 유지하게 하고 나머지 3명에 대하여서만 이를 받아들이지 않고 회사에 대하여 해고를 요구하여 결국 해고하게 되었다면, 노조 자체가 단결권의 정신을 저버리고 실질상 제명과 같은 효과를 발생시킨 것으로서 노동조합법 제39조제2호(현행법 제81조제1항제2호) 단서에 위반될 뿐만 아니라 유니온숍 협정에 기한 해고의 목적범위를 일탈한 것이고, 또한 11명의 탈퇴자 중 3명에 대하여서만 탈퇴의사 철회를 거부하고 해고되게 한것은 다른 탈퇴 근로자들과의 형평에도 반하여 무효임.】(대법원 '95.2.28, 94다15363)

대법원

【노조와 사용자 사이에 회사의 종업원은 3개월이 경과하면 조합원이 되며 노조가입을 거부하거나 탈퇴할 경우 회사는 즉시 해고하여야 한다는 유니온숍 협정을 체결한 경우 조합

---

[7] 대판 '98.3.24. 96누16070

은 조합원의 자격을 갖춘 근로자의 조합가입을 함부로 거절할 수 없고 탈퇴 조합원의 재가입에 대한 제약이나 거부는 위법 부당한 것으로 권리남용 또는 신의칙 위반에 해당됨.】(대법원 '96.10.29, 96다28899)

대법원

【취업규칙에 종업원이 노동조합 상벌위원회로부터 제명처분을 당하여 노동조합으로부터 해고요청이 있을 때에는 그 종업원을 해고할 수 있도록 규정하고 있다면 그 규정은 노동조합으로부터 제명된 자에 대하여 그 제명사실만을 이유로 해고할 수 있도록 되어 있는 만큼 결국 노동조합의 조합원이 될 것을 고용조건으로 하는 것이 되고 이는 노동조합법에서 금지하고 있는 행위를 용인하는 셈이 되어 그 효력을 인정할 수 없음.】(대판 '87.11.28, 87다카2646)

3. 단체교섭 거부·해태(일반노조법 제81조제1항제3호)

1) 의의

노동조합의 대표자 또는 노동조합으로부터 위임을 받은 자와의 단체협약 체결 기타의 단체교섭을 정당한 이유없이 거부하거나 해태하는 행위(일반노조법 제81조제1항제3호)는 부당노동행위이다.

공무원노조법에서도 정부교섭대표에게 법령 등에 따라 스스로 관리하거나 결정할 수 있는 권한을 가진 사항에 대하여 노동조합이 교섭을 요구한 때에는 정당한 사유가 없으면 이에 응하여야 할 의무를 부과하고 있고(공무원노조법 제8조제2항), 교원노조법 또한 노동조합의 대표자는 그 노동조합 또는 조합원의 임금, 근무조건, 후생복지 등 경제적·사회적 지위향상에 관하여 교육부장관, 시·도지사, 시·도 교육감 또는 사립학교 설립·경영자와 교섭하고 단체협약을 체결할 권한을 가지며 이 경우 사립학교는 사립학교 설립·경영자가 전국 또는 시·도 단위로 연합하여 교섭에 응하여야 한다(교원노조법 제6조제1항)고 규정하고 있다. 따라서 단체교섭을 정당한 이유 없이 거부하거나 해태하는 경우에는 부당노동행위가 성립한다.

「노동조합의 대표자」라 함은 조합규약에 의한 대표임원을 의미하고 「위임을 받은 자」라 함은 조합으로부터 교섭의 위임을 받은 자를 의미한다. 일반노조법에서는 위임과 관련하여 제한이 없으므로 비조합원에게도 단체교섭을 위임할 수 있으나, 공무원과 교원의 경우에는 조합원에 한하여 교섭위원을 구성하여야 하므로 위임을 하는 때에는 조합원 중에서 교섭위원을 선정하여야 한다(공무원노조법 제9조제1항, 교원노조법 제6조제2항).

단체교섭은 사용자가 성의 있게 교섭에 임하는 것을 의미하는 것이지 교섭 사항을 반드시 타결하여야 한다는 의무를 말하는 것은 아니므로 정당한 이유가 있는 단체교섭의 거부는 부당노동행위가 아니다. 단체교섭 거부의 정당한 이유에 대하여는 여러 가지 사정을 종합하여 개별적·구체적으로 판단 하여야 한다.

대법원

【노동조합법 제39조제3호(현행법 제81조제1항제3호)가 정하는 부당노동행위는, 사용자가 아무런 이유없이 단체교섭을 거부 또는 해태하는 경우는 물론이고, 사용자가 단체교섭을 거부할 정당한 이유가 있다거나 단체교섭에 성실히 응하였다고 믿었더라도 객관적으로 정당한 이유가 없고 불성실한 단체교섭으로 판정되는 경우에도 성립한다고 할 것이고, 한편 정당한 이유인지의 여부는 노동조합측의 교섭권자, 노동조합 측이 요구하는 교섭시간, 교섭장소, 교섭사항 및 그의 교섭태도 등을 종합하여 사회통념상 사용자에게 단체교섭 의무의 이행을 기대하는 것이 어렵다고 인정되는지 여부에 따라 판단할 것임.】(대법원 '98.5.22, 97누8076)

2) 부당노동행위에 해당하는 경우

단체교섭의 거부·해태로서 부당노동행위에 해당하는 경우로는 사용자가 단체교섭에 응하지 않는 것(교섭불응) 또는 노동조합의 교섭요구를 무시하고 개개근로자와 근로계약을 갱신하는 경우, 교섭은 하되 노동조합의 요구에 대하여 대안을 제시하지 아니하고 무조건 반대만 하거나 정당한 사유 없이 고의적으로 교섭을 중단 또는 지연시키는 경우, 교섭전후 노동조합측 교섭위원을 배치·전환시키거나 노동조합측 교섭위원을 지정하여 교섭에 응하겠다고 하는 경우, 교섭결과 협약체결을 거부하거나 교섭권한이 없는 자가 사용자측 교섭위원으로 나와서 정당한 이유 없이 상부의 지시만 따르겠다고 하는 경우 등을 들 수 있다.

3) 단체교섭 거부의 정당한 사유가 인정되는 경우

단체교섭 요구를 거부할 수 있는 정당한 사유가 있는 경우는 교섭당사자의 자격, 단체교섭 대상사항, 단체교섭 시기와 장소, 단체교섭의 절차, 단체교섭의 진행 등으로 구분하여 판단할 수 있다.

가. 교섭당사자의 자격

교섭권한이 없는 자가 교섭을 요구하는 경우나 교섭권한이 명확하지 아니한 때, 조합측에 대하여 단체교섭 담당자 자격 확정을 요구하고 확정시까지 단체교섭을 연기하는 경우, 단체교섭 결과 합의된 내용에 대해 조합원의 찬반투표를 실시하지 않는 것을 조건으로 거부하는 경우 등은 거부의 정당성이 인정된다.

공무원노조법상 단체교섭을 할 수 있는 자는 정부교섭대표와 노동조합대표자이다. 정부교섭대표는 효율적인 교섭을 위하여 필요한 경우 다른 정부교섭대표와 공동으로 교섭하거나 다른 정부교섭대표에게 교섭에 관한 권한을 위임할 수 있고(공무원노조법 제8조제3항), 정부교섭대표가 아닌 관계행정기관의 장으로 하여금 교섭에 참여할 수 있도록 할 수 있으며(공무원노조법 제8조제4항 전단), 정부교섭대표가 아닌 다른 행정기관이 관리하거나 결정할 권한을 가진 사항인 경우에는 해당 기관의 장에게 교섭 및 단체협약 체결권을 위임할 수 있다(공무원노조법 제8조제4항 후단).

이에 따라 정부교섭대표 또는 다른 기관의 장이 단체교섭을 하는 경우 소속 공무원으로 하여금 교섭하고 단체협약을 체결하게 할 수 있다(공무원노조법 제8조제5항).

공무원 노동조합이 단체교섭을 요구할 수 있기 위해서는 공무원 노조법에 따라 설립된 노동조합의 대표자와 조합원으로 교섭 위원을 구성하여야 하고(공무원 노조법 제9조제1항), 교섭하고자 하는 사항에 대하여 관리하거나 결정할 권한을 가진 정부 교섭대표에게 서면으로 교섭을 요구하여야 한다(공무원 노조법 제9조제2항). 이때 교섭을 요구하고자 하는 노동조합이 복수인 경우에는 교섭창구를 단일화하여 교섭을 요구하여야 한다(공무원 노조법 제9조제4항).

교원노조법상 단체교섭을 할 수 있는 자는 유·초·중등학교 교원의 경우에는 그 노동조합의 대표자와 교육부장관, 시·도 교육감 또는 사립학교 설립·경영자이며, 사립학교의 경우에는 사립학교 설립·경영자가 전국 또는 시·도 단위로 연합하여 교섭에 응하여야 하며(교원노조법 제6조제1항제1호), 고등교육법에 의한 노동조합은 교육부장관, 시·도지사, 국·공립학교의 장 또는 사립학교 설립·경영자(교원노조법 제6조제1항제2호)가 된다.

노동조합의 교섭위원은 당해 노동조합을 대표하는 자와 그 조합원으로 구성하여야 한다(교원노조법 제6조제2항).

공무원노조법과 교원노조법상 교섭권한이 없는 자가 교섭을 요구하는 경우 이를 거부하더라도 부당노동행위가 성립되지 아니한다.

나. 단체교섭의 대상

단체교섭은 근로조건 등 근로자의 처우에 관한 노사 간의 협의성립을 목적으로 하므로 교섭사항은 사용자가 처분 가능한 사항에 국한된다. 따라서, 순수한 정치문제나 타 기업의 문제 등을 교섭사항으로 할 때 이를 거부하는 것은 단체교섭 거부에 해당치 아니한다. 단체교섭의 요구사항이 법으로 금지된 내용을 요구하는 경우(예 : 공무원노조 및 교원노조 전임자에 대한 임금 지급의 요구)에도 단체교섭을 거부할 수 있다.

사용자단체 구성은 어느 특정 사용자가 임의로 이를 구성할 수 있는 것이 아니므로 단체교섭의 대상이 될 수 없으며, 따라서, 노동조합의 '사용자단체 구성' 요구를 특정 사용자가 수용하지 않았다는 사실만으로 곧바로 단체교섭 거부로 보아 부당노동행위라 할 수는 없다.

유일교섭단체조항은 연합단체나 다른 노동조합에게 헌법상 보장된 단체교섭권을 침해하는 결과를 초래하기 때문에 단체협약에서 이를 정하고 있다 하더라도 무효이므로 노동조합의 유일교섭단체조항 요구에 대해 사용자가 불응하더라도 이는 정당한 이유 있는 교섭거부이므로 사용자의 부당 노동행위로 볼 수 없다.

인사·경영상의 문제는 원칙적으로 사용자의 전권에 속하는 사항으로 볼 것이나, 인사·경영상의 문제라 하더라도 근로조건과 관련성이 있는 한도 내에서는 교섭대상이 될 수 있으며, 조합측이 제시한 요구가 과다하다는 이유만으로 교섭을 거부하는 것은 정당성을 인정받지 못한다.

특히 공무원노조법에서는 법령 등에 따라 국가나 지방자치단체가 그 권한을 행하는 정책결정에 관한 사항, 임용권의 행사 등 행정기관의 관리·운영에 관한 사항으로서 근무조건과 직접 관련되지 않는 사항은 교섭의 대상이 될 수 없다(공무원노조법 제8조제1항)고 명시하고 있다.

다. 단체교섭의 시기와 장소

통상적인 근무시간을 정상 이상으로 초과하여, 장시간에 걸친 협의로 인해 심신이 피로하여 그 이상의 정상적인 협의를 기대할 수 없는 경우 단체교섭을 거부하는 것은 정당한 이유에 해당한다.

단체협약의 유효기간 내 특별한 사유가 없음에도 불구하고 단체교섭을 요구하는 경우, 특히 공무원노조법에서는 복수공무원노동조합의 단체협약 체결과 관련하여, 공동단체협약의 적용을 받고 있는 노동조합 가운데 당해 단체협약의 체결에 참여하지 아니한 노동조합이 교섭을 요구하더라도 단체협약의 유효기간 중에는 그 교섭요구를 거부할 수 있음을 규정하고 있다(공무원노조법 제9조제5항).

사용자의 사택침입, 심야의 교섭이나 창고 등 사용자에게 불안을 줄 수 있는 장소에서의 단체교섭을 거부한 것은 정당한 이유에 해당한다. 단체협약 만료에 대비하여 노동조합이 합리적인 시기에 요구한 단체교섭을 거부한 경우는 정당성이 인정되지 아니한다.

교섭시기, 장소 등에 대하여 노사 간에 의견이 대립될 때에는 협약이나 관행이 있으면 그에 의하면 될 것이나 협약이나 관행이 없는 경우에는 사용자가 제시하는 일시, 장소에 노조 측이 따르지 않는 것을 이유로 단체교섭을 거부하는 것은 정당한 이유가 있다고 볼 수 없다.

라. 교섭절차

공무원노조법과 교원노조법 상 정해진 교섭의 절차를 위반하여 단체교섭을 요구하는 경우에는 교섭을 거부할 수 있다.

교섭을 요구하는 노동조합이 둘 이상인 경우에는 당해 노동조합에 대하여 교섭창구를 단일화하도록 요청할 수 있고, 교섭창구가 단일화될 때 까지 교섭을 거부할 수 있다(공무원노조법 제9조제4항).

마. 단체교섭의 진행

노조 측에서 폭력을 사용하거나 협박적인 언동을 할 때 단체교섭을 거부함은 부당노동행위가 성립되지 아니하고 노동조합이 위임한 교섭 대상자가 부당하게 많아서 원활한 교섭이 기대되기 어려울 경우 단체교섭 거부는 정당한 이유가 인정된다.

4. 지배 개입 (일반노조법 제81조제1항제4호)

1) 의의

근로자가 노동조합을 조직 또는 운영하는 것을 지배하거나 이에 개입하는 행위와 노동조합의 전임자에게 급여를 지원하거나 노동조합의 운영비를 원조하는 행위는 부당노동행위이다. 다만, 근로자가 근로시간 중에 일반노조법 제24조제2항에 따른 활동을 하는 것을 사용자가 허용함은 무방하[8]며, 근로자의 후생자금 또는 경제상의 불행 그 밖에 재해의 방지와 구제 등을 위한 기금의 기부와 최소한의 규모의 노동조합사무소의 제공 및 그 밖에 이에 준하여 노동조합의 자주적인 운영 또는 활동을 침해할 위험이 없는 범위에서의 운영비 원조행위는 예외로 한다(일반노조법 제81조제1항제4호).

법문에서 「조직」은 노동조합 조직을 지향하는 근로자의 일체의 행위를 모두 포함하며 「운영」은 조합의 내부적 운영뿐만 아니라, 단체교섭, 고충처리 등의 대 사용자 활동, 선전, 홍보, 계몽, 교육 활동 등의 대내적 활동과 각종 문화활동 등의 대외적 활동도 포함된다.

「지배」라 함은 사용자가 노동조합의 조직·운영에 관하여 주도권을 가지고 그 의사결정을 좌우하는 것을 말하며, 「개입」이라 함은 지배에까지 이르지는 못하지만 사용자가 노동조합의 조직·운영에 간섭하여 그 의사 결정에 영향력을 미치는 것을 말한다.

「운영비 지원」이란 사용자가 노동조합의 운영비를 원조하는 행위로 조합설립·운영비의 제공, 전임자에 대한 급여지급, 조합용무의 출장비 지급 등이 이에 해당되며 이는 지배·개입의 수단으로서 조합의 어용화를 방지하기 위한 것이다.

단체협약으로 정하거나 사용자의 동의가 있는 경우에는 사용자 또는 노동조합으로부터 급여를 지급받으면서 근로계약 소정의 근로를 제공하지 아니하고 노동조합의 업무에 종사할 수 있다(일반노조법 제24조제1항).

단체협약으로 정하거나 사용자가 동의하는 경우에는 사업 또는 사업장별로 조합원 수 등을 고려하여 일반노조법 제24조의2에 따라 결정된 근로시간

---

[8] 최소한 규모의 노조사무소 제공이라 함은 노조사무소와 최소한의 필요적 부대시설(전기시설 등)은 포함된다고 볼 수 있으며, 공무원과 교원노조의 경우 노조사무실을 청사 내에 무상으로 제공하는 것은 국유재산법 및 지방재정법 등 현행법상 허용되지 않음은 전술하였다.

면제한도를 초과하지 아니하는 범위에서 근로자는 임금의 손실 없이 사용자와의 협의·교섭, 고충처리, 산업안전 활동 등 이 법 또는 다른 법률에서 정하는 업무와 건전한 노사관계 발전을 위한 노동조합의 유지·관리업무를 할 수 있다(일반노조법 제24조제4항).

2) 교원노조 및 공무원노조의 근로시간 면제제도 적용

근로시간 면제제도(일명 Time-off)란 앞에서 본 바와 같이 노조 업무에 종사하는 근로자가 사용자와 협의·교섭, 조합원 고충처리, 산업안전활동 등의 노조활동에 참여하면 그 시간을 유급으로 인정하는 제도로서 전임자에게 급여를 지원하거나 노동조합의 운영비를 원조하는 행위는 할 수 없도록 규정한 부당노동행위의 예외 규정을 두고 있다. 이처럼 일반노사관계의 경우에는 근로시간 면제제도를 인정하고 있었으나, 공무원노조와 교원노조는 각각 공무원노조법 제17조제3항과 교원노조법 제14조제2항에서 근무시간 면제제도의 적용을 배제하고 있었다. 그러나 2023년 12월부터 노동조합전임자 제도와 근무시간 면제제도가 시행되게 되었다.

가. 교원노조 노동조합전임자와 근무시간 면제자, 정보공개 등

교원은 임용권자의 동의를 받아 노동조합으로부터 급여를 지급받으면서 노동조합의 업무에만 종사할 수 있다(교원노조법 제5조제1항). 제1항에 따라 동의를 받아 노동조합의 업무에만 종사하는 사람[이하 "전임자"(專任者)라 한다]은 그 기간 중 「교육공무원법」 제44조 및 「사립학교법」 제59조에 따른 휴직명령을 받은 것으로 본다(교원노조법 제5조제2항). 전임자는 그 전임기간 중 전임자임을 이유로 승급 또는 그 밖의 신분상의 불이익을 받지 아니한다(교원노조법 제5조제4항).

교원은 단체협약으로 정하거나 임용권자가 동의하는 경우 교원노조법 제5조의2제2항 및 제3항에 따라 결정된 근무시간 면제 한도를 초과하지 아니하는 범위에서 보수의 손실 없이 교원노조법 제6조제1항 각 호의 구분에 따른

자와의 협의·교섭, 고충처리, 안전·보건활동 등 이 법 또는 다른 법률에서 정하는 업무와 건전한 노사관계 발전을 위한 노동조합의 유지·관리업무를 할 수 있다(교원노조법 제5조의2제1항).

근무시간 면제 시간 및 사용인원의 한도(이하 "근무시간 면제 한도"라 한다)를 정하기 위하여 교원근무시간면제심의위원회(이하 "심의위원회"라 한다)를 「경제사회노동위원회법」에 따른 경제사회노동위원회에 둔다(교원노조법 제5조의2제2항).

심의위원회는 유초중등 교원은 시·도 단위, 고등교육법에 의한 교원은 개별학교단위를 기준으로 조합원(현직 교원인 조합원을 말한다)의 수를 고려하되 노동조합의 조직형태, 교섭구조·범위 등 교원 노사관계의 특성을 반영하여 근무시간 면제 한도를 심의·의결하고, 3년마다 그 적정성 여부를 재심의하여 의결할 수 있다(교원노조법 제5조의2제3항).

제1항을 위반하여 근무시간 면제 한도를 초과하는 내용을 정한 단체협약 또는 임용권자의 동의는 그 부분에 한정하여 무효로 한다(교원노조법 제5조의2제4항).

임용권자는 국민이 알 수 있도록 전년도에 노동조합별로 근무시간을 면제받은 시간 및 사용인원, 지급된 보수 등에 관한 정보를 대통령령으로 정하는 바에 따라 공개하여야 한다(교원노조법 제5조의3).

나. 공무원노조 노동조합전임자와 근무시간 면제자, 정보공개 등

공무원은 임용권자의 동의를 받아 노동조합으로부터 급여를 지급받으면서 노동조합의 업무에만 종사할 수 있다(공무원노조법 제7조제1항). 노동조합의 업무에만 종사하는 사람[이하 "전임자"(專任者)라 한다]에 대하여는 그 기간 중「국가공무원법」제71조 또는 「지방공무원법」 제63조에 따라 휴직명령을 하여야 한다(공무원노조법 제7조제2항).

국가와 지방자치단체는 공무원이 전임자임을 이유로 승급이나 그 밖에 신분과 관련하여 불리한 처우를 하여서는 아니 된다(공무원노조법 제7조제4항).

공무원은 단체협약으로 정하거나 제8조제1항의 정부교섭대표(이하 이 조 및 제7조의3에서 "정부교섭대표"라 한다)가 동의하는 경우 제2항 및 제3항에 따라 결정된 근무시간 면제 한도를 초과하지 아니하는 범위에서 보수의 손실 없이 정부교섭대표와의 협의·교섭, 고충처리, 안전·보건활동 등 이 법 또는 다른 법률에서 정하는 업무와 건전한 노사관계 발전을 위한 노동조합의 유지·관리업무를 할 수 있다(공무원노조법 제7조의2제1항).

근무시간 면제 시간 및 사용 인원의 한도(이하 "근무시간 면제 한도"라 한다)를 정하기 위하여 공무원 근무시간면제심의위원회(이하 이 조에서 "심의위원회"라 한다)를 「경제사회노동위원회 법」에 따른 경제사회노동위원회에 둔다(공무원노조법 제7조의2제2항).

심의위원회는 제5조제1항에 따른 노동조합 설립 최소 단위를 기준으로 조합원(제6조제1항제1호부터 제3호까지의 규정에 해당하는 조합원을 말한다)의 수를 고려하되 노동조합의 조직 형태, 교섭구조·범위 등 공무원 노사관계의 특성을 반영하여 근무시간 면제 한도를 심의·의결하고, 3년마다 그 적정성 여부를 재심의하여 의결할 수 있다(공무원노조법 제7조의2제3항).

제1항을 위반하여 근무시간 면제 한도를 초과하는 내용을 정한 단체협약 또는 정부 교섭대표의 동의는 그 부분에 한정하여 무효로 한다(공무원노조법 제7조의2제4항).

정부교섭대표는 국민이 알 수 있도록 전년도에 노동조합별로 근무시간을 면제받은 시간 및 사용인원, 지급된 보수 등에 관한 정보를 대통령령으로 정하는 바에 따라 공개하여야 한다. 이 경우 정부교섭대표가 아닌 임용권자는 정부교섭대표에게 해당 기관의 근무시간 면제 관련 자료를 제출하여야 한다(공무원노조법 제7조의3).

3) 지배·개입 사례

지배·개입의 부당노동행위가 성립될 수 있는 유형으로는, 노동조합의 설립을 비난한다거나 설립중인 노동조합에 가입하지 않을 것을 설득 내지 강요한다거나, 정당한 노동조합활동을 방해하는 행위 등을 들 수 있다.

구체적으로는 노동조합의 결성방해 또는 조합원의 노조탈퇴를 종용하거나 제2단체를 통한 조직의 와해 및 조합활동의 방해, 금전으로 조합간부의 매수, 향응을 통한 노동조합의 어용화, 조합행사 및 정당한 쟁의행위에 대한 간섭 및 교란, 조합활동 방해 목적의 부서 배치전환, 조합임원 선거에 출마하려는 후보자에 대하여 재직증명서 발급을 거부하여 출마를 방해하는 행위, 조합에 가입할 수 없는 직위 직급으로의 승급, 승진시키는 행위(이 경우 조합활동상의 불이익 대우가 되는 경우가 있음), Check-off제도(급료지불시 조합비 일괄공제 후 노조에 인계하는 제도)의 일방적 폐지 등이 있다.

대법원

【회사의 대표이사나 전무가 노동조합의 일부 조합원들을 개별적으로 만나거나 모아서 준법운행에 반대하여 종전과 같은 방식으로 근무할 것을 종용하는 등의 행위를 함으로써 조합원들 중의 일부가 준법운행을 반대하고 종전과 같은 방식으로 근무할 것을 결의하는 등의 행위를 하게 되었다면, 회사가 위와 같이 조합원 준법운행에 대항하여 한 행위는 노동조합법 제39조제4호(현행법 제81조제1항제4호) 소정의 부당노동행위에 해당함.】(대법원 '91.12.10, 91누636)

공무원과 교원의 노사관계에서는 사용자가 행정기관이기 때문에 이 지배개입의 성립여부를 판단하는 것이 특히 중요할 것으로 보여지는데, 사용자가 가지는 언론의 자유와 지배개입의 문제가 있을 것이다. 즉, 노동조합의 조직이나 활동에 대한 사용자의 의견표명이 지배개입행위인가 여부와 관련하여, 사용자측의 언론의 자유를 중시한다면 이것은 사용자의 정당한 권리행사일 뿐이지만, 사용자가 노사관계에서의 우월적 지위를 가진다는 점을 고려한다면 이로 인하여 노동조합의 성립 및 존속·활동 등이 크게 영향을 받을 수 있게 되기 때문이다.

판례 가운데에서는 제반 정황을 종합적으로 고려하여 노동조합의 조직이나 운영을 지배하거나 이에 개입하는 의사가 인정되는 경우에는 부당노동행위가 성립한다고 본 사례가 있다.

대법원

【사용자가 연설, 사내방송, 게시문, 서한 등을 통하여 의견을 표명할 수 있는 언론의 자유를 가지고 있음은 당연하나, 그것이 행하여진 상황, 장소, 그 내용, 방법, 노동조합의 운영이나 활동에 미치는 영향 등을 종합하여 노동조합의 조직이나 운영을 지배하거나 이에 개입하는 의사가 인정되는 경우에는 부당노동행위가 성립함(대법원 1991.12.10 선고 91누636 판결, 1994.12.23. 선고 94누3001 판결 등 참조)】(1998.5.22. 선고 97누8076 판결).

일반노조법 제81조제2항을 신설하여 제81조제1항제4호 단서에 따른 "노동조합의 자주적 운영 또는 활동을 침해할 위험" 여부를 판단할 때에는 운영비 원조의 목적과 경위, 원조된 운영비 횟수와 기간, 원조된 운영비 금액과 원조방법, 원조된 운영비가 노동조합의 총수입에서 차지하는 비율, 원조된 운영비의 관리방법 및 사용처 등 사항을 고려하여야 한다. [2020. 6. 9. 법률 제17432호에 의하여 2018. 5. 31. 헌법재판소에서 헌법불합치 결정된 이 조를 개정함.]

Ⅳ. 부당노동행위 구제 절차

공무원노조법과 교원노조법에서는 부당노동행위 구제절차 등을 규정한 일반노조법 제82조 내지 제86조를 준용하기 때문에 공무원과 교원노조 및 조합원들은 정부 측의 부당노동행위에 대해서 노동위원회에 부당노동행위구제신청을 제기 할 수 있다.

부당노동행위 구제신청의 당사자는 노동조합 또는 조합원이다. 따라서 사용자의 부당노동행위로 인하여 그 권리를 침해당한 근로자 또는 노동조합은 노동위원회에 그 구제를 신청할 수 있다(일반노조법 제82조제1항).

부당노동행위 구제의 신청은 부당노동행위가 있은 날(계속하는 행위는 그 종료일)부터 3월 이내에 이를 행하여야 한다(일반노조법 제82조제2항). 이는 제척기간이므로 3개월을 초과하여 부당노동행위 구제신청을 하게 되면 각하 사유가 된다.

그러나, 노동위원회에 부당노동행위구제신청을 할 수 있는 제척기간인 3월이 경과하더라도 근로자(공무원) 또는 노동조합은 법원에 소송을 제기할 수 있다.

노동위원회는 부당노동행위 구제신청을 받은 때에는 지체없이 필요한 조사와 관계 당사자의 심문을 하여야 하며, 심문을 할 때에는 관계 당사자의 신청에 의하거나 그 직권으로 증인을 출석하게 하여 필요한 사항을 질문할 수 있다. 심문을 함에 있어서는 관계 당사자에 대하여 증거의 제출과 증인에 대한 반대심문을 할 수 있는 충분한 기회를 주어야 한다(일반노조법 제83조).

노동위원회는 심문을 종료하고 부당노동행위가 성립한다고 판정한 때에는 사용자에게 구제명령을 발하여야 하며, 부당노동행위가 성립되지 아니한다고 판정한 때에는 그 구제신청을 기각하는 결정을 하여야 한다. 판정·명령 및 결정은 서면으로 하되, 이를 당해 사용자와 신청인에게 각각 교부하여야 하며, 관계 당사자는 노동위원회의 구제명령이 있을 때에는 이에 따라야 한다(일반노조법 제84조).

지방노동위원회 또는 특별노동위원회의 구제명령 또는 기각결정에 불복이 있는 관계 당사자는 그 명령서 또는 결정서의 송달을 받은 날부터 10일 이내에 중앙노동위원회에 그 재심을 신청할 수 있다. 중앙노동위원회의 재심판정에 대하여 관계 당사자는 그 재심판정서의 송달을 받은 날부터 15일 이내에 행정소송법이 정하는 바에 의하여 소를 제기할 수 있다(일반노조법 제85조제1항, 제2항).

위의 규정된 기간 내에 재심을 신청하지 아니하거나 행정소송을 제기하지 아니한 때에는 그 구제명령·기각결정 또는 재심판정은 확정된다. 기각결정 또는 재심판정이 확정된 때에는 관계 당사자는 이에 따라야 한다(일반노조법 제85조제3항, 제4항).

사용자가 중앙노동위원회의 재심판정에 대하여 불복하여 행정소송을 제기한 경우에 관할법원은 중앙노동위원회의 신청에 의하여 결정으로써, 판결이 확정될 때까지 중앙노동위원회의 구제명령의 전부 또는 일부를 이행하도록 명할 수 있으며, 당사자의 신청에 의하여 또는 직권으로 그 결정을 취소할 수 있다(일반노조법 제85조제5항).

노동위원회의 구제명령·기각결정 또는 재심판정[9]은 중앙노동위원회에의 재심신청이나 행정소송의 제기에 의하여 그 효력이 정지되지 아니한다(일반노조법 제86조).

---

[9] 노동위원회 판정은 행정처분의 일종으로 판정서의 교부일부터 효력을 발생하므로 당사자는 지체 없이 따라야 하고, 확정된 구제명령의 경우에는 벌칙이 적용된다. 그러나 초심의 판정의 경우에는 재심신청에 의하여, 재심의 판정의 경우에는 행정소송의 제기에 의하여 구제명령이 확정되지 않기 때문에 노동위원회의 판정이 재심신청이나 행정 소송의 청구에 의하여 그 효력이 정지되지 않는다 하더라도 그 이행을 확보하기 어렵다. 왜냐하면 미확정된 구제명령에 대한 불이행을 이유로 처벌할 수 없기 때문이다. 노동위원회의 판정은 당사자에게 교부된 후에는 판정을 한 노동위원회도 이를 취소·변경할 수 없으나 (불가변력), 재심신청 또는 행정소송의 제기에 의해서는 취소·변경이 가능하다(공정력). 그러므로 구제명령은 특별히 사법상의 효력을 가지는 것은 아니다.(임종률, 앞의 책, 273~274쪽) 때문에 해고 등에 대한 원직복귀 명령이 있다고 하여도 해고 등이 사법상 무효로 되는 것은 아니다. 그러나, 확정된 경우에는 부당노동행위 금지의 강행법규에 위반하는 행위로서 사법상으로도 효력이 없다(무효)고 한다.(대판 1993.12.21. 93다11463)

제7장 노동쟁의와 쟁의행위

★ 본장의 Point

1. 노동쟁의, 쟁의행위와 단체행동의 개념을 이해하고 각각 구별하는 실익에 대해 살펴본다.

2. 교원과 공무원은 쟁의행위가 금지되어 있다.

3. 교원과 공무원의 쟁의행위는 노조활동과 구별하기가 어려운 측면이 있으므로 행위 유형별로 구체적으로 살펴볼 필요가 있다.

4. 교원과 공무원 이외에도 헌법 제33조 제3항은 법률이 정하는 주요방위산업체에 종사하는 근로자의 단체행동권은 법률이 정하는 바에 의하여 이를 제한하거나 인정하지 아니할 수 있다고 규정하고 있다.

5. 교원노조법과 공무원노조법에서 금지하고 있는 쟁의행위를 하였을 시의 책임에 대해 살펴보고, 일반노조법상 정당성을 결여한 쟁의행위 시 책임에 대하여 알아본다.

6. 정당한 쟁의행위에 대한 법적 보호 제도에 대해 이해한다.

Ⅰ. 개념의 구분

1. 개념정립의 필요성

　헌법 제33조제1항은 "근로자는 근로조건의 향상을 위하여 자주적인 단결권, 단체교섭권 및 단체행동권을 가진다"고 함으로써 노동3권을 헌법상의 권리로써 보장하고 있다.
　이와 같은 노동3권은 노사의 집단적 노동관계의 전개를 예정하고 근로자와 사용자가 실질적으로 대등한 지위를 갖게 함으로써 근로자가 근로조건 향상 등을 위하여 자주적으로 노사문제를 해결하도록 하기 위해 보장된 것이다.
　그러나 이러한 노동3권은 여타의 헌법상의 권리와 마찬가지로 무한정 인정되는 것은 아니며, 헌법이 노동3권을 보장한 취지, 이를 구체화한 일반노조법, 교원노조법, 공무원노조법의 규정 및 노사간에 합의된 단체협약의 내용과 효력 등에 따라 일정한 제한이 가해질 수 있다.

　특히 단체행동권 행사의 경우 근로자의 임금손실, 사용자의 경영손실은 물론 나아가 국민 전체의 경제생활에도 상당한 영향을 끼칠 수 있기 때문에, 어느 국가나 단결권, 단체교섭권에 비해 상대적으로 엄격한 제한을 가하고 있다. 우리나라의 경우에도 일반노조법에서 단체행동권의 행사에 대해 규제하고 있으며, 특히, 교원노조법과 공무원노조법에서는 쟁의행위를 법으로 금지하고 있다.

　따라서 단체행동권을 올바르게 행사하기 위해서는 이를 구체화한 일반 노조법의 규정에 대한 명확한 이해가 필요하며, 노동쟁의·쟁의행위·단체행동에 대한 개념정립은 일반노조법과 교원노조법 그리고 공무원노조법의 이해를 위한 기본전제가 된다.

2. 노동쟁의 · 쟁의행위 · 단체행동의 구별

1) 개념 정의

"노동쟁의"라 함은 노동조합과 사용자 또는 사용자단체 즉, 노동관계 당사자 간에 임금 · 근로시간 · 복지 · 해고 기타 대우 등 근로조건의 결정에 관한 주장의 불일치로 인하여 발생한 분쟁상태를 말한다(일반노조법 제2조제5호).

"쟁의행위"라 함은 파업 · 태업 · 직장폐쇄 기타 노동관계 당사자가 그 주장을 관철할 목적으로 행하는 행위와 이에 대항하는 행위로서 업무의 정상적인 운영을 저해하는 행위를 말한다(일반노조법 제2조제6호).

헌법 제33조 제1항의 "단체행동"이라 함은 집단적 행위를 말하는 것으로 근로자 측의 경우 동일한 목적을 추구하는 다수 근로자의 의식적이며 의욕적인 공동행위를 말한다. 예컨대 쟁의행위인 파업 · 태업 등은 물론, 그 이외의 가두시위 · 집회 · 완장착용 등이 모두 이에 속한다. 이는 업무의 정상적인 운영을 저해하는 것을 기본 개념으로 하는 쟁의행위 보다 넓은 개념으로 업무의 정상적인 운영을 저해하지 않는 집단적인 행위도 포함하는 개념이다.

2) 노동쟁의와 쟁의행위의 구별 실익

노동쟁의는 평화적인 단체교섭이 결렬되면 사실상 발생이 되지만, 일반노조법상으로는 노동관계당사자 중 어느 일방이 상대방에게 서면으로 통보한 때부터 객관적으로 존재하게 된다.

공무원노조법에서는 노동쟁의라는 용어 대신 단체교섭의 결렬이라는 용어를 사용하고 있는데(공무원노조법 제12조제1항) 이는 일반노조법과 교원노조법상의 노동쟁의의 개념과 동일한 의미를 갖는 것으로 해석된다(교원노조법 제11조 참조)[1].

---

1) 교원노조법 제11조(교원노동관계조정위원회의 구성) 제1항에는 교원의 '노동쟁의'를 조정 · 중재하기 위하여 중앙노동위원회에 교원노동관계조정위원회를 둔다라고 규정하여 일반노조법상 '노동쟁의'개념을 도입하고 있다.

반면 쟁의행위는 업무의 정상적인 운영을 저해하는 행위로서, 일반노조법상 적법한 쟁의행위가 성립되기 위하여 '조정전치주의'에 의하여 먼저 조정신청을 해야 하며 일반노조법 제54조에 의한 조정기간이 지나야 한다. 따라서 노동쟁의와 쟁의행위는 발생시기와 내용에 있어서 구별이 된다.

노동쟁의와 쟁의행위를 구별하는 실익은 평화적인 단체교섭이 결렬되어 분쟁상태('노동쟁의' 단계)가 발생한 후 다시 실력행사인 투쟁 상태('쟁의행위'의 단계)에 돌입하는 시기를 확정하여 일반노조법상의 제반규정을 적용하는 데 있다. 따라서 쟁의행위의 단계에 들어서야만 일반노조법상의 제반규정을 적용할 수가 있다.

3) 쟁의행위와 단체행동의 구별 실익

집단적인 행위인 단체행동은 반드시 업무의 정상적인 운영의 저해를 수반하지 않는다는 점에서 쟁의행위보다 그 개념이 넓다.

일반노조법상의 쟁의행위에 대한 제반 제한규정은 쟁의행위에만 적용되는 것이므로 전단살포·완장착용 등의 단체행동이 업무의 정상적인 운영을 저해하지 않는 한 적용되지 않는다. 이러한 쟁의행위에 해당되지 않는 단체행동은 헌법의 단체행동권보장의 취지에 반하지 않는 한 집회·시위·표현의 자유에 대한 법률적 제약을 받게 된다.[2]

4) 공무원법상 집단행동의 금지

원칙적으로 사실상 노무에 종사하는 공무원을 제외하고 노동운동 기타 공무 이외의 일을 위한 집단적 행위를 할 수 없다(국가공무원법 제66조제1항 및 지방공무원법 제58조제1항).

공무이외의 일을 위한 집단적 행위에서 '공무'는 자신의 담당직무로 한정

---

[2] 노사분규라는 개념은 노사관계 당사자중 적어도 일방의 이해와 직접관련된 사항에 대해 각자의 주장을 관철할 목적으로 적법 불법에 관계없이 정상적인 업무활동을 중단 또는 저해하는 일체의 집단행동을 의미하며 법적 개념은 아니다.

되며 타인(타부서) 소관의 직무범위에 속하는 공무는 제외하는 것으로 해석되며, '집단' 행위는 문자적 의미에서는 2인 이상 복수의 단체행위를 의미하나 구체적으로 몇 명의 인원이라기보다 어떠한 단체의 구성이나 단체행동이 그 목적과 행위의 내용에 비추어 공무원의 복무에 관한 질서유지에 위배되거나 그 밖에 공무원으로서의 품위를 손상하는 등 공익을 해치는 특별한 사정이 있는 경우에는 당해 기관의 구성원 다수의 결집된 의사표시로 봄이 타당하다.[3]

따라서 학교동창회, 향우회, 친목회, 학회, 토론회, 연설회 등 회합이나 각종 모임을 통한 단체행위 전반을 그 목적과 내용에 관계없이 모두 포함하는 것은 아니다.[4]

집단적 행위의 유형은 서면에 의한 집단적 의사표시로부터 구체적인 행동까지 포괄적으로 적용하고 있다. 또한 정부활동의 능률을 저해하기 위해 벌이는 일제휴가·초과근무 거부 등 태업행위도 포함된다.

대법원

【국가공무원법 제66조제1항에서 금지하고 있는 "공무외의 집단적행위"라 함은 공무원으로서 직무에 관한 기강을 저해하거나 기타 그 본분에 배치되는 등 공무의 본질을 해치는 특정목적을 위한 다수인의 행위로써 단체의 결성단계에는 이르지 아니한 상태에서의 행위를 말한다 할 것인바(1991.4.23. 90누4839) 위와 같은 장관주재의 정례회의시 집단퇴장은 공무원으로서 직무에 관한 기강을 저해하거나 기타 그 본분에 배치되는 등 공무의 본질을 해치는 다수인의 행위라 할 것이므로, 비록 그것이 건설행정기구의 개편 안에 관한 불만의 의사표시에서 비롯되었다 하더라도, 국가공무원법 제66조제1항이 금지하고 있는 공무 외의 집단적 행위에 해당하고, 또한 위에서 본 바와 같이 원고가 주도한 주무계장회의에서 1990.8.20. 직원조회시의 집단퇴장과 그 방법, 시기 등이 결의되고 실제 그 결의의 내용이 다른 직원들에게 전파됨으로써 바로 이것이 직접적인 원인이 되어 직원조회 시 그 결의내용과 같은 집단퇴장이 이루어졌다고 인정되는 이상, 원고가 비록 위 조회 당시 조회에

---

3) 대법원 1992.2.14. 90도2310 참조
4) 金重養 김명식 공무원법 p.352 이하 참조

참석하지 않아 집단퇴장에 동참한 바 없다고 하더라도, 위 주무계장회의를 소집하고 주도한 자로서 위 집단퇴장행위에 대하여 책임이 있다 할 것이다.】(1992.3.27.91누9145)

그러나 공무원노조법 제3조에서는 공무원노조법에 따른 공무원의 노동조합의 조직, 가입 및 노동조합과 관련된 정당한 활동에 대해서는 집단적 행위를 금지한 국가공무원법 및 지방공무원법의 규정이 적용되지 않음을 명시하고 있어 공무원노조법이 허용하는 범위 내에서의 정당한 노조활동은 가능한 것으로 해석된다.

또한 공무원은 노동조합의 활동을 할 때 다른 법령에서 규정하는 공무원의 의무에 반하는 행위를 하여서는 아니 되므로(공무원노조법 제3조제2항) 국가공무원법 및 지방공무원법에 규정된 신분상·직무상의 의무를 준수하여야 한다.

정당한 노조활동에 관여하는 경우에만 복종의무, 직장이탈금지의무, 집단행위의 금지의무가 그 범위에서 면제되기 때문에 공무원노조의 활동이 "정당"한지 여부가 중요한 의미를 가진다.[5]

한편 교원노조법에서는 공무원노조법과는 달리 국가공무원법 제66조제1항에서 규정하고 있는 집단행위금지 규정이 적용되는 범위가 구체적으로 규정되어 있지 않고(교원노조법 제1조 참조) 또한 노동조합의 활동을 할 때 다른 법령에서 규정하는 공무원의 의무에 반하는 행위를 하여서는 아니 된다(공무원노조법 제3조제2항)는 규정이 없다.
그러나 공무원노조법과 달리 해석하거나 적용되어야 할 근거가 없다고 판단되므로 교원에게도 공무원법에서 규정하고 있는 집단행위 금지 규정과 공무원의 의무에 반하는 행위를 할 수 없다는 공무원노조법 관련 규정이 동일하게 적용된다고 해석된다.

---

5)자세한 내용은 제3장 조합활동의 범위와 후술하는 노조활동과 쟁의행위의 유형별 구분 참조

3. 노동쟁의

"노동쟁의"라 함은 노동조합과 사용자 또는 사용자단체(이하 "노동관계당사자"라 한다)간에 임금·근로시간·복지·해고 기타 대우 등 근로조건의 결정에 관한 주장의 불일치로 인하여 발생한 분쟁상태를 말한다. 이 경우 주장의 불일치라 함은 당사자간에 합의를 위한 노력을 계속하여도 더 이상 자주적 교섭에 의한 합의의 여지가 없는 경우를 말한다(일반노조법 제2조제5호).

노동쟁의의 주체는 노동관계당사자로서 단체협약 체결권을 가지고 있는 "사용자 또는 사용자단체"와 일반노조법, 공무원노조법, 교원노조법에 따라 설립된 "노동조합"을 의미한다.

'주장의 불일치'란 단체교섭 체결 권한이 있는 자의 단체협약 체결 또는 변경을 위한 교섭과정에서 발생한 집단적 이익분쟁에 관한 견해의 현저한 차이를 의미한다. 예컨대 임금협약 또는 단체협약의 체결이나 갱신을 위한 단체교섭 결과 나타나는 당사자간의 현저한 견해의 차이를 말한다.

따라서 단체교섭을 충분히 행하지 아니한 상태에서 일방 당사자가 일방적주장만을 요구함으로써 발생되는 주장의 불일치, 이미 확정된 단체협약의 불이행에 대한 다툼 또는 해석상 문제가 야기된 사항 등 다른 법 또는 법원 등의 판결에 의거 해결되어야 할 집단적 권리분쟁, 근로자의 개인적 불만처리, 권리·이익의 침해 등 노사협의회·고충처리위원회·근로기준법·국가공무원법·교원지위향상특별법등을 통해 해결되어야 할 개별적 노동관계에 관한 주장의 불일치는 노동쟁의에 해당하지 않는다.

(관련행정해석) 권리분쟁과 이익분쟁
- 질의
  - 권리분쟁과 이익분쟁이란 무엇이며, 노동쟁의의 대상과 범위는 어떻게 되는지
- 회시

1. 권리분쟁이라 함은 법령·단체협약·취업규칙 등에 의하여 노사간 해석·적용·준수 등을 둘러싼 분쟁으로, 체불임금 청산, 해고자 복직, 단체협약 이행, 부당노동행위 구제 등이 이에 해당됨.
2. 이익분쟁이라 함은 근로조건의 기준에 관한 권리의 형성·유지·변경 등을 둘러싼 분쟁으로, 임금인상이나 단체협약·갱신·체결 등이 이에 해당함.
3. 따라서 노조법에서 정한 노동쟁의는 이익분쟁에 한정되므로, 권리분쟁에 관한 사항을 관철하기 위한 쟁의행위는 정당성이 인정될 수 없음(협력 68140-151, 1997.04.19.).

'분쟁상태'란 주장의 불일치 상태로 인하여 발생하는 노사간의 대립상태이다. 분쟁상태가 발생하는 구체적인 시점은 당사자간의 주장내용, 평소의 노사관계, 단체교섭의 경위 등 제반사정을 종합적으로 고려하여 판단하여야 한다.

이는 평화적인 단체교섭이 실패하면 사실상 발생되는 것이지만 일반노조법상으로는 제45조(조정의 전치) 제1항에 의하여 어느 일방이 이를 상대방에게 서면으로 통보한 때 존재하게 된다.

그러나 교원노조법과 공무원노조법에서는 일반노조법 제4장의 규정이 적용되지 않으므로 단체교섭이 결렬되어 조정 신청이 제기되어 조정이 개시되는 경우 노동위원회에서 노동관계당사자에게 통보(공무원노조법 시행령 제11조, 교원노조법 시행령 제6조)하는 때에 존재한다고 볼 수 있다.

4. 쟁의행위

노동쟁의의 개념과는 달리 쟁의행위의 개념에 대해서는 일반노조법과 교원노조법, 공무원노조법이 달리 규정되어 있다.

즉, 일반노조법상 쟁의행위 개념에는 노동관계당사자가 주장을 관철할 목적이 있어야 하고 또한 사용자의 쟁의행위도 포함하고 있으나, 교원노조법과 공무원노조법에서는 쟁의행위의 주체는 노조 또는 조합원이며, 쟁의행위의 목적과 사용자의 쟁의행위가 포함되어 있지 않다.

이에 대해 헌법재판소에서는 교원노조법상 쟁의행위의 개념이 따로 정의되어 있지 않고, 교원노조법에서 규정하지 아니한 사항은 일반노조법에 의한다고 규정한 교원노조법의 규정에 의거하여 일반노조법상의 쟁의행위 개념에 따라 정의된다고 하였다.

헌법재판소

【교원노조법 제8조는 "노동조합과 그 조합원은 파업·태업 기타 업무의 정상적인 운영을 저해하는 일체의 쟁의행위를 하여서는 아니 된다"고 규정할 뿐, 쟁의행위를 따로 정의하고 있지 않다. 다만 교원노조법은 이 법에 정하지 않은 사항에 대하여는 노동조합및노동관계조정법이 정하는 바에 따른다고 규정하고 있다(교원노조법 제14조 제1항). 따라서 교원노조법 제8조의 '쟁의행위'의 개념은 노동조합및노동관계조정법의 규정에 따라 정의된다고 할 것이다.】(2004.7.15. 2003헌마878 전원재판부)

1) 일반노조법상 쟁의행위

"쟁의행위"라 함은 파업·태업·직장폐쇄 기타 노동관계 당사자가 그 주장을 관철할 목적으로 행하는 행위와 이에 대항하는 행위로서 업무의 정상적인 운영을 저해하는 행위를 말한다(일반노조법 제2조제6호).

일반노조법상 쟁의행위의 주체는 단체교섭의 당사자인 "사용자 또는 사용자단체"와 일반노조법에 따라 설립된 "노동조합"만을 의미하고 단체교섭권한이 없는 일시적인 근로자의 단체나 쟁의단, 근로자 개인은 제외된다.

그러므로 쟁의단이나 일반노조법에 근거하지 않은 조합 또는 단체의 단체행동은 이 법에 의한 쟁의행위가 아니며, 노동조합의 의사와 관계없이 행하여지는 일부 조합원의 쟁의행위(wildcat strike) 또는 노동조합 설립신고를 하지 아니한 지부, 분회 등이 노동조합의 통제에 반하여 행한 쟁의행위도 법에 위반된다(일반노조법 제37조제2항).

'그 주장을 관철할 목적'이란 일반노조법 제2조와의 관련상 "근로조건의 집단적 유지·개선"을 의미한다. 이러한 목적은 사용자가 처분 가능한 사항이고, 집단적 성격을 가져야 하며, 강행법규에 위반하지 않아야 한다.

따라서 근로조건과 무관한 정치투쟁, 경영간섭 목적 내지 가해목적의 쟁의행위, 동정파업 등은 정당한 쟁의행위가 아니다.

쟁의행위는 '업무의 정상적인 운영을 저해하는 행위'이므로 파업과 같이 집단적 노무제공을 거부하거나 직장폐쇄와 같이 근로자들의 조업을 집단적으로 봉쇄하는 것이어야 한다. 따라서 평상시의 업무를 정상적으로 운영하면서 완장 또는 리본 등을 착용하는 시위적 단체행동은 쟁의행위가 아닐 수도 있다.

따라서 회사업무의 정상적인 운영을 저해할 여지가 없는 집단행위는 쟁의행위라고 볼 수 없다. 구체적으로는 업무의 정상적인 운영과 관계없이 단순히 플래카드를 게양하는 행위[6], 격문("단합과 권익을 쟁취하자")만을 살포하는 행위[7], 단순한 간소복 착용행위[8], 단순한 리본 패용행위[9], 회사의 업무를 저해할 여지가 없는 태업, 회사에서의 농성행위[10] 등은 쟁의행위로 볼 수 없다.

그러나 병원·호텔 종사자와 같이 규정된 복장의 미착용이 곧바로 업무의 정상적인 운영을 저해하는 결과를 가져올 수 있는 경우는 복장의 미착용이 쟁의행위에 해당될 수 있다.

일본의 경우도 방송사 영업국원의 리본·완장착용[11], 병원의료담당자의 리본착용[12], 호텔 종업원의 리본착용 등이 업무의 정상적 운영을 저해했[13]다고 판시하였다.

---

6) 보노정'63.8.1.
7) 보노정'63.8.18.
8) 노사 32281-10117, '89.7.10.
9) 협력 68140-315, '97.8.6.
10) 대법 91도204, '91.6.11.
11) 名古屋 高裁, '75.10.30.
12) 東京高裁, '68.10.30.
13) 東京高裁, '77.8.9.

대법원

【위생문제에 특히 주의해야 하고 신분을 표시할 필요가 있는 간호사들이 집단으로 규정된 복장을 하지 않는 것은 병원업무의 정상적인 운영을 저해하는 것으로 쟁의행위에 해당함.】(93다29267, '94.6.14)

2) 교원노조법과 공무원노조법상 쟁의행위

교원노조법과 공무원노조법에서 노동조합과 그 조합원은 파업, 태업 그 밖에 업무의 정상적인 운영을 방해하는 일체의 행위를 하여서는 아니 된다(교원노조법 제8조, 공무원노조법 제11조)라고 규정하여 일반노조법과 달리 규정하고 있다.

일반노조법에서 쟁의행위를 할 수 있는 주체는 노동조합뿐만 아니라 사용자도 해당되어 노동조합의 쟁의행위에 대응하여 직장폐쇄로 대응하는 방법(일반노조법 제46조)이 있으나 교원과 공무원의 경우에는 사용자의 쟁의행위를 규정하지 않고 있다. 따라서 교원과 공무원노조법상 쟁의행위의 주체는 노동조합과 조합원이며 노동조합과 조합원이 그 주장을 관철할 목적으로 업무의 정상적인 운영을 저해하는 일체의 행위를 하게 되면 쟁의행위 금지 규정에 위반하게 된다.

헌법재판소

가. 교원노조법 제8조는 "노동조합과 그 조합원은 파업·태업 기타 업무의 정상적인 운영을 저해하는 일체의 쟁의행위를 하여서는 아니 된다"고 규정할 뿐, 쟁의행위를 따로 정의하고 있지 않다. 다만 교원노조법은 이 법에 정하지 않은 사항에 대하여는 일반노조법이 정하는 바에 따른다고 규정하고 있다(교원노조법 제14조 제1항). 따라서 교원노조법 제8조의 '쟁의행위'의 개념은 일반노조법의 규정에 따라 정의된다고 할 것이다.

한편, 일반노조법 제2조제6호 "쟁의행위"라 함은 파업·태업·직장폐쇄 기타 노동관계 당사자가 그 주장을 관철할 목적으로 행하는 행위로서 여기에서 그 주장이라 함은 같은법 제2조제5호에 규정된 임금·근로시간·복지·해고 기타 대우 등 근로조건의 결정에 관한 노동관계 당사자 간의 주장을 의미한다고 볼 것이므로, 위와 같은 근로조건의 유지 또는 향상을 주된 목적으로 하지 않는 쟁의행위는 일반노조법의 규제대상인 쟁의행위에 해당하지 않는다고 할 것이다.

　나. 전교조 조합원들이 다수 조합원들과 함께 집단 연가서를 제출한 후 수업을 하지 않고 무단 결근 내지 무단 조퇴를 한 채 교육인적자원부가 추진하고 있는 교육행정정보시스템(NEIS) 반대집회에 참석하는 등의 쟁의행위는 NEIS의 시행을 저지하기 위한 목적으로 이루어진 것인바, 청구인들의 행위는 직접적으로는 물론 간접적으로도 근로조건의 결정에 관한 주장을 관철할 목적으로 한 쟁의행위라고 볼 수 없어 일반노조법의 적용대상인 쟁의행위에 해당하지 않는다고 할 것이다. (2004.7.15. 2003헌마878 전원재판부)

Ⅱ. 쟁의행위의 정당성과 제한 금지

1. 일반노조법과 쟁의행위의 정당성

1) 쟁의행위의 정당성과 의의

헌법 제33조의 단체행동권을 구체화하여 일반노조법 제3조에서는 정당한 쟁의행위에 대한 민사상 면책, 일반노조법 제4조에서는 정당한 쟁의행위에 대한 형사상 면책을 규정하고 있다.이러한 규정에 의한 쟁의행위의 민·형사상 면책은 근로자가 행한 쟁의행위이면 어떤 경우라도 무제한적으로 인정되는 것이 아니라, 헌법이 쟁의권을 보장한 취지에 적합한 범위내의 행위에 대해서만 인정되며 이와 같이 법적 보호범위를 정하기 위한 법적 평가 즉, 헌법상 쟁의권 보장의 한계를 획정하는 것을 일반적으로 "쟁의행위의 정당성"이라고 부르고 있다.

2) 쟁의행위의 기본원칙

쟁의행위는 그 목적·방법 및 절차에 있어서 법령 기타 사회질서에 위반되어서는 아니 되며, 조합원은 노동조합에 의하여 주도되지 아니한 쟁의행위를 하여서는 아니 된다. 또한 노동조합은 사용자의 점유를 배제하여 조업을 방해하는 형태로 쟁의행위를 해서는 아니 된다(일반노조법 제37조).

노동조합의 쟁의행위는 그 조합원(교섭대표노동조합이 결정된 경우에는 그 절차에 참여한 노동조합의 전체 조합원)의 직접·비밀·무기명투표에 의한 조합원 과반수의 찬성으로 결정하지 아니하면 이를 행할 수 없으며, 조합원 수 산정은 종사근로자인 조합원을 기준으로 한다(일반노조법 제41조제1항). 사용자는 노동조합이 쟁의행위를 개시한 이후에만 직장폐쇄를 할 수 있다(일반노조법 제46조).

사용자는 쟁의행위 기간 중 그 쟁의행위로 중단된 업무의 수행을 위하여 당해 사업과 관계없는 자를 채용 또는 대체할 수 없으며, 쟁의행위 기간 중 그 쟁의행위로 중단된 업무를 도급 또는 하도급 줄 수 없다(일반노조법 제43조제1항, 제2항). 그러나 필수공익사업의 사용자가 쟁의행위 기간중에 당해 사업과 관계없는 자를 채용 또는 대체하거나 그 업무를 도급 또는 하도급 주는 경우에는 당해 사업 또는 사업장 파업참가자의 100분의 50을 초과하지 않는 범위 안에서 채용 또는 대체하거나 도급 또는 하도급 줄 수 있다. 이 경우 파업참가자 수의 산정 방법 등은 대통령령으로 정한다(일반노조법 제43조제3항, 제4항).

사용자는 쟁의행위에 참가하여 근로를 제공하지 아니한 근로자에 대하여는 그 기간 중의 임금을 지급할 의무가 없으며, 노동조합은 쟁의행위 기간에 대한 임금의 지급을 요구하여 이를 관철할 목적으로 쟁의행위를 하여서는 아니 된다(일반노조법 제44조).

행정해석

【노사당사자가 의무적인 교섭대상 중에 특정사항에 대해 추후 별도의 교섭을 통해 합의하기로 단체협약을 체결한 경우에는 당사자가 추가적인 교섭을 예정하고 있는 것이므로 이러한 단체협약에 따라 당사자가 해당사항에 관한 교섭을 진행하였으나 합의에 이르지 못한 경우라면 이를 목적으로 하는 쟁의행위는 평화의무에 반한다고 보기 어려움.】(노사관계법제팀-162, 2006.1.18)

위와 같은 쟁의행위의 기본원칙 이외에도 일반노조법상 여러 제한·금지 법규에 저촉되는 쟁의행위는 해당 노동법규 소정의 벌칙과 기타 제재가 적용된다. 또한, 쟁의행위를 제한·금지하는 법규들은 쟁의권 보장의 취지에 비추어 판단할 때도 허용될 수 없는 내용들을 규정한 것으로 이러한 규정에 반하는 쟁의행위는 정당성을 가질 수 없다.

3) 쟁의행위 정당성의 일반적 기준

쟁의행위가 정당하기 위해서는 그 주체, 목적, 시기·절차, 수단과 방법이

모두 정당하여야 한다는 것이 대법원의 일관된 입장이다.[14]

쟁의행위의 주체는 단체교섭권한이나 단체협약을 체결할 능력이 있는 노동조합이어야 하며, 근로조건의 향상을 위한 노사 간의 자치적 교섭을 조정하는 것을 쟁의행위의 목적으로 하여야 하는데 일반적으로 쟁의행위의 목적은 그 쟁의행위에 의하여 달성하려는 요구사항이 단체교섭 사항이 될 수 있어야 하는 것으로 해석되고 있다.

쟁의행위의 시기는 사용자가 근로자의 근로조건 개선에 관한 구체적인 요구에 대하여 단체교섭을 거부하거나 단체교섭의 자리에서 그러한 요구를 거부하는 회답을 했을 때 개시하여야 하고 특별한 사정이 없는 한 법령이 정하는 바에 따라 조합원의 찬반투표 절차를 거쳐야 한다.

쟁의행위의 수단 및 방법에 있어서는 소극적으로 근로의 제공을 전면적 또는 부분적으로 정지하여 사용자에게 타격을 주는 것이어야 하며, 노사관계의 신의성실의 원칙에 비추어 공정성의 원칙에 따라야 한다. 또한, 사용자의 기업시설에 대한 소유권 기타의 재산권과 조화를 이루어야 함은 물론 폭력이나 파괴행위를 수반하거나 기타 고도의 반사회성을 지닌 행위가 아닌 정당한 범위 내의 것이어야 한다.

2. 쟁의행위의 수단 방법과 정당성

1) 폭력·파괴행위 등의 금지(일반노조법 제42조제1항)

(1) 폭력·파괴행위의 금지

쟁의행위가 헌법상 보장된 기본권이기는 하나 이를 이용하여 타인의 생

---

14) 대법원 2001.10.25. 99도4837 전원합의체 등

명, 재산상의 기본권을 폭력적으로 침해할 수는 없으므로 일반노조법 제4조 단서 및 제42조제1항에서는 쟁의행위는 폭력이나 파괴행위로서 이를 행할 수 없다고 규정하고 있다.

특히, 일반노조법 제42조제1항은 근로를 제공하려는 근로자들의 근로장소가 쟁의행위를 하는 조합원들에 의해서 점거 또는 폭력이나 파괴행위 등으로 생산시설이 손괴되어 근로를 제공할 수 없는 상태가 되지 않도록 쟁의행위의 한계를 규정하고 있다.

폭력 파괴 등 반사회적 행위를 수반하는 쟁의행위는 정당성이 인정되지 아니하며, 그 형태에 따라 폭력죄, 상해죄, 협박죄, 재산손괴죄, 업무방해죄 등의 죄책이 발생될 수 있다. 다만, 노동조합의 의사와 관계없이 일부 조합원들의 우발적·일시적으로 폭력·파괴행위가 발생한 경우에는 당해 쟁의행위 전체의 정당성과 구분하여 판단하여야 한다.

(2) 주요업무시설의 점거 금지

쟁의행위는 근로제공을 소극적으로 거부함으로써 정상적인 업무의 운영을 저해하는 수준에 그쳐야 하며, 사용자의 조업계속의 자유를 침해하거나 기업시설에 대한 권리를 침해하여서는 아니 된다. 일반노조법 제42조제1항에서는 이러한 원칙을 명확히 하여 생산시설이나 주요업무시설의 점거의 형태로 행하는 쟁의행위를 제한하여 사용자의 조업계속의 자유나 기업시설에 대한 권리를 보호하고 있다.

점거가 금지되는 일반노조법 제42조제1항 규정의 "생산 기타 주요업무에 관련되는 시설"의 범위는 개별 사업장의 업무종류, 쟁의행위 당시의 생산 또는 업무형태에 따라 판단하여야 하는데 일반적으로 노동조합에 의해 점거될 경우 사용자 또는 다른 근로자의 조업의 중단 또는 방해를 가져올 수 있는 시설이 이에 해당할 수 있다.

생산 기타 주요업무시설과 일반노조법 시행령 제21조에서 정하는 시설의 점거는 병존적 부분적일 경우에도 정당하지 않다. 즉, 형법상 업무방해죄, 건조물 침입죄, 퇴거불응죄에 해당되는지 여부와 관계없이 일반노조법 제42조제1항에 위반되므로 정당성이 부정된다. 직장점거란 근로자들이 일정한 목적을 관철하기 위하여 사용자의 의사에 반하여 사업장, 공장 등 회사 내에서 퇴거하지 않고 장시간 체류하는 쟁의수단이다. 반면, 일반적인 직장점거(생산 기타 주요업무시설 등 이외의 시설에 대한 점거)의 경우 사용자의 점유를 배제하지 아니하고 조업도 방해하지 않는 범위 내에서의 부분적 병존적 점거일 경우에 한하여 허용되나 이 경우에도 전면적 배타적 점거는 정당하지 아니하다.

2) 안전보호시설의 정지 또는 폐지 금지(일반노조법 제42조제2항)

사람의 생명이나 신체의 안전을 보호하는 시설(안전보호시설)에 대한 정상적인 유지·운영을 정지·폐지 또는 방해하는 행위를 금지함으로써 인명·신체를 보호하고 있다.

안전보호시설은 "인명·신체의 안전"을 보호하는 시설만을 의미하므로 물적설비의 안전을 보호하기 위한 시설은 포함되지 않으며 또한, 시설이란 물적시설만을 의미하므로 인적조직은 안전보호시설에 해당하지 않는다. 안전보호시설의 보호 객체는 당해 사업장의 근로자뿐만 아니라 사업장과 무관한 제3자 등도 모두 포함되며 위반 주체는 법문에 주체를 제한하고 있지 아니하므로 안전보호시설의 유지·운영을 담당하는 근로자뿐만 아니라 그 시설의 담당 근로자가 아닌 근로자, 노동조합, 사용자도 안전보호시설의 유지·운영을 방해하는 경우에는 위반주체가 된다.

사업장의 안전보호시설에 대하여 정상적인 유지·운영을 정지·폐지 또는 방해하는 쟁의행위는 정당하지 아니하므로 안전보호시설의 정상적인 유지·운영을 위하여 "당해 사업과 관계없는 자"를 채용 또는 대체하더라도 노조법 제43조에 위반되지 않는다. 안전보호시설의 유지·운영을 정폐한 경우에는 노동위원회의 의결을 얻어 그 행위를 중지하도록 통보하여야 한다. 그러나 사태가 급박하여 노동위원회의 의결을 얻을 시간적 여유가 없을 때에는 노동위원회의 의결 없이 즉시 그 행위를 중지할 것을 통보할 수 있다. 이 경우 중지 통보 후 곧바로 노동위원회에 의결을 얻어야 하며, 의결을 받지 못한 때에는 그 통보는 그때부터 효력이 상실된다. 중지통보는 서면으로 하는 것이 원칙이나, 사태가 급박하다고 인정하는 경우에는 구두로 할 수 있으며, 이 경우 사후에 서면으로 통보하여야 한다(일반노조법 제42조제3항, 제4항).

헌법재판소

【사람의 생명·신체의 안전보호만을 고려한다면 가급적 일반노조법 제42조제2항의 요건을 완화시켜 해석함으로써 그 금지범위를 확대하는 것이 요청되며, 한편 단체행동권을 제한하기 때문에 가급적 요건을 엄격하게 해석하여 그 금지범위를 제한적으로 해석하여야 하는 요청이 있다. 이는 서로 융화할 수 없는 것이 아니라 적절한 조화점을 찾을 수 있는 관계이므로 일반노조법 제42조제2항은 위 양자의 요청을 조화하는 해석기준으로써 그 의미 내용을 파악하여야 한다. 따라서 사람의 생명·신체의 안전을 보호한다는 목적에만 경도되어 지나치게 확대해석하는 것이나 근로자의 단체행동권만을 강조하여 지나치게 제한 해석하는 것은 노조법의 입법목적에 반하는 해석일 뿐만 아니라 헌법에 합치되는 해석이라고 할 수 없어 허용되지 아니한다.】(헌법재판소 2005.6.30, 2002헌바83)

3) 보안작업(긴급작업)의 유지의무(일반노조법 제38조제2항)

쟁의행위기간 중이라도 사용자의 경영시설의 유지를 위하여 불가결하게 요구되는 작업은 수행되어야 하는데 이러한 작업을 보안작업(긴급작업)이라고 한다.

보안작업을 정상적으로 수행하지 않을 경우 쟁의행위 종료 후 즉각적인 조업의 재개가 불가능하여 근로자의 이익에 반하고 또한 재산권을 지나치게 침해하는 결과를 초래하게 된다. 이를 방지하기 위하여 현행 일반노조법 제38조제2항에서는 "작업시설의 손상이나 원료·제품의 변질 또는 부패를 방지하기 위한 작업"은 쟁의행위 기간 중에도 정상적으로 운영하도록 의무를 부과 하고 있다. 동 규정은 쟁의행위로 인해 작업시설의 손상이나 원료·제품의 변질·부패를 방지함으로써 사회·경제적 손실을 최소화하고 쟁의행위가 종료되면 즉시 업무에 복귀할 수 있는 여건을 유지하려는데 그 입법취지가 있다.

일반노조법 제38조제2항의 "작업시설"이란 생산 또는 작업에 이용되는 기계나 설비, 구조물 등 물적인 것을 의미한다. 쟁의행위는 소극적으로 노무제공을 거부하여 사용자에게 생산 중단 등에 의하여 경제적 손실을 주는 데 그쳐야 하며, 인명에 피해를 준다거나 물적 시설 자체에 손해를 가하는 것은 쟁의행위의 정당성의 범위를 일탈한 것이 된다. 따라서 노동조합은 쟁의행위기간 중이라도 보안 작업이 중단되지 않도록 조합원에 대하여 지도와 통제를 행하여야 할 의무를 부담한다.

일반노조법 제38조제2항의 규정은 동 업무에 종사하는 근로자는 쟁의행위를 할 수 없다는 의미가 아니라 평소의 시설운영에 비추어 정상적인 유지·운영에 필요한 인원이 쟁의행위에 참여하지 않아야 함을 의미한다. 따라서 보안작업을 정상적으로 운영하는 범위 내에서의 쟁의행위 참여는 가능하다. 한편, 모든 원료·제품은 시간경과에 따라 자연적으로 손상·변질·부패하기 때문에 쟁의행위 결과, 자연발생적인 원료·제품의 손상·부패 등의 결과가 초래되었다 하여도 동 규정 위반으로 보기는 어렵다. 보안작업을 거부하는 행위는 정당하지 아니하므로 이를 위해 "당해 사업과 관계없는 자"를 채용 또는 대체하더라도 일반노조법 제43조 위반에 해당되지 않는다.

행정해석

【일반노조법 제38조제2항에 작업시설의 손상이나 원료·제품의 변질 또는 부패를 방지하기 위한 작업은 쟁의행위기간 중에도 정상적으로 수행되어야 한다고 규정하고 있음.

- 여기서, 작업시설의 손상을 방지하기 위한 작업은 기계 윤활유 공급, 응고·폭발을 방지하기 위한 급수·전력공급 등 기계의 부식이나 마멸을 방지하기 위한 작업을 말하고, 원료·제품 변질 또는 부패 방지작업은 세척·냉장·방부처리작업, 작업중단시 재사용이 불가능한 용광로 작업 등 원료·제품의 변질·부패를 방지하거나 변질·부패 이전에 처분하는 작업을 말하는 것으로서, 경주마를 관리하기 위한 조교, 사양, 구사관리 등 마필관리사

의 업무는 이러한 작업의 범위에 해당하지 않음.】(노동조합과-722, 2008.4.23)

4) 노동조합의 지도와 책임

쟁의행위는 그 쟁의행위와 관계없는 자 또는 근로를 제공하고자 하는 자의 출입·조업 기타 정상적인 업무를 방해하는 방법으로 행하여져서는 아니 되며 쟁의행위의 참가를 호소하거나 설득하는 행위로서 폭행·협박을 사용하여서는 아니 된다(일반노조법 제38조제1항).

작업시설의 손상이나 원료·제품의 변질 또는 부패를 방지하기 위한 작업은 쟁의행위 기간 중에도 정상적으로 수행되어야 하며(일반노조법 제38조제2항) 노동조합은 쟁의행위가 적법하게 수행될 수 있도록 지도·관리·통제할 책임이 있다(일반노조법 제38조제3항).

3. 정당한 쟁의행위의 법적 보호장치

쟁의행위가 정당한 경우 일반노조법 제3조 및 제4조의 규정에 따라 민·형사상 책임이 면제된다. 따라서 정당한 쟁의행위로 인하여 다른 기업이나 제3자가 손해를 입은 경우에도 그 기업이나 제3자는 근로자측에 손해배상을 청구할 수 없다.

정당하게 쟁의행위를 하는 기간 중에는 현행범 외에는 노조법 위반을 이유로 구속되지 않으며(일반노조법 제39조) 정당한 쟁의행위로 중단된 업무의 수행을 위한 대체근로가 제한된다. 다만, 필수공익사업의 경우는 파업참가자의 100분의 50을 초과하지 않는 범위 안에서 대체근로가 허용된다. 정당한 쟁의행위에 참가한 것을 이유로 한 해고 등 불이익 취급은 금지되며 기타 「파견근로자 보호 등에 관한법률」 제16조제1항의 규정에 의해 쟁의행위 중인 사업장에 그 쟁의행위로 인하여 중단된 업무의 수행을 위하여 근로자 파견이 금지된다.

4. 기타 쟁의행위의 제한과 금지

1) 일반노조법의 제한과 금지

(1) 필수유지업무에 대한 쟁의행위의 제한

"필수유지업무"라 함은 일반노조법 제71조제2항의 규정에 따른 필수공익사업의 업무 중 그 업무가 정지되거나 폐지되는 경우 공중의 생명·건강 또는 신체의 안전이나 공중의 일상생활을 현저히 위태롭게 하는 업무로서 대통령령이 정하는 업무를 말한다. 필수유지업무의 정당한 유지·운영을 정지·폐지 또는 방해하는 행위는 쟁의행위로서 이를 행할 수 없다(일반노조법 제42조의2).

노동관계 당사자는 쟁의행위기간 동안 필수유지업무의 정당한 유지·운영을 위하여 필수유지업무의 필요 최소한의 유지·운영 수준, 대상직무 및 필요인원 등을 정한 협정(이하 "필수유지업무협정"이라 한다)을 서면으로 체결하여야 한다. 이 경우 필수유지업무협정에는 노동관계 당사자 쌍방이 서명 또는 날인하여야 한다(일반노조법 제42조의3).

노동관계 당사자 쌍방 또는 일방은 필수유지업무협정이 체결되지 아니하는 때에는 노동위원회에 필수유지업무의 필요 최소한의 유지·운영수준, 대상직무 및 필요인원 등의 결정을 신청하여야 한다. 신청을 받은 노동위원회는 사업 또는 사업장별 필수유지업무의 특성 및 내용 등을 고려하여 필수유지업무의 필요 최소한의 유지·운영 수준, 대상직무 및 필요인원 등을 결정할 수 있다. 노동위원회의 결정에 대한 해석 또는 이행방법에 관하여 관계당사자간에 의견이 일치하지 아니하는 경우에는 특별조정위원회의 해석에 따른다. 이 경우 특별조정위원회의 해석은 제2항의 규정에 따른 노동위원회의 결정과 동일한 효력이 있다(일반노조법 제42조의4).

노동조합은 필수유지업무협정이 체결되거나 일반노조법 제42조의4제2항의 규정에 따른 노동위원회의 결정이 있는 경우 사용자에게 필수유지업무에 근무하는 조합원 중 쟁의행위기간 동안 근무하여야 할 조합원을 통보하여야 하며, 사용자는 이에 따라 근로자를 지명하고 이를 노동조합과 그 근로자에게 통보하여야 한다. 다만, 노동조합이 쟁의행위 개시 전까지 이를 통보하지 아니한 경우에는 사용자가 필수유지업무에 근무하여야 할 근로자를 지명하고 이를 노동조합과 그 근로자에게 통보하여야 한다(일반노조법 제42조의6).

(2) 주요방위산업체 종사 근로자의 쟁의행위 금지

헌법 제33조제3항은 법률이 정하는 주요방위산업체에 종사하는 근로자의 단체행동권은 법률이 정하는 바에 의하여 이를 제한하거나 인정하지 아니할 수 있다고 규정하고 있고, 일반노조법 제41조(쟁의행위의 제한과 금지) 제2항은 방위사업법에 의하여 지정된 주요방위산업체에 종사하는 근로자 중 전력, 용수 및 주로 방산물자를 생산하는 업무에 종사하는 자는 쟁의행위를 할 수 없으며 주로 방산물자를 생산하는 업무에 종사하는 자의 범위는 대통령령으로 정한다고 규정하고 있다.

"주로 방산물자를 생산하는 업무에 종사하는 자"라 함은 방산물자의 완성에 필요한 제조·가공·조립·정비·재생·개량·성능검사·열처리·도장·가스취급 등의 업무에 종사하는 자를 말한다(일반노조법 시행령제20조).
따라서 일반노조법상 방위사업법에 의하여 지정된 주요방위산업체에 종사하는 근로자 중 전력·용수 및 주로 방산물자를 생산하는 업무에 종사하는 자는 쟁의행위를 할 수 없다.

주요방위산업체에 종사하는 근로자는 헌법, 일반노조법, 방위사업법 등에 의해 쟁의행위가 금지되나 일반 방위산업체에 종사하는 근로자는 쟁의행위를 하더라도 방산물자 수급에 큰 차질이 없어 쟁의행위가 허용된다. 따라서 민수물자 생산에 종사하는 자 및 방산물자 생산과 직접 관련 없는 시험, 관리업무 등 간접지원부서 종사근로자는 쟁의행위에 참여할 수 있다. 방산물자의 생산이 항시 이루어지지 아니하고 특정시기에 일부부서의 일부공정만이 방산물자를 생산하는 경우 전력·용수의 업무와 일반노조법 시행령 제20조에서 정한 제조·가공·조립·정비·재생·개량·성능검사·열처리·도장·가스취급 등 실제 생산이 이루어지고 있는 해당부서의 당해 공정에 종사하는 근로자는 방산물자의 완성에 필요한 특정시기에 쟁의행위가 금지된다. 일반노조법 제41조제2항에서 금지하고 있는 방산업체의 근로자들이 쟁의행위를 할 경우, 일반노조법 제88조에 따라 5년 이하의 징역 또는 5천만원이하의 벌금에 처해진다.

(3) 조정절차를 거치지 아니한 쟁의행위의 금지

쟁의행위는 일반노조법의 규정에 의한 조정절차를 거치지 아니하면 이를 행할 수 없으며(일반노조법 제45조) 이를 조정전치주의 라고 한다. 조정기간은 조정의 신청이 있은 날로부터 일반사업에 있어서는 10일, 공익사업에 있어서는 15일 이내(일반노조법 제54조제1항)로 되어 있다.

일반노조법에서 조정전치주의를 규정한 취지는 조정기간 중에 쟁의당사자의 자주적인 해결을 촉구하여 노동쟁의의 평화적 해결을 지원하고, 극단적인 실력행사로 인한 당사자 및 사회·경제적 손실을 예방하는데 있다.

특히 공익사업의 경우 일반사업보다 더 긴 조정기간을 둔 것은 공익사업의 쟁의행위로 인한 국민·경제적 영향을 최소화하고 조정에 의한 해결의 실마리를 찾고자 하는 정책적 배려라 할 수 있다.

조정기간 준수에 관한 규정은 쟁의행위를 일정기간 동안 정책적으로 제한하려는 것이므로 이 규정에 위반한 경우 일반노조법 제91조에 의한 벌칙(1년 이하의 징역 또는 1천만원이하의 벌금)의 적용을 받는다. 그러나 조정기간준수를 위반한 쟁의행위의 정당성에 관해서는 구체적이고 개별적인 판단이 필요하다.

대 법 원

【냉각기간이나 사전신고에 관한 규정의 취지는 분쟁을 사전 조정하여 쟁의발생을 회피하

는 기회를 주고 또 쟁의발생을 사전예고케 하여 손해방지조치의 기회를 주려는 데에 있는 것이지 쟁의행위 자체를 금지하려는 데에 있는 것이 아니므로, 쟁의행위가 위 냉각기간이나 사전신고의 규정이 정한 시기와 절차에 따르지 아니하였다고 하여 무조건 정당성이 결여된 쟁의행위라고 볼 것이 아니라 그 위반행위로 말미암아 사회, 경제적 안정이나 사용자의 사업운영에 예기치 않는 혼란이나 손해를 끼치는 등 부당한 결과를 초래할 우려가 있는지의 여부 등 구체적 사정을 살펴서 그 정당성 유무를 가려 형사상 죄책유무를 판단하여야 할 것임.】(92도1855, '92.9.22)

(4) 중재 시의 쟁의행위 금지

노동쟁의가 중재에 회부된 때에는 그날부터 15일간은 쟁의행위를 할 수 없다(일반노조법 제63조).

노동쟁의가 중재에 회부되면 그 날부터 15일간 쟁의행위를 할 수 없도록 한 것은 쟁의행위라는 최후의 수단을 일정기간 유보하여 노사간 분쟁을 합리적·평화적으로 해결하려는 것이다. 그러나 이 기간 중 중재재정이 내려지지 않으면 다시 쟁의행위에 돌입할 수 있다.

(5) 긴급조정 시 쟁의행위 중지

관계당사자는 긴급조정의 결정이 공표된 때에는 즉시 쟁의행위를 중지해야 하며, 공표일로부터 30일이 경과하지 아니하면 쟁의행위를 재개할 수 없다(일반노조법 제77조).

긴급조정은 국민경제나 국민생활을 위태롭게 할 쟁의행위를 근로자의 기본권 행사라는 이유로 방치할 수 없는 상황에 도래할 때 즉, 국민경제와 국민생활에 영향을 미치는 쟁의행위의 장기화를 막기 위해 사용되는 비상적인 수단으로 일정기간 쟁의행위를 중지하고 노동쟁의를 합리적·평화적으로 해결할 수 있는 방안을 모색하기 위한 것이다.

(6) 기타

선원법을 적용받는 근로자는 원칙적으로 쟁의행위를 할 수 있으나 선박이 외국의 항구에 있는 경우나 여객선이 승객을 태우고 항행 중인 경우 등에는 쟁의행위를 할 수 없다. 또한 경비업법상 특수경비원(경비업법 제15조제3항) 등은 쟁의행위가 금지된다.

2) 교원과 공무원의 쟁의행위 금지

헌법 제33조제2항의 규정에 따라 공무원인 근로자는 법률이 정하는 자에 한하여 단결권·단체교섭권 및 단체행동권을 가진다고 규정하고 있고, 일반노조법 제5조 단서는 교원과 공무원에 대하여는 따로 법률로 정하도록 하고 있다.

위의 헌법과 일반노조법의 규정에 따라 교원노조법과 공무원노조법이 제정되어 시행되고 있는데 각 각 쟁의행위금지를 규정하고 있고 이에 위반하면 5년 이하의 징역 또는 5천만원 이하의 벌금에 처하도록 되어 있다.

교원과 공무원에 대해 쟁의행위가 금지되는 이유는 교원과 공무원의 쟁의행위는 국민 또는 주민 전체의 봉사자로서 근무제공의무를 부담한다는 지위의 특수성과 직무의 공공성과 관련되어 있고, 공무와 교육의 정폐는 국민 전체 또는 주민 전체에 중대한 영향을 미치기 때문이다. 또한, 교원과 공무원의 근무조건은 법령이나 조례에 의하여 정해지도록 되어 있으며, 따라서 쟁의행위에 의한 실력행사는 국회나 의회에서 민주적인 절차에 의하여 이루어져야 하는 근무조건의 결정에 대하여 부당한 압력을 가하고 이를 왜곡시킬 우려가 있기 때문이라고 할 수 있다.

교원과 공무원의 쟁의행위는 노조활동과 구별하기가 어려운 측면이 있으므로 행위 유형별로 구체적으로 살펴볼 필요가 있다.

그러나 사실상 노무에 종사하는 공무원은 예외로 국가공무원법 제66조제1항(집단행동의 금지)이 적용되지 않으므로 쟁의행위를 할 수 있다.

사실상 노무에 종사하는 공무원이라 함은 과학기술정보통신부 소속 현업기관의 작업 현장에서 노무에 종사하는 우정직공무원(우정직공무원의 정원을 대체하여 임용된 일반임기제공무원 및 시간선택제 일반임기제공무원을 포함한다)으로서 서무·인사 및 기밀 업무에 종사하는 공무원, 경리 및 물품 출납 사무에 종사하는 공무원, 노무자 감독 사무에 종사하는 공무원, 「보안업무규정」에 따른 국가 보안시설의 경비 업무에 종사하는 공무원, 승용 자동차 및 구급차의 운전에 종사하는 공무원 등에 해당하지 아니하는 공무원으로 한다(국가공무원 복무규정 제28조).

따라서 철도, 국립의료원 등에 종사하는 사실상 노무종사자의 쟁의 행위는 허용된다. 그러나 이들 사업이 노조법 상의 필수공익사업에 해당되므로 조정 및 중재의 절차 등에 있어서 일반노조법의 특칙이 적용된다(일반노조법 제71조제2항).

Ⅲ. 노조활동과 쟁의행위의 유형별 구분

공무원은 사실상 노무에 종사하는 공무원을 제외하고는 공무 이외의 일을 위한 집단적 행위를 할 수 없으나(국가공무원법 제66조제1항 및 지방공무원법 제58제1항), 공무원노조법에 의한 공무원의 노동조합의 조직, 가입 및 노동조합과 관련된 정당한 활동에 대해서는 집단적 행위를 금지한 국가 공무원법 및 지방공무원법의 규정이 적용되지 않는다(공무원노조법 제3조제1항). 그러나 공무원은 노동조합의 활동을 할 때 다른 법령에서 규정하는 공무원의 의무에 반하는 행위를 하여서는 아니 되므로(공무원노조법 제3조제2항) 국가공무원법 및 지방공무원법에 규정된 신분상·직무상의 의무를 준수하여야 한다.

또한 공무원노조법과 교원노조법은 노동조합과 그 조합원은 파업, 태업 그 밖에 업무의 정상적인 운영을 방해하는 일체의 행위를 금지(공무원노조법 제11조, 교원노조법 제8조)하고 있다.

위의 법 규정을 정리하면 정당한 노조활동인 경우에만 복종의무, 직장이탈 금지의무, 집단행위의 금지의무 등 공무원의 의무가 그 범위에서 면제된다.
즉, 정당한 노조활동의 범위를 이탈하는 행위 중 '업무의 정상적인 운영을 방해' 하는 행위는 쟁의행위 금지 규정을 위반하는 것이 되고, 업무의 정상적인 운영을 방해하지 않는 행위인 경우에는 공무원법에서 규정하고 있는 의무 위반이 된다.

따라서 공무원노조의 활동이 "정당" 한지 여부가 중요한 의미를 가지며 유형에 따라 정당한 노조활동인지 여부와 정당한 노조활동을 벗어난 행위인 경우에도 단순히 공무원법 위반 행위인지 아니면 공무원노조법과 교원노조법에서 금지하고 있는 쟁의행위인지를 구별할 필요가 있다. 이는 징계책임을 물을 때 쟁의행위 금지 위반인지 아니면 일반 공무원법상의 의무 위반인지에 따라 징계결과에 대한 법적인 평가에 영향을 미치게 되므로 중요한 개념이라고 할 수 있다.

1. 근무시간 중 노조활동과 쟁의행위

1) 업무저해 행위

다수의 조합원들이 점심시간 끝나기 5분전 전원 식사하기(일렬로 서서), 수개의 배식구중 1개 또는 극소수의 배식구만을 이용하여 급식을 받음으로써 지정된 중식시간을 상당히 연장시키는 행위, 근무시간 중 단체로 화장실 가기(일렬로 서서), 근무시간 중 신용협동조합에 단체예금 및 인출하기, 근무시간 중 간부사원 단체면담하기, 근무시간 중 일괄 의무실에서 약타먹기 등 노동조합의 주장을 관철할 목적으로 사실상 업무의 정상적인 운영을 저해하는 행위는 쟁의행위에 해당된다.[15]

2) 제복착용 의무위반

현행 국가공무원복무규정 제8조의2(복장 및 복제 등) 제3항에 따라서, 국회공무원복제규정 및 농산물검사공무원복제규칙, 관세청직원복제규칙, 교도관복제규칙, 국립검역소공무원복제규칙, 해양수산부복제규칙 등 여러 규정 및 규칙에 의거하여 일정한 공무원의 경우 제복을 착용하도록 하고 있다.

그런데 이러한 제복착용의무가 있는 공무원들이 집단적 요구의 관철을 위하여 제복착용을 거부하는 것이 쟁의행위인지 여부에 대하여 논란이 발생할 수 있다.

현행 판례상 신분을 표시할 직종에 종사하는 근로자들이 집단으로 제복착용을 거부하는 것은 업무의 정상적인 운영을 저해하는 것으로 쟁의행위에

---

15) 노사 32281-6917, '88.5.11.

해당한다고 보고 있다. 따라서 제복착용의무가 있는 공무원들이 자신의 주장을 관철할 목적으로 업무의 정상적인 운영을 저해하기 위하여 제복착용을 거부하는 것은 쟁의행위가 될 가능성이 있다.

> **대법원**
>
> 【위생문제에 특히 주의해야 하고 신분을 표시할 필요가 있는 간호사들이 집단으로 규정된 복장을 하지 않는 것은 병원업무의 정상적인 운영을 저해하는 것으로서 역시 쟁의행위에 해당한다 할 것이며, 중재회부 전의 행위라 하여 쟁의행위에 해당되지 않는다는 법리는 없고, 쟁의행위가 정당성의 한계을 벗어날 때에는 위법한 쟁의행위로서 징계사유가 되는 것은 물론 업무방해죄 등 형사상 책임도 면할 수 없음.(1992.9.22, 대법 92도1855 ;1992.2.22, 대법 91다4317 등 참조)】(1994.6.14. 선고93다29167 판결).

3) 리본착용과 쟁의행위

일반적으로 리본을 착용하는 것은 통상 조합활동에 해당하는 경우가 많을 것이고, 리본을 착용하는 것만으로 쟁의행위에 해당한다고 보기는 어렵겠지만, 리본의 착용은 통상 노동조합 및 조합원의 요구·주장을 담고 있을 것이다. 공무원이 국민전체의 봉사자로서 정직과 성실로 직무에 전념하야야 함에도 불구하고(국가공무원복무규정 제2조에 의한 공무원선서의 내용) 리본에 기재된 요구와 주장의 내용이 사실과는 무관하거나, 정도를 지나치거나, 일방적 비난·비방 문구로 일관되어 있거나 기타 내용이 적절하지 못하여 일반 국민에게 위화감을 조성하거나 공무원의 신용을 실추시킬 위험을 가지고 있는 경우에는 업무상 방해가 발생한다고 볼 수 있다.

일본의 하급심 판례에서는 리본을 착용하는 것이 공무원의 직무전념의무에 반하는 것으로서 업무를 방해하는 것이라고 본 경우가 있다.

> **일본판례** (全建勞勤勉手當事件)
>
> 【(당해 사건의)리본착용투쟁이 직무에 전념하지 못하게 하는 결과를 초래할 개연성이 높은 행위이고, 직장 전체에 위화감을 형성시키며, 국민에 대해서는 국가공무원의 신용

을 실추시킬 우려를 발생시키는 것으로 인정되는 이상, 상사가 리본을 뗄 것을 경고 및 직무명령을 발한 것은 적법하고, 직장내 기강 및 질서유지를 위하여 그 직무명령에 따라야 함에도 불구하고 직무명령을 거부한 것은 국가공무원법 제98조제1항을 위반하는 것임.】
(1977.7.25, 동경지방법원판결)

4) 근무시간 중 조합집회

근무시간 중 조합집회를 개최하는 경우 정당한 노조활동인지 여부가 기본적으로 문제되나, 정당한 노조활동이 아닌 경우에는 쟁의행위에 해당할 수도 있다.

쟁의행위는 준법투쟁 등 비정상적인 노무제공 또는 노무제공의 거부로 인해 업무의 정상적인 운영이 저해되는 경우에 인정되기 때문에 공무원노조가 근무시간 중에 조직적으로 노동력제공을 하지 않거나 비정상적으로 근무를 하는 경우에는 쟁의행위에 해당할 수 있다.

따라서 조합집회가 적법한 절차 또는 허가 없이 노조의 결정에 의해 근무시간 중에 개최된 경우에는 위법한 쟁의행위에 해당한다고 할 수 있다.

2. 준법투쟁

준법투쟁이란 노동조합이 의도적으로 법령이나 단체협약, 취업규칙 등의 내용을 지나치게 엄격히 준수함으로써 업무의 능률이나 실적을 떨어뜨려 자신의 주장을 받아들이도록 사용자에게 압력을 가하는 집단행동을 말한다. 이러한 준법투쟁은 일반노조법상 쟁의행위의 제한·금지 규정이나 단체협약에 의한 평화의무의 회피 수단으로 잘못 이용되고 있는 경향이 있다.

여기서 준법투쟁이 쟁의행위로 인정될 수 있는지 여부에 대해서는 "업무의 정상적인 운영"을 무엇으로 보느냐에 따라 견해가 대립한다. 즉, 업무의 정상적인 운영을 '그동안 사실상 관행화되어 온 업무운영'(사실정상설)을 의미하는 것으로 본다면 준법투쟁도 쟁의행위에 해당되고, 반면에 '적법 내지 정당한 업무 운영 상태'(법률정상설)로 본다면 준법투쟁은 시민법상 자유 또는 권리의 행사에 지나지 않으므로 쟁의행위에 해당되지 않는 것으로 된다. 판례는 통상적으로 실시해 오던 휴일근무를 집단적으로 거부하였다면 이는 회사업무의 정상적인 운영을 저해한 것으로 보아 쟁의행위에 해당한다고 판시하는 등 업무의 정상적인 운영을 사실상 관행화되어 온 업무운영(사실정상설)으로 봄으로써 준법투쟁을 쟁의행위로 보고 있다.

준법투쟁이라 할지라도 사용자에 대한 요구관철의 목적이 있고, 업무의 정상적인 운영을 저해한다면 쟁의행위가 된다. 따라서 준법투쟁이 '그 주장을 관철할 목적으로' '업무의 정상적인 운영을 저해'하는 것인 한 쟁의 행위에 해당된다.

여기에서 말하는 업무의 『정상적인』 운영이란 엄격한 의미에서의 『적법한』 운영을 의미하는 것이 아니라 사실상 또는 관행상 행해지고 있는 『평상의』 운영을 의미하는 것이므로 업무의 『평상의』 운영을 저해하는 경우는 쟁의행위에 해당하므로 그에 대한 정당성 판단은 일반적인 쟁의행위의 정당성의 판단기준에 따라서 판단하여야 한다.

다만, 사실상 행해지고 있는 근무관행이 강행법규를 명백히 위반하고 있을 때 이를 법에 따라 시정토록 요구하는 행위의 경우에는 쟁의행위로 볼 수 없다.

1) 집단휴가 및 연가투쟁과 쟁의행위

조합원들이 일제히 연·월차휴가, 조퇴, 생리휴가, 집단연가, 보건휴가 등을 실시하는 경우 쟁의행위에 해당하는지가 문제가 된다.

연가는 공무원이 연가원을 제출한 때에는 행정기관의 장은 공무수행상 특별한 지장이 없는 한 이를 허가하여야 하고(공무원복무규정 제16조제4항), 연가는 자유롭게 사용할 수 있는 것이 원칙이다. 그러나 업무의 정상적 운영을 방해함으로써 근로조건의 결정에 관한 주장을 관철할 목적으로 연가신청을 집단적으로 하는 경우에는 쟁의행위에 해당하고 조합원의 일정 비율이

연가신청을 하도록 하는 경우에도 마찬가지로 보아야 한다.

일반근로자의 경우 집단연차휴가는 사용자의 휴가시기 변경권(근로기준법 제60조제5항)의 부당한 침해로 볼 수 있고, 집단월차휴가, 집단조퇴, 집단생리휴가의 경우에도 동시에 휴가, 조퇴의 필요성이 발생하거나 동시에 생리를 하는 것은 예상키 어려운 경우이므로 어느 경우에나 업무의 정상적인운영을 저해하는 경우에는 쟁의행위에 해당된다.

대법원
【근로기준법상 월차유급휴가의 사용은 근로자의 자유의사에 맡겨진 것으로서 연차유급휴가와는 달리 사용자에게 그 시기를 변경할 수 있는 권한조차 없는 것이지만, 정당한 쟁의행위의 목적이 없이 오직 업무방해의 수단으로 이용하기 위하여 다수의 근로자가 집단적으로 일시에 월차유급휴가를 신청하여 일제히 결근함으로써 회사업무의 정상적인 운영을 저해한 경우에는 업무방해행위를 구성한다고 볼 수밖에 없음.】(90도2852, '91.1.23)

대법원
【택시회사 노동조합의 조합장이 실질적으로 회사로부터 거부당한 요구사항을 관철시키고 회사의 정상적인 업무수행을 저해할 의도로 근로자들에게 집단적으로 연차휴가를 사용할 것을 선동하고 이에 따라 근로자들의 집단적 연차휴가 사용 및 근로제공 거부행위가 이루어진 경우, 이는 이른바 쟁의적 준법투쟁으로서 쟁의행위에 해당하고 이와 같은 행위를 함에 있어 노동조합의 결의를 거치거나 쟁의발생신고를 하는 등의 노동쟁의조정법(현행 일반노조법)상의 적법한 절차를 거치지 아니하고 회사에게 예상치 못한 업무의 저해를 초래하여 택시 이용자들에게 많은 불편을 초래한 점 등이 인정된다면, 이와 같은 준법투쟁은 정당한 쟁의행위의 한계를 벗어난 것으로서 이를 선동한 조합장의 행위는 단체협약 소정의 면직사유에 해당한다고 보아 이를 이유로 한 면직처분은 정당한 인사권의 행사로서 부당노동행위에 해당하지 아니함.】(96누587, '96.7.30)

대법원
【사용자와의 단체협약갱신협상에서 유리한 지위를 차지하기 위하여 조합원들로 하여금 집단으로 월차휴가를 실시하게 한 것은 이른바 쟁의적 준법투쟁으로서 쟁의행위에 해당함.】(1994.6.14. 선고 93다29167 판결)

2) 당직근무거부와 쟁의행위

일·숙직근무는 원칙적으로 근무시간에는 해당되지 않지만 국가공무원복무규정 국가공무원당직 및 비상근무규칙에 기하여 설정된 것이다.

따라서 시설의 보전이나 근무시간 외의 외부와의 연락 확보 등을 목적으로하여 직무상 명해진 것이기 때문에 이를 거부하는 경우에는 복종의무위반(국가공무원법 제57조, 지방공무원법 제49조)이다.

또한 공무원노조가 주장을 관철할 목적으로 조직적으로 일·숙직근무를 거부하는 것은 쟁의행위에 해당하는 것으로 보아야 한다.

3) 연장근로 및 시간외 근무거부 등과 쟁의행위

조합원들이 집단적으로 정규근로시간외의 연장근로를 거부하는 경우 쟁의행위에 해당하는 지가 문제가 된다.

공무원의 경우 시간외근무는 "행정기관의 장은 사무처리상 긴급을 요한다고 인정할 때 "행정기관의 장이 명하는 것으로서(국가공무원복무규정 제11조제1항) 정당한 직무 명령에 해당하기 때문에 이를 거부하면 복종의무위반을 구성할 뿐만 아니라 주장을 관철할 목적으로 행해지는 경우에는 쟁의행위에 해당하고 집단적인 공휴일근무거부 역시 쟁의행위에 해당한다.

일반근로자의 경우에는 연장근로에 대해 노사가 근로기준법 등 법령이 정한 범위 내에서 단체협약, 취업규칙 등을 통해 합의하고, 또 연장근로가 사실상 관행으로 행하여지고 있었다면 노동조합의 일방적인 연장근로 거부는 쟁의행위에 해당된다.

따라서 연장근로 거부의 정당성은 일반적인 쟁의행위의 정당성의 판단기준에 따라 판단하여야 하며, 일반적으로 관행적인 연장근로를 거부하는 경우 그와 같은 쟁의행위는 정당성을 상실하게 된다. 휴일근로의 경우에도 동일하게 관행적인 휴일근로를 거부하는 경우 그 쟁의행위는 정당성을 상실하게 된다.

대 법 원

【근로자들을 선동하여 근로자들이 통상적으로 해오던 연장근로를 집단적으로 거부하도록 함으로써 회사업무의 정상운영을 저해하였다면 이는 쟁의행위로 보아야 함.】(91도600, '91.10.22)

대 법 원

【노사간에 체결된 단체협약에 작업상 부득이한 사정이 있거나 생산계획상 차질이 있는등 업무상 필요가 있을 때에는 사용자인 회사가 휴일근로를 시킬 수 있도록 정하여져 있어서, 회사가 이에 따라 관행적으로 휴일근로를 시켜왔음에도 불구하고, 근로자들이 자신들의 주장을 관철할 목적으로 정당한 이유없이 집단적으로 회사가 지시한 휴일근로를 거부한 것은 회사업무의 정상적인 운영을 저해하는 것으로서 노동쟁의조정법 제3조(현행 일반노조법 제2조) 소정의 쟁의행위에 해당함.】(91도1051, '91.7.9 ; 대법원 92누11176,'94.2.22)

대 법 원

【반원들에게 만약 피고회사로부터 연장근로 요구가 있을 때에는 이를 수락하지 말고 연장근로에 임하지 말라는 것은 결국 피고 회사의 업무를 방해하거나 방해하려고 할 경우에 해당함.】(1990.12.7. 선고 90다6095 판결)

대 법 원

【연장근로가 당사자 합의에 의하여 이루어지는 것이라고 하더라도 근로자들을 선동하여 근로자들이 통상적으로 해 오던 연장근로를 집단적으로 거부하도록 함으로써 회사업무의 정상운영을 저해하였다면 이는 쟁의행위로 보아야 할 것임.】(1991.10.22. 선고91다600 판결)

대 법 원

【통상적으로 실시되어 오던 휴일근무를 근로자들이 집단적으로 거부하였다면 이는 회사업무의 정상적인 운영을 저해하는 쟁의행위에 해당함.】(1995.4.7. 선고 94다27342 판결)

대법원

【노사간에 체결된 단체협약에 작업상 부득이한 사정이 있거나 생산계획상 차질이 있는등 업무상 필요가 있을 때에는 사용자인 회사가 휴일근로를 시킬 수 있도록 정하여져 있어서, 회사가 이에 따라 관행적으로 휴일근로를 시켜 왔음에도 불구하고, 근로자들이 자신들의 주장을 관철할 목적으로 정당한 이유도 없이 집단적으로 회사가 지시한 휴일근로를 거부한 것은, 회사업무의 정상적인 운영을 저해하는 것으로서 노동쟁의조정법 제3조 소정의 쟁의행위에 해당함.】(1991.7.9. 선고 91도1051 판결)

4) 정시출퇴근투쟁과 쟁의행위

주장을 관철할 목적으로 집단적·조직적으로 정시 출·퇴근을 함으로써 업무의 정상적 운영을 저해한다면 쟁의행위에 해당한다.

대법원

【한국통신공사의 직원들의 경우 단체협약에 따른 공사 사장의 지시로 09:00 이전에 출근하여 업무준비를 한 후 09:00부터 근무를 하도록 되어 있음에도 피고인이 쟁의행위의 적법한 절차를 거치지도 아니한 채 조합원들로 하여금 집단으로 09:00 정각에 출근 함으로써 전화고장수리가 지연되는 등으로 위 공사의 업무수행에 지장을 초래하였다면 이는 실질적으로 피고인 등이 위 공사의 정상적인 업무수행을 저해함으로써 그들의 주장을 관철시키기 위하여 한 쟁의행위임.】(1996.5.10. 선고96도419 판결)

5) '점심시간지키기 운동'과 쟁의행위

"점심시간 지키기 운동"이 쟁의행위에 해당된다고 하기 위해서는 첫째, 이 운동을 통하여 사용자(즉 국가 또는 지방자치단체)에 대한 요구관철의 목적이 있어야 하고, 둘째, 업무의 저해성이 있다고 판단되어야 한다. 이러한 요구관철의 목적이 없거나 업무의 저해성이 없다면 쟁의행위가 아니다.

6) 안전보건투쟁

안전·위생에 관한 법규, 취업규칙 및 단체협약상의 규정을 철저히 준수하거나 위반사항의 시정을 요구하면서 작업을 거부하는 것을 말한다. 근로자집단의 요구사항 관철을 위한 압력수단으로서 안전·위생규정을 필요이상으로 철저히 준수하는 것은 근로의무의 불성실한 이행에 해당하므로 쟁의행위(태업)에 해당될 수 있다.

3. 직장점거

직장점거란 조합원들이 일정한 목적을 관철하기 위하여 사용자의 의사에 반하여 청사 내에서 퇴거하지 않고 장시간 체류하거나 이를 점거하는 쟁의 수단으로서 파업의 실효성을 확보하기 위한 부수적 쟁의행위이며 피켓팅의 특수한 형태라고 할 수 있다.[16]

청사 이외의 시설에 대해서도 일시적인 체류가 아닌 전면적·배타적 점거 또는 장기적 점거는 부당한 쟁의수단으로서 건조물 침입, 퇴거불응, 업무방해 등에 해당할 수 있다. 정당한 노조활동은 법적으로 보호를 받을 수 있지만, 어떠한 경우에도 폭력이나 파괴행위는 정당한 행위로 해석되어서는 안 되므로(일반노조법 제4조 단서) 직장점거과정에서 폭력을 행사하거나 파괴행위가 있는 경우 형법에 따른 범죄행위에 해당한다.

따라서 정상 업무를 위하여 청사 내로 들어오는 직원의 출입을 물리적으로 방해하는 행위, 청사의 상당부분 또는 출입금지구역에 해당하는 시설의 중요부분을 점거하거나 기타 사업장 일부를 점거, 농성하면서 사내를 선회하며 소란을 야기하여 업무의 정상한 운영을 저해하는 행위 등은 쟁의 행위에 해당함은 물론 업무방해, 폭행 등에 해당될 수 있다.

---

[16] 쟁의행위가 허용되는 민간부문의 노조는 일반노조법 제42조【폭력행위등의 금지】제1항에서 '쟁의행위는 폭력이나 파괴행위 또는 생산 기술 기타 주요업무에 관련되는 시설과 이에 준하는 시설로서 대통령령이 정하는 시설을 점거하는 형태로 이를 행할 수 없다'고 규정하고 있다.
따라서 "생산 기타 주요업무에 관련되는 시설과 일반노조법 시행령 제21조에서 정하는 시설"을 점거하는 쟁의행위는 그 정당성을 상실하며, 동법 제89조1호에 의해 3년 이하의 징역 또는 3천만원이하의 벌금에 처해진다.

> **대 법 원**
>
> 【회사에서 휴업공고를 하였다 하더라도, 비상대책위원회 의장인 피고인 등이 근로자들로 하여금 작업을 거부함과 아울러 회사로 통하는 모든 출입문에 바리케이드 등을 설치하고 다수의 근로자들로 하여금 위 회사의 관리직 사원을 포함한 모든 출입자의 출입을 통제하였다면, 위력으로 회사의 업무를 방해한 것이며 업무방해죄의 위법성이 조각되지 아니함.】
> (91도753, '91.6.11)

4. 지부나 분회가 행하는 위법한 쟁의행위

민간부문의 쟁의행위는 단체교섭능력을 가지고 단체협약체결권이 있으며 쟁의행위능력이 있는 노동조합 등이 주체가 되어 행해져야 하기 때문에 이른바 비공인파업, 쟁의단에 의한 파업 등의 정당성이 문제될 수 있다.

그러나 공무원노조와 교원노조의 경우에는 노조 그 자체와 개별 조합원 양자에 대해 쟁의행위를 금지한다는 취지를 명확히 하고 있으므로, 공무원과 교원노조가 주도적으로 쟁의행위를 실시한 경우만이 아니라 일부 조합원이 쟁의행위를 행한 경우에도 민형사상 책임을 물을 수 있다.

따라서 교원과 공무원노조 본부의 지시 유무와 관계없이 지부나 분회가 독자적으로 쟁의행위를 하는 것도 금지된다.

다만 공무원과 교원노조 본부의 지시가 없이 지부나 분회의 독자적으로 행해진 쟁의행위에 대한 책임은 원칙적으로 당해 쟁의행위를 조직하거나 참가한 개별 공무원과 교원에 대해서만 미치고 노조 본부에는 미치지 않는다.

Ⅳ. 쟁의행위의 일반적 유형과 사례

쟁의행위가 가능한 일반노조법상 노동조합은 쟁의행위의 유형에 따라 그 정당성을 구체적으로 판단하게 된다.

쟁의행위가 금지되는 공무원노조법과 교원노조법의 경우에는 쟁의행위의 정당성 문제 보다는 어떤 형태가 쟁의행위가 성립하는 지가 중요하게 되며, 일정한 행위가 쟁의행위에 해당하게 되면 그 정당성 여부를 판단하기 이전에 위법한 행위가 된다. 따라서 공무원과 교원의 경우에는 정당성 문제 보다는 어떤 행위 유형이 쟁의행위에 해당하는 지가 중요하다.

일반노조법의 적용을 받는 노동조합의 쟁의행위 유형과 정당성을 중심으로 사례를 검토해 보기로 한다.

1. 파업

근로자가 공동의 목적을 달성하기 위하여 집단적이고 조직적으로 제공 할 의무가 있는 노무의 제공을 일시적으로 거부하는 행위를 말하며 쟁의 행위의 가장 전형적인 형태이다.

파업의 형태에는 전면파업, 부분파업, 지명파업, 시한부파업, 파상파업등이 있다. 파업형태의 선택은 파업지도부의 결정에 맡겨지는 것이므로 파업의 규모에 의하여 정당성이 평가되는 것은 아니다. 또한 파업은 반드시 계속적으로 실시되어야 하는 것은 아니므로 시한부형태 혹은 파상형태로도 가능하다.

특히, 교원과 공무원의 경우 지도부 일부만 참여하는 집회 및 시위의 경우 '업무의 운영을 저해'할 정도에 이르는 경우 부분파업 또는 지명파업으로 해석될 가능성을 배제할 수 없다.

2. 태업(soldiering)

태업은 근로자들이 단결하여 의식적으로 작업능률을 저하시키는 행위로 태업이 작업능률을 저하시키는데 그치는 한 상품제조상 손해가 생기더라도 정당하다고 할 수 있다. 그러나 일정한 한도를 넘는 행위가 수반되는 경우에는 그 정당성이 문제된다.

평소 계속적으로 수행하여 오던 작업 중 특정의 직무만을 골라서 그 수행을 거부하는 행위의 경우 즉, 사용자의 지휘명령 기타 연락·문서의 접수 및 송부업무를 수행하지 아니하는 연락차단파업, 지각·조퇴·외출신청서 제출 또는 명찰패용의 거부 등은 부작위 이상의 것이 아니어야만 정당성을 인정받을 수 있다.

공무원과 교원의 경우에는 그 주장을 관철할 목적으로 하는 태업으로 인해 업무가 정상적인 운영이 방해된다면 쟁의행위에 해당하게 된다.

3. 사보타아지(sabotage)

사보타아지는 의식적으로 생산 또는 사무를 방해하고 생산설비를 파괴하거나(소극적 사보타아지), 사용자의 사적비밀 또는 험담 따위를 고객에게 알리는 방법(폭로 사보타아지) 등으로 업무의 정상적인 운영을 저해하는 행위 등을 말한다.

사보타아지는 기본적으로 사용자의 재산권 또는 사생활 자유에 대한 적극적 침해이고 경영간섭의 소지가 있기 때문에 그 정당성이 부정되거나 제한된 범위 내에서만 인정된다.

따라서 원료, 제품, 기계 등을 손괴, 임의 처분하는 경우 또는 기계의 부품을 은닉하거나 분해하는 경우에는 재물 손괴죄 또는 횡령죄가 성립될 수 있으며 또한 공연히 사용자의 사적 비밀을 폭로하거나 인신비방을 하는 경우에는 명예훼손죄, 신용훼손죄 등이 성립될 수 있다.

4. 생산관리

근로자들이 사용자의 노조에 대한 지휘명령을 거부하는데 그치지 아니하고 오히려 능동적으로 사업장 또는 공장을 점거하여 조합간부의 지휘 하에 노무를 제공하는 행위로 소극적 생산관리와 적극적 생산관리가 있다.

생산관리는 노조가 일시적으로 생산시설, 자재, 자금 등을 장악하여 사용자의 지휘명령을 배제하고 직접 기업경영을 하는 행위로 사용자의 생산수단에 대한 소유권과 기업경영권을 침해할 뿐만 아니라 파업기간중의 임금 기타 투쟁자금을 확보하는 수단으로 이용될 수 있어 정당성이 인정되지 않는다.

교원과 공무원의 경우에는 노조에서 적극적으로 업무를 지시하거나 또는 개별 조합원이 적법한 직무명령에 따른 업무를 거부하는 행위 등은 쟁의행위에 해당할 가능성이 많다.

5. 보이콧(boycott)

노동조합이 사용자 또는 그와 거래관계에 있는 제3자의 상품구입 또는 시설이용을 거절하거나 그들과의 근로계약 체결을 거절할 것을 호소하는 쟁의수단으로 사용자를 상대로 하는 1차적 보이콧과 사용자와 거래관계가 있는 제3자를 상대로 하는 2차적 보이콧이 있다.

1차적 보이콧(Primary boycott)이란 불매 및 시설이용거절 결의, 평화적 설득의 방법에 의한 불매 및 시설 불이용 호소 등의 경우는 정당한 쟁의행위라 할 수 있으나 폭행, 협박, 허위선전, 사용자비방 등을 수반하는 경우는 정당성의 한계를 넘는 행위로서 사안에 따라 폭행, 협박, 신용훼손, 업무방해, 명예훼손, 모욕 등의 죄책이 발생될 수 있다.

2차적 보이콧(Secondary boycott)은 사용자와 거래관계에 있는 제3자에 대한 집단행동이므로 제3자가 자발적으로 동의하지 않는 한 당사자 관계의 흠결로 정당성을 상실하게 된다.

6. 피켓팅(picketing)

쟁의행위 장소에 보호 또는 감시요원을 배치하여 근로희망자 등의 사업장 출입을 저지하고 쟁의행위에 협조할 것을 권유, 설득하는 쟁의수단으로 독립된 쟁의행위가 아니고 주로 파업, 보이콧 등의 효과를 높이기 위하여 부수적으로 행하여지는 보조적 수단이다.

피켓팅의 경우에도 근로희망자 등에게 폭력을 사용하여 쟁의행위에 참가 또는 동조를 요구할 권한은 없다 할 것이므로 원칙적으로 평화적 설득의 방법에 의한 경우에만 정당성이 인정된다[17]. 일반노조법 제38조제1항은[18] 이에 대한 확인규정으로서 피켓팅의 정당성 판단기준을 규정하고 있다.

따라서 근로희망자 등에 대하여 폭행, 협박, 압력 등으로 조업을 중지시키거나 폭언, 인신비방 등으로 조업을 방해하는 행위 등은 사안에 따라 폭행, 협박, 업무방해, 명예훼손, 모욕 등의 죄책에 해당될 수 있다.

다만 구체적으로 어떤 행위가 위법인지의 여부는 일률적으로 판단할 것이 아니라 해당 쟁의행위의 동기, 목적, 태양 등의 제반 상황을 종합하여 판단하여야 한다.

---

[17] 협력 68140-261, '98.7.10.
[18] 일반노조법 제38조【노동조합의 지도와 책임】①쟁의행위는 그 쟁의행위와 관계없는 자 또는 근로를 제공하고자 하는 자의 출입·조업 기타 정상적인 업무를 방해하는 방법으로 행하여져서는 아니 되며 쟁의행위의 참가를 호소하거나 설득하는 행위로서 폭행·협박을 사용하여서는 아니 된다.

대법원

【연금관리공단에서 파업에 참가한 근로자들이 파업에 동조하지 아니하고 조업을 하는 사람들에게 피케팅을 하고, 쟁의기간중 대체채용을 한 회사측의 법규위반행위를 저지하기 위하여 상당한 정도의 실력을 행사하는 것은 동맹파업 등 근로자들에 의한 쟁의행위가 실효를 거둘 수 있도록 하기 위하여 마련된 노동쟁의조정법 제15조(현행 일반노조법 제43조)의 규정취지에 비추어 허용된다고 할 것이나, 그렇다고 하더라도 고지서 발송작업을 전면적으로 저지하기 위하여 그 작업현장에 있던 고지서를 전부 탈취하여 은닉한 행위는 파업의 보조적 쟁의수단인 피케팅으로서도 정당화될 수 없다 할 것이어서, 위 고지서 발송업무의 저지행위는 위법함.】(91다43800, '92.7.14)

대법원

【방송국 노동조합이 적법한 절차에 따라 파업결의를 한 후 사태를 지켜보던 중 일부 기자가 징계를 당하자 노조원 40여명이 파업농성투쟁에 돌입할 것을 결의하고 다른 노조원들과 공동하여 방송국 보도국 사무실 일부를 점거하여 야간에는 10여명씩 조를 짜서 교대로 철야농성을 하고 주간에는 함께 모여 농성을 하면서 구호를 외치거나 노래를 부르고 북, 장구, 징, 꽹과리를 두드리며 소란행위를 계속하고, 농성에 가담하지 아니하고 근무하는 직원들에게 "노조원들과 적이 되려 하느냐"는 등의 야유와 협박을 하며 농성가담을 적극 권유하고, 그곳에 있는 텔렉스기기실에 들어가서는 텔렉스용지를 찢거나 그 작동을 중단시키는 등의 행위를 한 것은 그 방법이나 수단에 있어서 쟁의행위의 정당성의 한계를 벗어나 위법한 것임】(91도3051, '92.5.8)

7. 집단사표제출에 의한 업무 정지

근로자들이 요구조건의 관철을 위하여 집단적으로 사표를 제출하고 노무제공을 거부하는 것을 말한다. 통상 진정한 근로계약 해지의 의사 없이 자신들의 주장을 관철하기 위하여 실시하는 것이기 때문에 쟁의행위로 봄이 타당하며, 그에 대한 정당성 판단은 일반적인 쟁의행위의 정당성 판단기준에 따라 판단하여야 한다.

Ⅴ. 쟁의행위와 책임

 교원노조법과 공무원노조법에 의거 노동조합과 그 조합원은 파업, 태업 그밖에 업무의 정상적인 운영을 방해하는 일체의 행위를 할 수 없다(공무원노조법 제11조, 교원노조법 제8조).

 일반노조법의 적용을 받는 노동조합이 쟁의행위를 할 경우에는 그 정당성을 판단하여 정당성이 인정될 경우에는 민·형사상 면책이 되지만, 교원노조와 공무원노조가 업무상 정상적인 운영을 방해하는 쟁의행위를 할 경우에는 그 정당성을 판단할 여지없이 불법행위가 성립한다.
 그 결과 교원과 공무원 노동조합의 쟁의행위 시에는 민·형사책임 및 징계책임이 발생하며, 아울러 공무원의 업무는 일반 공중생활에 미치는 영향이 크기 때문에 제3자에 대한 책임문제가 발생하게 된다.

1. 교원노조법과 공무원노조법상 쟁의행위와 책임

1) 민사책임

 교원노조와 공무원노조 그리고 그 조합원의 쟁의행위로 인해 국가 재산상의 손실이 발생한 경우 국가 또는 행정기관은 해당 노조와 조합원에 대해 민법상 손해배상책임을 물을 수 있다.

 이때, 불법쟁의행위를 기획, 지시, 지도한 조합간부들의 행위는 조합의 집행기관으로서의 행위라 할 것이므로 노동조합은 그 불법쟁의행위로 인하여 국가가 입은 손해를 배상할 책임이 있고, 한편 조합간부들의 행위는 일면에 있어서는 개인의 행위라는 측면도 아울러 지니고 있기 때문에 국가는 노동조합의 책임 외에 쟁의행위를 기획, 지시, 지도한 조합 간부들 개인에 대하여도 책임을 지울 수 있다.

철도노조의 불법파업으로 인해 여객과 화물 운송에 피해를 보았다며 국가가 전국철도노동조합을 상대로 낸 손해배상청구소송에서 법원에서는 노조는 불법행위로 인한 손해배상책임이 있다고 판결한 바 있다.

조합원인 공무원 개인의 경우에도 불법쟁의행위의 참가로 인하여 노동조합과 함께 민사상 손해배상책임을 지게 되는 경우도 발생할 수 있다.

2) 형사책임

형사책임은 그 본질에 있어서 범죄행위를 한 행위자를 처벌하는 것이며, 그 밖에 교사나 방조를 한 자에 대해서도 처벌할 수 있으나 법인체에 대하여서는 그 책임을 물을 수 없는 것이 원칙이다. 따라서 쟁의행위 중에 불법행위를 한 자만이 응분의 책임을 지는 것이 원칙이고 노조나 기업 자체는 형사 책임을 지지 아니한다.

또한 노조의 간부가 그러한 행위를 지시하였거나 가담한 경우, 구체적 정도에 따라서 행위자로서의 책임을 지거나 교사범, 방조범으로서 책임을 지게 되며, 사용자의 경우도 동일하다. 특히 교원과 공무원 노동조합의 경우에는 위계에 의한 공무집행방해 및 직무유기 등의 범죄에 해당될 가능성이 있으며, 조합간부가 그러한 행위를 지시하였거나 가담한 경우에는 구체적인 정도에 따라서 행위자로서의 책임을 지거나 교사범, 방조범으로서의 책임을 지게 된다.

3) 징계책임

교원과 공무원노조 또는 조합원이 쟁의행위를 할 경우에는 그 조합원들이 불법적으로 직무를 거부하는 것이 되기 때문에 불법 쟁의행위에 참가한 조합원은 국가공무원법 제78조제1항제1호 내지 제3호의 징계사유에 해당하게 된다.

국가공무원법 제78조제1항제1호 내지 제3호가 정하는 징계사유로는 이

법 및 이 법에 의한 명령에 위반하였을 때, 직무상의 의무(다른 법령에서 공무원의 신분으로 인하여 부과된 의무를 포함한다)에 위반하거나 직무를 태만한 때, 직무의 내외를 불문하고 그 체면 또는 위신을 손상하는 행위를 한 때로 규정하고 있다.

따라서 조합간부 및 조합원은 국가공무원법에 따라 징계처분을 받을 수 있는데 특히 조합간부에게 일반 조합원보다 중한 징계책임을 물을 수 있는지 여부가 문제된다. 조합간부가 불법쟁의행위를 기획, 지시, 지도하였거나 또는 조합간부는 개별 조합원의 위법행위를 방지하여야 할 의무가 있기 때문에 이를 위반한 조합간부에게는 일반 조합원보다 중한 징계처분을 물을 수 있다.

조합원인 공무원의 각 소속 기관의 장은 쟁의행위에 참가한 조합원의 행위의 유형, 폭력, 파괴행위 여부, 참여정도 등을 고려하여 파면·해임·강등·정직·감봉·견책(譴責)의 징계를 할 수 있다(국가공무원법 제79조).

4) 제3자에 대한 책임

(1) 노동조합·조합원(공무원)의 제3자에 대한 책임

일반노조법의 적용을 받는 노동조합이 불법 쟁의행위를 할 경우 제3자가 손해배상책임을 청구할 수 있는지 여부에 대해서는 쟁의행위가 사용자와의 관계에서 정당성을 결한다고 하여도, 노동조합이 제3자에게 직접 가해를 목적으로 하는 경우를 제외하고는 노동조합의 제3자에 대한 불법행위 책임은 발생하지 않는 것으로 보는 것이 일반적이다.[19]

이에 대하여 교원노조법과 공무원노조법에서는 행정 및 교육서비스가 중단될 경우 국가기능이 마비될 것을 우려하여 교원과 공무원의 쟁의행위 자체를 금지하고 있는데, 교원과 공무원노동조합이 이러한 쟁의행위 제한·금지법규를 위반하여 쟁의행위를 함으로써 일반 국민인 제3자가 손해를 입을

---

19) 김형배, 앞의 책, p.897

경우, 제3자에 대한 손해배상책임이 인정되는지 여부가 문제된다.

이에 대해서 아직 우리나라에서는 문제된 바 없지만, 일본의 판결례 중에는 소위「공노협 파업권 파업」(공노협의 파업권 획득을 위한 파업)과 관련하여 국철노조에 대해 국전(전차)의 정지로 인해 택시를 이용함으로써 손해를 입었다고 하는 일반 고객이 행한 손해배상청구 사례에서 예외적인 경우 손해배상청구가 가능하다고 해석하고 있다.

일본판결 (國勞罷業權罷業損害賠償事件)
【일반 고객에 의한 국전이용은 일반적 이익에 불과하고, 불법행위상 침해의 대상으로 되는 권리라고는 할 수 없지만, 이러한 이익의 향수도 제3자의 위법한 행위에 따라서 직접적이면서도 구체적으로 방해받을 때에는 그것에 의해 생긴 손해의 배상을 청구하는 것이 가능하다고 해석할 수 있음.】(1979.10.18.동경고재판결)

위와 같은 일본의 판례를 기준으로 볼 때, 교원과 공무원노조의 불법쟁의행위가 제3자(일반국민)에게 직접적이고 구체적으로 이익을 침해하는 방법으로 행해질 경우에는 노동조합의 불법행위책임이 배제될 수 없기 때문에 일반 국민이 교원 및 공무원노조 또는 조합원을 상대로 손해배상을 청구할 수 있지만 그렇지 않을 때에는 교원과 공무원노조의 쟁의행위로 인해 공공의 서비스를 이용하는데 불이익을 입게 되더라도 손해배상을 청구할 수는 없는 것으로 판단될 가능성이 크다.

(2) 국가의 제3자에 대한 책임

국가배상법 제2조제1항은 "국가나 지방자치단체는 공무원 또는 공무를 위탁받은 사인(이하 "공무원"이라 한다)이 직무를 집행하면서 고의 또는 과실로 법령을 위반하여 타인에게 손해를 입히거나,「자동차손해배상 보장법」에 따라 손해배상의 책임이 있을 때에는 이 법에 따라 그 손해를 배상하여야 한다."고 규정하고 있다.

위 규정상의 "직무를 집행하면서"라는 요건은 일반적으로 부작위, 즉 쟁의행위로 인한 직무중단의 경우도 충족되지만, 공무원과 교원노조법상 노동조합의 쟁의행위가 금지되는 것은 행정서비스의 지속이라는 공익을 보장하기 위한 것으로서 이것이 제3자, 즉 국민 개개인의 사익을 보호하기 위한 보호법규라고 볼 수는 없다.

따라서 공무원노동조합이 공무원노조법을 위반하여 쟁의행위를 함으로써 개인에게 손해가 발생한 경우에도 원칙적으로 국가의 배상책임은 성립하지 않는다고 할 것이다. 다만, 예외적으로 통상적인 쟁의행위의 차원을 넘어 적극적인 가해행위, 예컨대, 특정한 민원사항에 대한 고의적인 직무유기의 경우에는 그 적극적 가해행위에 기한 국가배상책임이 성립할 여지는 있다.

이와 같이 공무원노조의 적극적인 가해행위로 인해 국가 또는 공공단체가 민원사항에 대해 국가배상책임을 질 경우 국가는 공무원노조 및 공무원에게 국가배상책임에 따른 구상권을 행사할 수 있다.

2. 일반노조법상 정당하지 아니한 쟁의행위에 따르는 책임

쟁의행위가 가능한 일반노조법의 적용을 받는 노동조합에서 정당하지 아니한 쟁의행위를 한 때에는 노동법상 보호되는 민·형사 면책을 받지 못하고, 노조법상 조정대상도 되지 않을 뿐만 아니라, 일반 형법이론에 따라 업무방해 등 책임의 문제가 야기될 수 있고, 집단적 행동에 의해 사용자 측에 손해가 발생한 경우 사용자에 대해 손해배상책임을 져야하는 한편, 나아가 경영 질서 침해에 따른 해고 등 징계책임도 아울러 져야한다.

1) 민사책임

쟁의행위의 정당성이 부인되고 그 행위로 인하여 채무불이행이나 불법행위가 성립되어야 민사책임을 지게 된다.

채무불이행(민법 제390조)은 정당성이 없는 파업으로 노무제공을 거부함으로써 노무제공의무를 위반하는 경우가 대표적이며, 불법행위(민법 제750

조)는 폭력에 의한 피켓팅 등과 같이 정당성이 부인되면서 폭행이라는 위법행위가 있는 경우에 성립하게 된다.

대법원

【노동쟁의조정법 제8조(현행 일반노조법 제3조)는 "사용자는 이 법에 의한 쟁의행위로 인하여 손해를 받은 경우에 노동조합 또는 근로자에 대하여 그 배상을 청구할 수 없다"고 규정하여 사용자의 손해배상청구에 대하여 제한을 가하고 있는 바, 여기서 민사상 그 배상책임이 면제되는 손해는 정당한 쟁의행위로 인한 손해에 국한된다고 풀이하여야 할 것이고, 정당성이 없는 쟁의행위는 불법행위를 구성하고 이로 말미암아 손해를 입은 사용자는 노동조합이나 근로자에 대하여 그 손해배상을 청구할 수 있음】(93다32828, 32835병합, '94.3.25)

민사책임의 범위는 채무불이행 책임의 경우 당해 근로자가 근로계약에 따라 노무를 제공하였더라면 사용자가 얻었을 순이익 및 사용자가 근로자를 위하여 지출한 제비용(보험료, 복지후생비 등)의 합계액이 되고, 불법행위 책임의 경우에는 사용자가 쟁의행위로 입은 손해 중에서 근로자의 행위에 귀책될 수 있는 손해를 구체적으로 판단하여야 한다.

손해액 산정방식은 위법한 파업에 의해 기업이 입은 손해의 산정방식에 대한 일반원칙은 아직 없으나, 일반적으로 손해액을 일실 이익과 적극적 손해로 나누어 산정하고 있다.

일실이익은 파업이 없었더라면 얻을 수 있었던 이익으로 구체적으로는 제조업은 [제품의 매상 가격-제조 총 원가]×감소된 생산량으로 계산하고 유통업은 [상품의 매상 가격-매상 총원가]×매상 감소량으로 계산하게 된다.
예외적으로 매상 가격이 총 원가에 미달하는 적자 제품이나 상품의 경우, 파업 당시 경제사정의 특수성으로 말미암아 당해 상품 판매 가능성이 장기간에 걸쳐 어려웠던 경우에는 이와 같이 산출된 일실이익을 인정할 수 없다고 한다.

적극적 손해는 조업정지에 따라 장래에 회수 가능한 부분을 제외하고 고

정적으로 들어가는 비용과 파업으로 인하여 소요된 추가 비용으로 구체적으로 이에 포함되는 비용으로는 노동조합에 대응하기 위하여 지출된 비용으로서 합리적인 범위 내에 해당하는 금액, 조업중지로 인하여 일어난 장애에 대처하기 위하여 투입된 특별비용, 파업이 끝난 경우에 생산을 재개하기 위하여 특별히 지출된 비용이 모두 포함된다.

우리나라에서는 현실적으로 위법한 쟁의행위를 주도한 노동조합이나 조합원이 민사상 손해배상을 할 만한 자력을 갖지 않은 경우가 많고, 민사소송 취하를 요구하면서 새로운 쟁의행위를 하는 예가 많아 쟁의행위에 대한 대응수단으로서 선진국과는 달리 민사소송이 충분히 활용되고 있지 못하며 형사책임이 주로 이용되고 있는 현실이다.

그러나 정당성을 결여한 쟁의행위에 대하여는 민사책임의 추궁만으로 충분하다는 주장은 실정법과 노동현실을 도외시한 탁상공론에 불과하고, 위법한 쟁의행위를 주도한 노동조합이나 조합원이 그로 인하여 사용자가 입은 손해를 배상할 만한 충분한 자력을 가지고 있지 않은 예를 많이 볼 수 있다.

또한 사용자가 노동조합이나 조합원을 상대로 위법한 쟁의행위로 인한 손해배상을 청구하는 민사소송을 제기한 경우 근로자들이 그 소송의 취하를 요구하며 새로운 쟁의행위를 하는 예도 적지 않다. 따라서 위법한 쟁의행위에 대하여 민사책임만 물으면 충분하다는 주장은 현실적으로 아무런 책임을 추궁할 수 없다는 주장에 다름이 아니라고 말할 수도 있다.[20]

2) 손해배상·가압류

손배·가압류의 경우 사용자의 과도한 사용으로 사회적 물의를 빚어 왔고, 노사정위원회에서 노사정간 자제하는 방안에 대해 합의한 바 있어 구체적인 활용에 대해서는 신중을 기하는 것이 필요하다.

---

20) 문화방송사건, 헌재97헌바23, '98.7.16.

3) 형사책임

쟁의행위로 인하여 형사책임이 발생하려면 쟁의행위가 노동관계법상 정당성을 인정받을 수 없고 그 행위가 형법상의 범죄구성요건에 해당하여야 한다.

위법한 쟁의행위의 경우에는 형법상 협박, 불법감금, 공갈, 강요, 업무방해, 주거침입, 퇴거불응, 업무상배임, 직무유기, 공무집행방해 등이 적용될 가능성이 크며 실제 (위력)업무방해에 해당하는 사례가 빈번하다.

그러나 노조법상 쟁의행위의 절차에 관한 규정을 위반하였다고 하여 반드시 정당성을 상실하는 것은 아니며 이 경우에는 각 규정 위반에 대한 처벌을 받게 된다.

> **대법원**
> 【냉각기간 및 쟁의발생신고 규정에 위반한 쟁의행위라고 하여 바로 그 정당성이 상실되는 것이 아니라 그 위반행위로 말미암아 국민생활의 안정이나 사용자의 사업운영에 예기치 않은 혼란이나 손해를 끼치는 것과 같은 부당한 결과를 초래하는지의 여부 등 구체적 사정을 살펴서 그 정당성 유무를 가려야 함.】(90누4006, '91.5.14)

형사책임은 그 본질에 있어서 범죄행위를 한 행위자를 처벌하는 것이며, 그 밖에 교사나 방조를 한 자에 대해서도 처벌할 수 있으나 법인체에 대하여서는 그 책임을 물을 수 없는 것이 원칙이다.

따라서 쟁의행위 중에 불법행위를 한 자만이 응분의 책임을 지는 것이 원칙이고 노조나 기업 자체는 형사책임을 지지 아니한다. 또한 노조의 간부가 그러한 행위를 지시하였거나 가담한 경우, 구체적 정도에 따라서 행위자로서의 책임을 지거나 교사범, 방조범으로서 책임을 지게 되며, 사용자의 경우도 동일하다.

4) 징계책임

정당한 쟁의행위는 조합원(특히 조합간부)이 민·형사책임은 물론 징계책임을 질 이유가 없지만 위법한 쟁의행위는 이를 주도한 조합간부 등에게 해고 내지 징계처분을 할 수 있는지가 문제된다.

이러한 조합간부의 징계책임에 대하여 조합간부의 지위 그 자체로부터 직접 징계책임을 긍정하는 설과 위법한 쟁의행위도 조합 전체의사에 따른 것이므로 조합간부의 책임을 부정하는 설이 나뉘고 있다.

이에 대해 조합의 간부라는 지위 자체 때문이 아니라 위법한 쟁의행위를 기획·주도했거나 제지하지 않았다는 행위에서 일반조합원보다 중한 책임의 근거가 있다는 절충설이 보다 설득력이 있다고 할 것이다.

서울고법

【노동탄압을 이유로 원고가 소속 노동조합의 반대에도 불구하고 회사에 대한 불매운동을 선동하는 내용의 스티카를 부착·배포한 행위는 회사와의 근로관계를 더 이상 유지할 수 없을 정도로 신뢰관계를 크게 저해하는 것으로서, 회사가 이를 징계해고한 것은 징계권의 남용이라고 볼 수 없다.】(91구19380, '92.7.23)

대법원

【노동조합의 합법적인 대표자에 의하여 체결된 임금협정과 단체협의의 무효를 주장하면서 이를 관철하기 위하여 적법한 절차를 거치지 아니하고 다른 근로자들을 선동하여 파업과 농성을 계속하게 하고, 직장 내에서 노동조합의 위원장과 단체교섭 위원들을 폭행·협박하거나 감금하기까지 하여 법원으로부터 징역형의 집행을 유예하는 판결을 받아 확정된 이상, 위 행위는 그 목적이나 수단 등에 비추어 사회적으로 용인될 수 있는 범위를 넘어선 것으로서 노동조합의 업무를 위한 정당한 행위로 볼 수 없음.

노동조합의 위원장이 조합원들의 의사를 제대로 반영하지 아니하여 단체협약이 만족스럽지 못하게 체결됨에 따라 조합원들이 단체협약의 무효화를 위한 쟁의의 일환으로 비상대책위원회를 구성하여 그 비상대책위원회가 위와 같은 파업농성을 주도하게 된 것이라고 하더라도, 위 당사자인 노동조합은 단체협약의 유효기간 중에 단체협약에서 정한 근로조건 등에 관한 내용의 변경이나 폐지를 요구하는 쟁의행위를 행하지 아니하여야 함은 물론, 조합원들에 대하여도 통제력을 행사하여 그와 같은 쟁의행위를 행하지 못하게 방지하여야 할 이른바 평화의무를 지고 있다고 할 것인 바, 이와 같은 평화의무가 노사관계의 안정과 단체협약의 질서형성적 기능을 담보하는 것인 점에 비추어 보면 단체협약이 새로 체결된 직후부터 뚜렷한 무효사유를 내세우지도 아니한 채 단체협약의 전면무효화를 주장하면서 평화의무에 위반되는 쟁의행위를 행하는 것은 이미 노동조합활동으로서의 정당성을 결여한 것이라고 아니할 수 없음.】(1992.9.1. 선고 92누7733)

5) 민·형사 면책합의의 효력

회사와 노동조합과의 사이에 "쟁의기간중의 행위에 대하여 민 형사상의 책임을 묻지 않고 신분상 불이익처분을 하지 않는다"라는 등의 면책합의가 체결되는 경우 경찰의 수사권이나 검찰의 기소권을 제한하는 내용이나 선량한 풍속 기타 사회질서에 위반한 사항(민법 제103조)을 내용으로 하지 않는 한 그 효력이 인정된다.

대 법 원

【농성기간 중 사건에 대하여 노동조합원들에 대한 일체의 책임을 묻지 않기로 노사간에 단체협약을 한 경우 그 취지는 위 농성기간중의 행위뿐만 아니라 농성과 일체성을 가지는 준비행위, 유발행위까지도 포함하여 이를 면책시키기로 한 것이라고 봄이 타당함.】(90다카 21176, '91.1.11)

대 법 원

【파업기간 중에 발생한 사건에 관하여 민·형사상 일체의 문제를 제기하지 않기로 합의하였다면 그를 이유로 징계책임을 물을 수 없음은 물론 그 후 원고들이 파업기간중의 행위로 말미암아 형사 유죄판결을 받았다고 하더라도 이를 이유로 징계책임을 물을 수도 없음.】(1993.5.25, 선고 92다19859 판결)

대 법 원

【쟁의행위와 관련 사용자쪽이 쟁의행위에 참가한 모든 조합원들에 대해 인사상 불이익을 주지 않기로 노조(지부포함)와 합의했다면 근로자들의 쟁의행위가 비록 취업규칙에 정한 징계사유에 해당된다 하더라도 이 같은 면책합의 이후 그 합의에 반하여 원고들을 징계 해

고한 것은 부당함.】(1993.6.8, 선고 92다36984 판결)

그러나 면책합의 효력발생의 선행조건으로서의 농성해제나 작업복귀 등이 이루어지지 않는 한 면책합의의 효력은 부인되며, 단순히 노동조합의 쟁의행위 등에서 발생한 구속 및 고소·고발건에 대해 "최대한 선처 하도록 노력한다." 등의 합의는 회사가 구속자에 대한 형사처벌이 감경되도록 노력한다는 취지로 해석될 뿐 당해 근로자를 포함한 구속자들에 대해 징계권 행사가 부정되는 것은 아니다.

대법원

【근로자의 비위행위에 관하여 징계를 하지 않기로 하는 면책합의를 하였다 하더라도 이는 그 비위행위를 징계사유로 삼는 것을 허용하지 않는 것일 뿐 그 밖의 다른 비위행위를 징계사유로 하여 근로자를 징계함에 있어 면책 합의된 비위행위가 있었던 점을 징계양정의 판단자료로 삼는 것까지 금하는 것은 아님.】(1994.9.30, 선고 94다4042 판결)

6) 불법 쟁의행위와 제3자에 대한 책임

민간부문 노조가 불법쟁의 행위를 할 경우 제3자가 손해배상책임을 청구할 수 있는지 여부에 대해서는 쟁의행위가 사용자와의 관계에서 정당성을 결한다고 하여도, 노동조합이 제3자에게 직접 가해를 목적으로 하는 경우를 제외하고는 노동조합의 제3자에 대한 불법행위 책임은 발생하지 않는 것으로 보는 것이 일반적이다.

3. 일반노조법상 정당한 쟁의행위에 대한 보호

쟁의행위가 가능한 일반노조법의 적용을 받는 노동조합은 정당한 쟁의행위에 대하여 민사책임과 형사책임이 면제되며 일반노조법상 조정대상이 되고, 일반노조법상 각종규정(예 : 근로자의 구속제한, 조정기간, 쟁의 행위 찬반투표, 노동관계의 지원 등)이 적용된다.

1) 민사상 면책

일반노조법 제3조(손해배상 청구의 제한)는 사용자는 이 법에 의한 단체교섭 또는 쟁의행위로 인하여 손해를 입은 경우에 노동조합 또는 근로자에 대하여 그 배상을 청구할 수 없다고 규정하고 있다.

따라서 정당한 쟁의행위로 인하여 사용자나 사용자의 거래상대방 혹은 일반 제3자가 손해를 입었을 경우에도 노동조합이나 근로자에 대하여는 손해배상청구권이 발생하지 않는다. 즉, 쟁의행위로 인하여 기업이 손해를 입었을 때(납품기일을 지키지 못하여 계약위반 등으로 손해배상을 당한 경우 등)나 제3자가 손해를 입었을 때(병원의 파업으로 환자가 치료를 받지 못하여 병세가 악화된 경우 등)에도 기업이나 제3자는 근로자 측에 손해배상을 청구할 수 없다.

2) 형사상 면책

일반노조법 제4조(정당행위)는 형법 제20조의 위법성 조각 규정은 노동조합이 단체교섭·쟁의행위 기타의 행위로서 제1조의 목적을 달성하기 위하여 한 정당한 행위에 대하여 적용된다. 다만, 어떠한 경우에도 폭력이나 파괴행위는 정당한 행위로 해석되어서는 아니 된다고 규정하고 있다.
따라서 정당한 쟁의행위는 업무방해죄 등 일반형법상 범죄에 해당한다 하더라도 그 위법성이 조각되어(다수설) 형사상 책임을 지지 아니한다.

> **대법원**
> 【쟁의행위라 하더라도 정당성의 범위를 벗어난 경우에는 위법성이 조각되지 아니하는 것이고, 업무방해죄는 노동조합 간부의 지시에 의한 공동정범의 형태로도 행해질 수 있는 것임】(92도1315, '92.11.10)

그러나 이는 부당한 쟁의행위가 바로 형법상의 처벌대상이 된다는 의미는 아니며 일반형법에 규정된 범죄로서의 구성요건에 해당되는지를 별도로 검토하여야 한다. 예를 들어 정치적 목적으로 행하는 파업이 정당성이 없다 할지라도 파업의 수단으로서 단순히 출근거부와 같은 소극적 의미의 파업만을 행한다면, 일반형법상 범죄의 구성요건에 해당하지 않으며, 위력을 사용하여 다른 근로자의 출근을 저지하는 경우에 이르렀다면 그 때에 비로소 형법상 업무방해죄가 성립될 수 있다.

3) 노동관계법상 보호

사용자는 근로자가 정당한 쟁의행위에 참가한 것을 이유로 해고하는 등 불이익 취급을 할 수 없다(일반노조법 제81조). 사용자가 이러한 규정에도 불구하고 불이익 취급을 한 경우에는 노동위원회에 부당노동행위 구제신청(일반노조법 제82조)을 하거나 법원의 판결을 통하여 구제받을 수 있다.

근로자는 쟁의행위 기간 중에는 현행범 외에는 이 법 위반을 이유로 구속되지 아니한다(일반노조법 제39조). 본조에서 '쟁의기간중'이라 함은 정당한 쟁의행위 기간 중을 뜻하고. '현행범'이라함은 현재 범죄를 실행중이거나 실행 직후인 자(형사소송법 제211조제1항)를 말하며, '구속'이라 함은 형사상 구속영장에 의한 구속뿐만 아니라 쟁의행위에 영향을 줄 수 있는 신체적 구속도 포함된다.

'이 법 위반을 이유로'라 함은 동법 이외의 법률, 예컨대 형법, 폭력행위 등 처벌에 관한 법률, 집회 및 시위에 관한 법률 위반을 이유로는 구속할 수 있다는 의미이다.

위의 법은 근로자의 단체행동권을 보호하기 위하여 쟁의행위가 합법적으로 이루어졌을 때 그 기간 중 현행범과 같이 명백하게 형사상 범죄를 행하고 있거나 범법의 상태가 계속되는 경우 이외에는 자유를 구속하지 못하게 하여 근로자의 쟁의행위에 나쁜 영향을 배제하고자 하는 것이며 쟁의행위 자체에 위법성이 있을 때는 당연히 동 조항에 따라 보호를 받을 수 없다.

사용자는 쟁의행위 기간 중 그 쟁의행위로 중단된 업무의 수행을 위하여 당해 사업과 관계없는 자를 채용 또는 대체할 수 없으며, 쟁의행위 기간 중 그 쟁의행위로 중단된 업무를 도급 또는 하도급을 줄 수 없다(일반노조법 제43조).

사용자가 노동조합의 정당한 쟁의행위에 대하여 경제적 타격을 받지 않기 위해 자유롭게 근로자를 채용·대체한다면 노·사간 힘의 균형을 상실하기 때문에 쟁의행위를 보호한다는 차원에서 사용자에 부과된 의무이다.

제8장 조정과 중재

★ 본장의 Point

1. 노동쟁의의 조정업무를 담당하는 주체가 국가기관 등과 같은 공적기관인 경우를 공적조정이라 하고, 사적인 개인이나 단체가 노동쟁의의 조정을 담당하는 경우를 사적조정이라 한다. 사적조정과 중재제도는 교원노조법과 공무원노조법에서는 그 적용을 배제하고 있다.

2. 조정기관이 제시한 조정안 등을 노동관계의 당사자가 자주적인 의사에 따라 수락하든지 아니하든지 결정할 수 있는 조정(調停)과 당사자의 의사에 불구하고 강제적으로 조정기관의 결정에 따라야 하는 중재의 방법이 있다.

3. 일반노조법의 적용을 받는 노동조합의 쟁의행위는 조정절차를 거치지 아니하면 행할 수 없는데 이를 조정전치주의라고 한다.

4. 긴급조정제도란 쟁의행위의 장기화 대규모화로 인한 국민경제의 손해와 공중일상생활의 위험을 제거하기 위한 제도이다.

5. 교원과 공무원의 단체교섭이 결렬된 경우 이를 조정 중재하기 위하여 중앙노동위원회에 '교원노동관계조정위원회'와 '공무원노동관계조정위원회'를 둔다.

Ⅰ. 조정·중재제도의 의의와 종류

　노동쟁의는 시장원리가 지배하는 산업사회에서 빈번하게 발생하는 것이 예정되어 있어 이러한 노동쟁의를 해결하는 제도적 장치가 필요하다. 노동관계 당사자가 직접 노사협의 또는 단체교섭에 의하여 근로조건 기타 노동관계에 관한 사항을 정하거나 노동관계에 관한 주장의 불일치를 조정하고 이에 필요한 노력을 하는 등 당사자가 자주적으로 해결하도록 하는것(일반노조법 제47조)이 가장 바람직하다. 따라서 노동관계 당사자는 단체협약에 노동관계의 적정화를 위한 노사협의 기타 단체교섭의 절차와 방식을 규정하고 노동쟁의가 발생한 때에는 이를 자주적으로 해결하도록 노력하여야 하는 책무를 부담한다(일반노조법 제48조).
　그러나 노동쟁의는 노동관계 당사자간의 주장의 불일치로 발생하기 때문에 당사자간에 합리적인 해결을 기대하기가 어렵다. 이러한 점을 고려하여 제3자가 중립적인 위치에서 노동쟁의의 해결을 위해 도와주는 제도가 필요한데 이러한 제도적 장치가 노동쟁의의 조정제도[1]이다.

　국가 및 지방자치단체는 노동관계 당사자간에 노동관계에 관한 주장이 일치하지 아니할 경우에 노동관계 당사자가 이를 자주적으로 조정할 수 있도록 조력함으로써 쟁의행위를 가능한 한 예방하고 노동쟁의의 신속·공정한 해결에 노력하여야 하는 책무가 있으며(일반노조법 제49조) 이 법에 의하여 노동관계의 조정을 할 경우에는 노동관계 당사자와 노동위원회 기타 관계기관은 사건을 신속히 처리하도록 노력하여야 한다(일반노조법 제50조). 또한 국가·지방자치단체·국공영기업체·방위산업체 및 공익사업에 있어서의 노동쟁의의 조정은 우선적으로 취급하고 신속히 처리하여야 한다(일반노조법 제51조).

---

[1] 조정(調整)제도에는 조정의 결과에 따르지 않아도 되는 조정(調停)과 조정결과에 반드시 따라야 하는 중재(仲裁)가 있다. 조정(調整)제도와 그 중에 속하는 조정(調停)과는 한자가 각각 다르다는 점을 유의할 필요가 있다.

1. 공적조정

일반적으로 조정이라 함은 노동위원회에 의한 공적조정을 의미하는데 일반노조법 제5장에서 규정하고 있는 조정(調停), 중재, 긴급조정 절차등 조정(調整) 절차를 공적조정이라고 한다.

한편, 노동관계 당사자가 조정안을 수락한 경우 그 조정서의 내용, 중재재정, 중재재정의 해석 또는 이행방법에 관한 노동위원회의 해석은 단체 협약과 동일한 효력을 가진다(일반노조법 제61조, 일반노조법 제70조).

2. 사적조정 (일반노조법 제52조)

노동관계 당사자가 쌍방의 합의 또는 단체협약이 정하는 바에 따라 노동위원회 이외의 제3자를 통한 조정 또는 중재방법에 의하여 노동쟁의를 해결하는 것을 사적조정·사적중재라고 한다. 사적조정에 의하여 노동쟁의를 해결하기로 한 때에는 이를 노동위원회에 신고하여야 하며 조정 또는 중재가 이루어진 경우에 그 내용은 단체협약과 동일한 효력을 가진다. 사적조정등을 수행하는자는 「노동위원회법」 제8조제2항제2호 각 목의 자격을 가진 자로 하며 이 경우 사적조정 등을 수행하는 자는 노동관계 당사자로부터 수수료, 수당 및 여비 등을 받을 수 있다. 사적조정시에도 공적조정과 마찬가지로 조정전치기간(일반사업 10일, 공익사업 15일)과 중재시 쟁의행위 금지규정이 적용된다.

3. 공적조정과 사적조정과의 관계

노사당사자는 노동위원회에 의한 공적조정이 진행 중인 경우에도 사적조정·중재를 통해 노동쟁의를 해결할 수 있으며 이 경우 조정기간은 사적조정이 개시한 때 부터 새로이 기산된다. 또한, 사적조정·중재에 의하여 노동쟁의가 해결되지 아니한 경우에도 노동위원회에 공적조정·중재를 신청할 수 있으며 조정기간은 노동위원회에 조정신청 된 날부터 새로이 기산된다.

4. 교원과 공무원의 사적조정 중재제도 적용배제

사적조정·중재제도는 교원노조법과 공무원노조법에서는 그 적용을 배제하고 있다(교원노조법 제14조제2항, 공무원노조법 제17조제3항). 따라서 공무원과 교원의 노사관계당사자는 공적 조정·중재제도에 의하여 노동쟁의를 해결해야 한다.

Ⅱ. 일반노조법의 조정·중재제도

1. 조정(調整)

1) 조정(調停)

노동위원회는 관계 당사자의 일방이 노동쟁의의 조정을 신청한 때에는 지체없이 조정을 개시하여야 하며 관계 당사자 쌍방은 이에 성실히 임하여야 한다. 노동위원회는 조정신청 전이라도 원활한 조정을 위하여 교섭을 주선하는 등 관계 당사자의 자주적인 분쟁 해결을 지원할 수 있다(일반노조법 제53조).

조정은 조정의 신청이 있은 날부터 일반사업에 있어서는 10일, 공익사업에 있어서는 15일 이내에 종료하여야 하며 이 조정기간은 관계 당사자 간의 합의로 일반사업에 있어서는 10일, 공익사업에 있어서는 15일 이내에서 연장할 수 있다(일반노조법 제54조).

노동쟁의의 조정을 위하여 노동위원회에 조정위원회를 두며 조정위원 3인으로 구성한다. 조정위원은 당해 노동위원회의 위원중에서 사용자를 대표하는 자, 근로자를 대표하는 자 및 공익을 대표하는 자 각 1인을 그 노동위원회의 위원장이 지명하되, 근로자를 대표하는 조정위원은 사용자가, 사용자를 대표하는 조정위원은 노동조합이 각각 추천하는 노동위원회의 위원 중에서 지명하여야 한다. 다만, 조정위원회의 회의 3일전까지 관계 당사자가 추천하는 위원의 명단제출이 없을 때에는 당해 위원을 위원장이 따로 지명할 수 있다. 노동위원회의 위원장은 근로자를 대표하는 위원 또는 사용자를 대표하는 위원의 불참 등으로 인하여 제3항의 규정에 따른 조정위원회의 구성이 어려운 경우 노동위원회의 공익을 대표하는 위원 중에서 3인을 조정위원으로 지명할 수 있다. 다만, 관계 당사자 쌍방의 합의로 선정한 노동위원회의 위원이 있는 경우에는 그 위원을 조정위원으로 지명한다(일반노조법 제55조).

조정위원회에 위원장을 두며 위원장은 공익을 대표하는 조정위원이 된다. 공익을 대표하는 위원 3인이 조정위원인 경우 위원장은 조정위원 중에서 호선한다(일반노조법 제56조).

노동위원회는 관계 당사자 쌍방의 신청이 있거나 관계 당사자 쌍방의 동의를 얻은 경우에는 조정위원회에 갈음하여 단독조정인에게 조정을 행하게 할 수 있으며, 단독 조정인은 당해 노동위원회의 위원 중에서 관계 당사자의 쌍방의 합의로 선정된 자를 그 노동위원회의 위원장이 지명한다(일반노조법 제57조).

조정위원회 또는 단독조정인은 기일을 정하여 관계 당사자 쌍방을 출석하게 하여 주장의 요점을 확인하여야 하며, 조정위원회의 위원장 또는 단독조정인은 관계 당사자와 참고인외의 자의 출석을 금할 수 있다(일반노조법 제58조, 제59조).

조정위원회 또는 단독조정인은 조정안을 작성하여 이를 관계 당사자에게 제시하고 그 수락을 권고하는 동시에 그 조정안에 이유를 붙여 공표할 수 있으며, 필요한 때에는 신문 또는 방송에 보도 등 협조를 요청할 수 있다. 조정위원회 또는 단독조정인은 관계 당사자가 수락을 거부하여 더 이상 조정이 이루어질 여지가 없다고 판단되는 경우에는 조정의 종료를 결정하고 이를 관계 당사자 쌍방에 통보하여야 한다. 조정안이 관계 당사자의 쌍방에 의하여 수락된 후 그 해석 또는 이행방법에 관하여 관계 당사자간에 의견의 불일치가 있는 때에는 관계 당사자는 당해 조정위원회 또는 단독조정인에게 그 해석 또는 이행방법에 관한 명확한 견해의 제시를 요청하여야 하며 조정위원회 또는 단독조정인은 견해제시 요청을 받은 때에는 그 요청을 받은 날부터 7일 이내에 명확한 견해를 제시하여야 한다. 조정안의 해석 또는 이행방법에 관한 견해가 제시될 때까지는 관계 당사자는 당해 조정안의 해석 또는 이행에 관하여 쟁의행위를 할 수 없다(일반노조법 제60조).

조정안이 관계 당사자에 의하여 수락된 때에는 조정위원 전원 또는 단독조정인은 조정서를 작성하고 관계 당사자와 함께 서명 또는 날인하여야 하며, 조정서의 내용은 단체협약과 동일한 효력을 가진다. 조정위원회 또는 단독조정인이 제시한 해석 또는 이행방법에 관한 견해는 중재재정과 동일한 효력을 가진다(일반노조법 제61조).

노동위원회는 조정의 종료가 결정된 후에도 노동쟁의의 해결을 위하여 조정을 할 수 있다(일반노조법 제61조의2).

2) 중재

노동위원회는 관계 당사자의 쌍방이 함께 중재를 신청한 때와 관계 당사자의 일방이 단체협약에 의하여 중재를 신청한 때에는 중재를 행한다(일반노조법 제62조). 노동쟁의가 중재에 회부된 때에는 그 날부터 15일간은 쟁의행위를 할 수 없다(일반노조법 제63조).

노동쟁의의 중재 또는 재심을 위하여 노동위원회에 중재위원회를 두며 중재위원 3인으로 구성한다. 중재위원은 당해 노동위원회의 공익을 대표하는 위원중에서 관계 당사자의 합의로 선정한 자에 대하여 그 노동위원회의 위원장이 지명한다. 다만, 관계 당사자간에 합의가 성립되지 아니한 경우에는 노동위원회의 공익을 대표하는 위원중에서 지명한다(일반노조법 제64조). 중재위원회에 위원장을 두며 위원장은 중재위원 중에서 호선한다(일반노조법 제65조).

중재위원회는 기일을 정하여 관계 당사자 쌍방 또는 일방을 중재위원회에 출석하게 하여 주장의 요점을 확인하여야 하며, 관계 당사자가 지명한 노동위원회의 사용자를 대표하는 위원 또는 근로자를 대표하는 위원은 중재위원회의 동의를 얻어 그 회의에 출석하여 의견을 진술할 수 있다(일반노조법 제66조). 중재위원회의 위원장은 관계 당사자와 참고인외의 자의 회의출석을 금할 수 있다(일반노조법 제67조).

중재재정은 서면으로 작성하여 이를 행하며 그 서면에는 효력발생 기일을 명시하여야 한다. 중재재정의 해석 또는 이행방법에 관하여 관계 당사자간에 의견의 불일치가 있는 때에는 당해 중재위원회의 해석에 따르며 그 해석은 중재재정과 동일한 효력을 가진다(일반노조법 제68조).

관계 당사자는 지방노동위원회 또는 특별노동위원회의 중재재정이 위법이거나 월권에 의한 것이라고 인정하는 경우에는 그 중재재정서의 송달을 받은 날부터 10일 이내에 중앙노동위원회에 그 재심을 신청할 수 있으며, 중앙 노동위원회의 중재재정이나 위 규정에 의한 재심결정이 위법이거나 월권에 의한 것이라고 인정하는 경우에는 행정소송법 제20조(제소기간)의 규정에도 불구하고 그 중재재정서 또는 재심결정서의 송달을 받은 날부터 15일 이내에 행정소송을 제기할 수 있다. 규정된 기간내에 재심을 신청하지 아니하거나 행정소송을 제기하지 아니한 때에는 그 중재재정 또는 재심결정은 확정되며 중재재정이나 재심결정이 확정된 때에는 관계 당사자는 이에 따라야 한다(일반노조법 제69조).

중재재정의 내용은 단체협약과 동일한 효력을 가지며, 노동위원회의 중재재정 또는 재심결정은 중앙노동위원회에의 재심신청 또는 행정소송의 제기에 의하여 그 효력이 정지되지 아니한다(일반노조법 제70조).

2. 공익사업의 특별조정

1) 공익사업의 우선적 취급

국가·지방자치단체·국공영기업체·방위산업체 및 공익사업에 있어서의 노동쟁의의 조정은 우선적으로 취급하고 신속히 처리하여야 한다(일반노조법 제51조). 이에 따라 공익사업은 일반사업에 비해 조정기간이 길며(15일)

공익위원으로만 구성된 특별조정위원회에서 담당하는 등 절차상 차이가 있다. 특히 일반사업은 그 규모가 크거나 그 성질이 특별한 경우에만 긴급조정의 대상이 될 수 있으나, 공익사업의 경우에는 그 쟁의행위로 인하여 현저히 국민경제를 해하거나 국민의 일상생활을 위태롭게 할 위험이 현존한 때에는 긴급조정의 대상이 된다(일반노조법 제76조제1항).

2) 공익사업 구분 기준

공익사업에 해당하는지 여부에 대한 판단기준은 일반노조법 제71조제1항 각호의 형식적 요건에 해당하는 사업 중 공중의 일상생활과 밀접한 관련이 있거나 국민경제에 미치는 영향이 큰 사업이어야 한다는 실질적 요건의 충족 여부에 따라 공익사업 여부를 판단하게 된다.

형식적 요건으로는 1. 정기노선 여객운수사업 및 항공운수사업 2. 수도사업, 전기사업, 가스사업, 석유정제사업 및 석유 공급사업 3. 공중위생사업, 의료사업 및 혈액 공급사업 4. 은행 및 조폐 사업 5. 방송 및 통신사업 중 어느 하나에 해당되어야 한다. 형식적 요건에 해당하는지를 판단함에 있어서 일반노조법상 공익사업으로 규정된 각 호 사업의 정의에 대해 별도의 규정이 없으므로 기본적으로「한국표준산업분류」(통계청 발행)에 따른 산업의 정의 및 분류와 각 사업시행의 근거 법률에 있는 경우에는 해당 규정의 개념에 의해 판단한다.

실질적 요건으로 '공중의 일상생활과 밀접한 관련이 있는 사업'이란 일상생활에 필요불가결한 사업을 의미하며, '국민경제에 미치는 영향이 큰사업'은 국민경제를 위태롭게 할 우려가 있는 사업을 의미한다. 형식적 요건에 해당하더라도 공중의 일상생활과 밀접한 관련이 없거나 국민경제에 미치는 영향이 미미할 경우에는 실질적 요건을 충족하지 못하므로 공익사업에 해당되지 않는다.

3) 필수공익사업과 필수유지업무

공익사업으로서 그 업무의 정지 또는 폐지가 공중의 일상생활을 현저히 위태롭게 하거나 국민경제를 현저히 저해하고 그 업무의 대체가 용이하지 아니한 1. 철도사업, 도시철도사업 및 항공운수사업 2. 수도사업, 전기사업, 가스사업, 석유정제사업 및 석유공급사업 3. 병원사업 및 혈액공급사업 4. 한국은행사업 5. 통신사업업을 필수공익사업이라 한다(일반노조법 제71조제2항).

공익사업과 필수공익사업을 구분하여 필수공익사업의 업무 중 업무가 정지되거나 폐지되는 경우 공중의 생명·건강 또는 신체의 안전이나 공중의 일상생활을 현저히 위태롭게 하는 업무로서 대통령령이 정하는 업무를 필수유지업무로 하여 쟁의행위 중에도 업무가 정상적으로 운영되도록 하여야 한다(일반노조법 제42조의2제1항). 필수유지업무의 정당한 유지·운영을 정지·폐지 또는 방해하는 행위는 쟁의행위로서 이를 행할 수 없다(일반노조법 제42조의2제2항).

필수유지업무제도에서는 필수공익사업 노사는 필수유지업무 유지 의무 부담자로서 협정을 체결해야 하므로 필수공익사업에의 해당 여부를 사전적으로 구분할 필요가 있는데 필수공익사업에 해당되기 위해서는 일반노조법 제71조제1항의 규정에 의한 공익사업으로서, 일반노조법 제71조제2항 각호의 규정에 의한 사업이라는 형식적 요건을 충족하여야 하며 동시에, 업무의 정지 또는 폐지가 공중의 일상생활을 현저히 위태롭게 하거나 국민경제를 현저히 저해하고 그 업무의 대체가 용이하지 않은 실질적 요건을 구비하여야 한다.

4) 특별조정위원회

공익사업의 노동쟁의 조정을 위하여 노동위원회에 특별조정위원회를 두며, 특별조정위원회는 특별조정위원 3인으로 구성한다. 특별조정위원은 그 노동위원회의 공익을 대표하는 위원중에서 노동조합과 사용자가 순차적으로 배제하고 남은 4인 내지 6인 중에서 노동위원회의 위원장이 지명한다.

다만, 관계 당사자가 합의로 당해 노동위원회의 위원이 아닌 자를 추천하는 경우에는 그 추천된 자를 지명한다(일반노조법 제72조).

특별조정위원회에 위원장을 두며, 위원장은 공익을 대표하는 노동위원회의 위원인 특별조정위원중에서 호선하고, 당해 노동위원회의 위원이 아닌 자만으로 구성된 경우에는 그 중에서 호선한다. 다만, 공익을 대표하는 위원인 특별조정위원이 1인인 경우에는 당해 위원이 위원장이 된다(일반노조법 제73조).

3. 긴급조정

긴급조정제도란 쟁의행위의 발생을 미연에 방지하기 위한 것이 아닌 이미 발생한 쟁의행위의 장기화·대규모화로 인한 국민경제의 손해와 공중일상 생활의 위험을 제거하기 위한 제도라는 점에서 통상의 조정 제도인 조정·중재와 구별되는 비상시 쟁의조정제도이다.

고용노동부장관은 쟁의행위가 공익사업에 관한 것이거나 그 규모가 크거나 그 성질이 특별한 것으로서 현저히 국민경제를 해하거나 국민의 일상생활을 위태롭게 할 위험이 현존하는 때에는 긴급조정의 결정을 할 수 있다. 고용노동부장관은 긴급조정의 결정을 하고자 할 때에는 미리 중앙노동위원회 위원장의 의견을 들어야 한다. 고용노동부장관은 긴급조정을 결정한 때에는 지체없이 그 이유를 붙여 이를 공표함과 동시에 중앙노동위원회와 관계 당사자에게 각각 통고하여야 한다(일반노조법 제76조).

이처럼 긴급조정의 결정이 공표된 때에는 관계당사자는 즉시 쟁의행위를 중지하여야 하며, 공표일로부터 30일간 쟁의행위를 할 수 없다(일반노조법 제77조).

중앙노동위원회는 통고를 받은 때에는 지체없이 조정을 개시하여야 한다(일반노조법 제78조).

중앙노동위원회의 위원장은 조정이 성립될 가망이 없다고 인정한 경우에는 공익위원의 의견을 들어 그 사건을 중재에 회부할 것인가의 여부를 결정하여야 하며 결정은 통고를 받은 날부터 15일 이내에 하여야 한다(일반노조법 제79조).

중앙노동위원회는 당해 관계 당사자의 일방 또는 쌍방으로부터 중재신청이 있거나 일반노조법 제79조의 규정에 의한 중재회부의 결정을 한 때에는 지체없이 중재를 행하여야 한다(일반노조법 제80조).

Ⅲ. 교원노조법과 조정·중재제도

1. 조정

교원 노동관계 당사자간에 단체교섭이 결렬된 경우에는 당사자 어느 한쪽 또는 양쪽은 노동위원회법 제2조에 따른 중앙노동위원회에 조정을 신청할 수 있다. 당사자 어느 한쪽 또는 양쪽이 조정을 신청하면 중앙노동위원회는 지체없이 조정을 시작하여야 하며 당사자 양쪽은 조정에 성실히 임하여야 한다. 조정은 신청을 받은 날부터 30일 이내에 마쳐야 한다(교원노조법 제9조).

교원노조법에서는 공무원노조법과는 달리 노동쟁의의 개념을 도입하여 일반노조법상 노동쟁의의 개념과 동일하게 취급하고 있다.
일반노조법상 조정은 필수적이지만(조정전치주의), 교원노조법상 조정은 필수적이지 않다. 따라서 조정은 언제나 당사자의 신청에 의해서만 개시된다.

2. 중재

중재제도는 조정과 달리 노사 당사자를 구속하는 법률상 효력이 있는 처분으로서 노동쟁의 조정절차의 한 유형이다.
중앙노동위원회는 단체교섭이 결렬되어 관계 당사자 양쪽이 함께 중재를 신청한 경우, 중앙노동위원회가 제시한 조정안을 당사자의 어느 한쪽이라도 거부한 경우, 중앙노동위원회 위원장이 직권으로 또는 고용노동부장관의 요청에 따라 중재에 회부한다는 결정을 한 경우에는 중재를 행한다(교원노조법 제10조).

교원 노동관계당사자는 중앙노동위원회의 중재재정이 위법하거나 월권에 의한 것이라고 인정하는 경우에는 행정소송법 제20조에도 불구하고 중재재정서를 송달 받은 날부터 15일 이내에 중앙노동위원회 위원장을 피고로 하여 행정소송을 제기할 수 있으며, 행정소송의 제기에 의하여 효력이 정지되지 아니한다.

위의 기간 내에 행정소송을 제기하지 아니하면 그 중재재정은 확정된다. 중재재정이 확정되면 관계당사자는 이에 따라야 하며, 확정된 중재재정의 내용은 단체협약과 동일한 효력을 가진다(교원노조법 제12조).

3. 교원노동관계조정위원회

교원의 노동쟁의를 조정·중재하기 위하여 중앙노동위원회에 교원노동관계조정위원회(이하 "위원회"라 한다)를 둔다. 위원회는 중앙노동위원회위원장이 지명하는 조정담당 공익위원 3인으로 구성한다. 다만, 관계당사자가 합의하여 중앙노동위원회의 조정담당 공익위원이 아닌 사람을 추천하는 경우에는 그 사람을 지명하여야 한다. 위원회의 위원장은 위원회의 위원 중에서 호선한다(교원노조법 제11조).

교원 노동쟁의 조정·중재를 전담하기 위하여 중앙노동위원회에 특별위원회인 교원노동관계조정위원회를 설치하도록 하고 있다. 이는 교원노조의 분쟁조정의 전문성, 분쟁의 조기해결을 위하여 지방노동위원회를 거치지 않고 중앙노동위원회에서 관장하도록 하기 위한 것이다.

교원노조법 제13조 삭제로 부당노동행위 구제신청과 소청심사 청구가 동시에 가능하게 되었다.

Ⅳ. 공무원노조법과 조정·중재제도

1. 조정

공무원 노사관계당사자간에 단체교섭이 결렬(決裂)된 경우에는 당사자 어느 한쪽 또는 양쪽은 노동위원회법 제2조에 따른 중앙노동위원회에 조정(調停)을 신청할 수 있다. 중앙노동위원회는 당사자 어느 한쪽 또는 양쪽이 조정을 신청하면 지체 없이 조정을 시작하여야 한다. 이 경우 당사자 양쪽은 이에 성실히 임하여야 한다.

중앙노동위원회는 조정안을 작성하여 관계 당사자에게 제시하고 그 수락을 권고하는 동시에 그 조정안에 이유를 붙여 공표할 수 있다. 이 경우 필요하면 신문 또는 방송에 보도 등 협조를 요청할 수 있다. 조정은 조정신청이 있는 날부터 30일 이내에 마쳐야 한다. 다만, 당사자들이 합의한 경우에는 30일 이내의 범위에서 조정기간을 연장할 수 있다(공무원노조법 제12조).

단체교섭이 결렬될 경우 일반노조법 제2조제5호가 정한 바에 따른 "노동쟁의"가 공무원노조와 국가기관 또는 지방자치단체 간에 발생할 수 있다. 일반노조법상 "노동쟁의"라 함은, 노동조합과 사용자 또는 사용자단체 즉, 노동관계당사자간에 임금·근로시간·복지·해고 기타 대우 등 근로조건의 결정에 관한 주장의 불일치로 인하여 발생한 분쟁상태를 의미한다. 이때 '주장의 불일치'란 당사자간에 합의를 위한 노력을 계속하여도 더 이상 자주적 교섭에 의한 합의의 여지가 없는 경우를 말한다.

공무원노조법에서는 노동쟁의의 개념을 도입하지 않고 "단체교섭의 결렬"이라고 표현하고 있지만, 이는 노조법상의 노동쟁의와 본질적으로 동일한 의미라고 할 수 있다. 다만 공무원노조법에서는 단체교섭의 대상이 아닌 사항에 대하여 규정하고 있는 바(공무원노조법 제8조제1항 단서), 일반노조에게는 허용되는 단체교섭의 대상이라 할지라도 공무원노조의 특수성상 허용되지 않는 대상이 있을 수 있다.

노동쟁의가 발생한 경우, 당사자 어느 한쪽 또는 양쪽은 중앙노동위원회에 조정을 신청할 수 있다. 일반노조법상 조정은 필수적이지만(조정전치주의), 공무원노조법상 조정은 필수적이지 않고, 따라서 조정은 언제나 당사자의 신청에 의해서만 개시된다.

다만 단체교섭이 결렬된다 하더라도 공무원노조는 쟁의행위가 금지되어 있으므로, 조정은 실질적 단체교섭의 연장선으로서 활용될 것으로 예상된다.

2. 중재

중재제도는 조정과 달리 노사 당사자를 구속하는 법률상 효력이 있는 처분으로서 노동쟁의 조정절차의 한 유형이다.

중앙노동위원회는 단체교섭이 결렬되어 관계 당사자 양쪽이 함께 중재를 신청한 경우, 조정이 이루어지지 아니하여 공무원 노동관계 조정위원회 전원회의에서 중재회부의 결정을 한 경우에는 지체없이 중재(仲裁)를 행한다(공무원노조법 제13조).

교원노조법 제10조에는 단체교섭이 결렬되어 관계 당사자 양쪽이 함께 중재를 신청한 경우, 중앙노동위원회가 제시한 조정안을 당사자의 어느 한쪽이라도 거부한 경우, 중앙노동위원회 위원장이 직권으로 또는 고용노동부장관의 요청에 따라 중재에 회부한다는 결정을 한 경우 중재가 시작되도록 하고 있는 바, 공무원노조와는 다소 차이가 있다.

공무원 노사관계 당사자는 중앙노동위원회의 중재재정이 위법하거나 월권(越權)에 의한 것이라고 인정하는 경우에는 행정소송법 제20조(제소기간)에도 불구하고 중재재정서를 송달 받은 날부터 15일 이내에 중앙노동위원회

위원장을 피고로 하여 행정소송을 제기할 수 있으며, 행정소송의 제기에 의하여 그 효력이 정지되지 아니한다. 위의 기간 이내에 행정소송을 제기하지 아니하면 그 중재재정은 확정된다. 중재재정이 확정되면 관계 당사자는 이에 따라야 하며, 확정된 중재재정의 내용은 단체협약과 같은 효력을 가진다. 중앙노동위원회는 필요한 경우 확정된 중재재정의 내용을 국회, 지방의회, 지방자치단체의 장 등에게 통보할 수 있다(공무원노조법 제16조).

중재는 조정과 달리 그 중재안의 수락여부가 당사자의 의사에 맡겨지는 것이 아니라, 노사는 당연히 이를 수용하여야 한다.

3. 공무원노동관계조정위원회

단체교섭이 결렬된 경우 이를 조정·중재하기 위하여 중앙노동위원회에 공무원노동관계조정위원회(이하 "위원회"라 한다)를 둔다.

위원회는 공무원노동관계의 조정·중재를 전담하는 7인 이내의 공익위원으로 구성한다. 공익위원은 공무원문제 또는 노동문제에 관한 지식과 경험을 갖춘 사람 또는 사회적 덕망이 있는 사람 중에서 중앙노동위원회 위원장의 추천과 고용노동부장관의 제청으로 대통령이 위촉한다(공무원노조법 제14조).

위원회에는 전원회의와 소위원회를 둔다. 전원회의는 공익위원 전원으로 구성하며, 전국에 걸친 노동쟁의의 조정사건, 중재회부의 결정, 중재재정(仲裁裁定) 등의 사항을 담당한다. 소위원회는 위원회의 위원장이 중앙노동위원회 위원장과 협의하여 지명하는 3인으로 구성하며, 전원회의에서 담당하지 아니하는 조정사건을 담당한다(공무원노조법 제15조).

〈교원노조법과 공무원노조법의 일반노조법 제외 규정 정리표〉

일반노조법	교원노조법 제14조제2항	공무원노조법 제17조제3항
제2조(정의) 제4호 라목, 제24조(근로시간 면제 등)	적용배제	적용배제
제24조의2(근로시간면제심의위원회)	제1항~제8항 (적용배제)	제1항,제2항 (적용배제)
제29조(교섭 및 체결권한) 제2항부터 제4항까지	적용배제	적용배제
제29조의2(교섭창구의 단일화 절차) 제29조의3(교섭단위의 결정) 제29조의4(공정대표의무 등) 제29조의5(그 밖의 교섭창구 단일화 관련사항)	적용배제	적용배제
제36조(지역적 구속력) 제37조(쟁위행위의 기본원칙) 제38조(노동조합의 지도와 책임) 제39조(근로자의 구속제한)	적용배제	적용배제
제41조(쟁위행위의 제한과 금지)	적용배제	적용배제
제42조(폭력행위의 금지)	적용배제	적용배제
제42조의2(필수유지업무에 대한 쟁위행위의 제한) 제42조의3(필수유지업무 협정) 제42조의4(필수유지업무 유지·운영 수준 등의 결정) 제42조의5(노동위원회의 결정에 따른 쟁위행위) 제42조의6(필수유지업무 근무 근로자의 지명)	적용배제	적용배제
제43조(사용자의 채용제한) 제44조(쟁위행위 기간중의 임금지급 요구의 금지) 제45조(조정의 전치) 제46조(직장폐쇄의 요건)	적용배제	적용배제
제51조(공익사업등의 우선적 취급) 제52조(사적 조정·중재) 제53조(조정의 개시) 제54조(조정기간) 제55조(조정위원회의 구성) 제56조(조정위원회의 위원장) 제57조(단독조정)	적용배제	적용배제
제60조(조정안의 작성) 제5항	제5항 (적용배제)	제1항,제5항 (적용배제)
제62조(중재의 개시) 제63조(중재시의 쟁의행위의 금지) 제64조(중재위원회의 구성) 제65조(중재위원회의 위원장)	적용배제	적용배제
제66조(주장의 확인 등) 제2항	적용배제	적용배제
제69조(중재재정 등의 확정), 제70조(중재재정 등의 효력) 제71조(공익사업의 범위 등) 제72조(특별조정위원회의 구성) 제73조(특별조정위원회의 위원장)	적용배제	적용배제
제76조(긴급조정의 결정), 제77조(긴급조정시의 쟁위행위의 중단) 제78조(중앙노동위원회의 조정) 제79조(중앙노동위원회의 중재회부 결정권) 제80조(중앙노동위원회의 중재)	적용배제	적용배제
제81조(부당노동행위) 제1항제2호 단서	적용배제	적용배제
제88조(벌칙)	적용배제	제88조~제91조 적용배제
제89조(벌칙) 제1호	적용배제	
제91조(벌칙)	적용배제	
제92조(벌칙)	적용	적용배제
제96조(과태료) 제1항제3호	적용배제	적용배제

부 록

■ 노동조합 및 노동관계조정법 (약칭: 노동조합법)

■ 교원의 노동조합 설립 및 운영 등에 관한 법률 (약칭: 교원노조법)

■ 공무원의 노동조합 설립 및 운영 등에 관한 법률 (약칭: 공무원노조법)

일반·교원·공무원노조법과 노사협의회법(근로자참여법) 제·개정 년도 비교표

년도	일반노동자	교원	공무원
1953	노동조합법 제정		
1963	노조법에 노사협의회 설치 규정		
1980	노사협의회법 독립 제정		
1991		교원의 교섭·협의 인정 (교원지위법 제정)	
1997	근로자참여법으로 개정		
1999		교원노조법 제정 (유초중고 교원 노조설립 가능)	공무원직장협의회법 제정
2006			공무원노조법 제정
2021		교원노조법 개정 (대학교원 노조 설립 가능)	

1. 노동조합 및 노동관계조정법 (약칭: 노동조합법)

[시행 2021. 7. 6.] [법률 제17864호, 2021. 1. 5., 일부개정]

제1장 총칙

제1조(목적)
이 법은 헌법에 의한 근로자의 단결권·단체교섭권 및 단체행동권을 보장하여 근로조건의 유지·개선과 근로자의 경제적·사회적 지위의 향상을 도모하고, 노동관계를 공정하게 조정하여 노동쟁의를 예방·해결함으로써 산업평화의 유지와 국민경제의 발전에 이바지함을 목적으로 한다.

제2조(정의)
이 법에서 사용하는 용어의 정의는 다음과 같다. 〈개정 2021.1.5.〉
1. "근로자"라 함은 직업의 종류를 불문하고 임금·급료 기타 이에 준하는 수입에 의하여 생활하는 자를 말한다.
2. "사용자"라 함은 사업주, 사업의 경영담당자 또는 그 사업의 근로자에 관한 사항에 대하여 사업주를 위하여 행동하는 자를 말한다.
3. "사용자단체"라 함은 노동관계에 관하여 그 구성원인 사용자에 대하여 조정 또는 규제할 수 있는 권한을 가진 사용자의 단체를 말한다.
4. "노동조합"이라 함은 근로자가 주체가 되어 자주적으로 단결하여 근로조건의 유지·개선 기타 근로자의 경제적·사회적 지위의 향상을 도모함을 목적으로 조직하는 단체 또는 그 연합단체를 말한다. 다만, 다음 각목의 1에 해당하는 경우에는 노동조합으로 보지 아니한다.
가. 사용자 또는 항상 그의 이익을 대표하여 행동하는 자의 참가를 허용하는 경우
나. 경비의 주된 부분을 사용자로부터 원조받는 경우
다. 공제·수양 기타 복리사업만을 목적으로 하는 경우
라. 근로자가 아닌 자의 가입을 허용하는 경우
　※제2조제4호라목은 교원과 공무원노조에는 적용하지 않음.

마. 주로 정치운동을 목적으로 하는 경우
5. "노동쟁의"라 함은 노동조합과 사용자 또는 사용자단체(이하 "勞動關係 當事者"라 한다)간에 임금·근로시간·복지·해고 기타 대우등 근로조건의 결정에 관한 주장의 불일치로 인하여 발생한 분쟁상태를 말한다. 이 경우 주장의 불일치라 함은 당사자간에 합의를 위한 노력을 계속하여도 더이상 자주적 교섭에 의한 합의의 여지가 없는 경우를 말한다.
6. "쟁의행위"라 함은 파업·태업·직장폐쇄 기타 노동관계 당사자가 그 주장을 관철할 목적으로 행하는 행위와 이에 대항하는 행위로서 업무의 정상적인 운영을 저해하는 행위를 말한다.

제3조(손해배상 청구의 제한)
사용자는 이 법에 의한 단체교섭 또는 쟁의행위로 인하여 손해를 입은 경우에 노동조합 또는 근로자에 대하여 그 배상을 청구할 수 없다.

제4조(정당행위)
형법 제20조의 규정은 노동조합이 단체교섭·쟁의행위 기타의 행위로서 제1조의 목적을 달성하기 위하여 한 정당한 행위에 대하여 적용된다. 다만, 어떠한 경우에도 폭력이나 파괴행위는 정당한 행위로 해석되어서는 아니된다.

제2장 노동조합

제1절 통칙

제5조(노동조합의 조직·가입·활동)
① 근로자는 자유로이 노동조합을 조직하거나 이에 가입할 수 있다. 다만, 공무원과 교원에 대하여는 따로 법률로 정한다. 〈개정 2021.1.5.〉
②사업 또는 사업장에 종사하는 근로자(이하 "종사 근로자"라 한다)가 아닌 노동조합의 조합원은 사용자의 효율적인 사업 운영에 지장을 주지 아니하는 범위에서 사업 또는 사업장 내에서 노동조합 활동을 할 수 있다. 〈신설 2021.1.5.〉
③종사근로자인 조합원이 해고되어 노동위원회에 부당노동행위의 구제신청을 한

경우에는 중앙노동위원회의 재심판정이 있을 때까지는 종사근로자로 본다. 〈신설 2021.1.5.〉[제목개정 2021.1.5.]

제6조(법인격의 취득)
①노동조합은 그 규약이 정하는 바에 의하여 법인으로 할 수 있다.
②노동조합은 당해 노동조합을 법인으로 하고자 할 경우에는 대통령령이 정하는 바에 의하여 등기를 하여야 한다.
③법인인 노동조합에 대하여는 이 법에 규정된 것을 제외하고는 민법중 사단법인에 관한 규정을 적용한다.

제7조(노동조합의 보호요건)
①이 법에 의하여 설립된 노동조합이 아니면 노동위원회에 노동쟁의의 조정 및 부당노동행위의 구제를 신청할 수 없다.
②제1항의 규정은 제81조제1항제1호·제2호 및 제5호의 규정에 의한 근로자의 보호를 부인하는 취지로 해석되어서는 아니된다. 〈개정 2021.1.5.〉
③이 법에 의하여 설립된 노동조합이 아니면 노동조합이라는 명칭을 사용할 수 없다.

제8조(조세의 면제)
노동조합에 대하여는 그 사업체를 제외하고는 세법이 정하는 바에 따라 조세를 부과하지 아니한다.

제9조(차별대우의 금지)
노동조합의 조합원은 어떠한 경우에도 인종, 종교, 성별, 연령, 신체적 조건, 고용형태, 정당 또는 신분에 의하여 차별대우를 받지 아니한다. 〈개정 2008.3.28.〉[제목개정 2008.3.28.]

제2절 노동조합의 설립

제10조(설립의 신고)
①노동조합을 설립하고자 하는 자는 다음 각호의 사항을 기재한 신고서에 제11조

의 규정에 의한 규약을 첨부하여 연합단체인 노동조합과 2 이상의 특별시·광역시·특별자치시·도·특별자치도에 걸치는 단위노동조합은 고용노동부장관에게, 2 이상의 시·군·구(자치구를 말한다)에 걸치는 단위노동조합은 특별시장·광역시장·도지사에게, 그 외의 노동조합은 특별자치시장·특별자치도지사·시장·군수·구청장(자치구의 구청장을 말한다. 이하 제12조제1항에서 같다)에게 제출하여야 한다.〈개정 1998.2.20., 2006.12.30., 2010.6.4., 2014.5.20.〉

1. 명칭
2. 주된 사무소의 소재지
3. 조합원수
4. 임원의 성명과 주소
5. 소속된 연합단체가 있는 경우에는 그 명칭
6. 연합단체인 노동조합에 있어서는 그 구성노동단체의 명칭, 조합원수, 주된 사무소의 소재지 및 임원의 성명·주소

②제1항의 규정에 의한 연합단체인 노동조합은 동종산업의 단위노동조합을 구성원으로 하는 산업별 연합단체와 산업별 연합단체 또는 전국규모의 산업별 단위노동조합을 구성원으로 하는 총연합단체를 말한다.

제11조(규약)

노동조합은 그 조직의 자주적·민주적 운영을 보장하기 위하여 당해 노동조합의 규약에 다음 각 호의 사항을 기재하여야 한다.〈개정 2006.12.30.〉

1. 명칭
2. 목적과 사업
3. 주된 사무소의 소재지
4. 조합원에 관한 사항(聯合團體인 勞動組合에 있어서는 그 構成團體에 관한 사항)
5. 소속된 연합단체가 있는 경우에는 그 명칭
6. 대의원회를 두는 경우에는 대의원회에 관한 사항
7. 회의에 관한 사항
8. 대표자와 임원에 관한 사항
9. 조합비 기타 회계에 관한 사항
10. 규약변경에 관한 사항
11. 해산에 관한 사항

12. 쟁의행위와 관련된 찬반투표 결과의 공개, 투표자 명부 및 투표용지 등의 보존·열람에 관한 사항
13. 대표자와 임원의 규약위반에 대한 탄핵에 관한 사항
14. 임원 및 대의원의 선거절차에 관한 사항
15. 규율과 통제에 관한 사항

제12조(신고증의 교부)
①고용노동부장관, 특별시장·광역시장·특별자치시장·도지사·특별자치도지사 또는 시장·군수·구청장(이하 "행정관청"이라 한다)은 제10조제1항의 규정에 의한 설립신고서를 접수한 때에는 제2항 전단 및 제3항의 경우를 제외하고는 3일 이내에 신고증을 교부하여야 한다. 〈개정 1998.2.20., 2006.12.30., 2010.6.4., 2014.5.20.〉
②행정관청은 설립신고서 또는 규약이 기재사항의 누락등으로 보완이 필요한 경우에는 대통령령이 정하는 바에 따라 20일 이내의 기간을 정하여 보완을 요구하여야 한다. 이 경우 보완된 설립신고서 또는 규약을 접수한 때에는 3일 이내에 신고증을 교부하여야 한다. 〈개정 1998.2.20.〉
③행정관청은 설립하고자 하는 노동조합이 다음 각호의 1에 해당하는 경우에는 설립신고서를 반려하여야 한다. 〈개정 1998.2.20.〉 1. 제2조제4호 각목의 1에 해당하는 경우 2. 제2항의 규정에 의하여 보완을 요구하였음에도 불구하고 그 기간내에 보완을 하지 아니하는 경우
④노동조합이 신고증을 교부받은 경우에는 설립신고서가 접수된 때에 설립된 것으로 본다.

제13조(변경사항의 신고등)
①노동조합은 제10조제1항의 규정에 의하여 설립신고된 사항중 다음 각호의 1에 해당하는 사항에 변경이 있는 때에는 그 날부터 30일 이내에 행정관청에게 변경신고를 하여야 한다. 〈개정 1998.2.20., 2001.3.28.〉
 1. 명칭
 2. 주된 사무소의 소재지
 3. 대표자의 성명
 4. 소속된 연합단체의 명칭

②노동조합은 매년 1월 31일까지 다음 각호의 사항을 행정관청에게 통보하여야 한다. 다만, 제1항의 규정에 의하여 전년도에 변경신고된 사항은 그러하지 아니하다. 〈개정 1998.2.20., 2001.3.28.〉
  1. 전년도에 규약의 변경이 있는 경우에는 변경된 규약내용
  2. 전년도에 임원의 변경이 있는 경우에는 변경된 임원의 성명
  3. 전년도 12월 31일 현재의 조합원수(聯合團體인 勞動組合에 있어서는 構成團體別 組合員數)

제3절 노동조합의 관리

제14조(서류비치등)
①노동조합은 조합설립일부터 30일 이내에 다음 각호의 서류를 작성하여 그 주된 사무소에 비치하여야 한다.
  1. 조합원 명부(聯合團體인 勞動組合에 있어서는 그 構成團體의 명칭)
  2. 규약
  3. 임원의 성명·주소록
  4. 회의록
  5. 재정에 관한 장부와 서류
②제1항제4호 및 제5호의 서류는 3연간 보존하여야 한다.

제15조(총회의 개최)
①노동조합은 매년 1회 이상 총회를 개최하여야 한다.
②노동조합의 대표자는 총회의 의장이 된다.

제16조(총회의 의결사항)
①다음 각호의 사항은 총회의 의결을 거쳐야 한다.
  1. 규약의 제정과 변경에 관한 사항
  2. 임원의 선거와 해임에 관한 사항
  3. 단체협약에 관한 사항
  4. 예산·결산에 관한 사항
  5. 기금의 설치·관리 또는 처분에 관한 사항

6. 연합단체의 설립·가입 또는 탈퇴에 관한 사항

7. 합병·분할 또는 해산에 관한 사항

8. 조직형태의 변경에 관한 사항

9. 기타 중요한 사항

②총회는 재적조합원 과반수의 출석과 출석조합원 과반수의 찬성으로 의결한다. 다만, 규약의 제정·변경, 임원의 해임, 합병·분할·해산 및 조직형태의 변경에 관한 사항은 재적조합원 과반수의 출석과 출석조합원 3분의 2 이상의 찬성이 있어야 한다.

③임원의 선거에 있어서 출석조합원 과반수의 찬성을 얻은 자가 없는 경우에는 제2항 본문의 규정에 불구하고 규약이 정하는 바에 따라 결선투표를 실시하여 다수의 찬성을 얻은 자를 임원으로 선출할 수 있다.

④규약의 제정·변경과 임원의 선거·해임에 관한 사항은 조합원의 직접·비밀·무기명투표에 의하여야 한다.

제17조(대의원회)
①노동조합은 규약으로 총회에 갈음할 대의원회를 둘 수 있다.
②대의원은 조합원의 직접·비밀·무기명투표에 의하여 선출되어야 한다.
③하나의 사업 또는 사업장을 대상으로 조직된 노동조합의 대의원은 그 사업 또는 사업장에 종사하는 조합원 중에서 선출하여야 한다. 〈신설 2021.1.5.〉
④대의원의 임기는 규약으로 정하되 3년을 초과할 수 없다. 〈개정 2021.1.5.〉
⑤대의원회를 둔 때에는 총회에 관한 규정은 대의원회에 이를 준용한다. 〈개정 2021.1.5.〉

제18조(임시총회등의 소집)
①노동조합의 대표자는 필요하다고 인정할 때에는 임시총회 또는 임시대의원회를 소집할 수 있다.
②노동조합의 대표자는 조합원 또는 대의원의 3분의 1 이상(聯合團體인 勞動組合에 있어서는 그 構成團體의 3分의 1 이상)이 회의에 부의할 사항을 제시하고 회의의 소집을 요구한 때에는 지체없이 임시총회 또는 임시대의원회를 소집하여야 한다.
③행정관청은 노동조합의 대표자가 제2항의 규정에 의한 회의의 소집을 고의로 기

피하거나 이를 해태하여 조합원 또는 대의원의 3분의 1 이상이 소집권자의 지명을 요구한 때에는 15일 이내에 노동위원회의 의결을 요청하고 노동위원회의 의결이 있는 때에는 지체없이 회의의 소집권자를 지명하여야 한다. 〈개정 1998.2.20.〉
④행정관청은 노동조합에 총회 또는 대의원회의 소집권자가 없는 경우에 조합원 또는 대의원의 3분의 1 이상이 회의에 부의할 사항을 제시하고 소집권자의 지명을 요구한 때에는 15일 이내에 회의의 소집권자를 지명하여야 한다. 〈개정 1998.2.20.〉

제19조(소집의 절차)
총회 또는 대의원회는 회의개최일 7일전까지 그 회의에 부의할 사항을 공고하고 규약에 정한 방법에 의하여 소집하여야 한다. 다만, 노동조합이 동일한 사업장내의 근로자로 구성된 경우에는 그 규약으로 공고기간을 단축할 수 있다.

제20조(표결권의 특례)
노동조합이 특정 조합원에 관한 사항을 의결할 경우에는 그 조합원은 표결권이 없다.

제21조(규약 및 결의처분의 시정)
①행정관청은 노동조합의 규약이 노동관계법령에 위반한 경우에는 노동위원회의 의결을 얻어 그 시정을 명할 수 있다. 〈개정 1998.2.20.〉
②행정관청은 노동조합의 결의 또는 처분이 노동관계법령 또는 규약에 위반된다고 인정할 경우에는 노동위원회의 의결을 얻어 그 시정을 명할 수 있다. 다만, 규약위반시의 시정명령은 이해관계인의 신청이 있는 경우에 한한다. 〈개정 1998.2.20.〉
③제1항 또는 제2항의 규정에 의하여 시정명령을 받은 노동조합은 30일 이내에 이를 이행하여야 한다. 다만, 정당한 사유가 있는 경우에는 그 기간을 연장할 수 있다.

제22조(조합원의 권리와 의무)
노동조합의 조합원은 균등하게 그 노동조합의 모든 문제에 참여할 권리와 의무를 가진다. 다만, 노동조합은 그 규약으로 조합비를 납부하지 아니하는 조합원의 권리를 제한할 수 있다.

제23조(임원의 자격 등)
①노동조합의 임원 자격은 규약으로 정한다. 이 경우 하나의 사업 또는 사업장을 대상으로 조직된 노동조합의 임원은 그 사업 또는 사업장에 종사하는 조합원 중에서 선출하도록 정한다. 〈개정 2021.1.5.〉
②임원의 임기는 규약으로 정하되 3년을 초과할 수 없다.[제목개정 2021.1.5.]

제24조(근로시간 면제 등)
①근로자는 단체협약으로 정하거나 사용자의 동의가 있는 경우에는 사용자 또는 노동조합으로부터 급여를 지급받으면서 근로계약 소정의 근로를 제공하지 아니하고 노동조합의 업무에 종사할 수 있다. 〈개정 2021.1.5.〉
②제1항에 따라 사용자로부터 급여를 지급받는 근로자(이하 "근로시간면제자"라 한다)는 사업 또는 사업장별로 종사근로자인 조합원 수 등을 고려하여 제24조의2에 따라 결정된 근로시간 면제 한도(이하 "근로시간 면제 한도"라 한다)를 초과하지 아니하는 범위에서 임금의 손실 없이 사용자와의 협의·교섭, 고충처리, 산업안전 활동 등 이 법 또는 다른 법률에서 정하는 업무와 건전한 노사관계 발전을 위한 노동조합의 유지·관리업무를 할 수 있다. 〈개정 2021.1.5.〉
③사용자는 제1항에 따라 노동조합의 업무에 종사하는 근로자의 정당한 노동조합 활동을 제한해서는 아니 된다. 〈신설 2010.1.1., 2021.1.5.〉
④제2항을 위반하여 근로시간 면제 한도를 초과하는 내용을 정한 단체협약 또는 사용자의 동의는 그 부분에 한정하여 무효로 한다. 〈개정 2021.1.5.〉
⑤삭제 〈2021.1.5.〉 [제목개정 2021.1.5.]
※제24조, 교원과 공무원노조 적용하지 않음.

제24조의2(근로시간면제심의위원회)
①근로시간면제자에 대한 근로시간 면제 한도를 정하기 위하여 근로시간면제심의위원회(이하 이 조에서 "위원회"라 한다)를 「경제사회노동위원회법」에 따른 경제사회노동위원회(이하 "경제사회노동위원회"라 한다)에 둔다. 〈개정 2010.6.4., 2021.1.5.〉
②위원회는 근로시간 면제 한도를 심의·의결하고, 3년마다 그 적정성 여부를 재심의하여 의결할 수 있다. 〈개정 2010.6.4., 2021.1.5.〉
③경제사회노동위원회 위원장은 제2항에 따라 위원회가 의결한 사항을 고용노동부

장관에게 즉시 통보하여야 한다. 〈개정 2021.1.5.〉
④고용노동부장관은 제3항에 따라 경제사회노동위원회 위원장이 통보한 근로시간 면제 한도를 고시하여야 한다. 〈신설 2021.1.5.〉
⑤위원회는 다음 각 호의 구분에 따라 근로자를 대표하는 위원과 사용자를 대표하는 위원 및 공익을 대표하는 위원 각 5명씩 성별을 고려하여 구성한다. 〈신설 2021.1.5.〉
　　1. 근로자를 대표하는 위원: 전국적 규모의 노동단체가 추천하는 사람
　　2. 사용자를 대표하는 위원: 전국적 규모의 경영자단체가 추천하는 사람
　　3. 공익을 대표하는 위원: 경제사회노동위원회 위원장이 추천한 15명 중에서 제1호에 따른 노동단체와 제2호에 따른 경영자단체가 순차적으로 배제하고 남은 사람
⑥위원회의 위원장은 제5항제3호에 따른 위원 중에서 위원회가 선출한다. 〈개정 2021.1.5.〉
⑦위원회는 재적위원 과반수의 출석과 출석위원 과반수의 찬성으로 의결한다. 〈개정 2021.1.5.〉
⑧위원의 자격, 위촉과 위원회의 운영 등에 필요한 사항은 대통령령으로 정한다. 〈개정 2021.1.5.〉 [본조신설 2010.1.1.]
※제24조의2제1항·제2항은 교원과 공무원노조에는 적용하지 않음.

제25조(회계감사)
①노동조합의 대표자는 그 회계감사원으로 하여금 6월에 1회 이상 당해 노동조합의 모든 재원 및 용도, 주요한 기부자의 성명, 현재의 경리 상황등에 대한 회계감사를 실시하게 하고 그 내용과 감사결과를 전체 조합원에게 공개하여야 한다.
②노동조합의 회계감사원은 필요하다고 인정할 경우에는 당해 노동조합의 회계감사를 실시하고 그 결과를 공개할 수 있다.

제26조(운영상황의 공개)
노동조합의 대표자는 회계연도마다 결산결과와 운영상황을 공표하여야 하며 조합원의 요구가 있을 때에는 이를 열람하게 하여야 한다.

제27조(자료의 제출)

노동조합은 행정관청이 요구하는 경우에는 결산결과와 운영상황을 보고하여야 한다.〈개정 1998.2.20.〉

제4절 노동조합의 해산

제28조(해산사유)
①노동조합은 다음 각호의 1에 해당하는 경우에는 해산한다.〈개정 1998. 2. 20.〉
  1. 규약에서 정한 해산사유가 발생한 경우
  2. 합병 또는 분할로 소멸한 경우
  3. 총회 또는 대의원회의 해산결의가 있는 경우
  4. 노동조합의 임원이 없고 노동조합으로서의 활동을 1년 이상 하지 아니한 것으로 인정되는 경우로서 행정관청이 노동위원회의 의결을 얻은 경우
②제1항제1호 내지 제3호의 사유로 노동조합이 해산한 때에는 그 대표자는 해산한 날부터 15일 이내에 행정관청에게 이를 신고하여야 한다.〈개정 1998.2.20.〉

제3장 단체교섭 및 단체협약

제29조(교섭 및 체결권한)
①노동조합의 대표자는 그 노동조합 또는 조합원을 위하여 사용자나 사용자단체와 교섭하고 단체협약을 체결할 권한을 가진다.
②제29조의2에 따라 결정된 교섭대표노동조합(이하 "교섭대표노동조합"이라 한다)의 대표자는 교섭을 요구한 모든 노동조합 또는 조합원을 위하여 사용자와 교섭하고 단체협약을 체결할 권한을 가진다.〈신설 2010.1.1.〉
③노동조합과 사용자 또는 사용자단체로부터 교섭 또는 단체협약의 체결에 관한 권한을 위임받은 자는 그 노동조합과 사용자 또는 사용자단체를 위하여 위임받은 범위안에서 그 권한을 행사할 수 있다.〈개정 2010.1.1.〉
④노동조합과 사용자 또는 사용자단체는 제3항에 따라 교섭 또는 단체협약의 체결에 관한 권한을 위임한 때에는 그 사실을 상대방에게 통보하여야 한다.〈개정 2010.1.1.〉
※제29조제2항부터 제4항까지 교원노조에는 적용하지 않음. 제29조는 공무원노조

에 적용하지 않음.

제29조의2(교섭창구 단일화 절차)
①하나의 사업 또는 사업장에서 조직형태에 관계없이 근로자가 설립하거나 가입한 노동조합이 2개 이상인 경우 노동조합은 교섭대표노동조합(2개 이상의 노동조합 조합원을 구성원으로 하는 교섭대표기구를 포함한다. 이하 같다)을 정하여 교섭을 요구하여야 한다. 다만, 제3항에 따라 교섭대표노동조합을 자율적으로 결정하는 기한 내에 사용자가 이 조에서 정하는 교섭창구 단일화 절차를 거치지 아니하기로 동의한 경우에는 그러하지 아니하다. 〈개정 2021.1.5.〉
②제1항 단서에 해당하는 경우 사용자는 교섭을 요구한 모든 노동조합과 성실히 교섭하여야 하고, 차별적으로 대우해서는 아니 된다. 〈신설 2021.1. 5.〉
③교섭대표노동조합 결정 절차(이하 "교섭창구 단일화 절차"라 한다)에 참여한 모든 노동조합은 대통령령으로 정하는 기한 내에 자율적으로 교섭대표노동조합을 정한다. 〈개정 2021.1.5.〉
④제3항에 따른 기한까지 교섭대표노동조합을 정하지 못하고 제1항 단서에 따른 사용자의 동의를 얻지 못한 경우에는 교섭창구 단일화 절차에 참여한 노동조합의 전체 조합원 과반수로 조직된 노동조합(2개 이상의 노동조합이 위임 또는 연합 등의 방법으로 교섭창구 단일화 절차에 참여한 노동조합 전체 조합원의 과반수가 되는 경우를 포함한다)이 교섭대표노동조합이 된다. 〈개정 2021.1.5.〉
⑤제3항 및 제4항에 따라 교섭대표노동조합을 결정하지 못한 경우에는 교섭창구 단일화 절차에 참여한 모든 노동조합은 공동으로 교섭대표단(이하 이 조에서 "공동교섭대표단"이라 한다)을 구성하여 사용자와 교섭하여야 한다. 이 때 공동교섭대표단에 참여할 수 있는 노동조합은 그 조합원 수가 교섭창구 단일화 절차에 참여한 노동조합의 전체 조합원 100분의 10 이상인 노동조합으로 한다. 〈개정 2021.1.5.〉
⑥제5항에 따른 공동교섭대표단의 구성에 합의하지 못할 경우에 노동위원회는 해당 노동조합의 신청에 따라 조합원 비율을 고려하여 이를 결정할 수 있다. 〈개정 2021.1.5.〉
⑦제1항 및 제3항부터 제5항까지에 따른 교섭대표노동조합을 결정함에 있어 교섭요구 사실, 조합원 수 등에 대한 이의가 있는 때에는 노동위원회는 대통령령으로 정하는 바에 따라 노동조합의 신청을 받아 그 이의에 대한 결정을 할 수 있다. 〈

개정 2021.1.5.〉
⑧제6항 및 제7항에 따른 노동위원회의 결정에 대한 불복절차 및 효력은 제69조와 제70조제2항을 준용한다. 〈개정 2021.1.5.〉
⑨노동조합의 교섭요구·참여 방법, 교섭대표노동조합 결정을 위한 조합원 수 산정 기준 등 교섭창구 단일화 절차와 교섭비용 증가 방지 등에 관하여 필요한 사항은 대통령령으로 정한다. 〈개정 2021.1.5.〉
⑩제4항부터 제7항까지 및 제9항의 조합원 수 산정은 종사근로자인 조합원을 기준으로 한다. 〈신설 2021.1.5.〉 [본조신설 2010.1.1.]
※제29조의2부터 제29조의5까지 교원노조와 공무원노조에 적용하지 않음..

제29조의3(교섭단위 결정)
①제29조의2에 따라 교섭대표노동조합을 결정하여야 하는 단위(이하 "교섭단위"라 한다)는 하나의 사업 또는 사업장으로 한다.
②제1항에도 불구하고 하나의 사업 또는 사업장에서 현격한 근로조건의 차이, 고용형태, 교섭 관행 등을 고려하여 교섭단위를 분리하거나 분리된 교섭단위를 통합할 필요가 있다고 인정되는 경우에 노동위원회는 노동관계 당사자의 양쪽 또는 어느 한쪽의 신청을 받아 교섭단위를 분리하거나 분리된 교섭단위를 통합하는 결정을 할 수 있다. 〈개정 2021.1.5.〉
③제2항에 따른 노동위원회의 결정에 대한 불복절차 및 효력은 제69조와 제70조제2항을 준용한다.
④교섭단위를 분리하거나 분리된 교섭단위를 통합하기 위한 신청 및 노동위원회의 결정 기준·절차 등에 관하여 필요한 사항은 대통령령으로 정한다. 〈개정 2021.1.5.〉 [본조신설 2010.1.1.]

제29조의4(공정대표의무 등)
①교섭대표노동조합과 사용자는 교섭창구 단일화 절차에 참여한 노동조합 또는 그 조합원 간에 합리적 이유 없이 차별을 하여서는 아니 된다.
②노동조합은 교섭대표노동조합과 사용자가 제1항을 위반하여 차별한 경우에는 그 행위가 있은 날(단체협약의 내용의 일부 또는 전부가 제1항에 위반되는 경우에는 단체협약 체결일을 말한다)부터 3개월 이내에 대통령령으로 정하는 방법과 절차에 따라 노동위원회에 그 시정을 요청할 수 있다.

③노동위원회는 제2항에 따른 신청에 대하여 합리적 이유 없이 차별하였다고 인정한 때에는 그 시정에 필요한 명령을 하여야 한다.
④제3항에 따른 노동위원회의 명령 또는 결정에 대한 불복절차 등에 관하여는 제85조 및 제86조를 준용한다. [본조신설 2010.1.1.]

제29조의5(그 밖의 교섭창구 단일화 관련 사항)
교섭대표노동조합이 있는 경우에 제2조제5호, 제29조제3항·제4항, 제30조, 제37조제2항·제3항, 제38조제3항, 제42조의6제1항, 제44조제2항, 제46조제1항, 제55조제3항, 제72조제3항 및 제81조제1항제3호 중 "노동조합"은 "교섭대표노동조합"으로 본다. 〈개정 2021.1.5.〉 [본조신설 2010.1.1.]

제30조(교섭등의 원칙)
①노동조합과 사용자 또는 사용자단체는 신의에 따라 성실히 교섭하고 단체협약을 체결하여야 하며 그 권한을 남용하여서는 아니된다.
②노동조합과 사용자 또는 사용자단체는 정당한 이유없이 교섭 또는 단체협약의 체결을 거부하거나 해태하여서는 아니된다.
③국가 및 지방자치단체는 기업·산업·지역별 교섭 등 다양한 교섭방식을 노동관계 당사자가 자율적으로 선택할 수 있도록 지원하고 이에 따른 단체교섭이 활성화될 수 있도록 노력하여야 한다. 〈신설 2021.1.5.〉

제31조(단체협약의 작성)
①단체협약은 서면으로 작성하여 당사자 쌍방이 서명 또는 날인하여야 한다. 〈개정 2006.12.30.〉
②단체협약의 당사자는 단체협약의 체결일부터 15일 이내에 이를 행정관청에게 신고하여야 한다. 〈개정 1998.2.20.〉
③행정관청은 단체협약중 위법한 내용이 있는 경우에는 노동위원회의 의결을 얻어 그 시정을 명할 수 있다. 〈개정 1998.2.20.〉

제32조(단체협약 유효기간의 상한)
①단체협약의 유효기간은 3년을 초과하지 않는 범위에서 노사가 합의하여 정할 수 있다. 〈개정 2021.1.5.〉

②단체협약에 그 유효기간을 정하지 아니한 경우 또는 제1항의 기간을 초과하는 유효기간을 정한 경우에 그 유효기간은 3년으로 한다. 〈개정 2021.1.5.〉
③단체협약의 유효기간이 만료되는 때를 전후하여 당사자 쌍방이 새로운 단체협약을 체결하고자 단체교섭을 계속하였음에도 불구하고 새로운 단체협약이 체결되지 아니한 경우에는 별도의 약정이 있는 경우를 제외하고는 종전의 단체협약은 그 효력만료일부터 3월까지 계속 효력을 갖는다. 다만, 단체협약에 그 유효기간이 경과한 후에도 새로운 단체협약이 체결되지 아니한 때에는 새로운 단체협약이 체결될 때까지 종전 단체협약의 효력을 존속시킨다는 취지의 별도의 약정이 있는 경우에는 그에 따르되, 당사자 일방은 해지하고자 하는 날의 6월전까지 상대방에게 통고함으로써 종전의 단체협약을 해지할 수 있다. 〈개정 1998.2.20.〉 [제목개정 2021.1.5.]

제33조(기준의 효력)
①단체협약에 정한 근로조건 기타 근로자의 대우에 관한 기준에 위반하는 취업규칙 또는 근로계약의 부분은 무효로 한다.
②근로계약에 규정되지 아니한 사항 또는 제1항의 규정에 의하여 무효로 된 부분은 단체협약에 정한 기준에 의한다.

제34조(단체협약의 해석)
①단체협약의 해석 또는 이행방법에 관하여 관계 당사자간에 의견의 불일치가 있는 때에는 당사자 쌍방 또는 단체협약에 정하는 바에 의하여 어느 일방이 노동위원회에 그 해석 또는 이행방법에 관한 견해의 제시를 요청할 수 있다.
②노동위원회는 제1항의 규정에 의한 요청을 받은 때에는 그 날부터 30일 이내에 명확한 견해를 제시하여야 한다.
③제2항의 규정에 의하여 노동위원회가 제시한 해석 또는 이행방법에 관한 견해는 중재재정과 동일한 효력을 가진다.

제35조(일반적 구속력)
하나의 사업 또는 사업장에 상시 사용되는 동종의 근로자 반수 이상이 하나의 단체협약의 적용을 받게 된 때에는 당해 사업 또는 사업장에 사용되는 다른 동종의 근로자에 대하여도 당해 단체협약이 적용된다.

제36조(지역적 구속력)
①하나의 지역에 있어서 종업하는 동종의 근로자 3분의 2 이상이 하나의 단체협약의 적용을 받게 된 때에는 행정관청은 당해 단체협약의 당사자의 쌍방 또는 일방의 신청에 의하거나 그 직권으로 노동위원회의 의결을 얻어 당해 지역에서 종업하는 다른 동종의 근로자와 그 사용자에 대하여도 당해 단체협약을 적용한다는 결정을 할 수 있다. 〈개정 1998.2.20.〉
②행정관청이 제1항의 규정에 의한 결정을 한 때에는 지체없이 이를 공고하여야 한다. 〈개정 1998.2.20.〉
※교원과 공무원노조에 적용하지 않음.

제4장 쟁의행위

제37조(쟁의행위의 기본원칙)
①쟁의행위는 그 목적·방법 및 절차에 있어서 법령 기타 사회질서에 위반되어서는 아니된다.
②조합원은 노동조합에 의하여 주도되지 아니한 쟁의행위를 하여서는 아니된다.
③노동조합은 사용자의 점유를 배제하여 조업을 방해하는 형태로 쟁의행위를 해서는 아니 된다. 〈신설 2021.1.5.〉
※교원과 공무원노조에 적용하지 않음.

제38조(노동조합의 지도와 책임)
①쟁의행위는 그 쟁의행위와 관계없는 자 또는 근로를 제공하고자 하는 자의 출입·조업 기타 정상적인 업무를 방해하는 방법으로 행하여져서는 아니되며 쟁의행위의 참가를 호소하거나 설득하는 행위로서 폭행·협박을 사용하여서는 아니된다.
②작업시설의 손상이나 원료·제품의 변질 또는 부패를 방지하기 위한 작업은 쟁의행위 기간중에도 정상적으로 수행되어야 한다.
③노동조합은 쟁의행위가 적법하게 수행될 수 있도록 지도·관리·통제할 책임이 있다.
※교원과 공무원노조에 적용하지 않음.

제39조(근로자의 구속제한)

근로자는 쟁의행위 기간중에는 현행범외에는 이 법 위반을 이유로 구속되지 아니한다.
※교원과 공무원노조에 적용하지 않음.

제40조 삭제 〈2006.12.30.〉

제41조(쟁의행위의 제한과 금지)
①노동조합의 쟁의행위는 그 조합원(제29조의2에 따라 교섭대표노동조합이 결정된 경우에는 그 절차에 참여한 노동조합의 전체 조합원)의 직접·비밀·무기명투표에 의한 조합원 과반수의 찬성으로 결정하지 아니하면 이를 행할 수 없다. 이 경우 조합원 수 산정은 종사근로자인 조합원을 기준으로 한다. 〈개정 2021.1.5.〉
②「방위사업법」에 의하여 지정된 주요방위산업체에 종사하는 근로자중 전력, 용수 및 주로 방산물자를 생산하는 업무에 종사하는 자는 쟁의행위를 할 수 없으며 주로 방산물자를 생산하는 업무에 종사하는 자의 범위는 대통령령으로 정한다. 〈개정 2006.1.2.〉
※교원과 공무원노조에 적용하지 않음.

제42조(폭력행위등의 금지)
①쟁의행위는 폭력이나 파괴행위 또는 생산 기타 주요업무에 관련되는 시설과 이에 준하는 시설로서 대통령령이 정하는 시설을 점거하는 형태로 이를 행할 수 없다.
②사업장의 안전보호시설에 대하여 정상적인 유지·운영을 정지·폐지 또는 방해하는 행위는 쟁의행위로서 이를 행할 수 없다.
③행정관청은 쟁의행위가 제2항의 행위에 해당한다고 인정하는 경우에는 노동위원회의 의결을 얻어 그 행위를 중지할 것을 통보하여야 한다. 다만, 사태가 급박하여 노동위원회의 의결을 얻을 시간적 여유가 없을 때에는 그 의결을 얻지 아니하고 즉시 그 행위를 중지할 것을 통보할 수 있다. 〈개정 1998.2.20., 2006.12.30.〉
④제3항 단서의 경우에 행정관청은 지체없이 노동위원회의 사후승인을 얻어야 하며 그 승인을 얻지 못한 때에는 그 통보는 그때부터 효력을 상실한다. 〈개정 1998.2.20., 2006.12.30.〉
※교원과 공무원노조에 적용하지 않음.

제42조의2(필수유지업무에 대한 쟁의행위의 제한)
①이 법에서 "필수유지업무"라 함은 제71조제2항의 규정에 따른 필수공익사업의 업무 중 그 업무가 정지되거나 폐지되는 경우 공중의 생명·건강 또는 신체의 안전이나 공중의 일상생활을 현저히 위태롭게 하는 업무로서 대통령령이 정하는 업무를 말한다.
②필수유지업무의 정당한 유지·운영을 정지·폐지 또는 방해하는 행위는 쟁의행위로서 이를 행할 수 없다. [본조신설 2006.12.30.]
※교원과 공무원노조에 적용하지 않음.

제42조의3(필수유지업무협정)
노동관계 당사자는 쟁의행위기간 동안 필수유지업무의 정당한 유지·운영을 위하여 필수유지업무의 필요 최소한의 유지·운영 수준, 대상직무 및 필요인원 등을 정한 협정(이하 "필수유지업무협정"이라 한다)을 서면으로 체결하여야 한다. 이 경우 필수유지업무협정에는 노동관계 당사자 쌍방이 서명 또는 날인하여야 한다. [본조신설 2006.12.30.]
※교원과 공무원노조에 적용하지 않음.

제42조의4(필수유지업무 유지·운영 수준 등의 결정)
①노동관계 당사자 쌍방 또는 일방은 필수유지업무협정이 체결되지 아니하는 때에는 노동위원회에 필수유지업무의 필요 최소한의 유지·운영 수준, 대상직무 및 필요인원 등의 결정을 신청하여야 한다.
②제1항의 규정에 따른 신청을 받은 노동위원회는 사업 또는 사업장별 필수유지업무의 특성 및 내용 등을 고려하여 필수유지업무의 필요 최소한의 유지·운영 수준, 대상직무 및 필요인원 등을 결정할 수 있다.
③제2항의 규정에 따른 노동위원회의 결정은 제72조의 규정에 따른 특별조정위원회가 담당한다.
④제2항의 규정에 따른 노동위원회의 결정에 대한 해석 또는 이행방법에 관하여 관계당사자간에 의견이 일치하지 아니하는 경우에는 특별조정위원회의 해석에 따른다. 이 경우 특별조정위원회의 해석은 제2항의 규정에 따른 노동위원회의 결정과 동일한 효력이 있다.
⑤제2항의 규정에 따른 노동위원회의 결정에 대한 불복절차 및 효력에 관하여는

제69조와 제70조제2항의 규정을 준용한다. [본조신설 2006.12.30.]
※교원과 공무원노조에 적용하지 않음.

제42조의5(노동위원회의 결정에 따른 쟁의행위)
제42조의4제2항의 규정에 따라 노동위원회의 결정이 있는 경우 그 결정에 따라 쟁의행위를 한 때에는 필수유지업무를 정당하게 유지·운영하면서 쟁의행위를 한 것으로 본다. [본조신설 2006.12.30.]
※교원과 공무원노조에 적용하지 않음.

제42조의6(필수유지업무 근무 근로자의 지명)
①노동조합은 필수유지업무협정이 체결되거나 제42조의4제2항의 규정에 따른 노동위원회의 결정이 있는 경우 사용자에게 필수유지업무에 근무하는 조합원 중 쟁의행위기간 동안 근무하여야 할 조합원을 통보하여야 하며, 사용자는 이에 따라 근로자를 지명하고 이를 노동조합과 그 근로자에게 통보하여야 한다. 다만, 노동조합이 쟁의행위 개시 전까지 이를 통보하지 아니한 경우에는 사용자가 필수유지업무에 근무하여야 할 근로자를 지명하고 이를 노동조합과 그 근로자에게 통보하여야 한다. 〈개정 2010.1.1.〉
②제1항에 따른 통보·지명시 노동조합과 사용자는 필수유지업무에 종사하는 근로자가 소속된 노동조합이 2개 이상인 경우에는 각 노동조합의 해당 필수유지업무에 종사하는 조합원 비율을 고려하여야 한다. 〈신설 2010.1.1.〉 [본조신설 2006.12.30.]
※교원과 공무원노조에 적용하지 않음.

제43조(사용자의 채용제한)
①사용자는 쟁의행위 기간중 그 쟁의행위로 중단된 업무의 수행을 위하여 당해 사업과 관계없는 자를 채용 또는 대체할 수 없다.
②사용자는 쟁의행위기간중 그 쟁의행위로 중단된 업무를 도급 또는 하도급 줄 수 없다.
③제1항 및 제2항의 규정은 필수공익사업의 사용자가 쟁의행위 기간 중에 한하여 당해 사업과 관계없는 자를 채용 또는 대체하거나 그 업무를 도급 또는 하도급 주는 경우에는 적용하지 아니한다. 〈신설 2006.12.30.〉

④제3항의 경우 사용자는 당해 사업 또는 사업장 파업참가자의 100분의 50을 초과하지 않는 범위 안에서 채용 또는 대체하거나 도급 또는 하도급 줄 수 있다. 이 경우 파업참가자 수의 산정 방법 등은 대통령령으로 정한다. 〈신설 2006.12.30.〉
※교원과 공무원노조에 적용하지 않음.

제44조(쟁의행위 기간중의 임금지급 요구의 금지)
①사용자는 쟁의행위에 참가하여 근로를 제공하지 아니한 근로자에 대하여는 그 기간중의 임금을 지급할 의무가 없다.
②노동조합은 쟁의행위 기간에 대한 임금의 지급을 요구하여 이를 관철할 목적으로 쟁의행위를 하여서는 아니된다.
※교원과 공무원노조에 적용하지 않음.

제45조(조정의 전치)
①노동관계 당사자는 노동쟁의가 발생한 때에는 어느 일방이 이를 상대방에게 서면으로 통보하여야 한다.
②쟁의행위는 제5장제2절 내지 제4절의 규정에 의한 조정절차(제61조의2의 규정에 따른 조정종료 결정 후의 조정절차를 제외한다)를 거치지 아니하면 이를 행할 수 없다. 다만, 제54조의 규정에 의한 기간내에 조정이 종료되지 아니하거나 제63조의 규정에 의한 기간내에 중재재정이 이루어지지 아니한 경우에는 그러하지 아니하다. 〈개정 2006.12.30.〉
※교원과 공무원노조에 적용하지 않음.

제46조(직장폐쇄의 요건)
①사용자는 노동조합이 쟁의행위를 개시한 이후에만 직장폐쇄를 할 수 있다.
②사용자는 제1항의 규정에 의한 직장폐쇄를 할 경우에는 미리 행정관청 및 노동위원회에 각각 신고하여야 한다. 〈개정 1998.2.20.〉
※교원과 공무원노조에 적용하지 않음.

제5장 노동쟁의의 조정

제1절 통칙

제47조(자주적 조정의 노력)
이 장의 규정은 노동관계 당사자가 직접 노사협의 또는 단체교섭에 의하여 근로조건 기타 노동관계에 관한 사항을 정하거나 노동관계에 관한 주장의 불일치를 조정하고 이에 필요한 노력을 하는 것을 방해하지 아니한다.

제48조(당사자의 책무)
노동관계 당사자는 단체협약에 노동관계의 적정화를 위한 노사협의 기타 단체교섭의 절차와 방식을 규정하고 노동쟁의가 발생한 때에는 이를 자주적으로 해결하도록 노력하여야 한다.

제49조(국가등의 책무)
국가 및 지방자치단체는 노동관계 당사자간에 노동관계에 관한 주장이 일치하지 아니할 경우에 노동관계 당사자가 이를 자주적으로 조정할 수 있도록 조력함으로써 쟁의행위를 가능한 한 예방하고 노동쟁의의 신속·공정한 해결에 노력하여야 한다.

제50조(신속한 처리)
이 법에 의하여 노동관계의 조정을 할 경우에는 노동관계 당사자와 노동위원회 기타 관계기관은 사건을 신속히 처리하도록 노력하여야 한다.

제51조(공익사업등의 우선적 취급)
국가·지방자치단체·국공영기업체·방위산업체 및 공익사업에 있어서의 노동쟁의의 조정은 우선적으로 취급하고 신속히 처리하여야 한다.
※교원과 공무원노조에 적용하지 않음.

제52조(사적 조정·중재)
①제2절 및 제3절의 규정은 노동관계 당사자가 쌍방의 합의 또는 단체협약이 정하는 바에 따라 각각 다른 조정 또는 중재방법(이하 이 조에서 "사적조정등"이라 한다)에 의하여 노동쟁의를 해결하는 것을 방해하지 아니한다. 〈개정 2006.12.30.〉

②노동관계 당사자는 제1항의 규정에 의하여 노동쟁의를 해결하기로 한 때에는 이를 노동위원회에 신고하여야 한다.
③제1항의 규정에 의하여 노동쟁의를 해결하기로 한 때에는 다음 각호의 규정이 적용된다.
　1. 조정에 의하여 해결하기로 한 때에는 제45조제2항 및 제54조의 규정. 이 경우 조정기간은 조정을 개시한 날부터 기산한다.
　2. 중재에 의하여 해결하기로 한 때에는 제63조의 규정. 이 경우 쟁의행위의 금지기간은 중재를 개시한 날부터 기산한다.
④제1항의 규정에 의하여 조정 또는 중재가 이루어진 경우에 그 내용은 단체협약과 동일한 효력을 가진다.
⑤사적조정등을 수행하는 자는 「노동위원회법」 제8조제2항제2호 각 목의 자격을 가진 자로 한다. 이 경우 사적조정 등을 수행하는 자는 노동관계 당사자로부터 수수료, 수당 및 여비 등을 받을 수 있다. 〈신설 2006.12.30.〉
※교원과 공무원노조에 적용하지 않음.

제2절 조정

제53조(조정의 개시)
①노동위원회는 관계 당사자의 일방이 노동쟁의의 조정을 신청한 때에는 지체없이 조정을 개시하여야 하며 관계 당사자 쌍방은 이에 성실히 임하여야 한다.
②노동위원회는 제1항의 규정에 따른 조정신청 전이라도 원활한 조정을 위하여 교섭을 주선하는 등 관계 당사자의 자주적인 분쟁 해결을 지원할 수 있다. 〈신설 2006.12.30.〉
※교원과 공무원노조에 적용하지 않음.

제54조(조정기간)
①조정은 제53조의 규정에 의한 조정의 신청이 있은 날부터 일반사업에 있어서는 10일, 공익사업에 있어서는 15일 이내에 종료하여야 한다.
②제1항의 규정에 의한 조정기간은 관계 당사자간의 합의로 일반사업에 있어서는 10일, 공익사업에 있어서는 15일 이내에서 연장할 수 있다.
※교원과 공무원노조에 적용하지 않음.

제55조(조정위원회의 구성)
①노동쟁의의 조정을 위하여 노동위원회에 조정위원회를 둔다.
②제1항의 규정에 의한 조정위원회는 조정위원 3인으로 구성한다.
③제2항의 규정에 의한 조정위원은 당해 노동위원회의 위원중에서 사용자를 대표하는 자, 근로자를 대표하는 자 및 공익을 대표하는 자 각 1인을 그 노동위원회의 위원장이 지명하되, 근로자를 대표하는 조정위원은 사용자가, 사용자를 대표하는 조정위원은 노동조합이 각각 추천하는 노동위원회의 위원중에서 지명하여야 한다. 다만, 조정위원회의 회의 3일전까지 관계 당사자가 추천하는 위원의 명단제출이 없을 때에는 당해 위원을 위원장이 따로 지명할 수 있다.
④노동위원회의 위원장은 근로자를 대표하는 위원 또는 사용자를 대표하는 위원의 불참 등으로 인하여 제3항의 규정에 따른 조정위원회의 구성이 어려운 경우 노동위원회의 공익을 대표하는 위원 중에서 3인을 조정위원으로 지명할 수 있다. 다만, 관계 당사자 쌍방의 합의로 선정한 노동위원회의 위원이 있는 경우에는 그 위원을 조정위원으로 지명한다. 〈신설 2006.12.30.〉
※교원과 공무원노조에 적용하지 않음.

제56조(조정위원회의 위원장)
①조정위원회에 위원장을 둔다.
②위원장은 공익을 대표하는 조정위원이 된다. 다만, 제55조제4항의 규정에 따른 조정위원회의 위원장은 조정위원 중에서 호선한다. 〈개정 2006.12.30.〉
※교원과 공무원노조에 적용하지 않음.

제57조(단독조정)
①노동위원회는 관계 당사자 쌍방의 신청이 있거나 관계 당사자 쌍방의 동의를 얻은 경우에는 조정위원회에 갈음하여 단독조정인에게 조정을 행하게 할 수 있다.
②제1항의 규정에 의한 단독조정인은 당해 노동위원회의 위원중에서 관계 당사자의 쌍방의 합의로 선정된 자를 그 노동위원회의 위원장이 지명한다.
※교원과 공무원노조에 적용하지 않음.

제58조(주장의 확인등)
조정위원회 또는 단독조정인은 기일을 정하여 관계 당사자 쌍방을 출석하게 하여 주장의 요점을 확인하여야 한다.

제59조(출석금지)
조정위원회의 위원장 또는 단독조정인은 관계 당사자와 참고인외의 자의 출석을 금할 수 있다.

제60조(조정안의 작성)
①조정위원회 또는 단독조정인은 조정안을 작성하여 이를 관계 당사자에게 제시하고 그 수락을 권고하는 동시에 그 조정안에 이유를 붙여 공표할 수 있으며, 필요한 때에는 신문 또는 방송에 보도등 협조를 요청할 수 있다.
②조정위원회 또는 단독조정인은 관계 당사자가 수락을 거부하여 더 이상 조정이 이루어질 여지가 없다고 판단되는 경우에는 조정의 종료를 결정하고 이를 관계 당사자 쌍방에 통보하여야 한다.
③제1항의 규정에 의한 조정안이 관계 당사자의 쌍방에 의하여 수락된 후 그 해석 또는 이행방법에 관하여 관계 당사자간에 의견의 불일치가 있는 때에는 관계 당사자는 당해 조정위원회 또는 단독조정인에게 그 해석 또는 이행방법에 관한 명확한 견해의 제시를 요청하여야 한다.
④조정위원회 또는 단독조정인은 제3항의 규정에 의한 요청을 받은 때에는 그 요청을 받은 날부터 7일 이내에 명확한 견해를 제시하여야 한다.
⑤제3항 및 제4항의 해석 또는 이행방법에 관한 견해가 제시될 때까지는 관계 당사자는 당해 조정안의 해석 또는 이행에 관하여 쟁의행위를 할 수 없다.
※제60조제5항 교원노조 적용 안함. 제60조제1항·제5항 공무원노조에 적용하지 않음.

제61조(조정의 효력)
①제60조제1항의 규정에 의한 조정안이 관계 당사자에 의하여 수락된 때에는 조정위원 전원 또는 단독조정인은 조정서를 작성하고 관계 당사자와 함께 서명 또는 날인하여야 한다. 〈개정 2006.12.30.〉
②조정서의 내용은 단체협약과 동일한 효력을 가진다.
③제60조제4항의 규정에 의하여 조정위원회 또는 단독조정인이 제시한 해석 또는 이행방법에 관한 견해는 중재재정과 동일한 효력을 가진다.

제61조의2(조정종료 결정 후의 조정)
①노동위원회는 제60조제2항의 규정에 따른 조정의 종료가 결정된 후에도 노동쟁의의 해결을 위하여 조정을 할 수 있다.
②제1항의 규정에 따른 조정에 관하여는 제55조 내지 제61조의 규정을 준용한다.
[본조신설 2006.12.30.]

제3절 중재

제62조(중재의 개시)
노동위원회는 다음 각 호의 어느 하나에 해당하는 때에는 중재를 행한다. 〈개정 2006.12.30.〉 1. 관계 당사자의 쌍방이 함께 중재를 신청한 때 2. 관계 당사자의 일방이 단체협약에 의하여 중재를 신청한 때 3. 삭제 〈2006.12.30.〉
※교원노조와 공무원노조에 적용하지 않음.

제63조(중재시의 쟁의행위의 금지)
노동쟁의가 중재에 회부된 때에는 그 날부터 15일간은 쟁의행위를 할 수 없다.
※교원노조와 공무원노조에 적용하지 않음.

제64조(중재위원회의 구성)
①노동쟁의의 중재 또는 재심을 위하여 노동위원회에 중재위원회를 둔다.
②제1항의 규정에 의한 중재위원회는 중재위원 3인으로 구성한다.
③제2항의 중재위원은 당해 노동위원회의 공익을 대표하는 위원중에서 관계 당사자의 합의로 선정한 자에 대하여 그 노동위원회의 위원장이 지명한다. 다만, 관계 당사자간에 합의가 성립되지 아니한 경우에는 노동위원회의 공익을 대표하는 위원중에서 지명한다.
※교원노조와 공무원노조에 적용하지 않음.

제65조(중재위원회의 위원장)
①중재위원회에 위원장을 둔다.
②위원장은 중재위원중에서 호선한다.
※교원노조와 공무원노조에 적용하지 않음.

제66조(주장의 확인등)
①중재위원회는 기일을 정하여 관계 당사자 쌍방 또는 일방을 중재위원회에 출석하게 하여 주장의 요점을 확인하여야 한다.
②관계 당사자가 지명한 노동위원회의 사용자를 대표하는 위원 또는 근로자를 대표하는 위원은 중재위원회의 동의를 얻어 그 회의에 출석하여 의견을 진술할 수 있다.
※제66조제2항 교원노조와 공무원노조에 적용하지 않음.

제67조(출석금지)
중재위원회의 위원장은 관계 당사자와 참고인외의 자의 회의출석을 금할 수 있다.

제68조(중재재정)
①중재재정은 서면으로 작성하여 이를 행하며 그 서면에는 효력발생 기일을 명시하여야 한다.
②제1항의 규정에 의한 중재재정의 해석 또는 이행방법에 관하여 관계 당사자간에 의견의 불일치가 있는 때에는 당해 중재위원회의 해석에 따르며 그 해석은 중재재정과 동일한 효력을 가진다.

제69조(중재재정등의 확정)
①관계 당사자는 지방노동위원회 또는 특별노동위원회의 중재재정이 위법이거나 월권에 의한 것이라고 인정하는 경우에는 그 중재재정서의 송달을 받은 날부터 10일 이내에 중앙노동위원회에 그 재심을 신청할 수 있다.
②관계 당사자는 중앙노동위원회의 중재재정이나 제1항의 규정에 의한 재심결정이 위법이거나 월권에 의한 것이라고 인정하는 경우에는 행정소송법 제20조의 규정에 불구하고 그 중재재정서 또는 재심결정서의 송달을 받은 날부터 15일 이내에 행정소송을 제기할 수 있다.
③제1항 및 제2항에 규정된 기간내에 재심을 신청하지 아니하거나 행정소송을 제기하지 아니한 때에는 그 중재재정 또는 재심결정은 확정된다.
④제3항의 규정에 의하여 중재재정이나 재심결정이 확정된 때에는 관계 당사자는 이에 따라야 한다.
※교원노조와 공무원노조에 적용하지 않음.

제70조(중재재정 등의 효력)
①제68조제1항의 규정에 따른 중재재정의 내용은 단체협약과 동일한 효력을 가진다.
②노동위원회의 중재재정 또는 재심결정은 제69조제1항 및 제2항의 규정에 따른 중앙노동위원회에의 재심신청 또는 행정소송의 제기에 의하여 그 효력이 정지되지 아니한다. [전문개정 2006.12.30.]
※교원노조와 공무원노조에 적용하지 않음.

제4절 공익사업등의 조정에 관한 특칙

제71조(공익사업의 범위등)
①이 법에서 "공익사업"이라 함은 공중의 일상생활과 밀접한 관련이 있거나 국민경제에 미치는 영향이 큰 사업으로서 다음 각호의 사업을 말한다. 〈개정 2006.12.30.〉
　1. 정기노선 여객운수사업 및 항공운수사업
　2. 수도사업, 전기사업, 가스사업, 석유정제사업 및 석유공급사업
　3. 공중위생사업, 의료사업 및 혈액공급사업
　4. 은행 및 조폐사업
　5. 방송 및 통신사업
②이 법에서 "필수공익사업"이라 함은 제1항의 공익사업으로서 그 업무의 정지 또는 폐지가 공중의 일상생활을 현저히 위태롭게 하거나 국민경제를 현저히 저해하고 그 업무의 대체가 용이하지 아니한 다음 각호의 사업을 말한다. 〈개정 2006. 12. 30.〉
　1. 철도사업, 도시철도사업 및 항공운수사업
　2. 수도사업, 전기사업, 가스사업, 석유정제사업 및 석유공급사업
　3. 병원사업 및 혈액공급사업
　4. 한국은행사업
　5. 통신사업
※교원노조와 공무원노조에 적용하지 않음.

제72조(특별조정위원회의 구성)
①공익사업의 노동쟁의의 조정을 위하여 노동위원회에 특별조정위원회를 둔다.
②제1항의 규정에 의한 특별조정위원회는 특별조정위원 3인으로 구성한다.

③제2항의 규정에 의한 특별조정위원은 그 노동위원회의 공익을 대표하는 위원중에서 노동조합과 사용자가 순차적으로 배제하고 남은 4인 내지 6인중에서 노동위원회의 위원장이 지명한다. 다만, 관계 당사자가 합의로 당해 노동위원회의 위원이 아닌 자를 추천하는 경우에는 그 추천된 자를 지명한다. 〈개정 2006.12.30.〉
※교원노조와 공무원노조에 적용하지 않음.

제73조(특별조정위원회의 위원장)
①특별조정위원회에 위원장을 둔다.
②위원장은 공익을 대표하는 노동위원회의 위원인 특별조정위원중에서 호선하고, 당해 노동위원회의 위원이 아닌 자만으로 구성된 경우에는 그중에서 호선한다. 다만, 공익을 대표하는 위원인 특별조정위원이 1인인 경우에는 당해 위원이 위원장이 된다.
※교원노조와 공무원노조에 적용하지 않음.

제74조 삭제 〈2006.12.30.〉

제75조 삭제 〈2006.12.30.〉

제5절 긴급조정

제76조(긴급조정의 결정)
①고용노동부장관은 쟁의행위가 공익사업에 관한 것이거나 그 규모가 크거나 그 성질이 특별한 것으로서 현저히 국민경제를 해하거나 국민의 일상생활을 위태롭게 할 위험이 현존하는 때에는 긴급조정의 결정을 할 수 있다. 〈개정 2010.6.4.〉
②고용노동부장관은 긴급조정의 결정을 하고자 할 때에는 미리 중앙노동위원회 위원장의 의견을 들어야 한다. 〈개정 2010.6.4.〉
③고용노동부장관은 제1항 및 제2항의 규정에 의하여 긴급조정을 결정한 때에는 지체없이 그 이유를 붙여 이를 공표함과 동시에 중앙노동위원회와 관계 당사자에게 각각 통고하여야 한다. 〈개정 2010.6.4.〉
※교원노조와 공무원노조에 적용하지 않음.

제77조(긴급조정시의 쟁의행위 중지)
관계 당사자는 제76조제3항의 규정에 의한 긴급조정의 결정이 공표된 때에는 즉시 쟁의행위를 중지하여야 하며, 공표일부터 30일이 경과하지 아니하면 쟁의행위를 재개할 수 없다.
※교원노조와 공무원노조에 적용하지 않음.

제78조(중앙노동위원회의 조정)
중앙노동위원회는 제76조제3항의 규정에 의한 통고를 받은 때에는 지체없이 조정을 개시하여야 한다.
※교원노조와 공무원노조에 적용하지 않음.

제79조(중앙노동위원회의 중재회부 결정권)
①중앙노동위원회의 위원장은 제78조의 규정에 의한 조정이 성립될 가망이 없다고 인정한 경우에는 공익위원의 의견을 들어 그 사건을 중재에 회부할 것인가의 여부를 결정하여야 한다.
②제1항의 규정에 의한 결정은 제76조제3항의 규정에 의한 통고를 받은 날부터 15일 이내에 하여야 한다.
※교원노조와 공무원노조에 적용하지 않음.

제80조(중앙노동위원회의 중재)
중앙노동위원회는 당해 관계 당사자의 일방 또는 쌍방으로부터 중재신청이 있거나 제79조의 규정에 의한 중재회부의 결정을 한 때에는 지체없이 중재를 행하여야 한다.
※교원노조와 공무원노조에 적용하지 않음.

제6장 부당노동행위

제81조(부당노동행위)
①사용자는 다음 각 호의 어느 하나에 해당하는 행위(이하 "不當勞動行爲"라 한다)를 할 수 없다.〈개정 2006.12.30., 2010.1.1., 2020.6.9., 2021.1.5.〉
  1. 근로자가 노동조합에 가입 또는 가입하려고 하였거나 노동조합을 조직하려고

하였거나 기타 노동조합의 업무를 위한 정당한 행위를 한 것을 이유로 그 근로자를 해고하거나 그 근로자에게 불이익을 주는 행위.
2. 근로자가 어느 노동조합에 가입하지 아니할 것 또는 탈퇴할 것을 고용조건으로 하거나 특정한 노동조합의 조합원이 될 것을 고용조건으로 하는 행위. 다만, 노동조합이 당해 사업장에 종사하는 근로자의 3분의 2 이상을 대표하고 있을 때에는 근로자가 그 노동조합의 조합원이 될 것을 고용조건으로 하는 단체협약의 체결은 예외로 하며, 이 경우 사용자는 근로자가 그 노동조합에서 제명된 것 또는 그 노동조합을 탈퇴하여 새로 노동조합을 조직하거나 다른 노동조합에 가입한 것을 이유로 근로자에게 신분상 불이익한 행위를 할 수 없다.
3. 노동조합의 대표자 또는 노동조합으로부터 위임을 받은 자와의 단체협약체결 기타의 단체교섭을 정당한 이유없이 거부하거나 해태하는 행위.
4. 근로자가 노동조합을 조직 또는 운영하는 것을 지배하거나 이에 개입하는 행위와 근로시간 면제한도를 초과하여 급여를 지급하거나 노동조합의 운영비를 원조하는 행위. 다만, 근로자가 근로시간 중에 제24조제2항에 따른 활동을 하는 것을 사용자가 허용함은 무방하며, 또한 근로자의 후생자금 또는 경제상의 불행 그 밖에 재해의 방지와 구제 등을 위한 기금의 기부와 최소한의 규모의 노동조합사무소의 제공 및 그 밖에 이에 준하여 노동조합의 자주적인 운영 또는 활동을 침해할 위험이 없는 범위에서의 운영비 원조행위는 예외로 한다.
5. 근로자가 정당한 단체행위에 참가한 것을 이유로 하거나 또는 노동위원회에 대하여 사용자가 이 조의 규정에 위반한 것을 신고하거나 그에 관한 증언을 하거나 기타 행정관청에 증거를 제출한 것을 이유로 그 근로자를 해고하거나 그 근로자에게 불이익을 주는 행위.

②제1항제4호단서에 따른 "노동조합의 자주적 운영 또는 활동을 침해할 위험" 여부를 판단할 때에는 다음 각 호의 사항을 고려하여야 한다. 〈신설 2020.6.9.〉
1. 운영비 원조의 목적과 경위
2. 원조된 운영비 횟수와 기간
3. 원조된 운영비 금액과 원조방법
4. 원조된 운영비가 노동조합의 총수입에서 차지하는 비율
5. 원조된 운영비의 관리방법 및 사용처 등 [2020.6.9. 법률 제17432호에 의하

여 2018.5.31. 헌법재판소에서 헌법불합치 결정된 이 조를 개정함.]
※제81조제1항제2호 단서, 교원노조와 공무원노조에 적용하지 않음.

제82조(구제신청)
①사용자의 부당노동행위로 인하여 그 권리를 침해당한 근로자 또는 노동조합은 노동위원회에 그 구제를 신청할 수 있다.
②제1항의 규정에 의한 구제의 신청은 부당노동행위가 있은 날(계속하는 행위는 그 終了日)부터 3월 이내에 이를 행하여야 한다.

제83조(조사등)
①노동위원회는 제82조의 규정에 의한 구제신청을 받은 때에는 지체없이 필요한 조사와 관계 당사자의 심문을 하여야 한다.
②노동위원회는 제1항의 규정에 의한 심문을 할 때에는 관계 당사자의 신청에 의하거나 그 직권으로 증인을 출석하게 하여 필요한 사항을 질문할 수 있다.
③노동위원회는 제1항의 규정에 의한 심문을 함에 있어서는 관계 당사자에 대하여 증거의 제출과 증인에 대한 반대심문을 할 수 있는 충분한 기회를 주어야 한다.
④제1항의 규정에 의한 노동위원회의 조사와 심문에 관한 절차는 중앙노동위원회가 따로 정하는 바에 의한다.

제84조(구제명령)
①노동위원회는 제83조의 규정에 의한 심문을 종료하고 부당노동행위가 성립한다고 판정한 때에는 사용자에게 구제명령을 발하여야 하며, 부당노동행위가 성립되지 아니한다고 판정한 때에는 그 구제신청을 기각하는 결정을 하여야 한다.
②제1항의 규정에 의한 판정·명령 및 결정은 서면으로 하되, 이를 당해 사용자와 신청인에게 각각 교부하여야 한다.
③관계 당사자는 제1항의 규정에 의한 명령이 있을 때에는 이에 따라야 한다.

제85조(구제명령의 확정)
①지방노동위원회 또는 특별노동위원회의 구제명령 또는 기각결정에 불복이 있는 관계 당사자는 그 명령서 또는 결정서의 송달을 받은 날부터 10일 이내에 중앙노동위원회에 그 재심을 신청할 수 있다.

②제1항의 규정에 의한 중앙노동위원회의 재심판정에 대하여 관계 당사자는 그 재심판정서의 송달을 받은 날부터 15일 이내에 행정소송법이 정하는 바에 의하여 소를 제기할 수 있다.

③제1항 및 제2항에 규정된 기간내에 재심을 신청하지 아니하거나 행정소송을 제기하지 아니한 때에는 그 구제명령·기각결정 또는 재심판정은 확정된다.

④제3항의 규정에 의하여 기각결정 또는 재심판정이 확정된 때에는 관계 당사자는 이에 따라야 한다.

⑤사용자가 제2항의 규정에 의하여 행정소송을 제기한 경우에 관할법원은 중앙노동위원회의 신청에 의하여 결정으로써, 판결이 확정될 때까지 중앙노동위원회의 구제명령의 전부 또는 일부를 이행하도록 명할 수 있으며, 당사자의 신청에 의하여 또는 직권으로 그 결정을 취소할 수 있다.

제86조(구제명령등의 효력)
노동위원회의 구제명령·기각결정 또는 재심판정은 제85조의 규정에 의한 중앙노동위원회에의 재심신청이나 행정소송의 제기에 의하여 그 효력이 정지되지 아니한다.

제7장 보칙

제87조(권한의 위임)
이 법에 의한 고용노동부장관의 권한은 대통령령이 정하는 바에 따라 그 일부를 지방고용노동관서의 장에게 위임할 수 있다. 〈개정 2010. 6. 4.〉

제8장 벌칙

제88조(벌칙)
제41조제2항의 규정에 위반한 자는 5년 이하의 징역 또는 5천만원 이하의 벌금에 처한다.
※교원노조와 공무원노조에 적용하지 않음.

제89조(벌칙)

다음 각 호의 어느 하나에 해당하는 자는 3년 이하의 징역 또는 3천만원 이하의 벌금에 처한다. 〈개정 2006.12.30., 2010.1.1.〉

 1. 제37조제2항, 제38조제1항, 제42조제1항 또는 제42조의2제2항의 규정에 위반한 자
 2. 제85조제3항(제29조의4제4항에서 준용하는 경우를 포함한다)에 따라 확정되거나 행정소송을 제기하여 확정된 구제명령에 위반한 자
 ※제89조제1호 : 교원노조에 적용하지 않음, 제89조 공무원노조에 적용하지 않음.

제90조(벌칙)

제44조제2항, 제69조제4항, 제77조 또는 제81조제1항의 규정에 위반한 자는 2년 이하의 징역 또는 2천만원 이하의 벌금에 처한다. 〈개정 2021.1.5.〉
※공무원노조에 적용하지 않음.

제91조(벌칙)

제38조제2항, 제41조제1항, 제42조제2항, 제43조제1항·제2항·제4항, 제45조제2항 본문, 제46조제1항 또는 제63조의 규정을 위반한 자는 1년 이하의 징역 또는 1천만원 이하의 벌금에 처한다. [전문개정 2006.12.30.]
※교원노조와 공무원노조에 적용하지 않음.

제92조(벌칙)

다음 각호의 1에 해당하는 자는 1천만원 이하의 벌금에 처한다. 〈개정 2001.3.28., 2010.1.1.〉

 1. 삭제 〈2021.1.5.〉
 2. 제31조제1항의 규정에 의하여 체결된 단체협약의 내용중 다음 각목의 1에 해당하는 사항을 위반한 자
   가. 임금·복리후생비, 퇴직금에 관한 사항
   나. 근로 및 휴게시간, 휴일, 휴가에 관한 사항
   다. 징계 및 해고의 사유와 중요한 절차에 관한 사항
   라. 안전보건 및 재해부조에 관한 사항

마. 시설·편의제공 및 근무시간중 회의참석에 관한 사항
　　바. 쟁의행위에 관한 사항
　3. 제61조제1항의 규정에 의한 조정서의 내용 또는 제68조제1항의 규정에 의한 중재재정서의 내용을 준수하지 아니한 자
　※공무원노조에 적용하지 않음.

제93조(벌칙)
다음 각호의 1에 해당하는 자는 500만원 이하의 벌금에 처한다.
　1. 제7조제3항의 규정에 위반한 자
　2. 제21조제1항·제2항 또는 제31조제3항의 규정에 의한 명령에 위반한 자

제94조(양벌규정)
법인 또는 단체의 대표자, 법인·단체 또는 개인의 대리인·사용인 기타의 종업원이 그 법인·단체 또는 개인의 업무에 관하여 제88조 내지 제93조의 위반행위를 한 때에는 행위자를 벌하는 외에 그 법인·단체 또는 개인에 대하여도 각 해당 조의 벌금형을 과한다. 다만, 법인 단체 또는 개인이 그 위반행위를 방지하기 위하여 해당 업무에 관하여 상당한 주의와 감독을 게을리하지 아니한 경우에는 그러하지 아니하다.〈개정 2020.6.9.〉
[단순위헌, 2019헌가25, 2020.4.23. 노동조합 및 노동관계조정법(1997.3.13. 법률 제5310호로 제정된 것) 제94조 중 법인의 대리인·사용인 기타의 종업원이 그 법인의 업무에 관하여 제90조 가운데 '제81조 제1호, 제2호 단서 후단, 제5호를 위반한 경우'에 관한 부분은 헌법에 위반된다.] [2020.6.9. 법률 제17432호에 의하여 2019.4.11. 헌법재판소에서 단순위헌 결정된 이 조를 개정함.]

제95조(과태료)
제85조제5항의 규정에 의한 법원의 명령에 위반한 자는 500만원 이하의 금액(당해 命令이 作爲를 명하는 것일 때에는 그 命令의 불이행 日數 1日에 50萬원 이하의 比率로 算定한 금액)의 과태료에 처한다.

제96조(과태료)
①다음 각호의 1에 해당하는 자는 500만원 이하의 과태료에 처한다.

1. 제14조의 규정에 의한 서류를 비치 또는 보존하지 아니한 자
2. 제27조의 규정에 의한 보고를 하지 아니하거나 허위의 보고를 한 자
3. 제46조제2항의 규정에 의한 신고를 하지 아니한 자

②제13조, 제28조제2항 또는 제31조제2항의 규정에 의한 신고 또는 통보를 하지 아니한 자는 300만원 이하의 과태료에 처한다.

③제1항 및 제2항의 규정에 의한 과태료는 대통령령이 정하는 바에 의하여 행정관청이 부과·징수한다.〈개정 1998.2.20.〉

④ 삭제〈2018.10.16.〉

⑤ 삭제〈2018.10.16.〉

⑥ 삭제〈2018.10.16.〉

※제96조제1항제3호 : 교원노조와 공무원노조에 적용하지 않음.

2. 교원의 노동조합 설립 및 운영 등에 관한 법률(약칭:교원노조법)

[시행 2023.12.11.] [법률 제18924호, 2022.6.10., 일부개정]

제1조(목적)

이 법은 「국가공무원법」 제66조제1항 및 「사립학교법」 제55조에도 불구하고 「노동조합 및 노동관계조정법」 제5조제1항 단서에 따라 교원의 노동조합 설립에 관한 사항을 정하고 교원에 적용할 「노동조합 및 노동관계조정법」에 대한 특례를 규정함을 목적으로 한다. 〈개정 2021.1.5.〉[전문개정 2010.3.17.]

제2조(정의)

이 법에서 "교원"이란 다음 각 호의 어느 하나에 해당하는 사람을 말한다. 〈개정 2020.6.9., 2021.1.5.〉

1. 「유아교육법」 제20조제1항에 따른 교원
2. 「초·중등교육법」 제19조제1항에 따른 교원
3. 「고등교육법」 제14조제2항 및 제4항에 따른 교원. 다만, 강사는 제외한다.
   [전문개정 2010.3.17.] [2020.6.9. 법률 제17430호에 의하여 2018.8.30. 헌법재판소에서 헌법불합치 결정된 이 조를 개정함.]

제3조(정치활동의 금지)
교원의 노동조합(이하 "노동조합"이라 한다)은 어떠한 정치활동도 하여서는 아니 된다. 〈개정 2020.5.26.〉[전문개정 2010.3.17.]

제4조(노동조합의 설립)
①제2조제1호·제2호에 따른 교원은 특별시·광역시·특별자치시·도·특별자치도(이하 "시·도"라 한다) 단위 또는 전국 단위로만 노동조합을 설립할 수 있다. 〈개정 2020.6.9.〉
②제2조제3호에 따른 교원은 개별학교 단위, 시·도 단위 또는 전국 단위로 노동조합을 설립할 수 있다. 〈신설 2020.6.9.〉
③노동조합을 설립하려는 사람은 고용노동부장관에게 설립신고서를 제출하여야 한다. 〈개정 2010.6.4., 2020.6.9.〉
[전문개정 2010.3.17.]

제4조의2(가입 범위)
노동조합에 가입할 수 있는 사람의 범위는 다음 각 호와 같다.
 1. 교원
 2. 교원으로 임용되어 근무하였던 사람으로서 노동조합 규약으로 정하는 사람
    [본조신설 2021.1.5.]

제5조(노동조합 전임자의 지위)
①교원은 임용권자의 동의를 받아 노동조합으로부터 급여를 지급받으면서 노동조합의 업무에만 종사할 수 있다. 〈개정 2022.6.10.〉
②제1항에 따라 동의를 받아 노동조합의 업무에만 종사하는 사람[이하 "전임자"(專任者)라 한다]은 그 기간 중 「교육공무원법」 제44조 및 「사립학교법」 제59조에 따른 휴직명령을 받은 것으로 본다. 〈개정 2022.6.10.〉
③삭제 〈2022.6.10.〉
④전임자는 그 전임기간 중 전임자임을 이유로 승급 또는 그 밖의 신분상의 불이익을 받지 아니한다. [전문개정 2010.3.17.]

제5조의2(근무시간 면제자 등)

①교원은 단체협약으로 정하거나 임용권자가 동의하는 경우 제2항 및 제3항에 따라 결정된 근무시간 면제 한도를 초과하지 아니하는 범위에서 보수의 손실 없이 제6조제1항 각 호의 구분에 따른 자와의 협의·교섭, 고충처리, 안전·보건활동 등 이 법 또는 다른 법률에서 정하는 업무와 건전한 노사관계 발전을 위한 노동조합의 유지·관리업무를 할 수 있다.
②근무시간 면제 시간 및 사용인원의 한도(이하 "근무시간 면제 한도"라 한다)를 정하기 위하여 교원근무시간면제심의위원회(이하 이 조에서 "심의위원회"라 한다)를 「경제사회노동위원회법」에 따른 경제사회노동위원회에 둔다.
③심의위원회는 다음 각 호의 구분에 따른 단위를 기준으로 조합원(제4조의2제1호에 해당하는 조합원을 말한다)의 수를 고려하되 노동조합의 조직형태, 교섭구조·범위 등 교원 노사관계의 특성을 반영하여 근무시간 면제 한도를 심의·의결하고, 3년마다 그 적정성 여부를 재심의하여 의결할 수 있다.
1. 제2조제1호·제2호에 따른 교원: 시·도 단위
2. 제2조제3호에 따른 교원: 개별학교 단위
④제1항을 위반하여 근무시간 면제 한도를 초과하는 내용을 정한 단체협약 또는 임용권자의 동의는 그 부분에 한정하여 무효로 한다. [본조신설 2022.6.10.]

제5조의3(근무시간 면제 사용의 정보 공개)
임용권자는 국민이 알 수 있도록 전년도에 노동조합별로 근무시간을 면제받은 시간 및 사용인원, 지급된 보수 등에 관한 정보를 대통령령으로 정하는 바에 따라 공개하여야 한다.[본조신설 2022.6.10.]

제6조(교섭 및 체결 권한 등)
①노동조합의 대표자는 그 노동조합 또는 조합원의 임금, 근무 조건, 후생복지 등 경제적·사회적 지위 향상에 관하여 다음 각 호의 구분에 따른 자와 교섭하고 단체협약을 체결할 권한을 가진다. 〈개정 2013.3.23., 2020.6.9.〉
  1. 제4조제1항에 따른 노동조합의 대표자의 경우: 교육부장관, 시·도 교육감 또는 사립학교 설립·경영자. 이 경우 사립학교 설립·경영자는 전국 또는 시·도 단위로 연합하여 교섭에 응하여야 한다.
  2. 제4조제2항에 따른 노동조합의 대표자의 경우: 교육부장관, 특별시장·광역시장·특별자치시장·도지사·특별자치도지사(이하 "시·도지사"라 한다),

국·공립학교의 장 또는 사립학교 설립·경영자

②제1항의 경우에 노동조합의 교섭위원은 해당 노동조합의 대표자와 그 조합원으로 구성하여야 한다.

③삭제 〈2020.6.9.〉

④노동조합의 대표자는 제1항에 따라 교육부장관, 시·도지사, 시·도 교육감, 국·공립학교의 장 또는 사립학교 설립·경영자와 단체교섭을 하려는 경우에는 교섭하려는 사항에 대하여 권한을 가진 자에게 서면으로 교섭을 요구하여야 한다. 〈신설 2020.6.9.〉

⑤교육부장관, 시·도지사, 시·도 교육감, 국·공립학교의 장 또는 사립학교 설립·경영자는 제4항에 따라 노동조합으로부터 교섭을 요구받았을 때에는 교섭을 요구받은 사실을 공고하여 관련된 노동조합이 교섭에 참여할 수 있도록 하여야 한다. 〈신설 2020.6.9.〉

⑥교육부장관, 시·도지사, 시·도 교육감, 국·공립학교의 장 또는 사립학교 설립·경영자는 제4항과 제5항에 따라 교섭을 요구하는 노동조합이 둘 이상인 경우에는 해당 노동조합에 교섭창구를 단일화하도록 요청할 수 있다. 이 경우 교섭창구가 단일화된 때에는 교섭에 응하여야 한다. 〈신설 2020.6.9.〉

⑦교육부장관, 시·도지사, 시·도 교육감, 국·공립학교의 장 또는 사립학교 설립·경영자는 제1항부터 제6항까지에 따라 노동조합과 단체협약을 체결한 경우 그 유효기간 중에는 그 단체협약의 체결에 참여하지 아니한 노동조합이 교섭을 요구하여도 이를 거부할 수 있다. 〈신설 2020.6.9.〉

⑧ 제1항에 따른 단체교섭을 하거나 단체협약을 체결하는 경우에 관계 당사자는 국민 여론과 학부모의 의견을 수렴하여 성실하게 교섭하고 단체협약을 체결하여야 하며, 그 권한을 남용하여서는 아니 된다. 〈개정 2020.6.9.〉

⑨ 제1항, 제2항 및 제4항부터 제8항까지에 따른 단체교섭의 절차 등에 관하여 필요한 사항은 대통령령으로 정한다. 〈개정 2020.6.9.〉 [전문개정 2010.3.17.]

제7조(단체협약의 효력)

①제6조제1항에 따라 체결된 단체협약의 내용 중 법령·조례 및 예산에 의하여 규정되는 내용과 법령 또는 조례에 의하여 위임을 받아 규정되는 내용은 단체협약으로서의 효력을 가지지 아니한다.

②교육부장관, 시·도지사, 시·도 교육감, 국·공립학교의 장 및 사립학교 설립·

경영자는 제1항에 따라 단체협약으로서의 효력을 가지지 아니하는 내용에 대하여는 그 내용이 이행될 수 있도록 성실하게 노력하여야 한다. 〈개정 2013.3.23., 2020.6.9.〉 [전문개정 2010.3.17.]

제8조(쟁의행위의 금지)
노동조합과 그 조합원은 파업, 태업 또는 그 밖에 업무의 정상적인 운영을 방해하는 어떠한 쟁의행위(爭議行爲)도 하여서는 아니 된다. 〈개정 2020.5.26.〉
[전문개정 2010.3.17.]

제9조(노동쟁의의 조정신청 등)
①제6조에 따른 단체교섭이 결렬된 경우에는 당사자 어느 한쪽 또는 양쪽은 「노동위원회법」 제2조에 따른 중앙노동위원회(이하 "중앙노동위원회"라 한다)에 조정(調停)을 신청할 수 있다. 〈개정 2021.1.5.〉
②제1항에 따라 당사자 어느 한쪽 또는 양쪽이 조정을 신청하면 중앙노동위원회는 지체 없이 조정을 시작하여야 하며 당사자 양쪽은 조정에 성실하게 임하여야 한다.
③조정은 제1항에 따른 신청을 받은 날부터 30일 이내에 마쳐야 한다. [전문개정 2010.3.17.]

제10조(중재의 개시)
중앙노동위원회는 다음 각 호의 어느 하나에 해당하는 경우에는 중재(仲裁)를 한다. 〈개정 2010.6.4.〉
 1. 제6조에 따른 단체교섭이 결렬되어 관계 당사자 양쪽이 함께 중재를 신청한 경우
 2. 중앙노동위원회가 제시한 조정안을 당사자의 어느 한쪽이라도 거부한 경우
 3. 중앙노동위원회 위원장이 직권으로 또는 고용노동부장관의 요청에 따라 중재에 회부한다는 결정을 한 경우 [전문개정 2010.3.17.]

제11조(교원 노동관계 조정위원회의 구성)
①교원의 노동쟁의를 조정·중재하기 위하여 중앙노동위원회에 교원 노동관계 조정위원회(이하 "위원회"라 한다)를 둔다.
②위원회는 중앙노동위원회 위원장이 지명하는 조정담당 공익위원 3명으로 구성한

다. 다만, 관계 당사자가 합의하여 중앙노동위원회의 조정담당 공익위원이 아닌 사람을 추천하는 경우에는 그 사람을 지명하여야 한다.
③위원회의 위원장은 위원회의 위원 중에서 호선(互選)한다. [전문개정 2010.3.17.]

제12조(중재재정의 확정 등)
①관계 당사자는 중앙노동위원회의 중재재정(仲裁裁定)이 위법하거나 월권(越權)에 의한 것이라고 인정하는 경우에는 「행정소송법」 제20조에도 불구하고 중재재정서를 송달받은 날부터 15일 이내에 중앙노동위원회 위원장을 피고로 하여 행정소송을 제기할 수 있다.
②제1항의 기간 이내에 행정소송을 제기하지 아니하면 그 중재재정은 확정된다.
③제2항에 따라 중재재정이 확정되면 관계 당사자는 이에 따라야 한다.
④중앙노동위원회의 중재재정은 제1항에 따른 행정소송의 제기에 의하여 효력이 정지되지 아니한다.
⑤제2항에 따라 확정된 중재재정의 내용은 단체협약과 같은 효력을 가진다.[전문개정 2010.3.17.]

제13조 삭제 〈2022.6.10.〉

제14조(다른 법률과의 관계)
①교원(제4조의2제2호에 해당하는 사람을 포함한다)에 적용할 노동조합 및 노동관계조정에 관하여 이 법에서 정하지 아니한 사항에 대해서는 제2항에서 정하는 경우를 제외하고는 「노동조합 및 노동관계조정법」에서 정하는 바에 따른다. 이 경우 「노동조합 및 노동관계조정법」 제3조 중 "단체교섭 또는 쟁의행위로"는 "단체교섭으로"로, 같은 법 제4조 본문 중 "단체교섭·쟁의행위"는 "단체교섭"으로, 같은 법 제10조제1항 각 호 외의 부분 중 "연합단체인 노동조합과 2 이상의 특별시·광역시·특별자치시·도·특별자치도에 걸치는 단위노동조합은 고용노동부장관에게, 2 이상의 시·군·구(자치구를 말한다)에 걸치는 단위노동조합은 특별시장·광역시장·도지사에게, 그 외의 노동조합은 특별자치시장·특별자치도지사·시장·군수·구청장(자치구의 구청장을 말한다. 이하 제12조제1항에서 같다)에게"는 "고용노동부장관에게"로, 같은 법 제12조제1항 중 "고용노동부장관, 특별시장·광역시장·특별자치시장·도지사·특별자치도지사 또는 시장·군수·구청장(이하 "행정관청"이라 한다)"은 "고

용노동부장관"으로, 같은 법 제24조의2제3항부터 제8항까지 중 "위원회"는 "심의위원회"로, "근로자"는 "교원"으로, "노동단체"는 "노동단체 또는 교원 노동단체"로, "사용자"는 "교육부장관, 시·도지사, 시·도 교육감, 국·공립학교의 장 및 사립학교 설립·경영자"로, "전국적 규모의 경영자단체" 및 "경영자단체"는 각각 "교육부장관"으로, 같은 법 제58조, 제60조제1항부터 제4항까지 및 제61조제3항 중 "조정위원회 또는 단독조정인"은 "교원 노동관계 조정위원회"로, 같은 법 제59조 중 "조정위원회의 위원장 또는 단독조정인"은 "교원 노동관계 조정위원회 위원장"으로, 같은 법 제61조제1항 중 "조정위원 전원 또는 단독조정인"은 "교원 노동관계 조정위원회 위원 전원"으로, 같은 법 제66조제1항, 제67조 및 제68조제2항 중 "중재위원회"는 "교원 노동관계 조정위원회"로, 같은 법 제81조제3호 중 "노동조합의 대표자 또는 노동조합으로부터 위임을 받은 자"는 "노동조합의 대표자"로, 같은 법 제89조제2호 중 "제85조제3항(제29조의4제4항에서 준용하는 경우를 포함한다)"은 "제85조제3항"으로, 같은 법 제90조 중 "제44조제2항, 제69조제4항, 제77조 또는 제81조"는 "제81조"로, 같은 법 제94조 중 "제88조 내지 제93조"는 "제89조제2호, 제90조, 제92조, 제93조"로 보고, 같은 법 중 "근로자"는 "교원(제4조의2제2호에 해당하는 사람을 포함한다)"으로, "사용자"는 "교육부장관, 시·도지사, 시·도 교육감, 국·공립학교의 장, 사립학교의 설립·경영자 또는 교원에 관한 사항에 대하여 교육부장관, 시·도지사, 시·도 교육감, 국·공립학교의 장, 사립학교의 설립·경영자를 위하여 행동하는 사람"으로, "행정관청"은 "고용노동부장관"으로 본다. 〈개정 2010.6.4., 2013.3.23., 2020.6.9., 2021.1.5., 2022.6.10.〉

②「노동조합 및 노동관계조정법」제2조제4호라목, 제24조, 제24조의2제1항·제2항, 제29조제2항부터 제4항까지, 제29조의2부터 제29조의5까지, 제36조부터 제39조까지, 제41조, 제42조, 제42조의2부터 제42조의6까지, 제43조부터 제46조까지, 제51조부터 제57조까지, 제60조제5항, 제62조부터 제65조까지, 제66조제2항, 제69조부터 제73조까지, 제76조부터 제80조까지, 제81조제1항제2호 단서, 제88조, 제89조제1호, 제91조 및 제96조제1항제3호는 이 법에 따른 노동조합에 대해서는 적용하지 아니한다. 〈개정 2021.1.5., 2022.6.10.〉 [전문개정 2010.3.17.]

제15조(벌칙)
①제8조를 위반하여 쟁의행위를 한 자는 5년 이하의 징역 또는 5천만원 이하의 벌금에 처한다.

②제12조제3항을 위반하여 중재재정을 따르지 아니한 자는 2년 이하의 징역 또는 2천만원 이하의 벌금에 처한다. [전문개정 2010.3.17.]
부   칙 〈법률 제18924호, 2022.6.10.〉 부칙보기
제1조(시행일) 이 법은 공포 후 1년 6개월이 경과한 날부터 시행한다.
제2조(근무시간 면제 심의 준비) 경제사회노동위원회는 제5조의2의 개정규정에 따른 교원근무시간면제심의위원회의 구성을 위한 위원 위촉 및 심의 등에 필요한 사항을 이 법 시행 전에 진행할 수 있다.

3. 공무원의 노동조합 설립 및 운영 등에 관한 법률 (약칭: 공무원노조법)
[시행 2023.12.11.] [법률 제18922호, 2022.6.10., 일부개정]

제1조(목적)
이 법은 「대한민국헌법」 제33조제2항에 따른 공무원의 노동기본권을 보장하기 위하여 「노동조합 및 노동관계조정법」 제5조제1항 단서에 따라 공무원의 노동조합 설립 및 운영 등에 관한 사항을 정함을 목적으로 한다. 〈개정 2021.1.5.〉
[전문개정 2010.3.17.]

제2조(정의)
이 법에서 "공무원"이란 「국가공무원법」 제2조 및 「지방공무원법」 제2조에서 규정하고 있는 공무원을 말한다. 다만, 「국가공무원법」 제66조제1항 단서 및 「지방공무원법」 제58조제1항 단서에 따른 사실상 노무에 종사하는 공무원과 「교원의 노동조합 설립 및 운영 등에 관한 법률」의 적용을 받는 교원인 공무원은 제외한다.
[전문개정 2010.3.17.]

제3조(노동조합 활동의 보장 및 한계)
①이 법에 따른 공무원의 노동조합(이하 "노동조합"이라 한다)의 조직, 가입 및 노동조합과 관련된 정당한 활동에 대하여는 「국가공무원법」 제66조제1항 본문 및 「지방공무원법」 제58조제1항 본문을 적용하지 아니한다.
②공무원은 노동조합 활동을 할 때 다른 법령에서 규정하는 공무원의 의무에 반하

는 행위를 하여서는 아니 된다.
[전문개정 2010.3.17.]

제4조(정치활동의 금지)
노동조합과 그 조합원은 정치활동을 하여서는 아니 된다.
[전문개정 2010.3.17.]

제5조(노동조합의 설립)
①공무원이 노동조합을 설립하려는 경우에는 국회·법원·헌법재판소·선거관리위원회·행정부·특별시·광역시·특별자치시·도·특별자치도·시·군·구(자치구를 말한다) 및 특별시·광역시·특별자치시·도·특별자치도의 교육청을 최소 단위로 한다. 〈개정 2014.5.20.〉
②노동조합을 설립하려는 사람은 고용노동부장관에게 설립신고서를 제출하여야 한다. 〈개정 2010.6.4.〉
[전문개정 2010.3.17.]

제6조(가입 범위)
①노동조합에 가입할 수 있는 사람의 범위는 다음 각 호와 같다. 〈개정 2011.5.23., 2012.12.11., 2021.1.5.〉
  1. 일반직공무원
  2. 특정직공무원 중 외무영사직렬·외교정보기술직렬 외무공무원, 소방공무원 및 교육공무원(다만, 교원은 제외한다)
  3. 별정직공무원
  4. 제1호부터 제3호까지의 어느 하나에 해당하는 공무원이었던 사람으로서 노동조합 규약으로 정하는 사람
  5. 삭제 〈2011.5.23.〉
②제1항에도 불구하고 다음 각 호의 어느 하나에 해당하는 공무원은 노동조합에 가입할 수 없다. 〈개정 2021.1.5.〉
  1. 업무의 주된 내용이 다른 공무원에 대하여 지휘·감독권을 행사하거나 다른 공무원의 업무를 총괄하는 업무에 종사하는 공무원
  2. 업무의 주된 내용이 인사·보수 또는 노동관계의 조정·감독 등 노동조합의

         조합원 지위를 가지고 수행하기에 적절하지 아니한 업무에 종사하는 공무원
    3. 교정·수사 등 공공의 안녕과 국가안전보장에 관한 업무에 종사하는 공무원
    4. 삭제 〈2021.1.5.〉
③삭제 〈2021.1.5.〉
④제2항에 따른 공무원의 범위는 대통령령으로 정한다.
[전문개정 2010.3.17.]

제7조(노동조합 전임자의 지위)

①공무원은 임용권자의 동의를 받아 노동조합으로부터 급여를 지급받으면서 노동조합의 업무에만 종사할 수 있다. 〈개정 2022.6.10.〉
②제1항에 따른 동의를 받아 노동조합의 업무에만 종사하는 사람[이하 "전임자"(專任者)라 한다]에 대하여는 그 기간 중「국가공무원법」제71조 또는「지방공무원법」제63조에 따라 휴직명령을 하여야 한다.
③삭제 〈2022.6.10.〉
④국가와 지방자치단체는 공무원이 전임자임을 이유로 승급이나 그 밖에 신분과 관련하여 불리한 처우를 하여서는 아니 된다.
[전문개정 2010.3.17.]

제7조의2(근무시간 면제자 등)

①공무원은 단체협약으로 정하거나 제8조제1항의 정부교섭대표(이하 이 조 및 제7조의3에서 "정부교섭대표"라 한다)가 동의하는 경우 제2항 및 제3항에 따라 결정된 근무시간 면제 한도를 초과하지 아니하는 범위에서 보수의 손실 없이 정부교섭대표와의 협의·교섭, 고충처리, 안전·보건활동 등 이 법 또는 다른 법률에서 정하는 업무와 건전한 노사관계 발전을 위한 노동조합의 유지·관리업무를 할 수 있다.
②근무시간 면제 시간 및 사용인원의 한도(이하 "근무시간 면제 한도"라 한다)를 정하기 위하여 공무원근무시간면제심의위원회(이하 이 조에서 "심의위원회"라 한다)를「경제사회노동위원회법」에 따른 경제사회노동위원회에 둔다.
③심의위원회는 제5조제1항에 따른 노동조합 설립 최소 단위를 기준으로 조합원(제6조제1항제1호부터 제3호까지의 규정에 해당하는 조합원을 말한다)의 수를 고려하되 노동조합의 조직형태, 교섭구조·범위 등 공무원 노사관계의 특성을 반영하여 근무시간 면제 한도를 심의·의결하고, 3년마다 그 적정성 여부를 재심의하

여 의결할 수 있다.
④제1항을 위반하여 근무시간 면제 한도를 초과하는 내용을 정한 단체협약 또는 정부교섭대표의 동의는 그 부분에 한정하여 무효로 한다.
[본조신설 2022.6.10.]

제7조의3(근무시간 면제 사용의 정보 공개)
정부교섭대표는 국민이 알 수 있도록 전년도에 노동조합별로 근무시간을 면제받은 시간 및 사용인원, 지급된 보수 등에 관한 정보를 대통령령으로 정하는 바에 따라 공개하여야 한다. 이 경우 정부교섭대표가 아닌 임용권자는 정부교섭대표에게 해당 기관의 근무시간 면제 관련 자료를 제출하여야 한다.
[본조신설 2022.6.10.]

제8조(교섭 및 체결 권한 등)
①노동조합의 대표자는 그 노동조합에 관한 사항 또는 조합원의 보수·복지, 그 밖의 근무조건에 관하여 국회사무총장·법원행정처장·헌법재판소사무처장·중앙선거관리위원회사무총장·인사혁신처장(행정부를 대표한다)·특별시장·광역시장·특별자치시장·도지사·특별자치도지사·시장·군수·구청장(자치구의 구청장을 말한다) 또는 특별시·광역시·특별자치시·도·특별자치도의 교육감 중 어느 하나에 해당하는 사람(이하 "정부교섭대표"라 한다)과 각각 교섭하고 단체협약을 체결할 권한을 가진다. 다만, 법령 등에 따라 국가나 지방자치단체가 그 권한으로 행하는 정책결정에 관한 사항, 임용권의 행사 등 그 기관의 관리·운영에 관한 사항으로서 근무조건과 직접 관련되지 아니하는 사항은 교섭의 대상이 될 수 없다. 〈개정 2013.3.23., 2014.5.20., 2014.11.19.〉
②정부교섭대표는 법령 등에 따라 스스로 관리하거나 결정할 수 있는 권한을 가진 사항에 대하여 노동조합이 교섭을 요구할 때에는 정당한 사유가 없으면 그 요구에 따라야 한다. 〈개정 2020.5.26.〉
③정부교섭대표는 효율적인 교섭을 위하여 필요한 경우 다른 정부교섭대표와 공동으로 교섭하거나, 다른 정부교섭대표에게 교섭 및 단체협약 체결 권한을 위임할 수 있다.
④정부교섭대표는 효율적인 교섭을 위하여 필요한 경우 정부교섭대표가 아닌 관계 기관의 장으로 하여금 교섭에 참여하게 할 수 있고, 다른 기관의 장이 관리하거나

결정할 권한을 가진 사항에 대하여는 해당 기관의 장에게 교섭 및 단체협약 체결 권한을 위임할 수 있다.
⑤제2항부터 제4항까지의 규정에 따라 정부교섭대표 또는 다른 기관의 장이 단체교섭을 하는 경우 소속 공무원으로 하여금 교섭 및 단체협약 체결을 하게 할 수 있다.
[전문개정 2010.3.17.]

제9조(교섭의 절차)
①노동조합은 제8조에 따른 단체교섭을 위하여 노동조합의 대표자와 조합원으로 교섭위원을 구성하여야 한다.
②노동조합의 대표자는 제8조에 따라 정부교섭대표와 교섭하려는 경우에는 교섭하려는 사항에 대하여 권한을 가진 정부교섭대표에게 서면으로 교섭을 요구하여야 한다.
③정부교섭대표는 제2항에 따라 노동조합으로부터 교섭을 요구받았을 때에는 교섭을 요구받은 사실을 공고하여 관련된 노동조합이 교섭에 참여할 수 있도록 하여야 한다.
④정부교섭대표는 제2항과 제3항에 따라 교섭을 요구하는 노동조합이 둘 이상인 경우에는 해당 노동조합에 교섭창구를 단일화하도록 요청할 수 있다. 이 경우 교섭창구가 단일화된 때에는 교섭에 응하여야 한다. 〈개정 2021.1.5.〉
⑤정부교섭대표는 제1항부터 제4항까지의 규정에 따라 관련된 노동조합과 단체협약을 체결한 경우 그 유효기간 중에는 그 단체협약의 체결에 참여하지 아니한 노동조합이 교섭을 요구하더라도 이를 거부할 수 있다.
⑥제1항부터 제5항까지의 규정에 따른 단체교섭의 절차 등에 관하여 필요한 사항은 대통령령으로 정한다.
[전문개정 2010.3.17.]

제10조(단체협약의 효력)
①제9조에 따라 체결된 단체협약의 내용 중 법령·조례 또는 예산에 의하여 규정되는 내용과 법령 또는 조례에 의하여 위임을 받아 규정되는 내용은 단체협약으로서의 효력을 가지지 아니한다.
②정부교섭대표는 제1항에 따라 단체협약으로서의 효력을 가지지 아니하는 내용에 대하여는 그 내용이 이행될 수 있도록 성실하게 노력하여야 한다.

[전문개정 2010.3.17.]

제11조(쟁의행위의 금지)
노동조합과 그 조합원은 파업, 태업 또는 그 밖에 업무의 정상적인 운영을 방해하는 어떠한 행위도 하여서는 아니 된다. 〈개정 2020.5.26.〉
[전문개정 2010.3.17.]

제12조(조정신청 등)
①제8조에 따른 단체교섭이 결렬(決裂)된 경우에는 당사자 어느 한쪽 또는 양쪽은 「노동위원회법」 제2조에 따른 중앙노동위원회(이하 "중앙노동위원회"라 한다)에 조정(調停)을 신청할 수 있다. 〈개정 2021.1.5.〉
②중앙노동위원회는 제1항에 따라 당사자 어느 한쪽 또는 양쪽이 조정을 신청하면 지체 없이 조정을 시작하여야 한다. 이 경우 당사자 양쪽은 조정에 성실하게 임하여야 한다.
③중앙노동위원회는 조정안을 작성하여 관계 당사자에게 제시하고 수락을 권고하는 동시에 그 조정안에 이유를 붙여 공표할 수 있다. 이 경우 필요하면 신문 또는 방송에 보도 등 협조를 요청할 수 있다.
④조정은 제1항에 따른 조정신청을 받은 날부터 30일 이내에 마쳐야 한다. 다만, 당사자들이 합의한 경우에는 30일 이내의 범위에서 조정기간을 연장할 수 있다.
[전문개정 2010.3.17.]

제13조(중재의 개시 등)
중앙노동위원회는 다음 각 호의 어느 하나에 해당하는 경우에는 지체 없이 중재(仲裁)를 한다.
  1. 제8조에 따른 단체교섭이 결렬되어 관계 당사자 양쪽이 함께 중재를 신청한 경우
  2. 제12조에 따른 조정이 이루어지지 아니하여 제14조에 따른 공무원 노동관계 조정위원회 전원회의에서 중재 회부를 결정한 경우
     [전문개정 2010.3.17.]

제14조(공무원 노동관계 조정위원회의 구성)

①제8조에 따른 단체교섭이 결렬된 경우 이를 조정·중재하기 위하여 중앙노동위원회에 공무원 노동관계 조정위원회(이하 "위원회"라 한다)를 둔다.
②위원회는 공무원 노동관계의 조정·중재를 전담하는 7명 이내의 공익위원으로 구성한다.
③제2항에 따른 공익위원은 「노동위원회법」 제6조 및 같은 법 제8조에도 불구하고 공무원 문제 또는 노동 문제에 관한 지식과 경험을 갖춘 사람 또는 사회적 덕망이 있는 사람 중에서 중앙노동위원회 위원장의 추천과 고용노동부장관의 제청으로 대통령이 위촉한다. 〈개정 2010.6.4.〉
④제3항에 따라 공익위원을 위촉하는 경우에는 「노동위원회법」 제6조제2항에도 불구하고 그 공익위원에 해당하는 정원이 따로 있는 것으로 본다.
[전문개정 2010.3.17.]

제15조(회의의 운영)
①위원회에는 전원회의와 소위원회를 둔다.
②전원회의는 제14조제2항에 따른 공익위원 전원으로 구성하며, 다음 각 호의 사항을 담당한다.
  1. 전국에 걸친 노동쟁의의 조정사건
  2. 중재 회부의 결정
  3. 중재재정(仲裁裁定)
③소위원회는 위원회의 위원장이 중앙노동위원회 위원장과 협의하여 지명하는 3명으로 구성하며, 전원회의에서 담당하지 아니하는 조정사건을 담당한다.
[전문개정 2010.3.17.]

제16조(중재재정의 확정 등)
①관계 당사자는 중앙노동위원회의 중재재정이 위법하거나 월권(越權)에 의한 것이라고 인정하는 경우에는 「행정소송법」 제20조에도 불구하고 중재재정서를 송달받은 날부터 15일 이내에 중앙노동위원회 위원장을 피고로 하여 행정소송을 제기할 수 있다.
②제1항의 기간 이내에 행정소송을 제기하지 아니하면 그 중재재정은 확정된다.
③제2항에 따라 중재재정이 확정되면 관계 당사자는 이에 따라야 한다.
④중앙노동위원회의 중재재정은 제1항에 따른 행정소송의 제기에 의하여 그 효력이 정지되지 아니한다.

⑤제2항에 따라 확정된 중재재정의 내용은 제10조에 따른 단체협약과 같은 효력을 가진다.
⑥중앙노동위원회는 필요한 경우 확정된 중재재정의 내용을 국회, 지방의회, 지방자치단체의 장 등에게 통보할 수 있다.
[전문개정 2010.3.17.]

제17조(다른 법률과의 관계)
①이 법의 규정은 공무원이 「공무원 직장 협의회의 설립·운영에 관한 법률」에 따라 직장 협의회를 설립·운영하는 것을 방해하지 아니한다.
②공무원(제6조제1항제4호에 해당하는 사람을 포함한다)에게 적용할 노동조합 및 노동관계 조정에 관하여 이 법에서 정하지 아니한 사항에 대해서는 제3항에서 정하는 경우를 제외하고는 「노동조합 및 노동관계조정법」에서 정하는 바에 따른다. 이 경우 「노동조합 및 노동관계조정법」 제3조 중 "단체교섭 또는 쟁의행위"는 "단체교섭"으로, 제4조 본문 중 "단체교섭·쟁의행위"는 "단체교섭"으로, 제10조제1항 각 호 외의 부분 중 "연합단체인 노동조합과 2 이상의 특별시·광역시·특별자치시·도·특별자치도에 걸치는 단위노동조합은 고용노동부장관에게, 2 이상의 시·군·구(자치구를 말한다)에 걸치는 단위노동조합은 특별시장·광역시장·도지사에게, 그 외의 노동조합은 특별자치시장·특별자치도지사·시장·군수·구청장(자치구의 구청장을 말한다. 이하 제12조제1항에서 같다)에게"는 "고용노동부장관에게"로, 제12조제1항 중 "고용노동부장관, 특별시장·광역시장·특별자치시장·도지사·특별자치도지사 또는 시장·군수·구청장(이하 "행정관청"이라 한다)"은 "고용노동부장관"으로, 제24조의2제3항부터 제8항까지 중 "위원회"는 "심의위원회"로, "근로자"는 "공무원"으로, "노동단체"는 "노동단체 또는 공무원 노동단체"로, "사용자", "전국적 규모의 경영자단체" 및 "경영자단체"는 각각 "정부교섭대표"로, 제30조제1항 및 제2항 중 "사용자"는 "정부교섭대표"로, 제58조, 제60조제2항부터 제4항까지 및 제61조제3항 중 "조정위원회 또는 단독조정인"은 "공무원 노동관계 조정위원회"로, 제59조 중 "조정위원회의 위원장 또는 단독조정인"은 "공무원 노동관계 조정위원회 위원장"으로, 제60조제3항 중 "제1항의 규정에 의한 조정안"은 "조정안"으로, 제61조제1항 중 "조정위원 전원 또는 단독조정인"은 "공무원 노동관계 조정위원회 위원 전원"으로, 제66조제1항, 제67조 및 제68조제2항 중 "중재위원회"는 "공무원 노동관계 조정위원회"로, 제94조 중 "제88조 내지

제93조"는 "제93조"로 보고, 같은 법 중 "근로자"는 "공무원(제6조제1항제4호에 해당하는 사람을 포함한다)"으로, "사용자"(같은 법 제30조의 "사용자"는 제외한다)는 "기관의 장, 공무원에 관한 사항에 대하여 기관의 장을 위하여 행동하는 사람"으로, "행정관청"은 "고용노동부장관"으로 본다. 〈개정 2010.6.4., 2014.5.20., 2021.1.5., 2022.6.10.〉

③「노동조합 및 노동관계조정법」제2조제4호라목, 제24조, 제24조의2제1항·제2항, 제29조, 제29조의2부터 제29조의5까지, 제36조부터 제39조까지, 제41조, 제42조, 제42조의2부터 제42조의6까지, 제43조부터 제46조까지, 제51조부터 제57조까지, 제60조제1항·제5항, 제62조부터 제65조까지, 제66조제2항, 제69조부터 제73조까지, 제76조부터 제80조까지, 제81조제1항제2호 단서, 제88조부터 제92조까지 및 제96조제1항제3호는 이 법에 따른 노동조합에 대해서는 적용하지 아니한다. 〈개정 2021.1.5., 2022.6.10.〉

[전문개정 2010.3.17.]

제18조(벌칙)

제11조를 위반하여 파업, 태업 또는 그 밖에 업무의 정상적인 운영을 방해하는 행위를 한 자는 5년 이하의 징역 또는 5천만원 이하의 벌금에 처한다.

[전문개정 2010.3.17.]

부　칙〈법률 제17860호, 2021.1.5.〉

이 법은 공포 후 6개월이 경과한 날부터 시행한다.

부칙조문닫기　부　칙〈법률 제18922호, 2022.6.10.〉 부칙보기

제1조(시행일) 이 법은 공포 후 1년 6개월이 경과한 날부터 시행한다.

제2조(근무시간 면제 심의 준비) 경제사회노동위원회는 제7조의2의 개정규정에 따른 공무원근무시간면제심의위원회의 구성을 위한 위원 위촉 및 심의 등에 필요한 사항을 이 법 시행 전에 진행할 수 있다.

참고문헌

고용노동부 : '집단적노사관계업무메뉴얼' 2022
고용노동부 : 교원노사관계업무메뉴얼 2021.9
고용노동부 : 공무원노사관계업무메뉴얼 2021.9
교육인적자원부 : 교직단체와의 단체교섭·협의 자료집 2000, 2002, 2003
노동부 : '단체교섭 및 단체협약 체결' 관련 지도 지침 2008.11.
노동부 : 노동조합 업무편람, 2002
노동부 : 공무원노조법 주요내용 및 쟁점해설, 2005
서울시교육청 : 교직단체 업무편람, 2003, 2008
행정안전부 : 공무원단체업무메뉴얼, 2004
박준식·박주영 : 공무원노동조합의 형성과정과 의식조사를 통해 본 공무원
　　　　　　　노사관계의 특성과 정책과제, 한국노동연구원, 2005
한국노동연구원 : 2005 KLI 노동통계.

김광욱 : 교원노조법강의, 한국실무노동법연구회, 2009
菅野和夫/李鋌 역 : 법문사 일본노동법 2007
김수복 : 노동조합 및 노동관계조정법, 중앙경제사, 2000
김유성 : 노동법Ⅱ, 법문사, 1999
김중양·김명식 : 공무원법, 박영사, 2000
김형배 : 노동법, 박영사, 1997, 2002, 2008
김치선 : 노동법, 박영사, 1994
박덕규 : 선진국의 교원노조, 민성사, 1991
이병태 : 최신노동법, 현암사, 1999
이상윤 : 노동법, 법문사, 2000
허영 : 한국헌법론, 박영사, 1998

김소영 : 단체교섭에 있어서의 교섭사항 및 교섭구조, 한국노사관계학회, 1999
고전 : 교원노조 법제화의 의의와 쟁점, 교육행정학연구, 1999
교육부 : 전교조 결성과정과 주요활동, 1997
박근석 : 교원노조의 효율적인 단체교섭에 관한 연구, 고려대학교, 2004
박상신 : 교원노조의 단체교섭에 관한 연구, 고려대학교, 2002
이상윤 : 교원노조의 근로삼권 인정, 연세법학연구 제6집 제1권
이일권 : 교원노조법의 문제점과 개정방안, 한국노총중앙연구원, 2000
이일권 : 교원노조법의 쟁점에 대한 비판적 고찰, 교육행정학연구, 1999
이주호 : 현장에서 바라본 산별중앙교섭의 필요성과 제도화 방안, 산별중앙교섭 정책토론회 자료집, 2000
이철수 : 단체교섭의 근로자측 주체에 관한 비교법적 연구, 서울대학교박사학위논문, 1992.
유성재 : "근로3권의 유기적 관련성", 교직단체전담반협의회 자료집, 서울시교육청, 2004.
전국교직원노동조합외 : 민주화를 위한 교육백서, 풀빛, 1989
최영기 : 산업별 교섭의 전망과 가능성 모색, 산별중앙교섭 정책토론회 자료집, 1999
최학종 : 교원단체협약의 주요내용과 효력에 관한 연구, 국립한경대, 2010
한경식 : 현행 교원노조법의 문제점과 개선방향, 토론회 자료집, 1999.

저자소개

최학종
- 강원대학교 법학과 졸업, 한경국립대학교 석사(행정학), 박사(경영학)
- 제1회 공인노무사
- 현대그룹 노무과장, 서울시교육청 노정사무관 역임
- 저서 : 알기쉬운 현장실무 노사관계(중앙경제사)
  공무원·교원·일반노조법 비교실무해설(도서출판 서락)

현) 한국노무법인 서울지사 대표 공인노무사

김양주
- 건국대학교 행정학과 졸업, 한경국립대학교 석사(행정학)
- 서울특별시교육청 공무원단체팀장(5급), (초대)노사협력담당관(4급)
- 전국시도교육청 집단임금교섭 (대표)교섭위원
- 서울특별시북부교육지원청 행정지원국장, 노원평생학습관장(3급)
- 서울특별시교육청 남산도서관장

현) 교육부 중앙교육연수원, 평택대학교 강사

전종근
- 경기대학교 법학과 졸업, 한경국립대학교 대학원 노동복지학과 졸업예정
- 서울시교육청직장협의회 회장, 공무원노동조합총연맹 사무총장 및 부위원장
- 서울시교육청공무원노동조합 1,2,3대 위원장
- 전국시도교육청 집단임금교섭 실무 및 본 교섭위원
- 서울특별시교육청 교육공무직단체팀장(5급), 노사협력담당관(4급)

현) 서울특별시북부교육지원청 행정지원국장